竹峰義和

〈救済〉のメーディウム

ベンヤミン、アドルノ、クルーゲ

東京大学出版会

The Medium of Redemption: Benjamin-Adorno-Kluge
Yoshikazu TAKEMINE
University of Tokyo Press, 2016
ISBN 978-4-13-010130-1

〈救済〉のメーディウム——目次

凡例

- ベンヤミン、アドルノ、クルーゲのテクストからの引用は、原則として私訳によるが、邦訳が存在する場合には、〔　〕内に対応する頁数を記載したうえで、適宜参照・活用した。
- それ以外の邦訳がある文献からの引用は、既訳を最大限に参照したが、文脈に応じて訳文を変更した個所もあることを断っておく。
- 引用文中の〔　〕内の言葉は、すべて引用者による挿入である。
- 煩雑さを避けるため、引用頻度の多い文献については、その題名を次のように略記した。

ABB Theodor W. Adorno/ Walter Benjamin, *Briefwechsel 1928–1940*, hg. von Henri Lonitz, Frankfurt a.M.: Suhrkamp 1995

AKB Theodor W. Adorno/ Siegfried Kracauer, *Briefwechsel 1923–1966*, hg. von Wolfgang Schopf, Frankfurt a.M.: Suhrkamp 2008

AGS Theodor W. Adorno, *Gesammelte Schriften*, hg. von Rolf Tiedemann unter Mitwirkung von Gretel Adorno, Susan Buck-Morss und Klaus Schultz, Band 1–20, Frankfurt a.M.: Suhrkamp 1970–1986

BGS Walter Benjamin, *Gesammelte Schriften*, hg. von Rolf Tiedemann und Hermann Schweppenhäuser unter Mitwirkung von Theodor W. Adorno und Gershom Scholem, Band I–VII, Frankfurt a.M.: Suhrkamp 1972–1989

序論　フランクフルト学派のアクチュアリティ

ある思想やテクストのもつアクチュアリティとは、いったい何だろうか。「アクチュアリティ」という言葉は、文脈に応じて、「現実性」「現在性」「時局性」「今日性」「現動性」などとも訳されるが、思想やテクストを評していう場合、一般的な理解では、過去に属するものが、現在においてもなお何らかの意義をもちつづけていることを指しているといえるだろう。「アクチュアリティ」という言葉の語源をなすラテン語の動詞「agere」にかけて、今日のわれわれを〈駆り立て、心を引きつけ、訴えかける〉ものがあることだと言い換えてもよい。いずれにせよ、時間的な隔たりにもかかわらず、〈いま・ここ〉において生きいきとした力を失わず、周囲にたいして活発に働きかけていることが、通常の意味において「アクチュアリティ」をもっていることであると、ひとまず規定しておこう。そこには、ある種の有機体的なイメージが潜伏している。すなわち、相当な年齢であるにもかかわらず、老いさらばえて時代から見棄てられてしまうことなく、いつまでも溌剌と影響力を行使しつづける永遠の青年のようなイメージが。あるいは、けっして賞味期限を迎えることなく、つねに新鮮な美味しさを保ちつづける食物に喩えることもできるかもしれない。

「アクチュアリティ」という言葉は、フランクフルト学派の思想家たち、とりわけヴァルター・ベンヤミンとテーオドア・W・アドルノのテクストにおける鍵語でもあった。たとえば、「雑誌『新しい天使』の予告」(一九二一—二二)のなかでベンヤミンは、雑誌にとって決定的となるのが「みずからの時代精神」の「アクチュアリティ」であると明確に規定している。[1] また、アドルノが一九三一年にフランクフルト大学の私講師に就任した際におこなった記念講演が、まさに「哲学のアクチュアリティ」と題されていることもよく知られている。ただし、ベンヤミンにせよ、アドルノにせよ、彼らが「アクチュアリティ」という言葉をもちいるとき、そこには、不朽の生命力といった紋切り型のイメージとはけっして相容れないような契機がつねに包含されていることに注意しなくてはならない。この——結局は実現することなく頓挫した——雑誌の予告文の末尾にベンヤミンはこう記している。

これによってこの雑誌のはかなさについて触れたわけであるが、それはこの雑誌が最初から意識していたことである。というのも、それは、この雑誌が真のアクチュアリティを求めることによって要求される正当な代償だからである。それどころか、タルムードのある伝説によれば、天使たちは——あらゆる瞬間に新たな天使たちが無数の群れをなして——つくりだされ、神のまえで讃歌を歌ったあと、無のなかへと消滅していくのだから。そのようなアクチュアリティのみが真なのであり、この雑誌の〔『新しい天使』という〕名称は、かかるアクチュアリティがこの雑誌に与えられることを意味するものであって欲しいと願うものである。[2]

ベンヤミンにとって「アクチュアリティ」は、「はかなさ〔das Ephemere: はかなきもの〕」と不可分である。いかに普遍性や永続性を誇るものであったとしても、それはたんなる「外観〔Anschein〕」にすぎないのであって、(3) あらゆる「雑誌〔Zeitschrift: 時間＝時代《ツァイト》の文字〕」がそうであるように、時間の推移のなかで滅び去り、「無のなかへと消滅していく」もののうちにこそ「真のアクチュアリティ」が宿っているというのだ。ここで問題になっているのは永遠の現在ではなく、時間による不断の浸食作用であり、現象するや否やたちまち過去へと押し流され、消え去っていくことを運命づけられた被造物の凋落する生にほかならない。あるいは、歴史の過程そのものに晒されることが「真のアクチュアリティ」を生み出すと言い換えることもできるだろう。そして、消滅していく非永続的な対象のうちに逆説的な「アクチュアリティ」を認識するというこのモティーフは、このあとベンヤミンが本格的に取り組む『ドイツ哀悼劇の根源』（一九二三―二五）において大々的に展開されるとともに、さらに、この論考の強い影響下のもとに執筆されたアドルノの「哲学のアクチュアリティ」および「自然史の理念」（一九三二）のなかで踏襲されていくこととなる。

ただし、ベンヤミンの哀悼劇論文の規定によれば、「はかなきもの」がアクチュアルな輝きを放つのは、いったん「諸事物を解体して構成要素に分割」し、そこから生じた諸々の断片を収集し、たがいに組み合わせることで、ひとつの「星座的布置〔Konstellation/ Konfiguration〕」を構成することによってである。(4) つまり、「真のアクチュアリティ」を獲得するためには、歴史の推移のなかでバラバラに瓦解した過去の遺物の数々にたいして、さらに解釈者の側において〈解体〉〈収集〉〈配置〉という介入的な操作をおこなっていくことが必要なのだ。かくして歴史の廃墟から「星座的布置」がかたちづくられるとき、それは意味作用を備えた一種の「文字〔Schrift〕」として、寓《アレゴリー》意的な読解の対象となることができるとベンヤミンは主張する。かかる「文字」が意味しているのは、第一に「歴史」である――「哀悼劇とともに歴史が舞台のうちへと入り込んでくるとき、歴史は文字として登場する。自然の相貌のうえには、移ろいという象形文字で〈歴史〉と書かれている」[5]――が、しかしながら、ベンヤミンが哀悼劇論文の最後で力説しているように、歴史のシニフィアンとしての「移ろいやすさ」という形象そのものを、さらなる寓《アレゴリー》意的記号として読解することが可能である。「そのなか〔＝あらゆる人間存在の荒涼のなか〕で、移ろいやすさが意味され、寓《アレゴリー》意的に描出されているというよりも、むしろ移ろいやすさそのものが意味するものであり、寓《アレゴリー》意的に呈示されているのである。すなわち、復活の寓《アレゴリー》意として」[6]。ひとたび生命が朽ち果て、埋もれたものが、解釈者による読解を媒介として、「復活」をあらわす寓《アレゴリー》意的な記号としてふたたび息を吹き返す――ベンヤミンのいう「アクチュアリティ」が認識されるのは、このような、歴史のなかの敗残者たちの屍骸が未来に向けた〈救済〉のヴィジョンへと弁証法的な反転を遂げる瞬間においてにほかならない。

　したがって、「アクチュアリティ」とは、「はかなさ」ないしは「移ろいやすさ」という契機を「復活の寓《アレゴリー》意」として読解していくという営みをつうじて生起するものであると要約することができよう。この寓意解読《アレゴレーゼ》的な操作によって、凋落という位相によって徴づけられた過去の次元と、果たされるべき約束という未来の次元とが、解釈者の〈いま・ここ〉のうちに一挙に流入してくる。ベンヤミンにとって、複数の時間性がたがいに折り重なり、交錯しあうことこそが真に〈アクチュアル〉なのであり、ベンヤミンが〈救済〔Erlösung〕〉というメシアニズム的な術語によって指し示しているのも、ちょうど「天使たち」の歌声によってポリフォニーが織りなされるように過去と現在と未来とが共振しあう、このはかない瞬間であるといえるだろう。

本書は、このような〈救済〉の概念を導きとして、ベンヤミンからアドルノ、そしてアレクサンダー・クルーゲへといたるフランクフルト学派の思想的系譜を跡づけようとする試みである。その作業をつうじて、フランクフルト学派の「アクチュアリティ」を明らかにすることが本書の最終的な目標であるが、それは彼らのテクストやそこでの主張のうちに、現代社会における諸問題を考察するうえで直接的に有益な示唆や指針が含まれていることを明らかにする――たとえば、ベンヤミンの複製技術論文に登場する「アウラ」や「ショック」といった術語をもちいて、デジタル・メディア文化の諸現象を分析するといったように(7)――というものではない。むしろ、ベンヤミンの絶筆となった「歴史の概念について」（一九四〇）で描写される「歴史の天使」が「顔を過去の方に向けている」ように(8)、われわれの議論もまた、ひとまず過去へと遡行し、それぞれの思想家が執筆したテクストを内在的に精読することからはじめていきたい。

本書においてその出発点に据えられるのが、一九一六年に当時二四歳のベンヤミンが執筆した「言語一般および人間の言語について」である。とくに焦点を当てるのは、この初期言語論のなかで打ち出された概念やモティーフの数々が、ベンヤミン自身の思考のなかでさらに練り上げられ、変更や修正が加えられ、あるいは新たな問題系へと移植されるといったように、さまざまに変容を遂げていく過程である。だが、その錯綜した軌跡は、初期テクストのなかに埋め込まれた思想的な萌芽が、哲学者の知的発展とともに成育し、中期や後期のテクストにおいて豊かな結実を見るといった有機体的な成長のメタファーによって語られうるものではない。たとえば、一九一六年にベンヤミンが執筆した「言語一般および人間の言語について」と、一九三〇年代に成立した「複製技術時代の芸術作品」とを比較した場合、ともに言語ないしは映画という〈媒質＝媒体〔Medium〕〉が問題の中心に据えられているという共通点があるものの、かたやユダヤ神学、かたや歴史唯物論といったように、両者が立脚する認識論的なパラダイムは完全に異なっている。ただし、つぶさに観察するならば、それぞれのテクストにおいて「自然」や「凋落」などのいくつかの共通する概念が存在しているのであり、それらはまったく異質な文脈のなかに置かれながらも、意味論的な次元においてたがいに密かに共鳴しあっている。そのような観点からベンヤミンのテクストを読み解いていくならば、そこで繰り広げられているのは、ある思想的モティーフが、もともとの意味連関から剝ぎ取られ、異質な文脈へと接合され、別の「星座的布置」へと再配置されるという、絶えざる解体と再生であると呼ぶことができるだろう。ふたたびベンヤミンの術語をもちいて「死後の生」としての「翻訳」の過程であると表現してもよい。そして、それはベンヤミン一人の思考の内部にとどまるものではけっしてない。

　何度も論じられてきたように、とりわけアドルノは、ベンヤミンが執筆した『ドイツ哀悼劇の根源』をはじめとするテクストを早くから徹底的に読み込み、二人のあいだで——ベンヤミンのパリ亡命後はもっぱら書簡上で——濃密な議論を重ねることをつうじて、年長の友人の思考をおのれの思考の内に同化吸収することに余念がなかった。[9] そのようにしてベンヤミンの思考法を自家薬籠中のものとしたアドルノは、みずからの哲学的思考や芸術美学、社会批判を繰り広げていくなかで、ベンヤミン的な思想モティーフを随所で活用・応用していくことになる。このようなアドルノのベンヤミンへの傾倒ぶりについては、すでに「哲学のアクチュアリティ」の講演がおこなわれた当時から、その内容については、ほかならぬベンヤミン本人が、エルンスト・ブロッホの抗議に同調するかたちで、アドルノにたいして「著作権の問題」に抵触しているのではないかという異議申し立てをおこなっていた。[10] だが、ベンヤミンとアドルノのあいだの特異な思想的関係について、受容や影響といった言葉によって片づけたり、あるいはエピゴーネンによる剽窃として断罪したりするのではなく、むしろわれわれは、先に触れた〈解体による再生〉の営みとして、アドルノによるベンヤミン受容を捉え返すべきなのではないだろうか。つまり、ベンヤミンの教説をいっさい毀損することなく、ひたすら忠実に遵守しつづけようとするのではなく、ときに暴力的なまでの恣意性によってテクストを読み替え、別の文脈へと積極的に接ぎ木していくことで、新たな意味の地平を開拓しようとするような創造的な営為として、アドルノによるベンヤミン受容を再評価することができるのではないだろうか。

さらに、そこにはベンヤミンが「複製技術時代の芸術作品」のなかで描写した映画の製作手法とも通底するものがある。すなわち、さまざまな時間や場所で撮影された複数の映像を、いったん無数の断片的なショットへと分解したうえで、一連のシークエンスを形成するべくたがいに繋ぎ合わせるという、映画製作の原理をなすモンタージュの手法である。映画にとって、オリジナルの真正さといったものはもはやまったく問題にならない。むしろ、複製・切断・編集の操作を何度も重ねていくなかで、対象からアウラの残滓を完全に払拭するとともに、新たな意味連関の構成要素として「複製＝再生産」することが、そこでは徹頭徹尾問われている。かつて複製技術論文を痛烈に批判したアドルノであるが、その意味において、この論考に込められた方法論的な含意を正確に理解し、みずからのテクストのなかでベンヤミンの思考の複製＝再生可能性を追求するという課題を実践したのだということも、まったく不可能ではないだろう。アドルノが遺したテクストは膨大な数量に及ぶが、その多くがベンヤミンおよびその著作との継続的な対話の産物であって、すでに歴史の一部となった旧友のテクストにたいして、つねに批判的な姿勢を崩すことなく対峙し、ときに独自の読み替えをおこないながら、オリジナルとは異なる文脈や問題系のなかで、ベンヤミンの「アクチュアリティ」を新たに甦らせ、〈救済〉しようとする試みをなしている。さらに、そのようなプラグマティックな姿勢は、アドルノの弟子にあたるクルーゲがフランクフルト学派の過去の思想的遺産と向きあう際に、いっそう徹底的に貫徹されることとなるのである。

哲学的批評の最重要の課題のひとつが、歴史に埋もれた諸々の対象を〈救済〉へともたらすことにあるとすれば、それは〈メーディウム〉の問題と切り離すことができない。すなわち、〈救済〉の可能性が開示・伝達される〈媒質〉の問題、あるいは〈救済〉の瞬間をそれとして認識し、あるいは知覚するための〈媒体〉の問題である。ベンヤミンとアドルノの双方にとって、〈救済のメーディウム〉という役割の主要な担い手となるのは、とりわけ芸術作品であった。あるいは、先に触れた「言語一般および人間の言語について」を考え合わせるならば、芸術作品という形態を取った広義における〈言語〉であったと述べるほうが正確かもしれない。たとえばベンヤミンは、初期ロマン主義の芸術批評、ゲーテの小説、ドイツ・バロック演劇、ボードレールの詩のような文学作品から、そこに隠された〈真理内実〉を汲み取ろうと努める一方、複製テクノロジーに媒介された〈非アウラ芸術〉としての映画を手がかりとして、生産手段の変化にともなう芸術作品の形式および受容の様態の変容という問題に取り組んだ。後期ベンヤミンにおけるアウラ芸術から複製芸術への知的関心の推移は、一般にそのマルクス主義受容やブレヒトとの交友と関係づけられて語られることが多いが、ただし、〈メーディウム〉という観点からあらためて考察した場合、ひとつの決定的な転換を意味していることが判明する。

ごく大雑把に定式化するならば、初期言語論から『ドイツ哀悼劇の根源』までのベンヤミンのテクストにおいて、〈救済〉の地平とはもっぱら、芸術作品にたいして個々の解釈者が遂行する読解行為によって開示されるものであった。いうなれば〈メーディウム〉としての芸術作品とは、〈救済〉という究極のシニフィエを幾重にも暗号化したかたちで表現している判じ絵のようなものであり、特権的な解釈主体――そのモデルとなるのがバロック時代のメランコリカーである――の観想的な介入をつうじて、そこに埋め込まれたメッセージがはじめて解き明かされるのである。それをかりに〈救済〉の解釈学的モデルと呼ぶならば、「複製技術時代の芸術作品」に代表される一九三〇年代の論考において前景化してくるのは、不特定多数の大衆という集団的主体によって感性的・非認識論的なレヴェルで知覚される〈救済〉というモデルであり、複製技術論文における「知覚に関する学」としての「美学」という規定に倣って[11]、それを〈救済〉の美学的モデルと呼ぶことができるだろう。ここにおいて〈メーディウム〉は、「人間の知覚が組織される方法――人間の知覚を生じさせる媒体《メーディウム》[12]」として、狭義の言語のみならず、映画のようなテクノロジー・メディアや、それによって伝播されるイメージ全般――狭義の映像を含む――を包含するようになる。ただし、ここでもなお、「アクチュアリティ」という概念のうちにつねに潜伏していた、過去・現在・未来の重なりあいというモティーフが決定的な重要性を帯びていることを見逃してはならない。ベンヤミンが映画というメディアを特権視したのも、それが複製テクノロジーとモンタージュによって複数の断片化された過去を現在へと召喚するとともに、映像として現在化された過去を、「気散じ」状態の大衆が何度も繰り返し受容し、知覚することを可能とするからである。「歴史の概念について」では、「解放された人類」について、「みずからの過去の、そのどの瞬間も、呼び出すことができるようになっている」と記されているが、そのような来るべきヴィジョンはまさに、現代の映画観客によって予告されているのだ。[13]

複製技術論文は一九三〇年代のベンヤミンがライフ・ワークとして心血を注いだ『パサージュ論』の一環として執筆されたわけだが、このプロジェクトは、一九世紀のパリという都市空間を、過去と現在とを知覚のレヴェルで媒介する〈メーディウム〉として捉え直そうとする試みであるといってよい。「街路はこの遊歩者を遥か遠くに消え去った時間へと連れていく。遊歩者にとってはどんな街路も下り坂なのだ」(M1, 2〔三／七八〕)。パサージュを通過するという経験は、空間的に移動するだけではなく、現在と過去とのあいだ、いま在るものとかつて在ったものとのあいだを行きかうことでもあって、「靴の底ざわり」(M1, 1〔三／七七〕)でもって遊歩者《フラヌール》は、街路に刻まれた無数の過去の痕跡から「遥か遠くに消え去った時間」に思いを馳せるのである。

だが、パサージュのなかで知覚されるのは、実際に存在した過去だけではない。そこではまた、「当該の空間で潜在的に起こったかもしれないことを、同時的に知覚」(M1a, 3〔八三〕)することが可能となるとベンヤミンは明確に規定しているからである。「当該の空間で潜在的に起こったかもしれないこと」とは、言葉を換えるならば、もしかするとありえたかもしれなかった反実仮想的な過去であり、現実の歴史過程のなかで「今日の支配者たち」[14]によって容赦なく打ち砕かれ、抑圧され、忘却された、オルタナティヴな可能性としての過去である。そこにはさらに、かつて在りし人々の願望や想像力のなかで描き出されながらも、実現することなく終わった未来のイメージの数々も含まれているだろう。過ぎ去った出来事を、起こりえたかもしれなかった複数の可能性とともに絶えず追想し、沈黙した死者たちの声の残響を注意深く聴き取ろうとするなかで、いまある現状とは異なる社会のヴィジョンを醸成していくこと[15]――ベンヤミンのテクストにおいて、〈救済〉という理念のもとで一貫して追求されているのは、そのような歴史哲学的な問いであり、「抑圧された過去」[16]を解放するための〈メーディウム〉について徹底的に思考することにほかならない。そして、かかる〈救済のメーディウム〉への志向は、芸術作品をめぐるアドルノの美学的省察のなかで、さらにはメディア公共圏の創出のためのクルーゲの理論と実践において、脈々と受け継がれていくのである。

〈メーディウム〉という問題をめぐっては、テクノロジーに媒介された複製芸術としての映画のうちに新たな芸術表現と芸術受容の可能性を看取したベンヤミンの進歩性と対照するかたちで、「アウラ芸術」の内在的な価値を擁護しつづけたアドルノのエリート主義的な反動性がしばしば指摘される。そのような――すでにクリシェと化した――図式は、先に提起した概念をもちいるならば、〈救済〉の解釈学的モデルと美学的モデルとの対立と言い換えることができるだろう。すなわち、一九三〇年代のベンヤミンが、とりわけ複製技術論文のなかで、解釈学的モデルから美学的モデルへと転換したのにたいして、アドルノはあくまで初期・中期ベンヤミンに由来する解釈学的モデルに固執するとともに、その〈メーディウム〉となりうる対象を、シェーンベルクの音楽に代表されるモダニズム芸術作品に限定したのだと。

たとえば「複製技術時代の芸術作品」の第二稿を痛烈に批判した一九三六年三月一八日付のベンヤミン宛書簡においてアドルノが「自律的な芸術作品」の存在意義を激しい口調で訴えるとき、そこでアドルノが懸命に擁護しようとしているのは、『ドイツ哀悼劇の根源』などで示されたベンヤミンの教義そのものであり、ベンヤミン以上にベンヤミン主義的に振る舞っていると述べることも許されるかもしれない。アドルノにとって「自律的な芸術作品」とは、つねに一種の暗号文として捉えられるべきものであった。「自律的な芸術作品」のなかで繰り広げられているのは、端的にまとめるならば、内在的な形式法則と素材との弁証法的葛藤であり、主体＝主観による「自然支配」という人類史的な構図のミクロな再現であって、作品が潜在的なレヴェルで密かにモナドロジー的に表現しているそのような意味を、特権的な解釈主体が哲学的批評をつうじて観相学的に読み取っていくことで、「自律的な芸術作品」のアクチュアリティを新たに甦らせるべきだというのだ。

アドルノはモダニズム芸術作品にまつわるこのような認識を、とりわけ『新音楽の哲学』の前半部をなす論考「シェーンベルクと進歩」（一九四〇―四一）のなかで全面的に展開させた。なかでも、その掉尾を飾るかたちで登場する「投壜通信」としての芸術作品という比喩形象は、アドルノの芸術哲学の要諦を――よくも悪くも――端的に表現するものとして人口に膾炙した。外界から完全に孤絶した「投壜通信」としてのモダニズム芸術のうちにこそ真に社会批判的な潜勢力が宿っている、という逆説的な主張は、歴史のなかで徹底的に見棄てられた被造物のみがもちうる「アクチュアリティ」をめぐるベンヤミンの議論とほぼ同型であり、芸術作品のなかに込められた、複雑に暗号化されたメッセージを、「投壜通信」の来るべき受取人がいつの日にか解読するかもしれないという微かな希望もまた、メシアニズム的な〈救済〉のモティーフの一ヴァリエーションと見なすことができるだろう。

一見したところ、「投壜通信」としての芸術作品という形象は、〈救済〉の解釈学的モデルによって全面的に規定されているように映る。しかしながら、アドルノの芸術哲学のうちには、その核となる部分につねに、受容者の知覚という美学的な契機が含まれていることを見逃してはならない。アドルノにとって、「自律的な芸術作品」が真にアクチュアルな意義をもつのは、たんに形式と素材の弁証法をつうじて「自然支配」の構図を反復しているからだけではなく、その矛盾やほころびをみずから露呈させているからである。シェーンベルクが十二音技法をつうじて試みたように、主観的な形式によって客体としての素材を完璧に統御しようとするとき、かかる形式そのものが「第二の自然」として物象化し、芸術家を束縛する枷と化してしまう。みずからがつくりだした諸形式によって芸術主体の自由が奪われるというこの逆説のなかで、さらに形式化の論理を徹底していくならば、そのとき作品はおのれが抱える調停不可能な諸矛盾に引き裂かれるようにして断片化し、なし崩し的に自己瓦解していく。だが、アドルノによれば、まさにそのとき、主観性のうちには還元されない無志向的な「身振り的な種類のもの」が開示されるのであり[17]、のちのアドルノの術語をもちいるならば、この「非同一的なもの」をミメーシス的に知覚させることが、あらゆる真性な芸術作品の究極的な使命として、非明示的に要請されているのである――もっとも、かかる図式において、そのような非認識的な知覚経験へといたるためには、解釈者が作品に徹底的な哲学的批評を施すという認識的な営みを媒介としなくてはならないというアポリアを解消することは不可能なのだが。

晩年のアドルノは、〈救済〉の解釈学的モデルと美学的モデルをモダニズム芸術作品という〈メーディウム〉のもとでいかに調停するかという問題を、遺著となった『美学理論』（一九六一―六九）のなかでさらに徹底的に究明しようとした。そして、そこでアドルノがあらためて取り上げたのが、ベンヤミンの『ドイツ哀悼劇の根源』に由来する「文字」ないしは「暗号文」という形象であった。『美学理論』では、「あらゆる芸術作品は文字である」(18)と端的に規定されているが、ここでの「文字」とは、解読されるべき謎を孕んだテクストというベンヤミン的な意味のみならず、それとともに、「非同一的なもの」の知覚的な現象形態をあらわす隠喩をなしてもいる。すなわち、アドルノは、芸術作品は主観／客体の対立というアポリアを超えて「超越的なもの」へとおのれを形象化しなくてはならないという、『新音楽の哲学』における「身振り的な種類のもの」をめぐる議論とも通底している認識を示したうえで、芸術作品が自己超越化するエピファニー的な瞬間を「一瞬きらめいては過ぎ去っていく文字」(19)に喩えるのである。

さらに、それと並行するかたちでアドルノは、現代における芸術作品というカテゴリーの変容という問題について考察するなかで、「自律的な芸術作品」にのみアクチュアルな可能性を託するというみずからの見解を徐々に修正していった。もともと、すでに一九三〇年代より、芸術表現にとって「キッチュ」という非芸術的な要素が決定的な重要性をもつことをたびたび強調していたアドルノは、一九六六年におこなわれた講演「芸術と諸芸術」のなかで、「芸術」というカテゴリーがなおも存続していくための条件として、不条理演劇やハプニング、映画などを例に、「芸術が芸術となるためには、おのれとは異質なものを必要とする」[20]という命題を掲げる。「おのれとは異質なもの」として、ここでアドルノがとくに重視するのが、不条理演劇に見られるような、芸術作品としての「おのれの意味喪失」[21]という契機であるが、そこにはさらに、「キッチュ」な諸要素や、さらには映画メディアを構成する複製テクノロジーも必然的に含まれるだろう。ここで萌芽的なかたちで素描されているのは、キッチュやメディア・テクノロジーのような非芸術的な要素をも貪欲におのれのうちに包摂し、否定を介して自己拡大を遂げていくような開かれた芸術作品の姿であり、外界からの孤絶を貫くことで社会にたいする究極のアンチテーゼを表現する「投壜通信」としての芸術作品というモデルからの決定的な離脱が図られているといえる。

メディア・テクノロジーと芸術作品との関係をめぐる後期アドルノの思考について考察するうえでけっして見逃しえないのが、「芸術と諸芸術」の成立と同じ一九六六年に執筆されたエッセイ「映画の透かし絵」である。そこでアドルノは、「文字」という形象をここでも引き合いに出しながら、映画における知覚経験と「自然美」のそれとの親和性を主張している。『美学理論』において「自然美」が「非同一的なものの痕跡」[22]として規定されていることを考え合わせるならば、次のように定式化することが許されるだろう。すなわち、晩年のアドルノにとって芸術作品とは、「非同一的なものの痕跡」を感覚することを可能とする一種の〈知覚〉の媒体《メーディウム》をなすものであって、そのうちには、テクノロジー・メディアとしての映画も包含される、と。

もっとも、晩年のアドルノが、映画という大衆メディアが美学的潜勢力をもちうることを、ようやくはじめて容認するようになったというわけではない。一九四〇年代前半にすでに、亡命中の南カリフォルニアにおいて、ホルクハイマーとともに『啓蒙の弁証法』に取り組んでいたアドルノは、そのかたわらで、作曲家のハンス・アイスラーとともに映画音楽についての書物を共同執筆していたからである。すなわち、『映画のための作曲』であって、そのなかでは、無調や十二音技法といった「新しい音楽素材」を映画のなかで積極的に活用し、視覚と聴覚とを弁証法的に対立させることで、観客がスクリーン上での出来事に批判的な距離を取ることが可能になるという主張が、さまざまな具体例とともに繰り広げられていた。(23) まさにここで問題になっていたのは、視覚的・説話的なイメージには回収されない異質な契機を、映像と音響の断絶面から観客大衆に知覚させることであって、映画音楽という手段をつうじて通常の物語映画を〈非同一的なもの〉の〈知覚〉の媒体《メーディウム》へと転化することであったといえるだろう。

さらに、そのなかでアドルノとアイスラーは、来るべき映画作曲家の使命として、文化産業的な生産システムという現実的な諸条件のもとで何が実行可能かを綿密に思考し、体制側の裏をかくかたちで「ゲリラ戦」と「密輸入」を戦略的におこなっていくべきだと訴えていた。

このような現実介入的な主張が、アドルノのテクストにおいて例外的なものであることは確かである。だが、実践的なもののすべてに批判的な態度を堅持しつづけたエリート主義的知識人というクリシェ的なイメージをいたずらに反復するかわりに、アドルノが遺したテクストそのものを、読者にたいして実践的に働きかけていく一種の媒体《メーディウム》として捉え直すこともできるのではないだろうか。アドルノのテクストには、晦渋な語句や錯綜とした構文のあいだに挟み込まれるようにして、強く印象に残るような比喩や断定が随所に登場してくる。たとえば「アウシュヴィッツのあとに詩を書くことは野蛮である」というよく知られた一文がそれにあたるが、そうした誇張的な表現の数々は、客観的な事実や哲学的な真理を表現しているのではなく、むしろ、読者に反感、ショック、笑いなどの反応を惹起させることで、ある主題について一人ひとりがみずから思考するよう、パフォーマティヴなかたちで挑発しているのである。

アドルノの直接の弟子にあたるクルーゲの仕事とは、理論的著作と映像作品の双方において、〈知覚〉の媒体《メーディウム》としての芸術作品というモティーフと、『映画のための作曲』で呈示された実践的なプラグマティズムの双方を独自のかたちで継承し、ラディカルに実践していくことであったと規定できる。日本においてはもっぱら〈ニュー・ジャーマン・シネマ〉に属する映画作家として知られるクルーゲであるが、映画監督としての活動以外にも、弁護士・小説家・メディア思想家・テレビプロデューサーとして、二〇一六年現在まで多面的かつ精力的に活動しつづけている。また、一九六九年に刊行された『映画のための作曲』ドイツ語オリジナル版のあとがきのなかで、映画における音声の使用法という問題についてクルーゲと共同研究する計画について記すなど、最晩年のアドルノが、みずからの思想を受け継ぐ後継者と見なしていた人物でもある。

クルーゲの基本的な思考は、社会学者オスカー・ネークトとともに執筆した二冊の共著――『公共圏と経験』（一九七二）および『歴史と我意』（一九八一）――にまとめられているが、前者での議論を潜在的なレヴェルで主導しているのは、〈知覚〉の媒体《メーディウム》としての芸術作品という、アドルノに由来するモティーフである。そこでクルーゲ／ネークトは、ハーバーマスの「市民的公共性〔bürgerliche Öffentlichkeit: ブルジョワ公共圏〕」の概念に対抗するかたちで「プロレタリア公共圏」という概念を提唱する。それは、「ブルジョワ公共圏」と結託した資本主義生産体制において、たがいに分断され、公共的表象のメカニズムから排除されたさまざまな要素――そこには、労働者階級、女性、人種的マイノリティといった特定の社会集団のみならず、育児や性など、〈プライヴェートな領域〉というカテゴリーに一方的に押し込められたものや、さらには想像力や記憶をはじめとする、衰退していく人間の諸能力も含まれる――を、ふたたび相互に連関させるようなオルタナティヴな公共圏であり、かかる理念の実現のために不可欠なのが、現代社会において徹底的に疎外・断片化された「経験」という契機を回復させることだとクルーゲたちは主張する。資本主義体制のヘゲモニーのなかでは、「意識産業」が商品として提供する「擬似経験」の数々が市場に溢れかえる一方、その規格に適合しないものは強制的に同質化され、あるいは容赦なく切り捨てられている。それゆえ重要なのは、排除・抑圧された〈他なるもの〉を知覚することを可能にするような「経験」の地平を開いていくことであり、それによって、現状とは異なる公共圏のあり方を人々が想像することができるようになるというのだ。

「意識産業」や「擬似経験」をめぐる議論には、アドルノの文化産業論の影響が顕著に現れており、「経験」もまた、ベンヤミン哲学における鍵概念のひとつであることはいうまでもない。だが、『公共圏と経験』においてクルーゲたちが、フランクフルト学派の思想的モティーフをたんに再利用することに終始しているわけではなく、みずからの理念的目標を達成するための手段として、きわめて実践的な提言をおこなっていることは注目に値する。すなわち、現在の支配体制に対抗するためには、労働運動や革命といった旧来的な手法に期待するのではなく、資本主義的な生産機構のなかで「対抗商品」を戦略的に流通させることで、システムを内部から蚕食していくことが有効だというのである。そして、「対抗商品」を流通させる舞台としてクルーゲたちが着目したのが、現在の公共圏の形成にとって決定的な役割を果たしているテレビであった。〈他なるもの〉を「経験」するための回路となるようなテレビ番組を制作・放送すること――『公共圏と経験』の議論は最終的にそのような要請に帰着するが、そこには〈知覚〉の媒体《メーディウム》としての芸術作品という後期アドルノに由来するモティーフと、『映画のための作曲』で示された「ゲリラ戦」と「密輸入」の思想の双方が反映されているといえよう。さらにクルーゲは、このようなみずからの主張を実践に移すべく、一九八〇年代半ばにテレビ制作会社を立ち上げ、現在にいたるまで「対抗商品」としてのオルタナティヴなテレビ番組を流通させつづけているのである。

『公共圏と経験』の続篇として構想された、クルーゲとネークトによる二冊目の共著『歴史と我意』では、公共圏における「経験」の疎外と回復をめぐるプログラムが、歴史学・生物学・メディア論などの領域を横断しつつ、人類史的なスケールでふたたび展開される。一二〇〇頁を超える圧倒的なヴォリュームを誇るこの書物で語られるのは、歴史的な「分離」と、それに抵抗する人々の「我意」とのあいだで繰り広げられる壮大な抗争史であるということができるだろう。マルクスの『資本論』における「本源的蓄積」をめぐる記述に立脚しながらクルーゲたちは、資本主義体制を特徴づけるメルクマールとなるのが「分離」であり、それは労働者を生産手段から切り離すだけでなく、分業や疎外、富の集中というかたちで、時代の経過とともにいっそう容赦なく社会を根底から規定していくと述べる。だが、人間のうちには「我意」という契機が内在しており、そこに彼らは「分離」に抵抗するための基盤となるものを見出す。すなわち、おのれが強制的な収奪の対象とされるとき、「私のもの」にエゴイズム的に固執する「我意」という契機こそが、歴史的な「分離過程」にたいする防波堤となるというのだ。ただし、「我意」のうちからさらに社会変革的なポテンシャルを引き出すためには、われわれの「労働能力」の一部をなす「自己統制」の力を働かせ、たがいに反目しがちな複数の「我意」のあいだを巧みに調整し、相互に連合関係をなすかたちで関連させていくことが重要なのであり、そのためにはオデュッセウス的な「詭計」が必要とされるとクルーゲたちは説く。要するに、「分離過程」のなかで寸断された「労働」を、「労働」そのもののうちに内在する力によって解放へともたらすためのプログラムが、ここで提起されているのである。

『歴史と我意』ではさらに、「握ること」にまつわる人類学的考察から、中世から近世にいたるドイツの歴史、戦争、家庭など、さまざまな主題が扱われるが、クルーゲたちはそのすべてを、「分離」・「我意」・「自己統制」という三つの契機が織りなす力学的関係と、人間の「労働能力」のエコノミー的配分という観点から詳細な分析や省察をくわえていく。いずれにせよ、そこで一貫して問われているのは、歴史の進行のなかで分断され、排除された諸要素をたがいにふたたび連結させることで、新たなアレンジメントを反復的に形成していくことであり、そのような問題意識は、『公共圏と経験』における「プロレタリア公共圏」の組織化をめぐる議論の延長線上に位置づけられるとともに、ベンヤミンにおける「星座的布置」の概念とも深く親和しているといえるだろう。

さらに、『歴史と我意』のレイアウトや、みずからの映像作品においてモンタージュという技法を頻繁に活用しているのも、分離された複数の領域や対象をふたたび関係づけるための手段にほかならない。二〇一〇年にクルーゲが発表したDVD映画『イデオロギー的な古典古代からのニュース――マルクス‐エイゼンシュテイン‐資本論』でも、『資本論』という書物に関連する多種多様な主題をもとに、縦横無尽にモンタージュが繰り広げられているが、この作品は同時に、クルーゲ自身もその系譜に連なるマルクス主義の歴史をめぐる映像による省察となっている。ただし、そのなかでマルクス主義にまつわる対象は、徹頭徹尾、過去の朽ち果てたイデオロギーの残滓として、ときにアイロニカルな諧謔を交えつつ容赦なく解体されるのであり、異質な諸要素と強引かつ恣意的にモンタージュされた映像断片の数々は、まさに廃墟と呼ぶにふさわしい。だが、クルーゲにとってモンタージュとは、過去の破片を新たに組み合わせていくなかで、実際に起こったことのみならず、かつて在りし人々の「願望」や「想像力」をも表象することを可能にするのであり、挫折と破綻に終わった過去の希望の残骸から、来るべき社会に向けられたユートピア的志向を追想することが、ここで試みられているのだ。その意味において、この映像作品のなかでクルーゲは、ベンヤミンが「歴史の概念について」のなかで要請した「抑圧された過去」の解放という歴史唯物論的な課題を実践しているのであり、まさしくマルクス主義の「死後の生」のなかに潜伏する「アクチュアリティ」を甦らせようとしているのである。

フランクフルト学派の起源のひとつを、かりにベンヤミンが「言語一般および人間の言語について」を執筆した一九一六年に求めるならば、それから一〇〇年もの歳月が経過したこととなる。われわれにとって、フランクフルト学派の思想家たちが遺したテクストの数々もまた遠い過去に属するものであり、時間の経過のなかで、退色、変質、腐食、風化、忘却などの作用を免れているわけではけっしてない。だが、彼らのテクストをあらためて読み直すという営みのなかで、その行間に埋もれている思考や希望の痕跡を掘り起こし、「アクチュアル」な輝きを取り戻させるための踏み石を呈示することが、本書の最終的な目標である。

＊　＊　＊

ここで本書の構成と各章の内容を紹介しておこう。

第I部「救済の美学」では、初期ベンヤミンのテクストを織りなしている、「沈黙」「嘆き」「中間休止」「救済」などの多分に神学的な含意を帯びた諸概念が、ベンヤミン自身の思考のなかで、テクノロジーに媒介された〈知覚〉と〈メーディウム〉をめぐる省察へと融解していく過程を描き出す。

第1章では、ベンヤミンのアドルノ宛書簡のなかに記された「無声映画の革命的優位性」という表現を出発点として、「言語一般および人間の言語について」、「ゲーテの『親和力』」、『ドイツ哀悼劇の根源』およびその関連論考をもとに、初期ベンヤミンにおける〈沈黙〔Stummheit: 無声性、無言性〕〉と〈音楽〉という二つの形象の思想的内実を検証する。

第2章では、「複製技術時代の芸術作品」の各ヴァージョンを特徴づけているアナクロニズム的な傾向について考察していくなかで、複製技術メディアとしての映画によってもたらされる観客大衆の知覚の変容という美学的な作用が、〈過去の引用＝召喚〉という歴史哲学的な機能と結びついているという点が明らかにされる。

第3章は最初の補論として位置づけられるが、一九三四年にアドルノがカール・クラウスを強く意識しながら執筆した外来語論を例に、〈救済〉をはじめとする初期ベンヤミンの神学的モティーフの数々が、アドルノによって外来語をはじめとする世俗的な対象についての思弁的考察へと応用されていく過程を追跡する。

第II部「メーディウムとしての芸術作品」では、芸術作品をめぐるアドルノの思考が孕む弁証法的なダイナミズムに焦点を当てる。

第4章では、「音楽の社会的状況によせて」（一九三二）および『新音楽の哲学』におけるシェーンベルク分析を手がかりに、「投壜通信」としてのモダニズム芸術作品をめぐる理論が練り上げられる過程を再構成するとともに、そこでの「哲学的批評」の役割について検討を加える。

第5章では、アドルノの美学理論において「キッチュ」という契機が占めるアンビヴァレントな位置について検証したうえで、自己否定によって延命していく現代芸術のアポリアをめぐるアドルノの省察を内在的に分析する。

第二の補論をなす第6章は、『啓蒙の弁証法』の文化産業論を修辞学的視点から読解することで、言説上でパフォーマティヴに遂行される挑発としてテクストそのものを捉え直すことが試みられる。

第Ⅲ部「変容する投壜通信」は、〈知覚〉の媒体《メーディウム》としての芸術作品という理念がアドルノからクルーゲへと発展的に受け継がれていく軌跡をたどる。

第7章では、最晩年のアドルノの美学理論を、近代社会において抑圧・忘却された「非同一的なもの」を経験することを可能にする〈知覚〉の媒体《メーディウム》という観点から考察するとともに、クルーゲ／ネークトが『公共圏と経験』で展開した「プロレタリア公共圏」をめぐる思想と、「対抗商品」としてのメディア映像というモティーフとの接点を探る。

第8章では、『歴史と我意』のなかで展開される「労働」をめぐる歴史的な分析を、大衆の「労働能力」の再組織化という観点から整理していく作業をつうじて、バラバラに分離された諸要素を戦略的に再結合するというモンタージュ的な操作のなかに、クルーゲが解放的な可能性を看取していたことを示す。

第9章では、映画版『資本論』のなかでクルーゲが呈示したマルクス主義の表象を、ベンヤミンの翻訳論に由来する「死後の生」という観点から分析する。そのうえで、フランクフルト学派の後継者としてのクルーゲが、先行世代の思想やテクストと取り組むにあたって示すアイロニカルな姿勢を、〈忠実なる不忠さ〉の実践として位置づける。

それぞれの章は相互に関連しているが、独立した論考として読むことも可能である。

本書の第Ⅱ部において中心的に扱われるアドルノの思想について、筆者はすでに二〇〇七年に上梓した拙著『アドルノ、複製技術へのまなざし──〈知覚〉のアクチュアリティ』（青弓社）のなかで論じていた。また、本書の議論の中核となる「知覚」「メーディウム」「プラグマティズム」といったモティーフも、前著にすでに登場するものであった。だが、前著では、アドルノの複製テクノロジー観──とりわけ映画観──の変遷をクロノロジックにたどることに議論を限定したために、『新音楽の哲学』をはじめとする音楽論についてはほとんど検討することができなかった。また、ベンヤミンからアドルノ、そしてクルーゲへといたる思想的な系譜について、随所で示唆はしながらも、踏み込んだ考察をおこなうまでにはいたっていない。その意味において本書は、前著で積み残した課題を、アドルノの芸術美学や社会批判、それにベンヤミンやクルーゲとの思想的な影響関係を含んだより広いコンテクストのなかで追求するものであり、前著の続篇ないしは姉妹篇として構想されている。

註

（1）Walter Benjamin, »Ankundigung der Zeitschrift: Angels Novus«, in: *BGS* II, S. 241.〔ヴァルター・ベンヤミン「雑誌『新しい天使』の予告」、浅井健二郎編訳『ベンヤミン・コレクション④』所収、ちくま学芸文庫、二〇〇七年、一二頁〕

（2）Ebd., S. 246.〔同書、二四頁〕

（3）Ebd., S. 245.〔同書、二二頁〕

（4）Benjamin, *Ursprung des deutschen Trauerspiels*, in: *BGS* I, S. 213-215.〔ベンヤミン『ドイツ悲劇の根源』浅井健二郎訳、ちくま学芸文庫、一九九九年、上巻三〇─三四頁〕

（5）Ebd., S. 353.〔同書、下巻五〇頁以下〕この一節はアドルノの「自然史の理念」のなかでも引用されている。Adorno, »Die Idee der Naturgeschichte«, in: *AGS* 1, S. 357.〔アドルノ「自然史の理念」、『哲学のアクチュアリティ――初期論集』所収、細見和之訳、二〇一一年、六五頁〕「Vergängnis」にたいする「移ろい」という訳語は細見訳から借用した。

（6）Benjamin, *Ursprung des deutschen Trauerspiels*, a.a.O., S. 405f.〔ベンヤミン、前掲『ドイツ悲劇の根源』下巻一七一頁〕

（7）そのような試みの一例として、遠藤薫『廃墟で歌う天使――ベンヤミン『複製技術時代の芸術作品』を読み直す』現代書館、二〇一三年を参照。

（8）Benjamin, »Über den Begriff der Geschichte«, in: *BGS* I-2, S. 701.〔ベンヤミン「歴史の概念について」、浅井健二郎編訳『ベンヤミン・コレクション①』所収、ちくま学芸文庫、一九九五年、六五三頁〕

（9）ベンヤミンとアドルノの関係について論じた文献は枚挙にいとまがないが、代表的な研究として、Susan Buck-Morss, *The Origin of Negative Dialectics. Theodor W. Adorno, Walter Benjamin, and the Frankfurt Institute*, New York: Free Press 1977を参照。日本語文献としては、三原弟平『思想家たちの友情――アドルノとベンヤミン』白水社、二〇〇〇年、および、細見和之『アドルノの場所』みすず書房、二〇〇四年を参照。

（10）Benjamin an Adorno, 17.7.1931, in: *ABB*, S. 17.〔『ベンヤミン／アドルノ往復書簡1928-1940』野村修訳、晶文社、一九九六年、一六頁〕

（11）Benjamin, »Das Kunstwerk im Zeitalter seiner technischen Reproduzierbarkeit [2]«, in: *BGS* VII-1, S. 381.〔「複製技術時代の芸術作品〔第二稿〕」浅井健二郎訳、前掲『ベンヤミン・コレクション①』所収、六二六頁〕

（12）Ebd., S. 354.〔同書、五九一頁〕

（13）Benjamin, »Über den Begriff der Geschichte«, in: *BGS* I, S. 694.〔ベンヤミン「歴史の概念について」、前掲『ベンヤミン・コレクション①』所収、六四七頁〕

(14) Ebd., S. 696.〔同書、六五一頁〕

(15) ベンヤミンの歴史哲学における「沈黙する死者たち」という形象については、柿木伸之『ベンヤミンの言語哲学——翻訳としての言語、想起からの歴史』平凡社、二〇一四年、三二三—三九〇頁を参照。

(16) Benjamin, »Über den Begriff der Geschichte«, a.a.O., S. 703.〔ベンヤミン、前掲「歴史の概念について」六六二頁〕

(17) Adorno, *Philosophie der neuen Musik*, in: *AGS* 12, S. 122.〔アドルノ『新音楽の哲学』龍村あや子訳、平凡社、二〇〇七年、一八一頁〕

(18) Adorno, *Ästhetische Theorie*, in: *AGS* 7, S. 189.〔アドルノ『美の理論』大久保健治訳、河出書房新社、二〇〇七年、二一四頁〕

(19) Ebd., S. 125.〔同書、一三九頁〕

(20) Adorno, »Die Kunst und die Künste«, in: *AGS* 10-1, S. 439.〔アドルノ「芸術と諸芸術」拙訳、『SITE ZERO/ZERO SITE』第〇号（二〇〇六年）所収、三三〇頁〕

(21) Ebd., S. 450.〔同書、三四五頁〕

(22) Adorno, *Ästhetische Theorie*, a.a.O., S. 114.〔アドルノ、前掲『美の理論』一二四頁〕

(23) 詳細については、竹峰義和『アドルノ、複製技術へのまなざし——〈知覚〉のアクチュアリティ』青弓社、二〇〇七年、第四章を参照。

第Ⅰ部　救済の美学

第1章　「無声映画の革命的優位性」
——初期ベンヤミンにおける〈沈黙〉と〈音楽〉

1　沈黙

一九三八年一二月九日、ヴァルター・ベンヤミンは、二ヶ月まえに完成したボードレール論——「ボードレールにおける第二帝政期のパリ」(1)——の原稿に容赦のない批判を浴びせたテーオドア・W・アドルノの一一月一〇日付の手紙(2)にたいして、長い返信をしたためる。それはもっぱらアドルノの「概念的な性急さ(3)」にたいしてみずからの理論的立場を擁護するという趣旨のものだったが、そこには、ベンヤミンによる自己弁明の言葉とならんで、アドルノが同時期に著した論文「音楽における物神的性格と聴取の退化」にたいする手短かな論評が見受けられる。(4)アドルノの晩年の回想によれば、このエッセイ自体が、「その少しまえにわれわれの雑誌に掲載されたヴァルター・ベンヤミンの「複製技術時代の芸術作品」にまつわる論文への一種の批判的回答(5)」をおこなうという意図のもとに執筆されたのだから、ベンヤミンがアドルノの新作論文に言及するにあたって、「現代におけるジャズの聴覚的な知覚のある種の特徴を、私が記述した映画の視覚的な特徴と関連させている」[6]部分にまず着目したのは当然であるといえよう。しかしながら、ここでベンヤミンは、アドルノと自身との哲学的姿勢の根本的な相違点をさらに深く追求することはせず、「われわれのそれぞれの試論において明暗が異なって配分されていることが理論的な食い違いによるものなのかどうか」[7]という決定的な問いを敢えて保留にしたままに、みずからの論文に欠けたアドルノの「長所」[8]として、「産業によって産出された心理学的な諸類型の分析と、それらの産出方法の描写」を慎ましやかに賛美するのみである。このような譲歩的な姿勢には、一一歳年少の友人にたいする阿諛めいたニュアンスが感じられなくもない。というのも、パリ亡命中の当時のベンヤミンにとって、みずからのライフ・ワークであるパサージュ論のプロジェクトがアメリカ亡命中の社会研究所によって認可を受け、「われわれの雑誌」、すなわちアドルノも編集委員の一人であった研究所の紀要誌『社会研究誌（*Zeitschrift für Sozialforschung*）』に採用されることが、経済的な意味でまさに死活問題であったからである。

だが、この手紙のなかでより注目に値するのは、アドルノ論文の「長所」に言及した直後に現れる一節であり、そこでベンヤミンは、やや唐突なかたちで、「トーキー映画の分析」のためのプロジェクトを共同でおこなうことを、アドルノにたいして提起しているのである。

> しだいに私に分かってきたのは、トーキー映画〔Tonfilm〕が席巻することは、統御することが困難であり、政治的に危険な反応を引き出しやすい無声映画の革命的優位性〔das revolutionäre Primat des stummen Films〕を打破することを使命とした産業の行動であると見なされなくてはならない

ということです。トーキー映画の分析は、あなたの見解と私の見解とを弁証法的な意味で媒介するような、今日の芸術への批判となるのではないでしょうか。(9)

トーキー映画とは、映画に音声を付加することによって、無声映画が孕みもっていたはずの「革命的優位性」を打ち崩そうと目論む「産業の行動」の産物にほかならない――このような主張をするにあたって、ベンヤミンの念頭にはおそらく、アドルノの「音楽における物神的性格と聴取の退化」における以下の個所があったのではないかと推測される。

むしろ娯楽音楽は、人間が黙り込むこと〔Verstummen der Menschen〕、表現としての言語の壊死、みずからを伝達する能力がそもそも不全になった状況を補っているように見える。娯楽音楽は、不安や混雑、抗議する余地のない服従によって歪められた人間たちのあいだに孕まれる沈黙という空隙に住みつくのだ。娯楽音楽は、無声映画の時代に場面に応じて分け与えられたうら悲しい役割をそこらじゅうで引き受ける。それはたんに背景として知覚されるにすぎないのである。(10)

少なくとも、複製技術によって媒介された音響（トーキー映画の音声ないしは娯楽音楽）が沈黙にたいする産業上の欺瞞的代理物として機能しているという点において、ベンヤミンとアドルノの意見は一致している。だが、にもかかわらず、両者の議論はひとつの根本的な相違を示している。すなわち、アドルノは「人間が黙り込むこと」を人間のコミュニケーション能力の退化（「表現としての言語の壊死」）の徴標として捉えるとともに、娯楽音楽および無声映画の伴奏音楽をそのような沈黙の代補として位置づけている。それにたいして、ベンヤミンはまさしく「統御することが困難であり、政治的に危険な反応を引き出しやすい」無声映画というメディアそれ自体のなかに「革命的優位性」を認めているのである。次章でも触れるように、「複製技術時代における芸術作品」（一九三五—三九）のいずれの稿でも、少なくともテクストを一読するかぎり、ベンヤミンはもっぱら無声映画を念頭に置きながら議論を進めているように見えることは確かではあるが、無声映画とトーキー映画とをさほど明確に対置してはいないのだから、無声映画にのみ革命的な可能性を認めるというこの一節はいささか奇妙に見えるかもしれない。しかしながら、〈沈黙〉という形象がベンヤミンの著作全体においてつねに特別な意味を付与されてきたという事実を鑑みるならば、このベンヤミンの発言をたんなるその場かぎりの思いつきとして一蹴することはできないだろう。それゆえ、いかなる思考連関から「無声映画の革命的優位性」という主張が生じてきたかを検証するためにも、まずはベンヤミンのテクストにおける〈沈黙〉の理論的内実について時代系列的に探査することが必要となろう。

（1）人間の堕罪と自然の沈黙

ベンヤミンのテクストのなかで〈沈黙〉にまつわる主題系がはじめて決定的なかたちで登場するのは、一九一六年に「言語の本質と対決する」[11]試みとして執筆された「言語一般および人間の言語について」の後半部であり、そこでは「言語」や「自然」に関する思弁的考察との関連のなかで、「沈黙〔Stummheit〕」や「無言性〔Sprachlosigkeit〕」という概念が示唆的にもちいられている。[12]しばしば秘教的な難解さを指摘されるベンヤミンのこの初期言語論であるが、その内容をおおまかに区分するならば、最初に言語の「魔術的無媒介性」という問題が扱われ、つづいて「純粋言語」という理念が検討されたのち、最後に言語の堕落について論じられるという三部構成となっている。「伝達可能性の伝達」や「伝達不可能なものの象徴」といったいくつかの謎めいた記号学的概念を敢えて度外視するとすれば[13]、このテクストは、『創世記』第二章および第三章（アダムの命名と人間の楽園追放）にたいする聖書釈義の伝統の枠内にあるといえるだろう。いずれの部分においても、主要な議題となっているのは、神の創造する言語、人間の命名する言語、事物の低次の言語という聖書に由来する言語の三層構造であり、とりわけこれら三つの言語相互の翻訳と自己伝達の関係に議論の焦点が当てられているのである。

　ベンヤミンの主張によれば、最初の人間であるアダムは、もともと「自然の黙せる魔術」のうちに放射する「神の言葉」を、「命名」というパフォーマティヴな行為において直観的に受容することによって「事物の言語を人間の言語に翻訳する」という能力を備えていた。[14] つまり、まさしくアダムが沈黙する諸事物に与える固有名において、神と人間と事物の三つの言語が連続的なかたちでたがいに結びついていたのである。しかしながら、楽園追放後の人間たちは、まさしく命名するための「言語という贈与物〔*Gabe* der Sprache〕[15]」を奪われるのであり、この堕罪の瞬間から、「黙せる被造物と神との言語共同性」は失われてしまう。そして、神の言語のパロディとして登場するのが「外面的な伝達をおこなう言葉」である「おしゃべり」[16]であって、この抽象的な記号としての言葉は、バベルの塔の挿話に象徴される言語の多数化と混乱を結果として引き起こすだけでなく[17]、それ自身が善悪についての司法的判決の手段と化すことで、「法の神話的根源」を形成することとなる。[18] それによって、もはや人間の言葉によって認識されることがない自然は、いまや分裂と抽象化によって堕落した人間の言葉のなかで「過剰命名[19]」に晒される。そして、このような「言語の奴僕化[20]」のなかで嘆く自然の哀しみは、最終的に「沈黙」というかたちをとる。

いまや、われわれが自然の深い哀しみということで考えるような、自然のもうひとつ別の沈黙が始まるのである。もしも自然に言語が授けられたならば、すべての自然は嘆きはじめるであろうというのは、ひとつの形而上学的真理である。〔……〕この命題には二重の意味がある。それがまず意味するのは、自然は言語それ自体のことを嘆くだろう、ということである。無言性〔Sprachlosigkeit〕、それは自然の大きな苦悩である〔……〕。第二に、この命題は、自然は嘆くだろう、ということを言っている。嘆きとはしかし、このうえなく未分化の、無力な言語表現であり、そこにはほとんど感性的な吐息しか含まれていない。そして、植物がざわめいているところにさえ、つねにひとつの嘆きが共鳴している。沈黙しているがゆえに自然は哀しむ。だが、この命題を反転させると、自然の本質のうちへとさらに深く導かれる。すなわち、自然の哀しみが自然を沈黙させたのだ〔die Traurigkeit der Natur machte sie verstummen[21]〕。

この引用部分で決定的に重要なのは、これまで無力な「自然」の受動的・従属的な様態を示すにとどまっていた「沈黙」ないしは「無言性」という特性が、ここで「哀しみ」という自発的表現へと機能転換されている点である。そして、沈黙のなかで嘆き哀しむこの「自然」が、まさにのちの『ドイツ哀悼劇の根源』（一九二三―二五）における「寓《アレゴリー》意的な哀しみ」の先取りをなしていることは、ベンヤミンが上記の引用個所の後半部を「唯一考えうる救いとしての自然の寓《アレゴリー》意的な救済[22]」との関連で、そのまま自己引用していることからも明白であろう。だが、少し議論を先取りしていえば、『ドイツ哀悼劇の根源』における「沈黙する自然」が初期言語論での「自然」と異なるのは、それが寓《アレゴリー》意的読解が施されるべき一種の〈文字（Schrift）〉として位置づけられているからである。ベンヤミンによれば、「廃墟」と化した自然は、寓意家《アレゴリカー》の恣意的で不確かな解釈に晒されるとともに、[23]「はかなさという象形文字〔Zeichenschrift der Vergängnis〕」ないしは「自然史という寓《アレゴリー》意的相貌〔allegorische Physiognomie der *Natur-Geschichte*〕[24]」として諸々の抽象的な意味を担わされることによって、至福の「名‐言語〔Namen-sprache〕」からよりいっそう離反していく。そして、このような死せる自然の硬直した相貌には、最終的に「あの一回の豹変とともに〔mit jenem *einem* Umsprung〕」、「救い」が訪れるとベンヤミンは主張する。「自然が古典古代と同じく、罪深いものと感じられていくほど、自然を寓《アレゴリー》意的に解釈することが、なおも唯一考えうる救いとして、ますます必要となった[25]」。ここで「寓《アレゴリー》意」の名のもとに呈示されているのは、弁証法的反転という逆説的な論理である。すなわち、堕罪後の自然が寓意家《アレゴリカー》の読解によって徹底的に貶められ、無数の比喩に囲繞されつつ極限まで抽象化させられるとき、この罪深い陰鬱な光景が、さらに「復活の寓《アレゴリー》意として」解釈されることによって、「神の世界」を告げ知らせることができるというのである[26]。それにたいして、初期言語論の「沈黙する自然」は、寓《アレゴリー》意的な読解の対象となるにはまだ十分に抽象化されていないというべきであろうか、少なくとも明示的には〈救済〉の可能性は与えられていないのである。要するに、一九一六年のテクストにおける「自然」は、抽象的な神話／法の言葉によって過剰に規定されることで沈黙を余儀なくされながらも、哀悼劇論文の場合とは異なり、寓意的《アレゴリー》な〈文字〉として最終的に「救い」を見ることはないのだ。

さらに、ここでもうひとつ注目すべきは、初期言語論における「沈黙する自然」という哀しき無音の情景が、たんに哀悼劇（Trauerspiel）の原型をなしているのみならず、ギリシア悲劇（Tragödie）の舞台とも思弁的な関連をもっているという点である。というのも、先に引用した節を締めくくるにあたってベンヤミンは、「過剰規定〔Überbestimmtheit〕は、話をする人間たちの諸言語間の悲劇的な〔tragisch〕関係のなかで支配している」(27)とわざわざ述べているからである。この文脈において、初期言語論の成立とまさしく同時期の一九一六年に執筆された、「哀悼劇と悲劇」、「哀悼劇と悲劇における言葉の意味」、さらに「運命と性格」という『ドイツ哀悼劇の根源』の先駆けをなす三つのエッセイがとりわけ重要となってくる。というのも、以下に見るように、それらのテクストのなかでは、「悲劇」と「哀悼劇」という文学ジャンルの双方について、まさに「無言性」と「哀しみ」というモティーフを軸に考察されているからである。

（2）英雄の沈黙

「哀悼劇と悲劇」(28)で追求されているのは、その表題が示すように、神学的な言語哲学ではなく、もっぱらギリシア悲劇と近代の哀悼劇という演劇的なジャンルの差異である。だが、ここでベンヤミンが、初期言語論と同じく、時間的推移を含意した三層構造によって議論を組み立てていることは注目に値するだろう。すなわち、「メシア的時間」から「悲劇的時間」をつうじて「哀悼劇の時間」に移行するという図式である。ベンヤミンの定義によれば、「メシア的時間」とは、「いかなる経験的出来事によっても完全には把捉されず、いかなる経験的出来事のなかにも完全には集約されえない」[29]。神的な成就としての「メシア的時間」は、人間たちの経験的な領域にとってまったく異質で到達不可能なものであるのだが、ただし、ギリシア悲劇という芸術作品のなかでのみ、時間を人間的なかたちで成就することが可能となる。すなわち、ギリシア悲劇の英雄が「運命」として死を迎える瞬間に、「個的に成就された時間」としての「悲劇的な時間」が成り立つというのである[30]。それゆえ、この「悲劇的な時間」は、英雄の能動的な行為や言葉ではなく、英雄の「完全な受動性」において成就されるという、一見すると逆説的に思えるような特徴を備えている（「こうした機能は、ほとんど逆説的なことに、英雄が完全に受動的になる瞬間に、明確なかたちで現れてくる」[31]）。この悲劇的英雄の「受動性」が、初期言語論における自然の「沈黙」と対応していることは間違いない。というのも、『ドイツ哀悼劇の根源』をはじめとするベンヤミンの他のテクストにおいて、英雄の受動的状態がたびたび「沈黙」や「無言性」として言いあらわされているのみならず[32]、死にゆく英雄と、沈黙する自然とは、ともに「過剰規定〔überbestimmt〕」されているという共通性をもつからである。「悲劇的な死は過剰規定されており、このことが英雄の罪の本来の表現をなしている」[33]のだ。

初期言語論における「自然」がそうであったように、ギリシア悲劇の英雄を「過剰規定」しているものもまた、その死が「罪」と呼ばれている以上、善悪についての道徳的・司法的な判決を司る「裁く言葉」によってであると考えることができるだろう。そして、論考「運命と性格」（一九一九）ではっきりと述べられているように、ベンヤミンの思考のなかで「罪」は「運命」という神話的なモティーフと不可分に結びついている――「運命とは生あるものの罪連関である」[34]。それゆえ、悲劇的な英雄は、「おしゃべり」のなかに囚われた自然のように、運命的な強制力のなかで黙り込むよう「過剰規定」されているのであって、さらにそれが、ここでは「英雄が完全に受動的になる瞬間」としての死と等置されているのである。

だが、近代の哀悼劇では、悲劇的な英雄による「過剰規定」された死が登場してくることはない。というのも、おのれの死によって時間を「成就」へと導く悲劇の英雄が定義上「有限の」存在であるのにたいして、哀悼劇における「死とは終わりではな」く、それゆえ「成就」という終局の瞬間に到達することがないからである。哀悼劇のメルクマールとはその無限性、終わりを迎えることのない時間的な「反復」なのだ[35]。そのために、哀悼劇では、あらゆる出来事が何度も反復されることによって、いったん死んだ登場人物でさえも、鏡像的な時空間のなかで「亡霊」としてふたたび舞台に登場してくる。哀悼劇の亡霊的な時間において支配的なのは、ギリシア悲劇を根底から規定するドラマトゥルギー的な閉鎖性ではなく、哀しみ（Trauer）も含めたすべてが無限に繰り返される「Spiel〔劇、演技、遊戯〕」――まさに文字どおりの「Trauer-Spiel〔喪の遊戯〕」――にほかならない。そこでは「すべての者は、死が劇《シュピール》を終わらせるまで演技《シュピーレン》し、それからさらに、もう一方の世界において、この同じ劇《シュピール》をより大規模なかたちで反復するのだ」[36]。さらに、このエッセイの最後でベンヤミンが述べるところによれば、「反復」と「遊戯」によって特徴づけられる哀悼劇というジャンルは、「それ自体のうちに閉じていない」がゆえに、「演劇的な領域」のうちに収まることはなく、他のジャンルへとはみ出すような要素が「剰余」として内在している。すなわち、「音楽」である――「哀悼劇は、演劇的時間の音楽の時間への移行のうちにある」[37]。

この「音楽」という形象が、哀しき自然と悲劇的な英雄の双方を徴づける〈沈黙〉という形象の対極にあることはいうまでもない。だが、〈沈黙〉から〈音楽〉への移行というモティーフについては、このあと本章の後半で考察することにし、ここでは自然と英雄のそれぞれの「沈黙」のあいだのひとつの決定的な相違点について確認しておきたい。すなわち、初期言語論における自然の「無言性」が、言語の抽象化にたいする自発的ではあるものの所詮は無力な嘆きにとどまるものだったのにたいして、ギリシア悲劇の英雄はその完全に受動的な死のなかで「おのれの時間の宿命」を成就させる、という違いである[38]。この「宿命」という表現が何を含意しているかについては、このエッセイでは明示されてはいないが、先に触れた「運命と性格」のなかでベンヤミンは、英雄と「運命」との関係についてより踏み込んだ考察を展開している。そこでは、ギリシア悲劇の英雄による「沈黙」が、神々にたいする「驕慢《ヒュブリス》」として歴史哲学的なかたちで基礎づけられる一方、この「沈黙」にたいして、神話的な「運命」を「暴力」によって打破するという、〈破壊的性格〉とも呼ぶべき特質が付与されているのである。

> ギリシア悲劇ではデモーニッシュな運命が打ち破られる。〔……〕ギリシア悲劇では、異教的な人間が、自分はおのれの神々よりもより善い、と自覚するのだが、この認識は彼にたいして言語を拒むために、かかる認識はおぼろげなままである。この認識は、みずから認めることはないままに、密かにおのれの暴力〔Gewalt〕を集めようとする。この認識は、罪と贖いとをきちんと天

秤にかけることなく、両者をぐちゃぐちゃに掻き混ぜてしまう。〔……〕道徳的な人間は、なおも沈黙した〔*stumm*〕ままで、なおも未成年のままで――そういう人間として英雄と呼ばれるのである――、苦悩にみちた世界が震動するなかで身を起こそうとする。道徳的な無言性〔*Sprachlosigkeit*〕、道徳的な未成熟性のなかでゲーニウスが誕生するという逆説が、ギリシア悲劇の崇高さなのである。(39)

英雄的なゲーニウスの「無言性」とは、みずからが神々を凌駕しているという不遜な「認識」の崇高な表現をなしている。英雄が黙っているのは哀しみのためではなく、驕慢《ヒュブリス》が彼を沈黙させるのだ。そして、このような「認識」には「暴力」が付随しているというのだが、それは、「暴力批判論」（一九二〇―二一）の概念を借りるならば、「法維持的暴力」や「法措定的暴力」よりも、「神的暴力」に近いところにあるといえるだろう。というのも、ベンヤミンのいう「神的暴力」が、法的基盤のうえで罪や贖いを強制するのではなく、その根底にある「運命的な秩序」(40)そのものを破壊するように、ここでの「暴力」もまた、「罪と贖いを〔……〕ぐちゃぐちゃに掻き混ぜる」なかで「デモーニッシュな運命を打ち破る」という機能を果たすものだからである。いうなれば、悲劇的な英雄による驕慢な認識と、その表現としての英雄の沈黙には、「運命」として強制された秩序を破壊するという意味で、一種の革命的な暴力が内在しているのであり、それはまさにその「無音声＝無声性」のなかで、「罪と贖い」というエコノミー的な論理によって規定された桎梏を密かに内破することができるのである。

（3）中間休止

ベンヤミンの思考において、ギリシア悲劇の英雄の「沈黙」における罪連関を打破するような暴力と関連するのは、「暴力批判論」で叙述されるような、プロレタリアートによるストライキといった政治的領域だけではない。[41]「道徳的」や「崇高さ」という言葉が示唆するように、かかる暴力は、カント的な道徳哲学の領域にも関連していると見なしうる。この文脈において注目すべきは、ベンヤミンによる文芸批評「ゲーテの『親和力』」であり、そこでは、まさにカントの『判断力批判』の基本図式を踏襲するように、宥和の仮象としての「美」にたいして、「真なるものの崇高な暴力」が対置されている。

仮象に停止を命じ、動きを呪縛し、調和に口をはさむのが、表現なきもの〔das Ausdruckslose〕にほかならない。〔……〕表現なきものとは批判的な暴力であり、それは芸術における本質から仮象を切り離すことはできないものの、それらが混じりあうことを妨げる。こうした暴力を、表現なきものは、道徳的な言葉としてもっている。この表現なきもののうちに、道徳的な世界の諸法則にしたがって現実世界の言語を規定するような、真なるものの崇高な暴力が立ち現れる。この真なるものこそが、すべての美しい仮象のうちにカオスの遺産としてなおも延命しているもの、すなわち、偽りの、人を惑わす全体性を――絶対的な全体性を、破壊するのである。〔……〕この中間休止において、調和とともにあらゆる表現も止んでしまって、いかなる芸術手段によっても表現しえない暴力に席を譲るのである。そのような暴力が、一方ではギリシア悲劇において、他方ではヘルダーリンの讃歌においてほど明瞭になったことは、これまでほとんどない。それは悲劇では英雄の沈黙として、讃歌ではリズムにおける異議申し立てとして聴き取ることができる。(42)

ここでギリシア悲劇における「英雄の沈黙」は、「表現なきもの」という概念を介して、ヘルダーリンの「『オイディプス』への註解」に登場する「中間休止」と等置されている。ベンヤミンによれば、ヘルダーリンにおける「中間休止」は、「表現しえない暴力」として、讃歌の統語論的な構造に暴力的に介入し、「リズムに逆らう中断(43)」をつうじて、偽りの総体性の仮象を打ち砕く。(44) これはまさにカント的な意味における崇高な瞬間であって、そこでは「生の諸力がいったん瞬間的に阻止されるものの、その直後にはいっそう強力に溢れ出てくるという感情によって」一種の「快」が産出されるのである。(45)

もっとも、「中間休止」におけるベンヤミン的な「崇高」の場合、それはいっさいの言語的な表現可能性を超えた超越的な次元にあって、そもそも何も表出しない――あるいは〈無（nichts）〉のみを表出する――という点に注意しよう。カントの「崇高の分析論」において、崇高な自然の光景をまえにした人間の感情が「いっそう高い合目的性を含むような諸理念と関わるように鼓舞される」のにたいして、(46) ベンヤミンにおける「真なるものの崇高な暴力」は、徹頭徹尾、高次の理念のうちで止揚されることなく、純粋なままにとどまりつづける。純粋とはすなわち、たんに純粋に無志向的で無目的的であるというだけでなく、純粋に破壊的であるという意味である。(47) ベンヤミンが「表現なきもの」をゲーテの小説のなかの具体的なモティーフと結びつけて論じているように見えることは確かであり、たとえばノヴェレのなかの若い恋人たちが死を覚悟しながら「決死の跳躍」[48]をおこなう際の〈決断（Entscheidung）〉のモティーフがそれに相応するだろう。ただし、ここで問題になっているのは、何らかの対象選択でもなければ、存在論的な意味における〈決意性〉でもなく、超越的で批判的な〈決-断（Ent-*scheidung*）〉そのものにほかならない。[49]すなわち、物語や時間の連続的かつリズミカルな進行に空隙を穿ち、一瞬のあいだ停止させるような暴力的な切断である。そして、ベンヤミンによれば、この「決断」がもつ表現なき破壊的な暴力によって、神との「真の有和」[50]がはじめて可能となるというのである。

それにたいして、小説の主要な登場人物の一人であるオッティーリエは、無垢の仮象（Schein）に包まれているが、真の意味での破壊的な契機とはまったく無縁であって、かかる根本的な欠落のために、ゲーテの『親和力』は、悲哀に満ちた結末を迎えるにもかかわらず、真の悲劇からは厳密に区別される。死にゆくオッティーリエは、一見したところ悲劇的な自己犠牲の精神を体現しているように見える（scheinen）ものの、しかしながら、彼女の死への意志の「根底にあるのは、決意ではなく、衝動である」のであり、「外見においても、成長していくなかでも、運命的な暴力に死にいたるまで服従し、決断することなく生をながらえている」[51]がゆえに、「真の有和がもつすべての破壊的なものが彼女の仮象には完全に欠落している」[52]。オッティーリエという形象においてこ立ち現れるすべてのものは、彼女の「完全な沈黙」も含めて、「仮象的なもの〔das Scheinhafte〕」と「二義的曖昧さ〔Zweideutigkeit〕」をまったく免れておらず、[53]この二つの属性は、おのれの運命に決断をもって立ち向かう悲劇的な英雄の属性と相容れないばかりでなく、神話的な罪連関にとって不可欠の構成要素をなしている。決意することなく、逡巡しつづけながらオッティーリエが「植物的な寡黙さ」[54]とともに営む生は、「宥和の仮象として、美のみをあとに」残して、デモーニッシュな強制力のなかで滅びていくことをまさに運命づけられているのである。[55]

しかしながら、オッティーリエの仮象的な美が、ギリシア悲劇における英雄的な沈黙とはまったく無縁であるとすれば、それはむしろ近代の哀悼劇における「亡霊的な」時間と関連しているのではないだろうか。そして、すでに述べたように、この〈亡霊〉というモティーフは、「反復」と「遊戯」というモティーフと不可分に結びついているだけでなく、「音楽」という形象とも呼応していたわけだが、少なくとも「哀悼劇と悲劇」では、哀悼劇における「音楽の時間への移行」という問題について、それ以上の詳しい議論が展開されているわけではない。この問いに答えるためには、ベンヤミンのテクストに浮上してくる「音楽」の思想的内実についてさらに検証を進める必要がある。次節では、初期言語論および「哀悼劇と悲劇」と同じく一九一六年に執筆された「哀悼劇と悲劇における言語の意味」においてより明確に規定されている「音楽」が、「ゲーテの『親和力』」および『ドイツ哀悼劇の根源』でふたたび取り上げられる軌跡をたどるなかで、ベンヤミンにおける〈沈黙〉と〈音楽〉という二つの形象の関係についてさらに考察していきたい。

2　音楽

(1)嘆きから音楽への移行

一九一六年に書かれた他の二つのテクストとは異なり、「哀悼劇と悲劇における言語の意味」のなかでベンヤミンは、神／人間／自然や、メシア的時間／悲劇的時間／哀悼劇の時間といった三層構造に依拠するのではなく、ギリシア悲劇の言葉と哀悼劇の言葉とを二項対立的に比較・対照することに終始している。その際、前景に置かれているのは、悲劇的な英雄の崇高な沈黙――それはこのエッセイでは詳しい説明がないままに「純粋な言葉」と呼ばれている[56]――よりも、初期言語論において「沈黙する自然」との関連で登場した「哀しみ〔Trauer〕」の概念であって、後述するように、それはのちに『ドイツ哀悼劇の根源』のなかで理論的に練り上げられることとなるだろう。

「哀悼劇と悲劇」とともに、ベンヤミンの教授資格請求論文の初期草稿として位置づけられる「哀悼劇と悲劇における言語の意味」であるが、そこではまず、「哀悼劇が投げかける謎」として、「哀しみの本質にあるどのような内的関係が、純粋な感情のありようから哀しみを歩み出させて、芸術の秩序のなかへと歩みいたらせるのか?」という問いが呈示される[57]。さらに、それにつづいて、「どのようにして言語一般は、哀しみに満たされうるのか、そして哀しみの表現でありうるのか」という問いが「哀悼劇の根本問題」として示される[58]。それにたいしてベンヤミンは、「変化していく言葉」こそが、「哀悼劇の言語的原理」であるというテーゼを打ち出すとともに[59]、それを「音楽」へと直接的に関連づける。すなわち、ベンヤミンの歴史哲学的な議論によれば、ギリシア悲劇の言葉が「みずからの意味の純粋な担い手」であるのにたいして、近代の哀悼劇を特徴づける「変化していく言葉」とは「純粋な感情的生」の担い手であって、それは「浄化」という過程をへて、最終的に「音楽」へと移行するというのである。

〔変化していく〕言葉の純粋な感情的生というものが存在しており、そのなかで変化していく言葉は自然の音声から感情の純粋な音声へと浄化されていく。かかる言葉にとって言語とはおのれが変化していく循環のなかの通過段階のひとつにすぎず、哀悼劇はこの言葉において語るのである。哀悼劇は自然音声から嘆きをへて音楽へといたる道を描く。〔……〕おのれの感情の純粋さのためにのみ言語という煉獄のなかに降りるのが自然であって、もしも自然に言語が授けられたとすれば、自然は嘆きはじめるだろうという古い格言には、哀悼劇の本質がすでに含まれている。[60]

ここで明らかにベンヤミンは、初期言語論における言語の堕落についての記述を前提にしているように見えるものの、「嘆き」の役割という点においてはちょっとした相違が認められる。すなわち、「言語〔die Sprache〕」が抽象化し、それについて自然が沈黙によって嘆くというのではなく、「言葉〔das Wort〕」が「自然音声から嘆きをへて音楽へといたる」というのである。ここでの「言語」とは「おのれ〔=言葉〕が変化していく循環のなかの通過段階」、すなわち「言葉」から「音楽」への移行過程の一ステップにすぎず、そこで「自然は言語によって裏切られ」、「言葉の二義性によって、つまり言葉の意味によって」行き詰まってしまう。(61)　つまり、「言語」とは、「自然音声」として出発した「言葉」が、「意味」という外的な要素が付加されることで「自然」から決定的に乖離するという「言葉」のメタモルフォーゼの一段階をあらわしているのである。さらに、ベンヤミンがつづけて述べるところによれば、こうして自然と言葉とが分裂していくなかで「感情のおそろしいほどの鬱積」が起こるとともに、そこから「哀しみ」に満たされた「意味の世界、感情を欠いた歴史的時間の世界」が生じることとなる。(62)　のちの『ドイツ哀悼劇の根源』では端的に「寓意的《アレゴリー》」と呼ばれるこの二義的な世界は、すでに「哀悼劇と悲劇」で言われていたように、「反復」や「遊戯」といった無限性の論理によって規定されるとともに、さらに「音声と意味との抗争」によっても刻印づけられており、かかる音響的な要素と意味論的な要素との不一致が、「亡霊的なもの、おぞましいもの」として近代の哀悼劇につねに憑依しつづける。(63)　しかしながらベンヤミンは、そのような分裂状態のうちにこそ、「救済」の可能性を認める必要があると主張する。ただし、ここで「救済」をもたらすものとは、ギリシア悲劇における英雄の崇高な沈黙でも、あるいは寓意的《アレゴリー》な観相学でもなく、「純粋な感情の言語」としての「音楽」にほかならない。

だが、この劇〔Spiel: 遊戯〕は救済を見出さなくてはならないのであり、哀悼劇にとっては音楽こそが救済をもたらす密儀なのである――すなわち、ひとつの超感覚的な自然のなかで、さまざまな感情が再生されるのだ。／救済が必要不可欠であることが、この芸術形式がもつ遊戯的なものの本質をなす。というのも、言語および言語秩序が究極の現実性をもつことによるギリシア悲劇の撤回不可能性と比較するならば、（哀しみという）感情を生命とする形成物はすべてが遊戯と呼ばれなくてはならないからである。哀悼劇は現実の言語の基盤のうちに立脚しているのではなく、感情による言語の統一の意識に基づいているのであり、それは言葉のなかで展開される。そのような展開のただなかにおいて、道に迷った感情が哀しみの嘆きを発するのである。しかしながら、この嘆きは解消されなくてはならない。まさにあの、前提とされた統一の基盤のうえで、哀しみの嘆きは純粋な感情の言語に、音楽に移行していく。哀しみは哀悼劇のなかでおのれを召喚するが、それはみずからをも救済するのである。[64]

「前提とされた統一」のなかで、すなわち「言葉」という媒質において音声と意味が「純粋な感情」によって統合されるなかで、「哀しみの嘆き」は「音楽」へと移行する。もっとも、哀悼劇におけるこのような統一と、ギリシア悲劇的な統一とを取り違えることは許されない。なぜなら、「さまざまな感情を超えた統一という意味での様式は、ギリシア悲劇のために取って置かれるもの」だからである。[65] 哀悼劇のなかで開示されるのは、さまざまな感情が「純粋な言葉」のなかで最終的かつ悲劇的に止揚される「撤回不可能」な瞬間ではなく、諸感情が無限の戯れを繰り広げる〈遊戯空間（Spielraum）〉なのであって、そこでは「滑稽さ、おぞましさ、恐ろしさ、その他多くの多種多様な感情が輪舞している」。[66] しかしながら、「哀しみの嘆き」から「音楽」への移行と、それにともなう「芸術における言葉と発話の本来的な受胎」が可能となるためには、「嘆きを聴き取る力」が不可欠である。「というのも、嘆きはもっとも深く聴き取られることではじめて音楽となるからである」。[67] 鋭敏な耳が哀しみに満ちた自然の嘆きを注意深く聴き取り、「音楽」として鳴り響かせることによって、意味をもった言語による自然への裏切りに端を発する不協和音のすべては、嘆き／響きの「無限の共鳴」(68)のなかで分解＝解消（auflösen）され、最終的に「救済〔Erlösung〕」へともたらされるのである。

（２）感動による仮象の没落

「哀悼劇と悲劇における言語の意味」で、たがいに矛盾しあう多様な感情を「共鳴」へともたらした〈音楽〉という形象は、「ゲーテの『親和力』」のなかで、音楽を聴いて両目に涙を溢れさせる「感動」としてふたたび登場してくる。そこでは、涙によって視界が曇ることですべては混濁し、「罪も無垢も、自然も彼岸」も区別されなくなるのだが(69)、オッティーリエの仮象的な美は、まさにこの「感動」の領域に属している。というのも、「まなざしをヴェールで覆う感動の涙とは、同時に美そのもののもっとも固有のヴェールだからである」(70)。涙とは「感動」がもたらすヴェールであって、そこに「美」の仮象が覆い隠された状態で潜んでいるのである。だが、仮象にたいして「感動」はつねに二義的な関係にある。すなわち、一方で「感動」とは、それ自体が「有和の仮象」であって、「不安定かつ感動的」であるような「欺瞞的な調和」を醸し出すものである(71)。しかし、他方で「感動」は、「仮象が――有和の仮象としての美の仮象が――消滅するまえに、ふたたびきわめて甘美にほの光る、あの移行過程」でもある(72)。つまり「感動」とは「仮象」であると同時に「仮象」の没落でもあるのだ。

さらに、「感動」と「音楽」との関係も一筋縄ではいかない。というのも、「音楽」が人々に「感動」の涙を流させる一方で、愛しあう恋人たち（オッティーリエとエードゥアルト）の世界は、「感動的」

であるにもかかわらず、「音楽から［……］完全に見放されている」[73]。ベンヤミンの定義によれば、「音楽」とは「もはや仮象に囚われてはいない［……］美」だというのである[74]。「感動」、「仮象」、「音楽」のあいだのこのような複雑な関係について、ベンヤミンは次のように説明する。

［……］自分自身を享楽するような小さな感動ではなく、震撼という大きな感動においてのみ、宥和の仮象は美しい仮象を超克し、最終的には自分自身を超克する。涙が溢れる嘆き、これが感動にほかならない。［……］／感動はおのれを深く理解すればするほど、ますます移行過程となっていく。［……］だが、感動が移行過程となるといえるのは［……］震撼の唯一の客観的な対象である崇高なものへの移行過程としてのみである。仮象の没落において遂行されるのが、まさにこの移行過程にほかならない。オッティーリエの美しさに現れる仮象とは、滅びゆく仮象である[75]。

「震撼」という大きな感動のなかで「宥和の仮象」が「美しい仮象」とおのれ自身とを超克することによって、あらゆる仮象は没落し、「崇高なもの」へと移行していく。ここでの「感動」とは美と崇高のあいだの「移行過程」ないしは〈敷居（Schwelle）〉であって、そこですべての仮象的なものは消滅することになる[76]。そして、このような宥和の自己超克の瞬間において、「涙が溢れる嘆き」を聴き取ることができる鋭敏にして繊細な耳にたいしてのみ、「音楽」が鳴り響くのである。ただし、厳密にいえば、仮象の没落の際に聴取可能となるこの感動的な音楽には、ベンヤミンが『親和力』論の最後で「恋人たちの頭上に流れる星の象徴」という「密儀」のなかに認めた、「希望なき人々のためにのみわれわれに与えられている」というあの「希望」[77]は内在していない。確かに「宥和の仮象のみが、極限の希望のすみかである」と規定されてはいるが、しかし「希望という密儀」は「沈黙する世界にとどまっていることはもちろんであり、そこから音楽の響きが立ち上ることはけっしてない」[78]。崇高な密儀をまえに音楽は鳴りやみ、ふたたび沈黙が支配的となるのだが、しかしこの「沈黙する世界」こそが「和解以上のものを、すなわち救済を約束している」[79]のである。

（3）哀悼劇からオペラへ

これまで、ベンヤミンの初期著作における〈沈黙〉と〈音楽〉という二つの聴覚的な形象について考察してきた。それぞれのテクストは、言語哲学、神学、ジャンル論、文芸批評など、異なった学術領域に属するものの、実際のところ、そのすべてが〈救済〉という共通目標をめぐって繰り広げられていたといえるだろう。その際、〈救済〉の二つのパターンが確認できるが、その概念的な萌芽は一九一六年の「言語一般および人間の言語について」においてすでに見られるものであった。すなわち、一方でベンヤミンは、〈救済〉をもたらす潜勢力を、もっぱら〈沈黙〉のうちに認めようとする。それは、初期言語論における堕罪後に嘆く自然の「無言性」という神話的なモティーフに端を発するものであり、とりわけ崇高な暴力によって運命的な罪連関を打破することができる英雄の「沈黙」において最高潮に達する。

だが、他方で、一九一六年に執筆された「哀悼劇と悲劇における言葉の意味」をはじめとするベンヤミンの初期テクストのいくつかの個所は、議論が十分なかたちで練り上げられているとはいえないまでも、ベンヤミンが音楽的な〈救済〉のための理論図式の構築を模索していたことを示している。すなわち、哀悼劇における「哀しみの嘆き」が「音楽」へと移行することで、無限の共鳴のなかでおのれ自身に〈救済〉をもたらす、という主張である。さらに、一九二〇年代初頭に書かれた『親和力』論では、これら二つの〈救済〉のモティーフがふたたび登場してくるものの、両者は切り離せないかたちでたがいに緊密に結びついているために、議論がいっそう複雑化している。だが、少なくとも、そこで仮象的な美から崇高への「移行過程」という役割を担う音楽は、〈救済〉の能動的な担い手というよりも、むしろ、無音にして崇高な「表現なきもの」へと仮象が移行・没落するという変容の一段階をなす束の間の現象にすぎないと見なすことができよう。

『ドイツ哀悼劇の根源』の第二部「寓意《アレゴリー》と哀悼劇」でも、〈沈黙〉と〈音声〉をめぐる問題系が、言語との関連において登場してくる。その第二章においてベンヤミンは「バロックにおける言語理論的なもの」について考察しており、言語における音声と意味の対立という、初期哀悼劇論の理論的な核をなしていたモティーフがふたたび議論の俎上にのせられている。そこで問題になっているのは、音声と文字のあいだの「極度に緊張した対立関係」であり[80]、両者のあいだの弁証法的な相互作用がとりわけ顕著に認められるのが、ドイツのバロック演劇に特徴的な誇張表現である。ただし、「意味作用をもつ文字像と、陶酔させる言語音声のあいだの乖離」[81]は、音楽的な媒介によってはもはや架橋することができない。

この文学〔＝哀悼劇〕は、このようなかたちで表意的な文字像のなかに呪縛された深い意味を、生気ある音声のなかで解き放つことは、実際は不可能であった。その言語は、物質的な浪費に満ちている。［……］この世紀のドイツ哀悼劇には──バーダーとともに言うならば──象形文字的なものを音声化する能力が備わっていない。というのも、その文字が音声のなかで浄化されることはないからである。(82)

哀悼劇の言語は、もはや「音声」へと、すなわち「純粋な感情の言語」としての音楽へと移行することはなく、メランコリー的な「深い意味［Teigsinn: 沈思］」と物質性に満たされた「表意的な文字像」として「沈黙のなかに呪縛され」つづける。(83) 哀悼劇の世界は、音楽的な救済ではなく、「なおも唯一察知可能な救いとしての寓意的《アレゴリー》な解釈(84)」をひたすら待ちながら、罪を負った諸事物の呪縛圏のなかで、「意味がつくりだす常軌を逸した［exzentrisch: 離心的な］錯綜(85)」のうちに永遠に囚われつづけるのだ。哀悼劇においても音声言語が発せられはするものの、しかしそれはたちまち「意味」によって阻害されてしまう。そして、このような「感情の堰き止め」こそが、「哀しみ」の源泉にほかならない。

音声化可能な言葉は、いわば逃れえない病気に冒されるように、意味に襲われる。音声化可能な言葉は響き終えると途切れてしまい、溢れ出そうとしていた感情の堰き止めが哀しみを引き起こす。ここで意味が降りかかるのだが、それは哀しさの基底として降りかかりつづけるのである。(86)

このような議論は、初期言語論における「過剰命名された」自然の沈黙をめぐる記述や、「悲劇と哀悼劇における言葉の意味」における「感情の鬱積」についての記述と同型である。ただし、ここでの強調点はふたたび「哀しみ」の非連続性に置かれているのであり、哀しみによる嘆きが「音楽」へと連続的に移行していくことはもはやない。だが、ここで見逃してはならないのが、にもかかわらずベンヤミンが、哀悼劇の言語のうちにも音声的なものがなおも潜在しつづけており、両者のあいだで緊張感に満ちた関係が密かに繰り広げられていると考えていたという点である。ベンヤミンの歴史分析によれば、そのような音楽的な契機は、たとえばバロック演劇における舞踏的な「対話合唱」のなかに保持されていたのだが、それは哀悼劇を「オペラ」へと解消させる内在的誘引となるものだった。「舞踏的な挿入場面もまた［……］この世紀〔＝一七世紀〕の終わりに哀悼劇をオペラへといたらしめた発展と無縁ではない(87)」。「すべての被造物の原‐音声を新たに蘇生させようとする(88)」ヴァーグナーの総合芸術作品の試みもまたこの「哀悼劇」の歴史的な「解消」を反映している。しかしながら、こうした哀悼劇のオペラへの移行にたいして、ベンヤミンは否定的な評価しか下すことはない。

文学から、とくに哀悼劇から見たとき、オペラが衰退の産物として現れざるをえないことは明白である。意味や陰謀の阻害は重みを失い、オペラの粗筋の流れも、オペラの言葉の流れも抵抗なく進行し、陳腐なものに流れ込むことになる(89)。

哀悼劇の「衰退の産物」としてのオペラ――この簡潔な定式は、ベンヤミンが哀悼劇の音楽的救済という理念を最終的に放棄したことを明確に示しているように思われる。そして、そのような認識が、おそらくは、アドルノ宛書簡における「産業の行動としてのトーキー映画の席巻」にたいするベンヤミンの批判的な記述に繋がっていると推測することも、けっして不可能ではないだろう。要するに、ベンヤミンにとってトーキー映画とは、その無音性のうちに「革命的優位性」を保持していた無声映画の「衰退の産物」であり、騒々しい音楽に彩られながら「陳腐なものに流れ込む」だけの存在にすぎないのだ。

しかしながら、ベンヤミンは無声映画の「革命的優位性」を言祝ぐ一方で、トーキー映画にたいしては何の些少の可能性も見出すことはなかったと性急に結論づけるまえに、映画メディアをめぐるベンヤミンの思弁的考察について、もう少し丹念に検証しなくてはならないだろう。ここまでの議論のなかでわれわれは、初期ベンヤミンの思考のなかで〈沈黙〉という形象が、人類の堕罪後の自然、ギリシア悲劇の英雄、ヘルダーリンの詩論、ゲーテの小説など、その担い手や文脈をさまざまに変化させながらも、「運命」という語に象徴される既存の秩序体制を暴力的に破壊するような「革命的」な契機をつねに孕みもっていることを確認した。だが、そこで〈沈黙〉との繋がりのなかで浮上した「自然」、「哀しみ」、「寓意《アレゴリー》」といった鍵概念や、さらには〈救済〉という究極的なモティーフについて、それらが無声映画という具体的な対象とどのように思想的に関連しているのかという問題が、なおも手つかずのまま残されている。

さらに、ベンヤミンのトーキー映画にたいする見解にも、再考の余地が多分に残されている。「複製技術時代の芸術作品」のなかでベンヤミンは、トーキー映画にまつわる問題に随所で論及しているものの、すでに触れたように、無声映画とトーキー映画の根本的な違いについて、立ち入って論じてはいない。しかしながら、次章で詳しく検討するように、複製技術論文の初稿および第二稿や、「経験と貧困」（一九三三）などのテクストでベンヤミンが、まさにトーキー技術が生んだ最大のスターとも呼ぶべきミッキーマウスのユートピア的な契機について記述しているという事実は、とりわけ哀悼劇の根本特徴である「遊戯」と「反復」というモティーフと暗に関連づけられるかたちで論じられているだけに、けっして無視することはできないだろう。

それゆえ、次章では、複製技術論文およびその関連テクストを手がかりに、ベンヤミンの思想における無声映画とトーキー映画の位置づけについてあらためて検証する。そのうえで、そこで顕在化した複数のモティーフが、アドルノの映像メディア論および芸術美学のなかでどのように受け継がれ、あるいは変容されたかという問題について考察したい。

註

（1）Benjamin, »Das Paris des Secound Empire bei Baudelaire«, in: *BGS* I, S. 511-604.〔ベンヤミン「ボードレールにおける第二帝政期のパリ」、前掲『ベンヤミン・コレクション④』所収、一七〇—三三六頁〕

（2）Adorno an Benjamin, 10.11.1938, in: *ABB*, S. 364-376.〔前掲『ベンヤミン／アドルノ往復書簡』二九四—三〇四頁〕

（3）Benjamin an Adorno, 9.12.1938, in: *ABB*, S. 377.〔同書、三〇四頁〕

（4）Ebd., S. 384-386.〔同書、三一〇—三一一頁〕

（5）Adorno, »Wissenschaftliche Erfahrungen in Amerika«, in: *AGS* 10-2, S. 706.

（6）Benjamin an Adorno, 9.12.1938, in: *ABB*, S. 384.〔前掲『ベンヤミン／アドルノ往復書簡』三一〇頁〕
（7）Ebd.〔同頁〕
（8）Ebd.〔同頁〕
（9）Ebd., S. 385.〔同書〕
（10）Adorno, »Über den Fetischcharakter in der Musik und die Regression des Hörens«, in: *AGS*, Bd.14, S. 15.〔アドルノ「音楽における物神的性格と聴取の退化」三光長治／高辻知義訳『不協和音――管理社会における音楽』所収、平凡社ライブラリー、一九九八年、二〇―二一頁〕この一節の思想的な背景については、竹峰、前掲『アドルノ、複製技術へのまなざし』八四、九九―一〇〇頁を参照。
（11）Benjamin an Scholem, 11.11.1916, in: *BGB*, S. 343.〔『ヴァルター・ベンヤミン著作集14――書簡Ⅰ：1910–1928』野村修訳、晶文社、一九七五年、七五頁〕
（12）Walter Benjamin, »Über Sprache überhaupt und über die Sprache des Menschen«, in: *BGS* II, S. 140–157.〔ベンヤミン「言語一般および人間の言語について」、前掲『ベンヤミン・コレクション①』所収、七―三六頁〕
（13）この問題については、たとえば、細見和之『ベンヤミン「言語一般および人間の言語について」を読む――言葉と語りえぬもの』岩波書店、二〇〇九年、六五―九五頁を参照。
（14）Benjamin, »Über Sprache überhaupt und über die Sprache des Menschen«, a.a.O., S. 150.〔ベンヤミン、前掲「言語一般および人間の言語について」、二六頁〕
（15）Ebd., S. 148.〔同書、二二頁〕強調原文。
（16）Ebd., S. 153.〔同書、三〇頁〕
（17）Ebd., S. 154〔同書、三〇頁〕を参照。

（18）Ebd.〔同頁〕

（19）Ebd., S. 155.〔同書、三四頁〕

（20）Ebd., S. 154.〔同書、三三頁〕

（21）Ebd., S. 155.〔同書、三二―三三頁〕

（22）Benjamin, *Ursprung des deutschen Trauerspiels*, a.a.O., S. 398.〔ベンヤミン、前掲『ドイツ悲劇の根源』、下巻一五五頁〕

（23）この自己引用のあとには以下の一節がつづく。「しかし、名づけられることなく、たんに読まれるだけであること、しかも寓意家《アレゴリカー》によって不確実なかたちで読まれ、ただ寓意家《アレゴリカー》によってのみ意味を重く担わされてしまっていることは、哀しみの予感である度合いがいかにより深いことか」（ebd.〔同書、下巻一五四頁〕）。

（24）Ebd., S. 353.〔同書、下巻五一頁〕

（25）Ebd., S. 398.〔同書、下巻一五四頁以下〕

（26）Ebd., S. 406.〔同書、下巻一七二頁〕強調原文。

（27）Benjamin, »Über Sprache überhaupt und über die Sprache des Menschen«, a.a.O., S. 156.〔ベンヤミン、前掲「言語一般および人間の言語について」、三四頁〕強調引用者。

（28）Benjamin, »Trauerspiel und Tragödie«, in: *BGS* II, 133-136.〔ベンヤミン「近代悲劇とギリシア悲劇」浅井健二郎訳、前掲『ドイツ悲劇の根源』所収、下巻一八五―一九四頁〕

（29）Ebd., S. 134.〔同書、下巻一八七頁〕

（30）Ebd.〔同頁〕

（31）Ebd., S. 135.〔同書、下巻一八九頁〕

（32）Benjamin, *Ursprung des deutschen Trauerspiels*, a.a.O., S. 287〔同書、上巻三二七頁〕を参照。

(33) Benjamin, »Trauerspiel und Tragödie«, a.a.O., S. 135.〔同書、下巻一九〇頁〕

(34) Benjamin, »Schicksal und Charakter«, in: *BGS* II, S. 175.〔ベンヤミン「運命と性格」浅井健二郎訳、前掲『ドイツ悲劇の根源』所収、下巻二一三頁〕

(35) Benjamin, »Trauerspiel und Tragödie«, a.a.O., S. 136.〔同書、下巻一九二頁〕

(36) Ebd.〔同書、下巻一九一頁〕

(37) Ebd., S. 137.〔同書、下巻一九四頁〕

(38) Ebd., S. 135.〔同書、下巻一八九頁〕

(39) Benjamin, »Schicksal und Charakter«, a.a.O., 174f.〔同書、下巻二一二頁〕強調引用者。

(40) Benjamin, »Zur Kritik der Gewalt«, in: *BGS* II, S. 187.〔ベンヤミン「暴力批判論」浅井健二郎訳、前掲『ドイツ悲劇の根源』所収、下巻二四四頁〕強調引用者。

(41) Ebd, S. 193f.〔同書、下巻二三六頁以下〕を参照。

(42) Benjamin, »Goethes *Wahlverwandtschaften*«, in: *BGS* I, S. 181f.〔ベンヤミン「ゲーテの『親和力』」浅井健二郎訳、前掲『ベンヤミン・コレクション①』所収、一四六―一四八頁〕

(43) Ebd., S. 181.〔同書、一四七頁〕

(44)「表現なきもの」および「崇高」の思想史的なコンテクストについては、Winfried Menninghaus, »Das Ausdruckslose: Walter Benjamins Kritik des Schönen durch das Erhabene«, in: *Walter Benjamin, 1892–1940, zum 100. Geburtstag*, hg.von Uwe Steiner, Bern u.a.: Peter Lang 1992, S. 33–76を参照。

(45) Immanuel Kant, *Kritik der Urteilskraft*, hg. von Wilhelm Weischedel, Frankfurt a.M. Suhrkamp 1974, B75.〔イマヌエル・カント『判断力批判』篠田英雄訳、岩波文庫、一九六四年、上巻一四五頁〕

(46) Ebd., B77.〔同書、上巻一四七頁〕

(47) ベンヤミンにおける純粋な破壊性のモティーフについては、Werner Hamacher, »Afformativ, Streik«, in: Christiaan Hart-Nibbrig (Hg.), *Was heißt ,Darstellen'?*, Frankfurt a.M.: Suhrkamp1994, S. 340-374 を参照。

(48) Benjamin, »Goethes *Wahlverwandtschaften*«, a.a.O., S. 184.〔ベンヤミン、前掲「ゲーテの『親和力』」一五二頁〕

(49)「決断は超越的である」(ebd., S. 189〔同書、一六一頁〕)

(50) Ebd., S. 184.〔同書、一五二頁〕

(51) Ebd., S. 176.〔同書、一三七頁〕

(52) Ebd., S. 184.〔同書、一五三頁〕

(53) Ebd., S. 176, 178, 183.〔同書、一三七、一四〇、一五〇頁〕

(54) Ebd., S. 175.〔同書、一三六頁〕

(55) Ebd., S. 185.〔同書、一五四頁〕

(56) Benjamin, »Die Bedeutung der Sprache in Trauerspiel und Tragödie«, in: *BGS* II, S. 138.〔ベンヤミン「近代悲劇とギリシア悲劇における言語の意味」浅井健二郎訳、前掲『ドイツ悲劇の根源』所収、下巻一九七頁〕

(57) Ebd.〔同頁〕

(58) Ebd.〔同頁〕

(59) Ebd.〔同書、下巻一九八頁〕

(60) Ebd.〔同頁〕

(61) Ebd.〔同書、下巻一九八頁以下〕

(62) Ebd., S. 139.〔同書、下巻一九九頁〕

(63) Ebd.〔同頁、下巻二〇一頁〕

(64) Ebd.〔同書、下巻二〇一頁以下〕
(65) Ebd., S. 140.〔同書、下巻二〇二頁以下〕
(66) Ebd.〔同書、下巻二〇二頁〕
(67) Ebd.〔同書、下巻二〇三頁〕
(68) Ebd.〔同頁〕
(69) Benjamin, »Goethes *Wahlverwandtschaften*«, a.a.O., S. 192.〔ベンヤミン、前掲「ゲーテの『親和力』」一六六頁〕
(70) Ebd.〔同頁〕
(71) Ebd.〔同書、一六七頁〕
(72) Ebd.〔同書、一六六頁〕
(73) Ebd.〔同書、一六七頁〕
(74) Ebd., S. 191.〔同書、一六五頁〕
(75) Ebd., S. 192f.〔同書、一六七頁以下〕
(76) ベンヤミンの著作における〈敷居〉という形象については、Winfried Menninghaus, *Schwellenkunde. Walter Benjamins Passage des Mythos*, Frankfurt a.M.: Suhrkamp 1986, S. 26-58〔ヴィンフリート・メニングハウス『敷居学――ベンヤミンの神話のパサージュ』伊藤秀一訳、現代思潮社、二〇〇〇年、三七―九八頁〕を参照。
(77) Benjamin, »Goethes *Wahlverwandtschaften*«, a.a.O., S. 200.〔ベンヤミン、前掲「ゲーテの『親和力』」一八三頁以下〕
(78) Ebd.〔同書、一八三頁〕
(79) Ebd.〔同頁〕

(80) Benjamin, *Ursprung des deutschen Trauerspiels*, a.a.O., S. 376.〔ベンヤミン、前掲『ドイツ悲劇の根源』下巻一〇三頁〕

(81) Ebd.〔同頁〕

(82) Ebd.〔同書、下巻一〇二頁以下〕

(83) Ebd.〔同書、下巻一〇四頁〕

(84) Ebd, S. 398.〔同書、下巻一五四頁以下〕

(85) Ebd, S. 378.〔同書、下巻一〇五頁〕

(86) Ebd, S. 383.〔同書、下巻一一八頁〕

(87) Ebd, S. 385.〔同書、下巻一二四頁〕

(88) Ebd.〔同頁〕

(89) Ebd.〔同書、一二五頁以下〕

第2章　解体と再生の遊戯
――ベンヤミン「複製技術時代の芸術作品」について

1　方法としてのアナクロニズム

パリ亡命中のベンヤミンが一九三五年九月から一〇月末にかけて執筆した「複製技術時代の芸術作品（Das Kunstwerk im Zeitalter seiner technischen Reproduzierbarkeit）」（初稿）は、同年末から翌年二月にかけて大幅に改稿されたのち（第二稿）、さらに三六年と三九年春にも再度手が加えられている（第三稿）。この三つの草稿にくわえて、一九三六年五月には社会研究所の紀要『社会研究誌』に第二稿の短縮・改版をピエール・クロソフスキーが仏訳したものが掲載されているので、いわゆる複製技術論文には合計四つのヴァージョンが存在することになる。[1] このように、一九三〇年代半ばから後半にかけて断続的に改稿作業が重ねられた「複製技術時代の芸術作品」だが、その成立年と内容とを比較した場合、ひとつの素朴な疑念が浮かんでくる。すなわち、そこでは同時代の映画史的な状況、とりわけトーキー映画の存在があまりにも軽視されているのではないか、という疑念である。[2]

複製技術論文の各ヴァージョンで言及されている映画作品には、『白痴』（ハインツ・ハヌス監督、アスタ・ニールセン主演、一九一九〔初稿のみ〕）、チャップリンの『巴里の女性』（一九二三）と『黄金狂時代』（一九二五）、『ファウスト』（F・W・ムルナウ監督、一九二六〔第三稿のみ〕）、『裁かる、ジャンヌ』（カール・Th・ドライヤー監督、一九二七）といった無声映画のほかにも、ワーナー・ブラザーズ製作の音楽劇『真夏の夜の夢』（マックス・ラインハルト／ウィリアム・ディターレ共同監督、一九三五）や、「カラー映画が技術的前提をつくりだした陰鬱な炎の魔術」を見せるような「最近のミッキーマウス映画のいくつか」（第二稿のみ：377〔六三八〕）――たとえば『ミッキーの消防隊』（一九三五）――などのトーキー作品が確かに含まれてはいる。また、初稿では、「文化遺産がもつ伝統価値の清算」の例として、「クレオパトラやベン・ハーから、フリデリークスやナポレオンにいたる人物についての大規模な歴史映画」(3)が挙げられており、セシル・B・デミル製作・監督、クローデット・コルベール主演によるハリウッドのスペクタクル歴史大作『クレオパトラ』（一九三四）や、オットー・ゲビュールがフリードリヒⅡ世を演じた『ロイテンの聖歌』（カール・フレーリヒ監督、一九三三）などの伝記映画の近年のヒット作がほのめかされているように見える。くわえて、第三稿には、『レーニンの三つの歌』（ジガ・ヴェルトフ監督、一九三四）および『ボリナージュの悲惨』（ヨリス・イヴェンス監督、一九三三）という、比較的新しい時期に成立した二本のドキュメンタリー映画の題名も挙げられている。

しかし、『真夏の夜の夢』への言及個所は、あくまで、「映画の意味を〔……〕超自然的なもののうちに」求めるような「反動的な著者たち」の一例として、この映画を評したフランツ・ヴェルフェルの文章を引用するという文脈においてである（363〔六〇四〕）。ミッキーマウスの「カラー映画」への言及は第二稿の註にしか登場せず、第三稿ではディズニー映画に関する記述のすべてが全面的に削除されている。また、初稿における「歴史映画」の例も、この一節の直後にフランスの映画監督アベル・ガンスの一九二七年の文章「シェイクスピア、レンブラント、ベートーヴェンが映画となる……」が引用されていることから類推すると、ベンヤミンの念頭にあったのはむしろ無声時代の作品――たとえば、『クレオパトラ』（J・ゴードン・エドワーズ監督、一九一九）、『ベン・ハー』（フレッド・ニブロ監督、一九二五）、『ライン悲愴曲』（アルツェン・フォン・チェレピ監督、一九二二）ないしは『老フリッツ』（ゲアハルト・ランプレヒト監督、一九二七／二八）、『ナポレオン』（アベル・ガンス監督、一九二七）――だったのではないかという推測も十分成りたつだろう（ともあれ、第二稿以降の版ではこの一文はカットされている）。さらに、ベルギー・ボリナージュ地方の炭鉱労働者たちの悲惨な労働環境を告発したイヴェンスの作品は、そもそも最初からサイレントとして撮影されたものであり、死んだレーニンの偉業を讃える人民の姿を描いたヴェルトフの作品も、サウンド・トラックこそついているものの、それ以外には完全に無声映画のスタイルが貫徹されているのである。

もっとも、複製技術論文のなかでベンヤミンが、サイレントからトーキーへの転換という問題を扱っていないわけではけっしてない。たとえば、木版画から印刷術、石版画、写真をへて映画へといたる複製技術の歴史的変遷を論じた節では、「石版画にイラスト入り新聞が潜在的に含まれていたとすれば、写真にはトーキー映画が潜在的に含まれていた」（351〔五八七〕）という記述が見られる。また、映画俳優と舞台俳優の違いについての節では、トーキー映画の撮影で俳優はカメラと録音機材という二つの装置のまえで演技する必要があることが指摘されている（366〔六〇八〕）。くわえて、第二稿に書き加えられた長文の註では、トーキー映画の席巻とファシズムの台頭というほぼ同時期に起こった現象がともに世界恐慌の直接の産物であることや、トーキーの導入によって電機産業界と映画資本との連帯が進んだことについて、批判的に記述されているのである（356f.〔六三〇〕）。

　とはいえ、視覚的無意識、身体的ショック作用、触覚的受容など、ベンヤミンが複製芸術としての映画の特徴として挙げる要素について、その論拠となる撮影・編集技法――クローズアップ、スローモーション、ティルト、モンタージュ……――のほとんどは、トーキー映画で一挙に前景化してくる聴覚的・説話論的効果というよりも、サイレント時代の実験的作品に顕著に見られるようなアヴァンギャルド的な視覚効果とはるかに親和性が強い[4]。周知のように、一九二七年に世界初の本格トーキー映画として公開された『ジャズ・シンガー』の大ヒットを契機としてサイレントからトーキーへの転換が一挙に進み、一九三〇年代初めには、アメリカのみならず、ドイツやフランスでも、新作映画のほとんどすべてがトーキーとなっていた。それゆえ、一九三〇年代半ばの時点でベンヤミンが、複製技術メディアとしての映画をめぐって、もっぱら無声映画をモデルとして議論を進めているように見えることは、前章で取り上げた「無声映画の革命的優位性」についての発言もあるだけに、たんなる趣味や偶然として片づけられない問題を孕んでいる。

　さらに、「複製技術時代の芸術作品」における時代錯誤的な傾向は、ベンヤミンの政治的姿勢ないしは展望という点にも及んでいるといえよう。最初の節で、資本主義生産様式そのものが「おのれ自身の廃絶を可能にする諸条件をつくりだす」（350〔五八五〕）というマルクスの分析を引き合いに出したベンヤミンは[5]、このあと、映画を受容する観客大衆が示す「集合的反応」のうちに「大衆が自分自身を組織し、自己コントロールをおこなう」(375〔六一八〕) 可能性を認める。つまり、複製テクノロジーの発展という技術的・経済的な要因が、若干のタイム・ラグ──「上部構造の変革は下部構造の変革よりもはるかにゆっくりと進行する」(ebd.〔同〕)──をへて、来るべき革命の基盤となる労働者大衆の自己組織化をもたらすというのである。そして、さらにテクストには「映画資本を接収することが〔……〕プロレタリアートの緊急の要請である」(372〔六一四〕) という、プロレタリア大衆による現行の所有関係と支配体制の廃絶へのより直截的な訴えすらも記されており、このころのベンヤミンが、共産主義革命とプロレタリアによる独裁政権の確立という「ラディカルな政治」(6) を信奉していたことは疑いないように見える。

だが、それにたいして、複製技術論文の第二稿を読んだアドルノが、一九三六年三月一八日付のベンヤミン宛書簡のなかで、アウラの概念とともに「自律的な芸術作品」を見棄ててしまうという非弁証法的な姿勢を批判するとともに、「歴史的過程にあるプロレタリアートの自力を盲目的に信頼するアナーキズム的なロマン主義」を痛烈に非難したことが端的に示すように、(7) そのような大衆の政治的潜勢力へのオプティミスティックな期待は、一九三〇年代半ばという時点ですでに、アドルノを含めたフランクフルト学派のメンバーの多くが完全に放棄したものだった。そしてそれは、彼らの故国であるドイツを含めたヨーロッパ諸国における労働者大衆が、革命の担い手となるどころか、ファシズムという反動的な政治勢力を熱狂的に支持し、映画やラジオといったテクノロジー・メディアをつうじて日々垂れ流される愚劣なプロパガンダを鵜呑みにしているという歴史的現実にたいする、ある意味で当然の反応だったといってよい。要するに、プロレタリア大衆の自発的な蜂起によって資本主義的体制が廃絶へと導かれるというマルクスの予言的なプログラムの破綻がすでに如実に露呈したあとも、なおも映画の観客大衆に社会変革への希望を託すというベンヤミンの現状認識の甘さと政治感覚の鈍さが、おそらくはアドルノをかくも激しく苛立たせたのだ。そして、そのような見解は、「複製技術論文の革命的でマルクス主義的な路線は、今日の受容のなかで複製技術論文のもっとも時代遅れの部分と見なされて」おり、「複製技術論文における［……］政治的な期待は、今日ではもはや興味を引くことがない」と断じるような現代の批評家にも共有されているのである。(8)

このように、メディア史および政治的展望という二重の点で反時代性が指摘される「複製技術時代の芸術作品」だが、そこで呈示されている歴史モデルを、たとえば遺作となった「歴史の概念について」（一九四〇）と比較するならば、時間性にまつわるさらなる疑問点が浮かび上がってくる。真正な芸術作品がもっていた「アウラ」が技術的複製の急速な発展と拡大をまえに「凋落」する一方、複製可能性に基づく新たな芸術形態としての映画がその消費者である大衆を「解放」へともたらす――すでに幾度となく論及されてきた有名な議論については、もはやあらためて縷説するまでもないだろう。このアウラ芸術から複製芸術への歴史的転換という主題を、複製技術論文のなかでベンヤミンは、一回性／遍在性、礼拝価値／展示価値、第一の技術／第二の技術、個人／大衆、精神集中／気散じ、視覚的／触覚的といった一連の対概念をつうじてさまざまに変奏していくわけだが、そこでは、複製技術の進展と、それにともなう芸術上の諸々の変化が、単線的かつ不可逆的な「発展傾向」（350〔五八五〕）として捉えられているように見える。さらに、テクストの冒頭部で、これらの「新しく導入される諸概念」が「芸術政策における革命的要請を定式化するのに役立つ」（ebd.〔五八五以下〕）と述べられている以上、かかる「発展傾向」の終極にあるのが革命であり、さらにいえば、このあと展開される議論のすべてが、来るべき革命という目的論的なパースペクティヴのもとに記述されていることが、あらかじめ示唆されていることとなる。そして、テクストの最後では、「ファシズムによる政治の耽美主義化」と対置されるかたちで、「それ〔=ファシズム〕にたいしてコミュニズムは、芸術の政治化をもって答えるのだ」(384〔六二九〕)という有名な一文が登場するわけだが、この「革命的要請」が最終的に成就されるとき、芸術というカテゴリーそのものがおのれの歴史的使命を完全に終えるのであり、その意味で、複製技術論文のなかでプロレタリア革命は、まさに〈芸術の目的=終焉〉(アレクサンダー・ガルシア・デュットマン)として位置づけられているといえるだろう。[9]

だが、それにたいして、「歴史の概念について」のなかでベンヤミンは、「歴史における人類の進歩という観念」と、その背後に潜在する「歴史が均質で空虚な時間をたどって進行するという観念」を、ともに厳しく批判している。[10] なぜなら、「歴史は構成の対象であって、その構成の場を成すのは均質で空虚な時間ではなく、現在時〔Jetztzeit〕によって満たされた時間」であり、「現在時が充満した過去」を「歴史の連続を打ち砕いて取り出す」ことこそが、革命的階級と唯物論的な歴史記述の双方にとって決定的に重要だからである。[11] ベンヤミンの歴史認識の鍵となる「現在時」については後述するが、ここで問題になっていることとは、「一瞬閃く真の歴史的イメージを捉える」[12]べく、「想起」や「引用」をつうじて「過ぎ去ったものへの虎の跳躍」[13]をおこない、連続的で不可逆的なものとしての時間表象を「打ち砕く」ことで、「抑圧された過去」[14]を〈救済〉へともたらすことであると、とりあえず定式化できるだろう。いうなれば「現在時」とは、召喚された複数の過去と現在とのインターフェースにおいて構成される〈布置状況〉――「自分自身の時代が以前のある特定の時代と出会っている布置状況」[15]――であり、複数の時間性が折り重なるなかで出来する瞬間的な出来事にほかならない。

このような過去と現在とがダイナミックに交錯する弁証法的な歴史モデルと比較した場合、芸術作品におけるアウラの衰退と複製芸術の台頭をへて、最終的にプロレタリア革命へといたるという複製技術論文の予言的なプログラムは、「歴史の連続」を打破する「虎の跳躍」を欠いたままに、最終目的に向けてひたすら単線的かつ不可逆的に「進歩」していくように見えるという意味で、非弁証法的で目的論的な歴史表象に立脚しているのではないか。くわえて、複製技術の進展のなかで凋落することを運命づけられた諸対象――アウラ、展示価値、第一の技術――についてベンヤミンが、ブルジョワ資本主義とファシズムによる欺瞞的な大衆懐柔の手段に利用される危険性があるものとして、あっさりと「全面的な清算」(354〔五九一〕)を要求するとき、「過去」がもちうるはずのアクチュアルな潜勢力へのまなざしを、みずから葬ってしまっているような印象を受けざるをえないのである[16]。

複製技術論文における以上のような三つの疑問点――無声映画への固執、プロレタリア革命への反時代的な期待、単線的な歴史表象――は、いずれも錯時性としてのアナクロニズムの問題に収斂していくといえるだろう。つまり、前者二つにおいて問題になっているのが、現在における過去の残存であるとすれば、革命と資本主義的生産体制の廃絶という〈目的＝終焉〉から逆構成された歴史モデルは、クロノス的な時間表象――「均質で空虚な時間をたどって進行する」ものとしての「歴史」――に立脚するとともに、未来が現在へと密かに滲み出しているのである。

こうした疑問点の数々にたいして、これまでの研究では、ベンヤミンの交友関係や伝記的背景を引き合いに出すことで、その原因の一端を説明しようとすることも試みられてきた。たとえば、一九二六年一二月から翌年二月にかけてベンヤミンがモスクワに滞在した際に体験した、ロシアの無声映画――『戦艦ポチョムキン』（セルゲイ・エイゼンシュテイン監督、一九二五）、『母』（フセヴォロド・プドフキン監督、一九二六年）、『世界の六分の一』（ジガ・ヴェルトフ監督、一九二六）――やそれらの上映形態がその九年後に初稿が書かれた「複製技術時代の芸術作品」でもなおもモデルとされていたのではないか、という指摘がある。[17]また、ベンヤミンのいささかオプティミスティックな政治的姿勢についても、哲学者の生前からすでに、アドルノやショーレムといった彼の親しい友人たちが、一九二九年ごろに始まったブレヒトとの交友関係に直接的に起因するものとして問題視していたほか、[18]一九三五年夏に成立したフランス人民戦線の反ファシズム的文化綱領や、[19]ジョルジュ・バタイユやアンドレ・ブルトンをはじめとするコレージュ・ド・ソシオロジーのメンバーとの交友からの影響、さらにはソ連にたいしてベンヤミンが一九三九年夏に独ソ不可侵条約が締結される時期にいたるまでファシズムへの対抗勢力として期待をかけつづけたことなどが、[20]「複製技術論文のもっとも時代遅れの部分」の要因として指摘されてきたのである。

このような説明が一定の説得力と正当性をもっていることは確かである。だが、以下においては、複製技術論文を幾重にも特徴づけるアナクロニズムという問題を、何らかの外在的な要因に帰着させるのではなく、ベンヤミンの思考戦略のなかで自覚的に選び取られた方法であり、その内在的な論理から必然的に要請されるという点を、遺稿資料も含めたテクストを精読する作業をつうじて明らかにしたい。具体的にはまず、映画をめぐるベンヤミンの議論のなかで特権的な位置を占めるチャップリンという形象がもつ意味を、「寓意《アレゴリー》」という哀悼劇論文に由来する観点から考察する（第2節）。つづけて、複製技術論文のなかで繰り返しもちいられる「神経刺激」の概念について、その生理学的・エネルギー論的な含意を検証するとともに、それが「革命」という現象／目的とどのように結びつけられているかについて検討を加える（第3節）。そのあと、ベンヤミンによるミッキーマウス解釈を例に、「第二の技術」と「遊戯」と「反復」という三つの概念の思想的な関連について検証したうえで（第4節）、さらに、そこで浮上した身体／自然／技術の融合というモティーフとの関連のなかで、複製テクノロジーによる大衆の自己表象という問題について分析する（第5節）。つづけて、複製技術論文における歴史表象の問題をめぐって、「歴史の概念について」との関連を踏まえながら、モンタージュおよび革命の時間性という観点に注目しつつ論じたのち（第6節）、ベンヤミンにとってファシズムとは何だったのかという問題を、トーキー映画にたいする見解との関連のなかで考察する（第7節）。そして最後に、第Ⅱ部への橋渡しとして、複製技術論文におけるベンヤミンの特異なメディア美学がアドルノにどのようなかたちで受け継がれ、あるいは変容されたのかという点について概括してみたい（第8節）。

2　寓意家《アレゴリカー》チャップリン

複製技術論文を一読してすぐに気づくのは、どの稿でもチャップリンの名前が繰り返し言及されるという点である。よく知られているように、チャップリンはトーキー時代が到来したあともサイレントのスタイルに固執しつづけ、ちょうど複製技術論文の第二稿の成立と前後して公開された『モダン・タイムス』（一九三六）でも、トーキーの使用はごく一部にとどまっていた。それゆえ、ここでチャップリンの名前や作品名が頻繁に挙げられていること自体が、無声映画にたいするベンヤミンの固執ぶりを示していると見ることもできるだろう。さらに、前節で触れたように、複製技術論文には他の映画作家や作品名も確かに挙げられているのだが、議論の本筋とはあまり関係しない場合がほとんどである。それにたいして、チャップリンの場合、その突出した言及回数もさることながら、映画の改良可能性、芸術の自律性という「仮象」の崩壊、複製芸術にたいする大衆の「進歩的」な関係など、テクストの決定的な個所で、複製テクノロジーに基づく新たな芸術形態を解明するための鍵となる人物として登場してくる。なかでも、映画観客の「集団的哄笑〔das kollektive Gelächter〕」について論じた以下の個所――第三稿では削除――は、ベンヤミンの思考のなかでのチャップリンの重要性を示す証左をなしている。

> アメリカのドタバタ喜劇映画やディズニー映画は、無意識を治癒するように爆破するという効果をもつ。その先駆者をなしていたのが道化芸人《エクセントリーク》である。映画によってつくりだされた新たな遊動空間〔Spielraum〕に最初に住みついたのも道化芸人《エクセントリーク》だったのであり、この空間の一時入居者の役割を果たしたのである。このような関連においてチャップリンは歴史的形象としての位置を占めている。（377f.〔六二一〕）

チャップリンが「歴史的形象」であるのは、映画メディアが登場する以前と以後の時代を結びつける媒介的な存在だからである。「写真にはトーキー映画が潜在的に含まれていた」ように、かつてのサーカスや寄席における「道化芸人《エクセントリーク》」のうちには、「無意識的を治癒するように爆破するという効果をもつ」という意味で、ハリウッドのスラップスティック映画やディズニーのアニメ映画がすでに潜在していたのであり、過去の芸術形式と現在の芸術形式が交錯する一種の結節点をなしているのがチャップリンにほかならない。(21) ここでチャップリンとは、過去のうちに潜在的な可能性として含まれていた未来を解放する存在として形象化されているわけだが、それは同時に、過去の失われた痕跡を現在において追想させる存在でもあるといえるだろう。

ここで「爆破」されるべき「無意識」とは、直接的には「サディズム的な幻想やマゾヒズム的な妄想」といった「大衆の異常心理」を指しており、大衆の深層心理のうちに鬱積する危険な欲望を「集団的哄笑」をつうじて事前に発散させるという「予防接種」の機能が、チャップリンやディズニーの喜劇映画には備わっていることが主張されている（376〔六二一〕）。だが、そこにはさらに、忘却された複数の過去が沈殿する集合的な「無意識」も含まれているのではないかと憶測をめぐらすこともできるかもしれない。すなわち、新しい娯楽装置としての映画が席巻するまえに路上や芝居小屋で観客を沸かせた「道化芸人《エクセントリーク》」のように、あるいは一九三〇年代半ばのトーキー全盛期における無声映画のように、メディア・テクノロジーの発展という歴史的な「進歩」の過程のなかで、時代遅れのものとして見棄てられ、忘れ去られるにいたった過去の遺物の数々の記憶が、チャップリンという「歴史的形象」がもたらす爆発的な「笑い」に触発されるかたちで無意識の封印から解き放たれ、観客の脳裏に一瞬のあいだ甦るのである。

さらに、過去による未来の予示／現在における過去の残存というモティーフは、このあと、ダダイズムと映画との関係をめぐる議論においてふたたび登場してくる。そして、そこに付された註のなかでもチャップリンの名前が言及されているのは偶然ではない。「映画が普及するまえに、ダダイストたちはさまざまな催しをつうじて、のちにチャップリンのような人が自然な方法でつくりだした動きを公衆にもたらそうとした」（378〔六三九〕）。それにつづいて、本文のなかでベンヤミンは、ダダイストたちが「公衆にもたらそうとした」「動き」とは、「一発の銃弾」として「観る者に命中する」ような「触覚的要素」であり、「身体的なショック作用」であると記しているが、この「別の新しい芸術形式においてはじめて無理なく得られることになる効果」を、チャップリンは映画という新たな媒体において易々とつくりだしてみせるというのである（ebd.〔六二二―六二三〕）。ただし、ここでベンヤミンは、映画のもつ「ショック作用」の源泉を――おそらくはモンタージュ技法を駆使した一九二〇年代のソヴィエトの前衛的な無声映画を多少なりとも念頭に置きつつ――「ひとくぎり、ひとくぎり、という具合に観る人に迫ってくる」ような「場面とショットの転換」に求める。それにたいして、チャップリン映画の場合、ラディカルなモンタージュや場面転換とはほとんど無縁であるだけに、ダダイズムの後裔としてのチャップリンという位置づけはいささか唐突に感じられる。

それにたいして、チャップリンとショック効果という結びつきを理解するうえで示唆となる文章が、複製技術論文の初稿にまつわるベンヤミンの遺稿断片のひとつのうちに見出される。ただし、そこで注目されているのは、ショットの転換ではなく、「チャップリンの身振り」である。

チャップリンの身振りは本来の俳優的なものではない。舞台でそうした身振りをすることはできないだろう。その唯一の意味は、チャップリンの身振りが、人間を、その身振り——すなわち、身体的で精神的な姿勢——に応じて映画のなかに組み込んでいるという点にある。これこそがチャップリンの身振りの新しさである。それは、人間的な表現運動〔Ausdrucksbewegung: ジェスチャー〕を、一連のきわめて小さな神経刺激へと分解するのだ。チャップリンの動きのそれぞれは、切り落とされた動きの断片の連なりから成り立っている。その歩き方や、自分のステッキを操ったり、帽子をちょっと持ち上げたりするやり方を引き合いに出そうとも、それはつねに同一であり、微小な動きの数々をぴくぴくっとした感じで連続させたものなのであって、それが映画における映像の連続の法則を、人間の運動学の法則へと高めているのだ。(22)

「チャップリンの身振りの新しさ」とは、人間の動きをいったん「きわめて小さな神経刺激〔Innervationen〕へと分解」したうえで、そこで生じた「微小な動きの数々」をふたたびひとつの連続した動きへと繋ぎ合わせるところにある。引用節の最後の一文にあるように、それはまさに、別のアングルから撮影された複数のショットを編集によってひとつづきのシークエンスへと連結させることで連続的な運動の仮象をつくりだす映像編集の原理と正確に対応しているといえるだろう。ただし、古典的ハリウッド映画では、ショットとショットのあいだの継ぎ目をできるかぎり観客に意識させないコンティニュイティ編集が基本であるのにたいして、チャップリン映画は「ぴくぴくっとした感じ」という言葉で表現されているような知覚上の非連続性を残しつづける。そして、「チャップリンの身振り」のなかに穿たれているこの細かな複数の亀裂こそが、「きわめて小さな神経刺激」の源泉となって、スクリーンを見つめる観客大衆の身体にたいして、微弱なレヴェルではあるが、一種の「身体的なショック作用」を及ぼすのである。

人間の動作を細かな断片へと破砕したうえで、それらをふたたびひとつづきの運動へと結び合わせるチャップリンの身振り――それは、バラバラの映像をモンタージュする映画編集の作業と類似しているだけでなく、ベンヤミンが『ドイツ哀悼劇の根源』で主題化した寓意家《アレゴリカー》の営みをも想起させる。実際、複製技術論文の第二稿の執筆時に成立した遺稿断片のなかでベンヤミンは、チャップリンを一種の寓意家《アレゴリカー》として明確に規定していた――「チャップリンにおける細断：彼は自分自身を寓意《アレゴリー》的に解釈する〔Zerstücklung bei Chaplin: er legt sich selbst allegorisch aus〕」。[23] さらに、ここでもちいられている「細断〔Zerstücklung〕」という語が、哀悼劇論文における「寓意《アレゴリー》的細断〔allegorische Zerstückelung〕」や「言語の細断〔Sprachzerstückelung〕」といった鍵語と正確に対応していることはきわめて示唆的である。ベンヤミンの分析によれば、ドイツ・バロック演劇において、被造物としての登場人物から舞台空間、ギリシア悲劇のイメージ、言葉のひとつひとつにいたるまで、有機的な全体性を志向するいっさいのものが容赦なく「細断」され、たんなる屍骸や事物へと凋落する。前章でも触れたように、かくて生みだされた死せる破片や残骸の数々は、寓意家《アレゴリカー》の陰鬱なまなざしのもとで、恣意的かつ二義的な意味作用を担う〈文字〉へと読み替えられるとともに、最終的に「神の世界を告げ知らせる」ような「復活の寓意《アレゴリー》」へと弁証法的な反転を遂げることとなる。それにたいして、「チャップリンにおける細断」で問題となっているのは「自分自身を寓意《アレゴリー》的に解釈する〔auslegen: 並べ置く〕」ことであり、いったん自己解体したおのれの身振りを「寓意《アレゴリー》的」に再配置し、読解を施すことにほかならない(24)。いうなればチャップリンとは複製技術時代に復活したバロックの寓意家《アレゴリカー》であり、映画館の観客たちをまえに、みずからの身体をいったんバラバラの断片へと破砕したうえで、そこから現代の寓意像をつくりだすのだ。

だが、ここで問われるべきは、チャップリンの「寓意《アレゴリー》的」な身振りにおいて、はたして何が意味されているのか、という疑問である。バロック演劇の寓意解読《アレゴレーゼ》において読み取られる意味とは、端的にいえば、堕ちた被造物の罪深さであり、あらゆるものが時間的推移のなかで破壊と死と忘却を免れないという、無常に過ぎゆくものとしての「歴史」であった(25)。それにたいして、チャップリンの身振りの場合、一九二九年にベンヤミンが執筆したチャップリン監督・主演作品『サーカス』の映画評（「チャップリン回顧」）では、その冒頭でチャップリンの「老年」が確かに特徴として指摘されているものの（「『サーカス』は映画芸術の最初の老年作品である。チャーリーは彼の以前の映画以来、年をとった。だが、彼はそのように演技してもいる(26)」）、それをそのまま歴史的な無常性を意味する寓意《アレゴリー》と見なすのは、いささか飛躍があるといわざるをえない。

寓意《アレゴリー》としてのチャップリンの身振りという、この謎めいた規定をさらに考察するうえで決定的な手掛かりとなる一節が、ベンヤミンの別の遺稿断片のなかに認められる。すなわち、一九三四年に執筆された長文の文芸批評「フランツ・カフカ」の準備のためにベンヤミンが記したメモ書きのひとつにはこう書かれている――「カフカ解釈の本当の鍵を握っているのがチャップリンである(27)」。そして、カフカ論のなかでベンヤミンが、「［カフカにおいて］決定的なもの、出来事の中心は、身振りでありつづける[28]」であるとか、「身振りのなかでのみ、何かを具体的につかみとることができた[29]」といった表現で、カフカの小説世界における「身振り」の重要性を繰り返し強調している以上、チャップリンとカフカというジャンルを異にする二つの芸術形象を結び合わせる紐帯となるのが「身振り」という身体的要素であると推察することは自然だろう。もっとも、カフカ的な身振りが、チャップリンの身振りや映像モンタージュのような非連続的な連続性――ないしは連続的な非連続性――という逆説的な特徴を帯びているわけではない。むしろ、ここで重要なのは、カフカの世界において、「身振り」の基盤となる身体そのものが、その持ち主である人間にとって疎遠な「異郷」と化してしまっているという点である。

というのもKが城山の村にいるように、今日の人間はおのれの身体のなかで暮らしている。この身体は人間から滑り落ち、人間に敵対している。［……］異郷が――彼の異郷が――彼の支配者となった[30]。

もっとも忘却されている異郷とは、われわれの身体、自分自身の身体なのである[31]。

さらに、カフカ論のある個所でベンヤミンは、おのれの身体が一種の〈他者〉として自身に「敵対している」という現代人の状況を、「疎外」というマルクス主義の術語で形容したうえで、それを複製テクノロジーの問題に直結してみせる。

人間どうしの疎外が頂点にまで高まった時代、見極めがたく媒介された関係が唯一の人間の関係となってしまった時代に発明されたのが映画と蓄音機である。映画のなかでは人間は自分自身の歩行を認識することができず、蓄音機では自分自身の声を聞き分けることができない。実験がこれを証明している。こうした実験における被験者の状況がカフカの状況である。(32)

技術的な複製可能性の時代において、みずからの「歩行」や「声」という、個々の人間にとってもっとも身近で馴染みのあるものまでもが、テクノロジーに媒介されることで、異質な〈他なるもの〉へと――あるいは、フロイトのいう意味での〈不気味なもの（das Unheimliche）〉へと――変貌する。かくして極限にまで達した人間の自己疎外とは、オドラデクや毒虫へと変身するザムザのような「歪められた生の住人」(33)に象徴される「カフカの状況」であるばかりでなく、無数の断絶を孕んだチャップリンの「身振り」が「寓意的《アレゴリー》」に表象するものにほかならないといえるだろう。(34)さらにそれは、チャップリンの最新作『モダン・タイムス』で戯画的に描き出されたような、資本主義的な生産様式における労働の機械化と合理化の問題にも直結しているといってよい。(35)いうなればチャップリンの「身振り」とは、近代的なテクノロジーの圧力に日々徹底的に晒されつづけることで、断絶化され、疎外され、物象化され、脱我有化された労働者の身体の「寓意《アレゴリー》」なのであり、その意味において、「自分自身が複製されたいという今日の人間の正当な要求」（372〔六一三〕）を正しいかたちで満たしているのである。

そして、興味深いことに、ベンヤミンの認識によれば、チャップリンによる「疎外」の表現にとって最適な媒体となるのが無声映画であった。カフカ論の改稿のために書かれたメモ書きにはこうある。

> 無声映画は、人間の言語にたいして、それがもっとも馴染んでいる次元を断念するように強いることで、それとともに表現の次元で途轍もない濃縮化をおこなうことができた。このような可能性を誰よりも利用したのがチャップリンだった。チャップリンは、この時代における人間の自己疎外をきわめて深く感じ取っていたため、字幕テクストをまだ自分で考案することが許されていた無声映画が彼にとっては猶予期間のように感じられただろうと思われるほどなのだが、そのような感覚をもたない者は誰もチャップリンを真似することができなかった。[36]

さらに別のメモ書きには「カフカとチャップリンの世界にとっての境目としてのトーキー映画[37]」という一節も見受けられる。無声映画は、「人間の言語」にとって「もっとも馴染んでいる次元」である音声を欠いているがゆえに、「表現の次元で途轍もない濃縮化をおこなうこと」を可能にしたのであり、チャップリンが無声映画にあれほど固執したのも、台頭するトーキー映画をまえに消え去りつつあるこの「猶予期間」のメディアこそが、おのれの身体をもちいた「寓意《アレゴリー》的細断」の舞台としてもっともふさわしいものだったからにほかならない。ただし、ここでベンヤミンがチャップリンを例に呈示している寓意解読《アレゴレーゼ》とは、極限にまで疎外された人間の身体を、「復活」をあらわす寓意《アレゴリー》的な〈文字〉として解読するという『ドイツ哀悼劇の根源』での理論図式でもなければ、映画を媒介として観客大衆におのれの疎外状況を知覚・認識させるというルカーチ的な要請――このあと触れるように、のちにアドルノ／アイスラーによる『映画のための作曲』（一九四三―四四）が進歩的な映画音楽に仮託することになる機能――でもないことに注意しなくてはならない。複製技術論文のなかでベンヤミンが「疎外」という表現をもちいるとき、そこで問題になっているのは、徹頭徹尾、「機械装置による人間の表象」のなかで、「その〔＝人間の〕自己疎外」を「きわめて生産的なかたちで活用すること」（369〔六一〇〕）なのであり、いうなればテクノロジーによる疎外によって疎外を克服するという同種療法的なプログラムなのである。

3　笑い、神経刺激、革命

ベンヤミンにとって、複製技術をつうじての人間の自己疎外の生産的活用という歴史的使命を果たすのは、映画人としてのチャップリンだけに限られるわけではない。ベンヤミンの主眼はむしろ、映画観客としてのプロレタリア大衆自身が、映画という複製技術メディアをつうじて、かかる使命をみずから実現していくという点に置かれている。もっとも、大衆にたいする働きかけという点でも、チャップリンの特権性は際立っている。「芸術作品が技術的に複製可能となることは、芸術にたいする大衆の関係を変化させる。たとえばピカソのようなものにたいしてはきわめて後進的な関係であるのが、たとえばチャップリンのようなものをまえにすると、きわめて進歩的な関係へと反転するのである」（374〔六一六〕）。それでは、ピカソの絵画を鑑賞するときと比べて、チャップリンの映画を観るときの「大衆の関係」はどのように「進歩的」に変化するというのか。ベンヤミンが引き合いに出すのは、映画館における「集団的受容」のなかで「個々人の反応」が「表明されることによって、たがいにコントロールしあう」という相互媒介的な状況である（ebd.〔六一七〕）。ベンヤミンの認識のなかで、このような映画観客の「集合的反応」が、プロレタリア大衆が来るべき革命に向けてみずからを集団的主体として自己組織化していくための一種のモデルとして位置づけられていることはすでに述べた。さらに、ここで「大衆」が「ドタバタ喜劇映画をまえに進歩的な反応を示す」（375〔六一八〕）とされるとき、そこでの「進歩的な反応」は、何よりもまず、「笑い」というかたちをとると考えられる。一九二九年に執筆されたチャップリンについての短文にあるように、「チャップリンが彼の映画において頼りにしたのは、大衆のもっともインターナショナルであると同時にもっとも革命的な情動、つまり笑いである」[38]のだ。

だが、チャップリンの作品を映画館で鑑賞する大衆のあいだで巻き起こる「笑い」が「革命的な情動」であると規定されるとき、おそらくその論拠は、集団による同時的受容のなかでの個々の反応の相互コントロールや、「集団的哄笑」による「無意識の爆破」という予防接種的な機能だけにはとどまらない。ここであらためて注目すべきは、先に引用した遺稿断片のなかで、「チャップリンの身振り」が「人間のジェスチャーを、一連のきわめて小さな神経刺激へと分解するのだ」という一節である。というのも、ベンヤミンにとって「神経刺激」とは、それが集団的レヴェルで作用した場合、まさに「革命」への一種の動力源となるものにほかならないからである。複製技術論文の第二稿と仏訳版にのみ付けられた註にはこう書かれている。「革命とは集団の神経刺激である。より正確にいえば、歴史上はじめて登場したこの新たな集団に神経刺激を通わせる試みであり、この集団は第二の技術をみずからの器官とする」（360〔六三一〕）。

「神経刺激〔Innervation〕」という言葉は、「神経支配」や「神経分布」などとも訳されるが、解剖学の用語で、神経興奮の伝播をあらわしている。たとえば、ある筋肉や器官を動かすときに特定の神経が作用したり、皮膚感覚などが神経をつうじて伝達される場合にもちいられる語であり、初期フロイトもまた「エネルギーが神経の経路に沿って、たいていは末端に向かって、運ばれる」という「生理学的過程」を意味する術語として使用していた[39]。また、ミリアム・ハンセンが指摘しているように、「ベンヤミンの神経刺激の概念は〔……〕同時代の知覚心理学、行動心理学、生理的美学、および行動理論、とりわけベンヤミンが〔アーシャ・〕ラツィス経由で知ったに違いないビオメハニカをめぐるソヴィエトの前衛的な言説と関連していると思われる」[40]。ベンヤミンがもちいる「神経刺激」という術語がどこに由来するにせよ、ともかくそこでは、一種の〈集団的身体〉としての大衆にたいする外的な感覚刺激と、それにたいする内的な反射反応が問題になっていることは間違いない。そのような人間の刺激受容のメカニズムが、かつてダダイズムが時代に先駆けるかたちで追求し、映画という新しい芸術形式の到来によって無理なく生み出されるようになった、例の「触覚的要素」としての「身体的なショック作用」と密接に関連していることは、すでに前節で指摘したとおりである。

ベンヤミンの認識のなかで、映画がもたらす「ショック」とは、近代社会に暮らす諸個人が日々体験しているような「生命の危機」と「人間の統覚器官の徹底的な変化」に対応するものであり（380〔六四〇〕）、現実における圧倒的な感覚刺激のシミュラークルないしはリハーサルをなしている。ベンヤミンが具体的に挙げているのは「大都市の交通」(ebd.〔同〕)であり、「ボードレールにおけるいくつかのモティーフについて」(一九三九)で印象的に述べられているような近代的な都市生活の身体経験――「大都市の交通のなかを動いていくことは、個々の人間に一連のショックと衝突をもたらす。危険な交差点では、まるでバッテリーの衝撃のように、神経刺激が次々と人間を貫く」[41]――がここで示唆されている。だが、このボードレール論のなかで「通行人が群集のなかで受けるショック体験に対応しているのが、機械装置を操作する労働者の〈体験〉である」[42]と定式化されていることが示すように、そこにはさらに、ベルト・コンベアーのまえで機械労働に従事する工場労働者たちの「〈体験〉」も含まれているといえよう。激しく行き交う群集や路面電車に身体が連続的に晒されることから生じる緊張やショック、労働者が日々操作する機械装置がもつ、人間の知覚反応の限界を超える速度やエネルギーなど、機械文明は人々に「近代的ハイパー刺激」[43](ベン・シンガー)を絶えずもたらしてきた。それにたいして、映画メディアは、たとえばショットの転換などの技法をつうじて、このような感覚刺激を人為的・擬似的に再現するのであり、それによって「人間の感覚器官に複雑なトレーニングを施す」[44]ことができるのである。

ボードレール論のなかでベンヤミンがフロイトの『快感原則の彼岸』(一九二三)について詳述していることからも推察されるように、ここでの感覚器官の訓練装置としての映画という主張の下敷きとされているのが、心的外傷にたいする「刺激防御」をめぐるフロイトの議論にほかならない[45]。フロイトに倣うかたちでベンヤミンは、外部からの強烈な刺激を受けた意識が、外傷的神経症を発症することなく容易にこの刺激を処理することが、「歴史の転換期において人間の感覚器官が直面する課題」

(381〔六二五〕) をなすと規定する。そのうえで、映像という非現実的な表象のレヴェルにおいて、破壊や破局のシミュレーションをまえもって繰り返しおこなわせることで、大衆が現実のレヴェルで日々経験せざるをえないショックを「慣れをつうじて克服する」(ebd.〔同〕) ことを可能にするというのである。

このようにベンヤミンは、映画を鑑賞するという日常的な行為を、近代社会における強烈な外的刺激に慣れておくための知覚の訓練として位置づけているわけであるが、そこで観客大衆はさらに、ある特定の受容様態を「練習」によって習得するという課題が与えられている。すなわち「気散じ状態での受容」である。「気散じ状態での受容は、芸術のすべての分野においてますます顕著になってきており、統覚の深い変化の徴候となっているが、その格好の練習道具となるのが映画である。映画のショック作用は、このような受容に対応している」(381〔六二六〕強調原文)。この「気散じ状態での受容〔die Rezeption in der Zerstreuung〕」は、近代社会における統覚の危機を「慣れをつうじて克服する」ことに成功したことの証左として位置づけられるとともに、芸術作品をまえにした従来的な受容様態としての「精神集中〔Sammlung〕」の対極に置かれている。ここでの「気散じ」/「精神集中」という二項対立は、触覚/視覚という、作品受容にあたって主導的な役割を果たす感覚機能の違いにそれぞれ対応させられているが、さらにそれは、外部からの強烈な感覚刺激を処理する方法の違いとして捉えることもできるだろう。

「芸術作品をまえに精神を集中させる者は、作品のなかへと沈潜する」(380〔六二四〕) と述べられているように、「精神集中」では、まずは意識を一点に集め (sammeln)、全身を緊張させた状態で対象をひたすら凝視するという求心的かつ能動的な姿勢が要求される。しかしながら、そのような硬直した姿勢では、激しいショックに不意に晒された場合、刺激が特定の感覚器官に集中するために、ときにエネルギーが個人の受容能力の限界を超えて溢れ出してしまうことは避けられない。こうした有機体としての人間の刺激保護システムの破綻が生じさせるような経験が心的外傷《トラウマ》であり、主体はショッキングな状況を強迫的に反復するといったかたちで外傷に固着することを余儀なくされる。だが、それにたいして、「気散じ」状態の知覚では、特定の感覚器官や対象にあらかじめ意識を局所的に集中させることなく、むしろ、ベンヤミンのブレヒト論の表現を借りるならば、つねに「リラックスした〔entspannt〕」[46]姿勢をとっているために、受容された刺激はすぐさま身体組織全体へと分散〔zerstreuen〕され、神経刺激へとスムーズに変換されるのであり、この一連の流れが「慣れ」として習慣化されるまで反復されることで、かかる過程は最終的に「克服」されるにいたるのである。

　さらに、ドタバタ喜劇映画をまえにした観客大衆から生じる「集団的哄笑」もまた、それが「無意識的なものを爆破すること〔Sprengung〕」で大衆のなかの「危険な緊張〔Spannungen〕」を発散させるという機能をもつ以上、「精神集中」的な芸術受容の対極にあるような解緊的な離心性を備えていることは間違いない。そして、「生産者としての作者」（一九三四）の記述に従うならば、「笑い」は同時に「思考」を触発するものでもある。「思考にとって笑いにまさる出発点は存在しない。そしてとりわけ、横隔膜が揺り動かされることは、魂が揺り動かされるよりも、たいていは思考にとってよりよいチャンスを提供してくれる」[47]。ここでベンヤミンが念頭に置いているブレヒトの叙事演劇論の鍵概念をもちいるならば、「笑い」によって緊張が解ける瞬間とは、感覚的・身体的なレヴェルにおける一種の「中断」であるといえるだろう。すなわち、イリュージョナルな説話進行に没入させるのではなく、逆にリラックスした状態で、表象された事態についてみずから思考するよう促すような〈中間休止〉であり、「状況の発見」と「出来事にたいする態度決定」をおこなうことを観る者に可能にするような知覚上の空隙が、「笑い」をつうじて穿たれるのである。(48)

さらに、この「リラックス〔Entspannung: 緊張緩和〕」と、「笑い」から「思考」への転換というブレヒト論に由来する二つのモティーフは、複製技術論文の註のなかに登場する「ひとまとまりの大衆をほぐす」という要請について考えるうえでも、きわめて示唆的である。ベンヤミンによれば、「ひとまとまりの大衆」は「大衆心理学のなかで語られている感情的な契機に支配されている」。だが、プロレタリアートが「解放闘争を開始する瞬間」、「ひとまとまりの大衆の反射行動がおのれ自身のなかで動揺を呼び起こし、それが大衆をほぐすとともに、自分たち自身が階級意識をもった幹部の集合であることを知覚させる」(370〔六三六以下〕)。厳密にいえば、ここでの知覚刺激は二段階に分けられる。すなわち、階級闘争の過程で、さまざまな外的な刺激や緊張――「今日の社会秩序に反対する闘士のすべてが体験している」ような「人間の統覚器官の徹底的な変化」(380〔六四〇〕)――に晒されたプロレタリア大衆は、まずはそれにたいして「反射反応的な」応答を示す。「戦争への熱狂」や「ユダヤ人憎悪」といった「パニック的な性格」をもつ集団心理的な反応がそれにあたるが(371〔六三七〕)、しかし、このような「反射行動」はさらに、「大衆それ自体のなか」で巻き起こる「動揺〔Erschütterung〕」というかたちで、内的なエネルギーの奔流を引き起こす。「ひとまとまりの大衆」が「ほぐれる〔auf-lockern〕」のは、「横隔膜が揺り動かされること〔Erschütterung〕」につうじるようなこの第二の内なる振動によってであり、それによって大衆は、「階級意識」を備えた思考主体へと変貌を遂げるとともに、「反射反応」ではなく「集団的理性《ラチオ》」に従うようになるのである[49]（371〔六三六〕）。かくして、ベンヤミンにとっての革命とは、外的・内的な刺激をつうじて、〈集合的身体〉としてのプロレタリア大衆が「ほぐれた」組織として生成することと同義となるであろう。「シュルレアリスム」（一九二九）の最終節の記述は、そのような推測を裏づけているといえる。

集団もまた身体的である。技術において組織される肉体が生み出されうるのは、その政治的・具体的な現実性のすべてに照らした場合、世俗的啓示によってわれわれに馴染みのものとなった、あのイメージ空間のなかでしかない。世俗的啓示のなかで、身体とイメージ空間とが深く浸透しあうことで、革命にまつわる緊張のすべてが身体的・集団的な神経刺激となり、集団の身体的な神経刺激のすべてが革命的な放電となるならば、そのときはじめて現実は、『共産党宣言』が要求している程度にまで、自分自身を凌駕したことになる[50]。

ここで「神経刺激」は、「技術において組織される肉体」としての〈集団的身体〉を起動させるための一種の電気信号として形象化されている。「革命にまつわる緊張のすべて」がプロレタリア大衆の身体という変換器《インバーター》をつうじて内的なエネルギーへと転換されるとともに、さらにそれが「革命的な放電」としてスパークするのだ。いうなれば、革命の主体となるべき〈集団的身体〉とは、テクノロジーと融合したサイボーグのようなものであって、外部からの強烈な刺激に晒されれば晒されるほど、興奮が「ほぐれた」神経機構をつうじて全身へと伝播し、動力源として内部に蓄積されるのであり、そして革命的状況が到来する瞬間、映画館で「哄笑」が突発的に巻き起こるように、そのエネルギーが一挙に「放電」されるのである。

4　ミッキーマウスの遊戯

このように、「気散じ」や「集団的哄笑」といった複製技術論文の鍵語の数々と深く関連する「神経刺激」であるが、それはさらに、ベンヤミンの議論にとって決定的な意味をもつ別の重要概念とも密接に結びついている。すなわち、「第二の技術」である。すでに引用した革命と神経刺激にまつわる一節を、そのつづきの部分を含めてもう一度引用しよう。

革命とは集団の神経刺激である。より正確に言えば、歴史上はじめて登場したこの新たな集団に神経刺激を通わせる試みであり、この集団は第二の技術をみずからの器官とする。この第二の技術とはひとつのシステムであり、そこでは、社会の基本的諸力を制御することが、自然の基本的諸力との遊戯の前提をなしている。〔……〕この第二の技術が、人間を労働の苦役一般からしだいに解放していくことを目指しているがゆえに、他方において個人は、おのれの遊戯空間が見通しえないほど拡大したことに突然気づくことになる。（360〔六三二〕）

周知のように、ベンヤミンの議論において「第二の技術」とは、「自然を支配することと」を目指していた「第一の技術」にたいして、「自然と人類との共同遊戯」を目標とするような新たな現代的な技術をあらわしている（359〔五九八〕）。「第一の技術」が「できるだけ多くの人間を〔……〕投入する」というかたちで「人間を犠牲にすること」を前提としており、取り戻しえない「一回性」によって規定されるのにたいして、「第二の技術」は、「遠隔操作の飛行機」に象徴されるように、「できるだけ少ない人間を投入する」ことを方針としており、「一度は数のうちならず」という原則のもとに「実験方法を倦むことなく多様化させる」ような反復可能性を特徴とする（ebd.〔同〕）。さらに、両者の対立は、「真面目さと遊戯、厳格さととらわれなさ」とも言い換えられており、とりわけ「第二の技術の根源」が「遊戯〔Spiel〕」にあることが強調される（ebd.〔同〕）。

このように、「第一の技術」において人類と自然は、主人と奴隷のあいだのような物理的な力による支配・被支配の関係にあるのであって、テクノロジーはそこで〈自然支配〉のためのたんなる手段として位置づけられている。ここで「人間を犠牲にすること」という表現によってベンヤミンは、フランクフルト学派の解釈伝統を踏襲するかたちで、〈自然支配〉の構図において、主体であるはずの人間までもが支配維持のための道具として容赦なく利用され、近代技術のさまざまな所産とともに大量動員されることで、おびただしい数の犠牲死を出しつづけることを強いられるという、のちにアドルノとホルクハイマーが『啓蒙の弁証法』（一九四一―四五）で大々的に展開する主張を先取りするような認識を示している。複製技術論文の最終節で印象的に語られるファシズムによる戦争の美学は、まさにこの「第一の技術」の論理を審美的に言祝ぐためのレトリックであるといえるだろう。それにたいして、「第二の技術」においては、人類と自然はもはや敵対関係や主従関係ではなく、ともに対等な立場で「共同遊戯〔Zusammenspiel〕」を繰り広げることが可能となる。そして、引用文のなかで、革命の担い手となるプロレタリア大衆が「第二の技術をみずからの器官とする」と規定されていることが示唆するのは、この「第二の技術」に徹底的に習熟し、体内化することこそが、「集団の神経刺激」としての革命を実現するのに不可欠であるという洞察なのである。

人類と自然とのあいだでおこなわれる「共同遊戯」において、両者を結びつける媒介となるのがテクノロジーである。「神経刺激」や「器官」という身体にまつわる語が暗示するように、そこでテクノロジーは、何らかの目的達成のための手段や道具ではもはやなく、人類と自然とがともに有機的に融合するべき対象であると考えることができるだろう。先にチャップリンの身振りとの関連で触れたように、産業資本主義体制下において人間は、機械装置をもちいた単純労働を繰り返すことで、おのれの本来的なありようから引き離され、自己疎外されていくのだが、ここでは逆に、テクノロジーに徹底的に浸蝕され、一体化していくことが、革命のための前提条件として位置づけられている。まさにこのような弁証法的な反転のプログラムこそが、「人間の自己疎外」を「きわめて生産的なかたちで活用すること」の実質的な内容であり、そのプロセスをへることによって、プロレタリア大衆がシュルレアリスム論でいわれる「技術において組織される肉体」へと生成変化することが可能となるのである。

ベンヤミンにとって、人類と自然と技術とが有和的に合一するというこの理想像を夢想的なイメージのなかで先取りしている存在となるのが、ミッキーマウスにほかならない。複製技術論文のなかでミッキーマウスは、「精神病者や夢見る人の個人的な知覚様式の、集団的知覚による取り込みを可能にする」ような「集団的な夢の形象」（377〔六二〇〕）と形容されるとともに、チャップリンとともにディズニー映画が「無意識的を治癒するように爆破するという効果をもつ」ものとして肯定的に位置づけられていた。ただし、第二稿に――および、大幅に切り詰められたかたちで仏訳版に――登場する註のなかでは、「最近のディズニー映画」に見られる「残忍さや暴力行為を、人間の生存にはつきものだとして気楽に持ち込む傾向」（377〔六三八〕）が辛辣に批判されているばかりでなく、第三稿にいたっては、すでに触れたように、ディズニーのアニメーション映画に関する記述のすべてが削除されている。それゆえ、複製技術論文からだけでは、ベンヤミンのミッキーマウス評価は曖昧であり、両価的《アンビヴァレント》であるという印象を受けざるをえない。だが、一九三三年に発表されたエッセイ「経験と貧困」の以下の記述は、ベンヤミンの思考のなかでミッキーマウスという形象がいかに決定的な重要性をもっているかを明確に示している。

ミッキーマウスの生活は、現代の人間たちが見る夢なのだ。ミッキーマウスの生活は奇蹟に満ちていて、その奇蹟は技術による奇蹟を凌駕するばかりか、それを笑いものにする。つまり、ミッキーマウスの生活にあふれている奇蹟においてもっとも注目すべきことは、そうした奇蹟がすべて、機械装置をもちいることなく、準備なしの即興によって、ミッキーマウスやその仲間、またその迫害者たちの身体から生じたり、あるいはごく日常的な家具や木、雲、湖といったものから立ち現れてくる、という点である。自然と技術、未開状態と文明的快適さが、ここでは完全に一

体化している。(51)

自然と技術、身体と道具、自身と外界、未開と文明、さらには動物と人間、生物と無生物、労働と遊戯など、通常の生活や常識的な考えにおいて、両者はたがいに相容れない存在として明確に区切られている。それにたいして、ミッキーマウスは、たとえば自然にたいして機械技術を対置するのではなく、両者を軽やかに結び合わせることで、新しい組み合わせの可能性をたえず生み出していくようなユートピア的なヴィジョンを体現しているといえるだろう。(52) ミッキーにとって、みずからの身体も含め、あらゆるものは可塑的であり、粘土のように自由に変形することが可能である。『蒸気船ウィリー』(一九二八)で見られるように、ミッキーの手にかかると、ヤギは手回しオルガンに、ガチョウはラッパに、豚の親子はアコーディオンに、牛の歯はマリンバにたちまち変容し、即興的な音楽がそこから鳴り響くのだ。

もっとも、おのれの享楽のために生きた動物を躊躇することなく楽器へと変形し、まさに音楽を叩き出してみせるミッキーの姿には、確かにサディスティックな「残忍さや暴力行為」の傾向が認められなくもない。だが、それが「第一の技術」に基づく〈自然支配〉の構図から厳密に区別されるのは、すべてが無邪気な「遊戯〔Spiel〕」だからである。のちに『啓蒙の弁証法』の文化産業論のなかでアドルノは、ベンヤミンのミッキーマウス評価に対抗するかのように、「ドナルドダックが〔……〕さんざん殴打される」場面を見ることによって観客の脳裏に、「この社会における生の条件」としての敗北主義が叩き込まれると述べている。(53) そうした批判的な見解がどこか大袈裟で的外れに感じられるとすれば、ディズニーの世界においては、まさに「一度は数のうちならず」であり、すべてが「遊戯」として何度でもやり直しがきくからであろう。動物や事物や自然だけでなく、ミッキー自身の身体もゴムのように柔軟に伸縮し、ときに叩かれたり高いところから落下したりすることでぺちゃんこになるのだが、次の瞬間にはもとに戻っている。怪我をしたり死んでしまったりというような取り返しのつかないシリアスな事態が、ここで登場人物たちの身に生じることはけっしてない。子供の遊びがそうであるように、どんな暴力も、どんな奇蹟も、ミッキーマウスにとってはあらゆるものが反復可能で刹那的な現象であって、観客の笑いとともに、そのつど完全に帳消しとなるのである。額に汗してこつこつと「労働の苦役」を重ねることとも、病気や事故で死を迎えることともまったく無縁のままに、おのれの身体と自然と技術のあいだでひたすら越境や変容の遊戯を繰り広げることができる世界。ベンヤミンが「遊戯空間〔Spielraum〕」と呼ぶのは、まさにそのような、「第二の技術」によって開示された、「見通しえないほど拡大した」新たな可能性の領野にほかならないのである。

　先に「シュルレアリスム」の一節において、革命をおこなうプロレタリアートの〈集団的身体〉が一種のサイボーグとして捉えられていることを確認したが、ベンヤミンにとって、ミッキーマウスの身体もまた、ミリアム・ハンセンの言葉をふたたび借りれば、「肉体的なエネルギーと機械的なエネルギーの境界を曖昧にする」という「異種混交的《ハイブリッド》な特徴」を備えた「被造物《クリーチャー》」として、「サイボーグ的性質」を有している。[54] それは、たんにミッキーマウスが映画のなかで蒸気船や飛行機といったテクノロジー装置と有機的に結合したり、機械の特質や機能をおのれの身体によって担ってみせたりといった表象のレヴェルにとどまらず、アニメーションというメディアの物質的・技術的な条件とも不可分に関連している。アニメーションの世界におけるキャラクターの肉体や、それによってつくりだされる生きいきとした運動や表現は、いかに自然で自由に見えたとしても、すべてがテクノロジーの所産であることはいうまでもない。まさにベンヤミンが映画について述べたように、アニメーションにおいても「現実を映し出す純粋な視点、機械装置という異物とは無縁の視点は、特殊な処理過程の産物」（373〔六一五〕）なのである。

一方、アニメーションの観客である大衆にとって、いかに日常生活のなかでさまざまなテクノロジーと密接に関わり、その速度やリズムに感覚的・身体的に適合しようとも、結局のところ人間はテクノロジーのユーザーという役割にとどまっており、それゆえ「技術において組織される肉体が産み出される」というのは、たんなる修辞表現を超えるものではないという印象を受けるかもしれない。だが、ベンヤミンが「第二の技術」としての複製テクノロジーと大衆の関係について論じるとき、そこで一貫して問われているのは、現実が「機械装置によって徹底的に浸透し」（374〔六一六〕）、人間の身体と外界とテクノロジーとが完全に渾然一体となることで、もはや人間／機械という二分法はおろか、自己と外界、表象と現実といった区別すらもが成立しないような状態である(55)。そして、その端緒となるのが、複製技術の進展によって、伝統的な芸術作品のすべてが複製可能となるとともに、技術的な複製可能性を前提とした新たな芸術形態——すなわち映画芸術——が誕生するという現象である。ただし、ここで重要なのは、芸術作品の受容者である人間もまた、複製可能性の爆発的な拡大というこの歴史的な趨勢から逃れることはできないという点である。すなわち、複製技術の進展によって、芸術作品のみならず、あらゆる人間が複製可能になるとともに、技術的な複製可能性を前提とした新たな人間形態――すなわち「気散じ状態」の大衆――が誕生するのだ。

5　大衆の自己複製

複製可能となることとは、具体的には、写真や映画の被写体となることを意味している。何らかの対象がカメラという装置をつうじて無数の映像へと変換され、編集によって再構成されたうえで、大量のコピーが作製され、不特定多数の人々のまなざしに晒される。そのような複製化の過程においては、「礼拝価値」とともに伝統的な芸術作品を特徴づけていた〈いま・ここ〉という「一回的なもの」に淵源する「アウラ」が凋落し、それにかわって「はかなさと反復可能性」(355〔五九三〕)が支配的になるとともに、芸術作品が「それぞれの状況にある受容者の方へと近づく」(353〔五九〇〕)可能性の増大というかたちで、芸術の民主化・大衆化が進んでいく。このよく知られた議論は、しかしながら、他の諸事物とともに人間自身も不可避的に複製の対象とされることを考えあわせるならば、きわめてラディカルな帰結をともなうことを見逃してはならない。すなわち、複製技術に媒介されることで、〈いま・ここ〉に存在している個々人の実存的な基盤は容赦なく破壊され、有機的な身体はバラバラの無機的な諸断片――「個々の成果が数多く寄せ集められた」もの(367〔六〇九〕)――へと解体されてしまうのであり、いかに映像からリアルな現実感や生命感が知覚されたとしても、それらはテクノロジーによって意図的につくりだされた人為的でイリュージョナルな効果にすぎない。映像世界において、人間を含めたあらゆるものが任意に交換・代替可能なパーツから構成されており、ある人物の動作を表現するにあたって、たんに別々の時間に撮影された映像をモンタージュするだけでなく、まったくの別人の映像をもちいることとさえ問題なく可能である。[56] モンタージュ・メディアとしての映画を特徴づけている「改良可能性」(362〔六〇二〕)や「展示可能性」(365〔六〇六〕)という原理は、「生きた人格」という「アウラ」(366〔六〇八〕)を全面的に放棄し、かけがえのない個人の生などといった観念をたんなる「仮象〔Schein: 見せかけ〕」として全面的に否定するという、きわめて非人間主義的な身振りのうえに成立しているのである。[57]

さらに、映画をまえにした大衆は、たんに受動的な観客という立場に甘んじることなく、自分自身が複製されることを「正当な」権利として要求する。「今日のあらゆる人間は映画に撮られたいという要求をもっている」(371〔六一二〕)のであり、「みずから複製されたいという今日の人間の要求」こそが、「映画にたいする大衆の根源的で正当な関心」であるとともに、それは同時に「自己認識への、それとともにまた階級認識への関心」(372〔六一四〕)でもあるというのである。こうした「要求」は、すでに「ロシア映画」において、何らかの与えられた役を演じるプロの俳優にかわって、「自分を――とりわけ、まずは労働過程のなかの自分を――演じる」ような演技者というかたちで先駆的に実現されている(372〔六一三〕強調原文)。ここにおいて大衆は、〈複製(Reproduktion: 複写、再生、増殖)〉の過程にみずからを幾重にも積極的に晒すといえるだろう。すなわち、まずは自身が労働するさまを演技というかたちで再現《レプロドゥツィーレン》し、カメラやマイクロフォンといった装置によって技術的に複製=増殖《レプロドゥツィーレン》された自分自身とその生活環境の写像を映画館のなかで集団で繰り返し鑑賞し、さらには「集合的反応」をつうじて相互に反応をコントロールすることで、おのれ自身を「階級認識」をもった〈集団的身体〉へと再生《レプロドゥツィーレン》させるにいたるのである。

さらに、このような映像をつうじての無限の自己複製の構図のうちに、『ドイツ・ロマン主義における芸術批評の概念』（一九一九）のなかでベンヤミンが初期ロマン主義のテクストから析出した「反省」をめぐる形式構造とつうじるものを読み取ることもできるかもしれない。というのも、そこで問題になっていたこともまた、「反省」という自己関係的な営みを無限に重ねていくことをつうじて自己を永遠に二重化していくことであり、かかる鏡像的な関係性のなかで高次の「自己認識」へといたることだったからである。ロマン主義者が、芸術という媒質《メーディウム》において無限の自己反省をおこなうことで「絶対的形式」へと高まっていくように、映画という媒体《メーディウム》のなかで大衆は、何重にも複製されたおのれのイメージにたいする自己観察と相互チェックを重ねていくことで、階級意識を備えた〈集団的身体〉としての自分自身についての新たな「自己認識」へと到達することができるのである。複製技術論文の初稿と第二稿に記載されている、映画は「ロマン主義者たちが好んで固執した、鏡に映ったおのれの像」を「大衆のまえ」に「運搬する」（369〔六一〇以下〕）という一節が示唆しているのは、まさにこのような技術的複製とロマン主義的反省のあいだの構造的な類同性であるといえよう[58]。

なお、ベンヤミンの分析において、ロマン主義者における「無限の反省」は、フィヒテ哲学におけるように、「おのれ自身を再帰的なかたちで、閉ざされた反省のなかで把捉する」[59]ものとして、たんなる自己循環的な構造のなかにとどまりつづけるのではなく、「〈思惟の思惟の思惟の……〉」[60]という反省の無限の連鎖のなかで、自己という拘束を超越し、主体／客体の区別を超えた「絶対的な」次元へと段階的・累乗的に高まっていくものであった。すなわち、ロマン主義的な「反省」においては、人間と事物の双方が「みずからのうちで反省を高め、おのれの自己認識のうちに他の存在を包含している度合いに応じて、みずからの根源的な自己認識を他の存在に向けて放射する」のであり、そのような相互反映的な「自己認識」にあっては、認識する主体と認識される客体とのあいだの境界は撤廃され、「反省という媒質のなかで、事物と認識作用をなす存在が、たがいにたがいのうちへと移行しあう[61]」。

それと同様に、〈複製の複製の複製の……〉というかたちで無限に増殖していく映画の場合でも、複製する主体と複製される客体、観察する主体と観察される客体とが複雑に交錯するなかで、主体／客体の区別はなし崩し的に溶解していく。複製技術論文のなかでベンヤミンは「呪術師」と「外科医」を対置しながら説明しているが、映画というメディアにおいては、患者に手を置いて治療する「呪術師」のように「自分と対象との適切な距離を保つ」ことは許されず、カメラマンは、ちょうど「外科医」が「手術という操作によって患者のなかに侵入する」ように「事象の組織構造に深く侵入していく」(374〔六一六〕)。映画において、主体と客体を隔てる「適切な距離」は消失し、主観的とも客観的ともつかないカメラのまなざしが、同時に被写体／鑑賞者／制御者である大衆自身の内部へと入り込んでいくのだ。さらに、そこで捉えられた対象の内的組織が「何重にも細断されたイメージの数々」へと変換されたうえで、モンタージュという「ある新しい法則にしたがって集められる」(ebd.〔同〕)ことになるのだが、ベンヤミンが強調するのは、そこで「装置という異物から解放された現実をとらえる純粋な視点」(373〔六一五〕)が現れてくるという逆説である。「映画による現実の描写は〔……〕装置から解放された現実をとらえる視点を、まさに現実と装置との徹底的な相互浸透によって与えているのである」（374〔六一六〕強調原文）。

このようにして、現実と技術とのあいだの「徹底的な相互浸透」によって、いわばテクノロジーが自己消滅するとともに、そこから「装置から解放された現実」が逆説的に現れてくる。ベンヤミンが「技術の国の青い花」（373〔六一五〕）と呼ぶものが生じるこの圏域とは、チャップリンがその細断された身振りによって大衆の「集団的哄笑」を誘い、ミッキーマウスがおのれの身体と自然と機械のあいだで無邪気な戯れを繰り広げるような「遊戯空間」であるとともに、シュルレアリスム論の最後で「技術において組織される肉体が生み出されうる」とされた、あの「イメージ空間」であるといえるだろう。そこでは、主体／客体の差異のみならず、自己／他者、個／集団、身体／技術、現実／表象を隔てる境界も相互に浸透しあうかたちで融解し、たがいに自由に横断可能となるのである[62]。さらに、この脱境界的な空間では、意識と無意識の区別もまた消滅する。ベンヤミンは映画のさまざまな撮影技法についてこう述べる。

> クローズアップのもとで空間が拡がり、スローモーションのもとで運動が拡がる。拡大撮影において問題になってるのは、「いずれにせよ」ぼんやりとは見えるものをたんに明確にすることではなく、むしろ物質のまったく新しい構造を出現させることである〔……〕人間が意識を織り込んだ空間にかわって、無意識が織り込まれた空間が現出する。人々の歩行について、大まかにであれ説明することは普通に誰でもできることだが、足を踏み出す数分の一秒間の姿勢については、誰も何も知らないに違いない〔……〕視覚的無意識についてわれわれは、カメラをつうじてはじ

めて経験するのであり、それは精神分析をつうじて衝動的な無意識についてはじめて知るのと同様である。[63]（376〔六一九―六二〇〕）

この記述は、カフカ論のなかの「映画のなかでは人間は自分自身の歩行を認識することができず、蓄音機では自分自身の声を聞き分けることができない」という先に引用した一節にたいする自己応答として捉えることができる。映画において、「自分自身の歩行」が、「カメラのさまざまな補助手段――ティルト・アップやティルト・ダウン、カットバックやフラッシュバック、スローモーションやクイックモーション、アップやロング――」（376〔六二〇〕）をつうじて、通常の時間・空間感覚から逸脱するかたちで再生される。そのとき、観客である大衆は、たんにこの映像を「自分自身の歩行」として再認できないだけでなく、むしろ、日常生活では知覚されることのない「視覚的無意識」という新たな領野を「経験」することが可能となるのである。

もっとも、精神分析をつうじて無意識的な衝動を明らかにしていくプロセスと類比的に結びつけられているとはいえ、ここで問題になっているのは、被分析者としての大衆が、スクリーンに映し出された自己表象をつうじて、おのれの深層心理を明晰な意識へと上らせることで、いわば無意識的な次元を自我の認識のうちに統合することであるというわけではかならずしもない。というのも、ベンヤミンにとって「視覚的無意識」を「経験する」こととは、〈爆破〉という破壊的契機をつねにともなうものだからである。さらに、ここでの〈爆破〉の対象が、無意識的なものと意識的なものの双方にまたがっていることも見逃せない。すなわち、一方で、すでに触れたように、「アメリカのドタバタ喜劇映画やディズニー映画は、無意識を治癒するように爆破するという効果をもつ」のであり、「サディズム的な幻想やマゾヒズム的な妄想」といった「大衆の異常心理を、治癒するために早めに爆発させる」という機能を担うものとして「集団的哄笑」が位置づけられていた（377〔六二一〕）。さまざまなカメラの技法をもちいた映画とは、人工的に製作された集団的な夢の空間であって、そのなかで大衆の鬱積した性欲動や攻撃欲動のエネルギーがイメージの次元で発散・昇華されるのである。だが、他方で、以下の複製技術論の有名な一節が示すように、映画というテクノロジー装置は、人々が日常生活を営む現実世界をも容赦なく破壊していく。

> われわれの居酒屋や大都市の街路、われわれのオフィスや家具つきの部屋、われわれの駅や工場は、われわれを絶望的に閉じ込めているように見えた。そこに映画が出現し、この牢獄の世界を十分の一秒のダイナマイトで爆破してしまったのであり、その結果、われわれは広く飛び散った瓦礫のなかで平然と冒険旅行をおこなうのである。（376〔六一九〕）

最初の文で「われわれの〔unser〕」という言葉が何度も繰り返されていることは、自己に帰属すると見なされてきた所有物のすべてが映画によって「爆破」されることを示唆している。さらに、「ダイナマイト」に喩えられるその圧倒的な破壊力は、都市労働者としてのプロレタリア大衆を取り巻く環境世界にとどまらず、「姿勢」という身体的な要素や、「意識」という認識的な審級にまで及んでいくと見なすことができよう。いうなれば映画は、環境・身体・意識という人間主体を構成する固有の要件のすべてを徹底的に解体するのである。それゆえ、「冒険旅行」の舞台となる「広く飛び散った瓦礫」が広がる空間とは、複製され、破砕され、断片化された「われわれ」自身のイメージ的な廃墟でもあって、「破壊的性格」（一九三一）の表現を借りるならば、自己も他者も現実も一緒くたかつ徹底的に「取り除いてしまう〔räumen〕」ことで生じた「空虚な空間」にほかならない。(64) そして、この「瓦礫」のみが堆積する終末論的な光景のうちに、ふたたびベンヤミンは、「途方もないほどの、予想しなかった遊戯空間」（376〔六一九〕）を見出すのだが、しかしながら、再度「破壊的性格」の文章をもじっていえば、映画が「既存のものを瓦礫にしてしまうのは、瓦礫のためではなく、瓦礫のなかを貫通している道のため」なのだ。(65) すなわち、革命へといたる道である。

6　過去の召喚

ただし、映画という「ダイナマイト」によって「瓦礫」へと粉砕されるものとは、それが「われわれ」にまつわるすべてのものに関わる以上、空間的な同一性だけにとどまるわけではない。複製技術の拡がりによって無価値なものとされるのが「芸術作品の〈いま・ここ〉に在るという性質――存在する場所に、一回かぎり存在するということ」（352〔五八八〕）であると規定されている以上、時間的な一回性も解体の対象となることは避けられない。「たとえば窓から人が飛び出す場面は、スタジオでは足場から跳躍するというかたちで撮影することができるが、それにつづく逃走シーンは、場合によっては数週間後に野外で撮影されることもある」（368〔六一〇〕）。映画のなかで〈いま・ここ〉として現象しているものは、バラバラの時間や場所で過去に撮影された複数の映像断片をモンタージュすることによって構成されているのであり、いかに生きいきとした現実感がそこから醸し出されようとも、それはあくまで人為的につくりだされた効果にすぎない。

さらに、一般的な映像編集では、クロノジカルな時間の流れに従って個々のショットを配列することが原則であり、たとえばフラッシュバックのように映画のストーリーの時間軸から逸脱するようなシーンの場合、ディゾルヴやエコーといったコード化された視覚的・聴覚的効果によって観客がそれとして認識できるようにするのが普通である。だが、そのような製作上の慣習が、テクノロジー・メディアとしての映画の内在的原理から必然的に導き出されるものではけっしてないことはいうまでもない。ベンヤミンが、取り返すことのできない「一回性」を特徴とする「第一の技術」にたいして、「一度は数のうちならず」という言葉に象徴される反復可能性と遊戯性によって徴づけられる「第二の技術」を対置したうえで、映画を後者のカテゴリーに位置づけるとき、そこでは映画における時間が、「一回性」に基づく継起的な時間モデルに従うものでは**ない**ということが含意されていたのではないだろうか。すなわち、過去から現在へと不可逆的に流れる線条的な時間ではなく、かつてあったものが過ぎ去ることなく何度も反復的に回帰し、複数の過去が現在とダイナミックに交錯するような非クロノス的な時間の地平が、「第二の技術」としての映画によって開示されるのだ。

さらに、一度起きたことは取り返しえない「第一の技術」の厳格な時間性と、すべてが無限に反復されうる「第二の技術」の遊戯的な時間性との差異は、前章で「哀悼劇と悲劇」および「哀悼劇と悲劇における言語の意味」という一九一六年に執筆されたエッセイを例に論じた、古典古代のギリシア悲劇と近代的な哀悼劇の時間性の差異に正確に対応しているといえよう。すでに見たように、ギリシア悲劇においては、運命的・神話的な罪連関によって「過剰規定」された英雄がおのれの死をつうじて時間を「成就」するという形式構造が支配的となる。まさにこの英雄の悲劇的な死は、複製技術論文で「第一の技術」の世界の例として挙げられる「永遠に代理の役割を果たす犠牲死」(359〔五九八〕)にほかならず、個的な一回的行為としての撤回不可能な死をつうじて〈成就された時間〉という目的＝終焉がもたらされるという意味で形式的に「閉ざされて」いる。[66]

それにたいして、近代の哀悼劇を特徴づけているのは時間的な「反復」であり、そこにおいては死という契機ですらも終わりを意味するものではなく、死せる登場人物は「亡霊」というかたちでふたたび舞台へと回帰し、おのれの遊戯《シュピール》＝演技をもう一度反復する。「すべての者は、死が、劇《シュピール》を終わらせるまで演技《シュピーレン》＝遊戯し、それからさらに、もう一方の世界において、この同じ劇《シュピール》＝遊戯をより大規模なかたちで反復するのだ。〔……〕哀悼劇の時間の普遍性は亡霊的であって、神話的ではない」[67]。それと同じく、映画によって開かれる「遊戯空間」においても、死が何らかの決定的な意味をもつことはない。そこでは、物語展開のなかで死を迎えた登場人物であれ、映像として記録された在りし日の故人であれ、いったん死亡宣告された対象であっても、すべてがいつでもどこでも再生可能であり、何度でも繰り返し再演《リプレイ》させることができる。その意味で、映画のなかで表象されたあらゆるもの――それが撮影された時間は編集・上映される時間につねに先行するがゆえに、すべてが時間的には過去に属しているという点に留意しておこう――は「亡霊的」であり、クロノロジカルな時間秩序から逸脱しつつ、終わることのない遊戯をイメージのなかで永遠に繰り広げているのである。

なお、「哀悼劇と悲劇における言葉の意味」によれば、近代の哀悼劇における遊戯的な要素は、「救済」というメシアニズム的契機と切り離すことができない。「救済が必要不可欠であることが、この芸術形式がもつ遊戯的なものの本質をなす。というのも［……］ギリシア悲劇の撤回不可能性と比較するならば、（哀しみという）感情を生命とする形成物はすべてが遊戯と呼ばれなくてはならないからである」[68]。さらにベンヤミンは、哀悼劇においては最終的に「哀しみの嘆きが、純粋な感情の言語に、すなわち音楽に移行していく」と述べたうえで、「滑稽さ、おぞましさ、恐ろしさ、その他多くの多種多様な感情が輪舞している」という状況にたいして、それらを「無限の共鳴」として「寄せ集め［sammeln: 収集する］」、「音楽」として聴き取ることによって「救済」がもたらされると規定していた[69]。一方、複製技術をつうじて反復的に繰り広げられる「遊戯」の場合、その本質を形成しているのは、プロレタリア革命の必要不可欠性であるということができるだろう。

もっとも、「哀悼劇とギリシア悲劇における言葉の意味」では、「哀悼劇においては、哀しみがおのれ自身を呼び起こし、しかしまた、おのれ自身を救済＝解放［erlösen］する」[70]とされていた。それにたいして、革命を実現へともたらすためには、プロレタリア大衆自身が主体となって自己解放という喫緊の課題を遂行することが要求される。そして、複製技術論文のなかでベンヤミンが一貫して主張しているのが、かかる歴史的課題を果たすうえで決定的な役割を担うのが複製技術メディアとしての映画であり、触覚的に受容されるイメージの数々であるという点であることは、もはやあらためて確認するまでもない。

これまでの議論のなかでわれわれは、「神経刺激」や「遊戯空間」といった鍵概念を手掛かりとして、とりわけ知覚の訓練や人間の身体とテクノロジーとの融合といったモティーフに焦点を当てつつ、大衆にとって映画がもちうる革命的な潜勢力について考察してきた。しかしながら、遺作となった「歴史の概念について」（一九四〇）における時間性をめぐる記述を参照するならば、大衆による革命実践におけるイメージの機能という問題に関して、「複製技術時代の芸術作品」の各ヴァージョンにおいてつねに潜在していながらも、明示的に論じられるにはいたらなかったさらなるモティーフが浮上してくる。そして、さらにそれは、複製技術論文におけるアナクロニズムという本章の第1節で提起した問題を解明するための有効な視座を提供してもくれるだろう。すなわち、〈過去の収集〉ないしは〈過去の引用＝召喚（Zitieren）〉というモティーフである。「歴史の概念について」の第XIVテーゼを全文引用しよう。

歴史とは構成の対象であり、そのような構成の場をかたちづくっているのは、均質で空虚な時間ではなく、現在時〔Jetztzeit〕によって満たされた時間である。それゆえロベスピエールにとっては、古代ローマは現在時が充塡された過去であって、それを彼は歴史の連続を爆破して取り出したのであった。フランス革命は回帰したローマとしてみずからを理解していた。フランス革命は、ちょうどモードが過去の服装を引用するように、古代ローマを引用したのである。モードは、アクチュアルなものが昔という茂みのどこをうろついていようとも、それにたいする嗅覚をそなえている。モードとは過ぎ去ったものへと襲いかかる虎の跳躍なのだ。ただし、この跳躍は、支配階級の指令下にある闘技場でおこなわれる。歴史の広々とした空のもとでおこなわれるこの跳

躍は弁証法的なものであり、マルクスは革命をそのようなものとして捉えていた。(71)

ここでは「均質で空虚な時間」の連続としての歴史というモデルにたいして、「構成の対象」としての歴史という新たなモデルが批判的に対置されている。「構成」とはすなわち、過去のうちに密かに漲る「現在時」の存在を鋭敏に感知したうえで、そのような「アクチュアルなもの」としての過去を現在において「引用＝召喚する」という行為であり、それによって過去が現在へと、現在が過去へとたがいに照応しあうかたちで回帰し、相互浸透するのである。さらに、このテーゼでさらに注目すべきは、過去と現在のあいだでおこなわれるこの「弁証法的」な「跳躍」が、まさしくマルクスが理解していた意味での「革命」そのものであるという点である。言い換えれば、「支配階級の指令下にある闘技場」において「現在時が充塡された過去」を「歴史の連続を打破して取り出す」ことこそが「革命」にほかならないのであって、かかる〈過去の召喚〉という使命が課せられているという点で、唯物論的な歴史記述者と、革命の担い手であるプロレタリア大衆――「歴史的認識の主体」である「闘う非抑圧階級」(72)――とはたがいに共通しているのである。

このように、唯物論の歴史記述にとっても、労働者階級による革命実践にとっても、歴史とはあくまで「構成の対象」であり、「均質で空虚な時間」の連続的かつ不可逆的な連鎖ではないことをベンヤミンは強調する。「構成」とはすなわち、複数の過去を「引用＝召喚」し、特定の布置状況へと配置することであり、それは映画におけるモンタージュの作業に近接している――「現在時」とはいわば過去と現在とのオーヴァーラップとして捉えることができよう――だけでなく、ベンヤミンのライフワークである『パサージュ論』の方法論の根幹をなすものでもある。ただし、ここで問題になっているのは、過去のデータをできるかぎり収集し、整理しなおすことで、その実像を忠実に再構成しようとするような生真面目な歴史主義的営みの対極にあることに注意しよう。「過去の真のイメージはさっと掠め過ぎていく。認識可能となる瞬間に閃き、二度と再来することがないようなイメージとしてしか、過去をとどめておくことはできない」[73]のであり、「歴史的唯物論にとって重要なのは、危険の瞬間において歴史的主体に思いかけず立ち現れるような過去のイメージをとどめていくことなのだ」[74]。つまり、「現在時が充塡された過去」は、一瞬閃いてはたちまち消え去るような「イメージ」として不意に到来するものなのである。「歴史の概念について」のなかで一貫して要請されているのは、「均質で空虚な時間」の連続という偽りの歴史表象を、過ぎ去った時間を現在へと召喚するなかで批判的に打ち砕き、歴史の進行に「メシア的な停止」[75]を命じることによって、そこに穿たれた空隙——〈中間休止〉——から「過去の真のイメージ」が〈出来事〉として刹那的に生起するその瞬間を逃すことなく確実に捉えることにほかならない。さらに、別のテーゼのなかでベンヤミンは、「救済された人類にしてはじめて、みずからの過去の、そのどの瞬間も、召喚＝引用できる〔zitierbar〕ものになっている」[76]と述べているが、この「救済された〔erlöst〕」という言葉が、神学的な意味での「救済」だけでなく、「支配階級の指令下にある闘技場」からの「解放」という政治的な意味合いも同時に帯びているのだとすれば、それはまさしく、階級闘争とプロレタリア革命後の人類のあるべき姿を示唆していると考えることができる。

ただし、ここでの革命とは、何らかの準備や努力を重ねるなかで漸進的に実現へと近づいていくべき目標として、目的論的な図式へと還元されうるものではない（だとするならば、それは「歴史が均質で空虚な時間をたどって進行するという観念」や「進歩」の理念と完全に不可分なものとなってしまうだろう）。つまり、ベンヤミンの革命論にとって、階級闘争からプロレタリア階級の独裁政権という通過点をへて、無階級社会という最終目標を達成するというプログラムを段階的に踏破していくことが肝要なのではない。むしろ、われわれが過去を現在へと「召喚＝引用」し、「自分自身の時代がそれ以前のある特定の時代と出会っている布置状況を把握する」[77]瞬間、あるいは――同じことだが――われわれにたいして「歴史の真のイメージ」が一瞬閃いては消え去っていくその刹那、たとえミニマルな次元においてであれ、革命はつねにすでに生起しているのであり、そのような瞬間のうちに「抑圧された過去のための闘争における革命的なチャンス」を「認識する」ことがここで求められているのだ[78]。

さらに、ここで「召喚＝引用」される過去は、一般的な歴史書のなかで記述されているような事象だけに限定されるわけではない。ベンヤミンにとって、歴史主義において前提とされているような一般的な意味での歴史とは「いま地に斃れている人々を踏みつけにしていく今日の支配者たちの凱旋行進」[79]の記録であって、徹頭徹尾、現在において権力を掌握している支配勢力（ブルジョワ階級、ファシズム……）を正統化するものにすぎないからだ。それにたいして、歴史的唯物論の「使命」とは「歴史を逆撫でること」[80]であり、「隷属させられた祖先のイメージ」を、すなわち、歴史的過程のなかで、暴力的に搾取され、容赦なく打ち倒され、徹底的に忘却された敗者たちの存在を追想することが決定的に重要となるのである[81]。ただし、このような「抑圧された過去のための闘争」においては、現実のレヴェルで起こったことや存在したものだけでなく、ありえたかもしれなかった可能性としての過去を解放することも含まれているのではないだろうか。「歴史の概念について」第Ⅱテーゼの以下の記述が示唆するのは、まさにこのことであると見なしうる。

われわれに羨望を呼び起こすことがあるかもしれない幸福は、われわれが語り合うことができたかもしれない人々、われわれに身をゆだねたかもしれない女たちとともに、われわれが呼吸した空気のなかにしかない。言い換えれば、幸福のイメージのうちには、救済のイメージが、手放すことができないものとして共振しているのである。歴史がみずからの仕事としている過去のイメージについても事情は同じである。過去はある秘められた索引をともなっており、それによって過去は救済へと向かうよう指示されている。かつての人々のまわりに漂っていた空気が、われわれ自身のまわりにもそよいでいるのではないだろうか？　われわれが耳を傾けるさまざまな声のなかに、いまは沈黙した声のこだまが混じってはいないだろうか？　われわれが求愛する女たちは、彼女たちがもはや知ることのなかった姉たちをもっているのではないだろうか？(82)

ここで問題となっているのは、『パサージュ論』の表現を借りれば、「当該の空間で潜在的に起こったかもしれないことを、同時的に知覚」することであり(83)、かつて起こりえたはずの過去という、実現しないままに終わった可能性の痕跡を「救済のイメージ」として知覚することであるといえるだろう。それはすなわち、かつて未来への豊かな萌芽だったものが、まったく実を結ばないままに過去のものとなって死滅していくなかで、「ある秘められた索引」というかたちで過去のうちに潜伏している、死産に終わった過去形の未来を追想することにほかならない。その意味において、かつてあったものとしての過去を志向することが、同時に来るべきユートピアを志向することへと直接的に繫がっていくのである。

複製技術論文のなかでベンヤミンが、映画をプロレタリア革命という政治的要請に応えるための決定的な手段として位置づけるのは、まさにこのテクノロジー・メディアが、複数形の過去をイメージとして「召喚＝引用」するための回路を「闘う非抑圧階級」にたいして開示してくれるからだということができるだろう。すでに見たように、映画をつうじて大衆は、スクリーンに映し出された映像を集団的に鑑賞し、反応を相互にコントロールしあうことで、主体／客体、自己／他者、身体／事物、自然／技術、現実／表象の対立を超えた「イメージ空間」において、革命の主体としての〈集団的身体〉を形成していく。そこで受容されるイメージとは、何よりもまず、「自分自身が複製された姿」(372〔六一三〕)であるわけだが、それは労働者として働く現代の大衆の姿をそのままリアリズム的に表象することに尽きるわけではない。むしろそこには、「隷属させられた祖先のイメージ」や、「かつての人々のまわりに漂っていた空気」、「いまは沈黙した声のこだま」など、現在では完全に抑圧・忘却された過去のわれわれのイメージも含まれているのであり、いうなれば「無意識が織り込まれた空間」をともに形成しているのだ。そして、〈いま・ここ〉という軛《くびき》から解放された過去のイメージの数々を「召喚＝引用」し、触覚的に受容し、集団的知覚によって取り込むことをつうじて、過去と現在と未来のあいだ、願望と現実のあいだに、「現在時」が充塡されたアクチュアルな関係を取り結ぶことが可能となるのである。まさにそれは、「みずからの過去の、そのどの瞬間も、召喚＝引用できるものになっている」というあの「救済された人類」を準備するものであるといえるだろう。要するに、現在の勝利者たちの立場から紡がれた歴史主義的な記述においてはけっして書きとめられることのないような敗北者たちの生の痕跡の数々を、そしてさらに、過去のうちになおも潜在するかつて起こりえたかもしれないユートピア的可能性を、まさに「みずからの過去」として現在へと召喚し、既存の支配秩序を解体するための革命的なエネルギーに転換していくことこそが、複製技術時代に生きるプロレタリア大衆にたいして、歴史的使命として課せられているのである。

　周知のように、「歴史の概念について」の第Ⅸテーゼには、クレーの絵画をモデルにした「歴史の天使」が登場する。すなわち、過去のうちに瓦礫が積み重なった「破局」のみを見出すとともに、できることならばそこにとどまり、「死者たちを目覚めさせ、破壊されたものを寄せ集めてつなげる」ことを希求しつつも、「進歩」という名の嵐によって未来へと否応なく吹き流されてしまう無力な天使である。[84] ベンヤミンにとって映画とは、この「歴史の天使」が果たすことのできない課題を、プロレタリア大衆としてのわれわれ自身が主体的かつ集団的におこなうことを可能にする媒体《メーディウム》だったのではないだろうか。かつての人々の苦しみや哀しみなどの感情、願望、想像力を孕んでいながらも、屑として打ち捨てられ、誰からも省みられることのなかった複数の過去をイメージのかたちで表象し、「寄せ集めてつなげる」というモンタージュ的な営為のうちにこそ、過去を救い出し、現状を変革するための微かな希望が宿っているのであり、映画によって開示される「遊戯空間」とは、かかる〈救済〉のための舞台にほかならないのだ。そして、そのようなメシアニズム的な視座は、先に指摘した複製技術論文を特徴づけるアナクロニズム的傾向とも繋がっていると考えることができる。トーキー映画の全盛期における無声映画や、ファシズムの時代におけるマルクス主義的な大衆革命論など、当時からすでに時代遅れと見なされていたものを忘却の淵から拾い上げ、そのうちにアクチュアルな可能性を見出すという課題を、いうなればパフォーマティヴなかたちでベンヤミンは、みずからのテクストにおいて実践しているのである。

7　トーキー映画とファシズム

しかしながら、一九三〇年代という時点において、複製技術とプロレタリア大衆をめぐる現実状況は、ベンヤミンが叙述するような姿からは程遠いものであったことはいうまでもない。巨大資本とファシズムが、映画と大衆の双方を完全に掌握し、その革命的な潜勢力を徹底的に封じ込めていたからである。ベンヤミンによれば、この二つの支配勢力は、ともに「経済恐慌」にたいする反応であるという意味で同根である。すなわちベンヤミンは、複製技術に基づく映画が、その膨大な製作費を回収するためには大量普及を志向せざるをえないことを指摘したうえで、トーキー化の推進とファシズムという「二つの現象」の関連について、次のように分析してみせる。

この二つの現象が同時に生じたのは、経済恐慌に起因している。この困難は、大局的に見れば、現行の所有関係をあからさまな暴力によって維持しようとする〔ファシズムの〕試みを導くこととなったが、それはまた、危機に脅かされていた映画資本にたいしては、トーキーへの準備を進

めることを余儀なくさせたのである。(357〔六三〇〕)

このようにしてベンヤミンは、ファシズムとトーキー化が、「経済恐慌」という危機的な事態をまえにおのれの利益を確保しようとする試みという点で一致していると見なす。ベンヤミンにとってトーキー映画とは、ファシズムと巨大資本の同時性と親和性の象徴であって、「あからさまな暴力」を頼りにするか、目新しいテクノロジー商品を売り込むかという違いはあるにせよ、両者が革命の潜在的な担い手であるプロレタリア大衆を懐柔することで「現行の所有関係」をできるかぎり維持しようとする利己的な勢力であることに変わりはない。彼らにとっての関心事とは、搾取と物象化に基づく階級支配のシステムを永遠に保ちつづけることであって、革命へと向かう歴史的な潮流に徹底的に抗うという意味で反動的であり、時代の変化のなかで既存のものを護持することを主眼としているという意味では保守的である。ただし、資本家とファシストは、たんにおのれの既得権益を受動的に防御しようとするだけではない。むしろ彼らは、複製技術時代においてはじめて生まれた大衆の欲求を、みずからの支配体制の維持のために巧みに活用するのであり、それによって大衆をおのれの反革命的な勢力圏のなかで欺瞞的に充足させようとする。

ファシズムは、新たに生まれたプロレタリア大衆を組織化しようとするが、大衆が廃絶を迫っている所有関係については手をつけることはない。ファシズムは、大衆におのれを表現する機会を与えること(彼らの権利を与えるのでは断じてない)が、自分のためになると思っている。大衆は所有関係を変革する権利をもっているのにたいして、ファシズムは所有関係は保持したままに、彼らにひとつの表現を与えようとする。ファシズムは当然ながら、政治生活の審美主義化にいきつくこととなる。（382〔六二六以下〕）

すなわちファシズムは、みずから複製されたいという現代の大衆の正当な要求を悪用し、「所有関係を変革する」という革命的な「権利」は剝奪したままに、「おのれを表現する機会」のみを提供する。ここでの「表現」とは、すなわち戦争であり、それは「装置」によって複製されることを前提としている。「大量複製の技術にとくにふさわしいのは、大衆を複製することである。〔……〕大衆運動、そしてその最たるものである戦争は、人間の行動形式のなかでとくに装置にふさわしい形式を呈示している」（382〔六四〇〕）。さらにベンヤミンは、帝国主義戦争に大衆みずからが参加するとともに、映画などの視覚メディアをつうじて「自分自身の破滅を第一級の審美的享楽として体験する」という終末論的な光景を、「人類の自己疎外」の究極をなすものとして位置づけているが（384〔六二九〕）、まさにそれは、複製された自分自身の姿を集団で受容することでプロレタリア大衆が革命主体へとみずからを形成するというプログラムの皮肉な戯画をなしているといえるだろう。そのなかで人々は、かつてのギリシア悲劇の英雄のように、取り返しのつかない一回的な行為としての「犠牲死」という審美的な儀式を、映画という「第二の技術」に属する媒体《メーディウム》において、自分自身を観客として再演するのである。ここで生じているのは「第二の技術」における「第一の技術」のなし崩し的な復古であり、それによって後者のもつ革命的な力は完膚なきまでに掘り崩される。技術はふたたび自然と人間自身にたいする容赦なき支配の道具となり、最新鋭の戦争兵器とおのれの身体とを一体化させた哀れなミッキーマウスの末裔たちが戦場に「できるだけ多く投入」される一方、テクノロジーによって殲滅される悲劇的な光景を「気散じ状態」で鑑賞しながら「審美的享楽」に耽ることで、人類は「技術によって変化した感覚的知覚を芸術的に充足させる」のである（383f.〔六二九〕）。

ただし、「現行の所有関係」の維持と大衆支配のために、ファシズムと産業資本の双方が、生産諸条件の変化によって生じた新たな現象を積極的に活用するという事態を認めることができるのは、戦争という極端な事例だけに限られるわけではない。たとえば、「第二の技術」をめぐる先の議論では、近代の哀悼劇と同じく、複製技術時代においても、死という契機さえもが撤回不可能な終焉をあらわすものではなく、すべてが何度でも反復しうるという遊戯的な構造がそこでは支配的であって、ひとたび死んだ人物ですらもが「亡霊」として回帰・再生してくるということを確認した。複数の過去を「引用＝召喚する」という「歴史の概念について」のライトモティーフもまた、映画メディアの主要な属性をなすこの〈亡霊的〉性質と呼応しているわけだが、映画のなかで再生される対象のうちには、複製技術の進展とともに「凋落」するとされる「アウラ」も当然ながら含まれていなくてはならない。映画産業が「強力なジャーナリズム機構」（372〔六一四〕）と結託してつくりあげた商業主義的な人格イメージとしての「スター」とはまさに、ひとたび滅亡した「アウラ」の欺瞞的復活であり、〈アウラの亡霊〉のイデオロギー的活用にほかならないといえるだろう。複製技術論文の第三稿から引用しよう。

映画は、アウラの縮小にたいして、撮影所の外で「パーソナリティ」を人為的に構築することによって応える。映画資本によって促進されるスター崇拝は、パーソナリティというあの魔法を保存しているが、それははるか以前から、商品的性格という腐敗した魔法のなかにしか存在しないものとなっている。(85)

かくして、技術的複製可能性の増大にともなう芸術作品の「アウラの縮小」と正確に反比例するかたちで、スター俳優の「パーソナリティ」が盛んに喧伝される。この〈擬似アウラ〉が本来の「アウラ」と異なるのは、それが大量複製されることを前提としており、本質的に「展示価値」に基づいているからである。註のなかでベンヤミンは、多分にファシズムを念頭に置きつつ、議会制民主主義の危機と録音・撮影器械との関係について指摘しており、今日の政治家の機能が、議会で生身を晒して演説することから、映画俳優と同じく、装置をまえにおのれを「展示」することへと変化したと述べている。重要なのは「試験可能な、それどころか中継可能な展示」であって、「そこでは〔スポーツの〕チャンピオン、スター、そして独裁者が勝利者となる」(369〔六三六〕)。このような〈擬似アウラ〉を備えた「パーソナリティ」たちがもつ「展示価値」は、複製技術時代における新たな種類の「礼拝価値」へと変質する(「礼拝価値」の「展示価値」への浸蝕)。その結果、「映画にたいする大衆の根源的で正当な関心――自己認識への、それとともにまた階級認識への関心」は「買収めいた方法」で「変造」され、「新しい社会構造にたいする不可避的な欲求が、少数の有産階級の関心にとって都合がいいように、ひそかに搾取される」こととなる(372〔六一四〕)。

ファシズムと複製技術をめぐる以上の議論から明らかになるのは、共産主義が進める「芸術の政治化」とファシズムが進める「政治の審美主義化」が、まったく同一の技術的・社会的な条件に立脚しているという点である。芸術作品のみならず、人々の生活や労働、政治の領域、そして何よりも大衆自身がことごとく技術的複製の対象とされ、それらを受容する知覚形態に根本的な変化が生じるとともに、さらには複製可能性を前提とした新たな表現形式や、新たな大衆組織が生じつつあるという時代状況が、ファシズムによる暴力支配の基盤と、プロレタリア大衆による革命のチャンスとを、同時にもたらしているのだ。ただし、ファシズムにとっては、「現行の所有関係」を恒久的に維持するという反動的な目的がすべてであり、戦争というかたちで大衆とテクノロジーとの血腥い饗宴の舞台を用意するのも、制御不可能となって「反乱」する技術の膨大なエネルギーを、「現行の所有関係」の廃絶を掲げる「権利」をもった大衆にたいして発散させることで、双方が孕みもつ脅威を未然に封じ込めるためにほかならない（「帝国主義戦争は、技術の反乱である。社会が技術の要求にたいして自然の資源を与えなくなったことで、技術は「人的資源」を取り立てているのだ」（383〔六二八以下〕強調原文））。ここでの歴史的に継承されてきた権力構造としての「現行の所有関係」は、いうなればギリシア悲劇における「運命」のように、大衆の行動や感情を「過剰規定」し、閉ざされた円環構造のなかで人々に「犠牲死」を強制する。そして、「第二の自然」や「展示価値」など、本来であれば革命への展望を開くはずの新たなテクノロジー的特性は、「第一の自然」や「礼拝価値」という過去の論理のうちにふたたび書き入れられ、たんに大衆支配に奉仕するものへと貶められてしまう。

前章で確認したように、初期ベンヤミンの議論によれば、ギリシア悲劇のなかで「運命」の軛を打破するのは、英雄の「沈黙〔Stummheit〕」であった。そして、一九三八年一二月九日付のアドルノ宛書簡のなかでベンヤミンが、「トーキー映画が席巻することは、統御することが困難であり、政治的に危険な反応を引き出しやすい無声映画の革命的優位性を打破することを使命とした産業の行動であると見なされなくてはならない」と書き送ったとき、ファシズムと産業資本が大衆に課している運命的な強制力を打破するための批判的な可能性を、すでに時代遅れとなった「無声映画」というメディアのうちに認めていたのではないかということも、すでに指摘したとおりである。ただし、そこで「革命的優位性」の源泉となっていたものとは、チャップリン映画に象徴されるような「無声映画」のもつ〈無言性〉という特質――「寓意《アレゴリー》」としての身振り――だけではない。本章で「複製技術時代の芸術作品」を「歴史の概念について」との思想的関連に照らしながら読み解く作業をつうじて明らかとなったように、ベンヤミンにとっての革命とは、連続的で空虚な時間進行としての「歴史を逆撫でにすること」であり、とりわけ〈進歩〉という現状追認的でイデオロギー的な歴史表象によって抑圧された複数の過去を「召喚＝引用」することであった。つまり、忘れ去られた過去、そしてさらに、かつてありえたかもしれなかった過去へと遡及するためのアナクロニズム的な回路こそが「革命的」なのであって、過去と現在と未来とを弁証法的にモンタージュすることで、新たな時間性の領野を開示することが決定的に重要なのである。(86) それゆえ、引用したアドルノ宛書簡における「無声映画」という形象は、過去のうちになおも汲みつくされていないままに残存する革命への潜勢力をあらわす符号として、それにたいして「トーキー映画」という形象は、そのような豊かな過去へと遡るための追想の回路を暴力的に遮断する現在の強制力の符号として、それぞれ捉えなおすことができるだろう。

そのようなベンヤミンの特殊な歴史認識のなかで、共産主義革命はメシアニズム的な〈救済〉と重ね合わされる。ただし、繰り返し指摘したように、その来るべき瞬間は、過去と現在と未来を問わず、すべての時間にたいして、つねにすでに開かれている。ベンヤミンが記した最後の原稿となった「歴史の概念について」の最後で、ユダヤ人の時間表象について書かれているように、「というのも、時間のなかのあらゆる瞬間が、メシアがそこを通ってやってくるかもしれない、小さな門だったのだ(87)」。

＊　＊　＊

ここまで、複製技術論文におけるアナクロニズム的な傾向の思想的背景を探査する作業をつうじて、映画と革命との関連性をめぐるベンヤミンの弁証法的思考の一端を解明することを試みてきた。寓意《アレゴリー》としての身振り、神経刺激による〈集団的身体〉の形成、身体／自然／技術の遊戯的な混交、主体の爆破的解体、過去の引用＝召喚など、さまざまなモティーフが登場してきたが、そこで一貫して問われていたのは、複製テクノロジーと大衆という、二〇世紀になって急速に発展し、社会的・政治的な文脈において決定的な重要性を担うにいたった二つの契機であり、巨大資本とファシズムという反動的勢力によって我有化されているという現状に抗うかたちで、両者のうちに潜在する革命的な潜勢力を解放することであったと定式化できるだろう。ベンヤミンの批判的認識において、ファシズムが「現行の支配関係」の維持のために立脚する諸条件のうちには、「所有関係を変革」するためのチャンスもまた潜伏しているのであり、プロレタリア大衆を、おのれが殲滅する光景を審美的に享楽する倒錯的な観客から、「階級意識」を備えた能動的な革命の主体へと変容させるとともに、複製技術メディアとしての映画を、〈擬似アウラ〉という鍍金に覆われたイデオロギー的な娯楽の手段から、階級闘争の担い手となるべき〈集団的身体〉の知覚の訓練の場へと再生させることが、複製技術論文の綱領において賭けられていたことのすべてであるといっても過言ではない。

テクストの冒頭部で示唆されているように、そこでは、芸術にまつわる「一連の伝統的概念」が「芸術政策における革命的要請を定式化するため」にはもはや役に立たないものとして、議論からあらかじめ排除されている（350〔五八五〕）。ベンヤミンが挙げているのは「創造性と天才性、永続的価値や秘密」（ebd.〔同〕）であるが、そこにはさらに、主体、対象、美、仮象、表現、形式、内容、さらには作品や芸術といったカテゴリーもまた含まれていたに違いない。「アウラ」とはいわば、複製技術化と大衆化の進展によって無効宣告された伝統的な芸術概念の数々の象徴であり、ファシズムによる政治の審美主義化に利用される危険性が多分にあるがゆえに、容赦なく「清算」される必要があるのである。

それにたいして、複製技術論文の第二稿の草稿を読んだアドルノが、一九三六年三月一八日付のベンヤミン宛書簡のなかで、「プロレタリアートの自力を盲目的に信頼するアナーキズム的なロマン主義」を激しく非難するとともに、「自律的な芸術」の批判的な可能性を断固として擁護したことはよく知られている。[88]「自律的な芸術が、テクノロジー的な〔technologisch〕法則に極度にまで徹底して従っていくことによって自身を変革し、タブー化したり物神化するのとは違ったかたちで、自由の状態に、すなわち、意識的につくりだされるもの・つくられうるものの状態に近づいていく」ことができる[89]——このようなアドルノの確信がどのような芸術観と美学理論に淵源するものであるかについては、

第II部第4章において、『新音楽の哲学』前半部をなす「シェーンベルクと進歩」（一九四〇―四一）などのテクストで展開された芸術思想を例に詳しく検討することにしたい。

ただし、そこでの目的は、映画メディアのうちに大衆革命への希望を託した進歩的なベンヤミンと、高級芸術に固執するエリート主義的なアドルノという、すでにクリシェとなった対立図式をあらためて蒸し返すことではない。生涯をつうじてアドルノが倦むことなく取り組みつづけたモダニズム芸術美学は、複製技術論文におけるベンヤミンの見解とまったく相容れないように見えることは事実であり、先に引用した書簡上での論争は、二人の立場の対蹠的な違いを鮮明に示すものと見なされてきた。だが、一九四〇年九月にベンヤミンがアメリカへと向かう途上でみずから命を絶ったあと、アドルノは「シェーンベルクと進歩」の執筆に専心するのだが、そのうちには、あたかも亡き旧友にオマージュを捧げるように、「運命」「嘆き」「中間休止」「涙」「宥和」など、ベンヤミンの初期から中期の著作を織りなす鍵概念の数々がさまざまなかたちで登場してくる。それのみならず、次章で扱うように、複製技術論文における「「アウラ的」な芸術作品」についても、なおも批判的な調子を帯びてはいるものの、ひとつの註のなかで詳細な議論が展開されているのである。いうなれば、一九四〇年代以降もアドルノは、ベンヤミンとの、とりわけ現代における芸術作品とテクノロジーにまつわる問題をめぐって見解が分かれた複製技術論文との対話を継続していたのだ。そのことは、「トーキー映画の分析」をつうじて「あなたの見解と私の見解とを弁証法的な意味で媒介するような、今日の芸術への批判」を呈示するというベンヤミンの提案に応じるようにして執筆された『映画のための作曲』（一九四三―四四）から、[90]晩年の『美学理論』（一九六一―六九）にいたる著作におけるベンヤミンの複製技術論文への数多くの言及個所が如実に示している。そして、さらに重要なことは、ベンヤミンが遺した諸々のテクストの対話を重ねるなかで、「自律的な芸術」が担う機能や意義をめぐるアドルノの見解のうちに、徐々に変化が見られるという事実である。それは、大雑把に定式化するならば、認識の媒体《メーディウム》から知覚の媒体《メーディウム》への変容と表現することができるだろうが、その詳細については第Ⅱ部で論じることにしよう。

註

（1）それぞれの書誌情報は、Walter Benjamin, »Das Kunstwerk im Zeitalter seiner technischen Reproduzierbarkeit [1]« (1935), in: *BGS* I-2, S. 431–469; »Das Kunstwerk im Zeitalter seiner technischen Reproduzierbarkeit [2]« (1935–36), in: *BGS* VII-1, S. 350–384〔「複製技術時代の芸術作品〔第二稿〕」浅井健二郎訳、前掲『ベンヤミン・コレクション①』所収、五八三―六四〇頁〕; »L'Œuvre d'art à l'époque de sa reproductibilité technique« (1936), in: *BGS* I-2, S. 709–739; »Das Kunstwerk im Zeitalter seiner technischen Reproduzierbarkeit [3]« (1936–39), in: *BGS* I-2, S. 471–508〔「技術的複製可能性の時代の芸術作品」、山口裕之編訳『ベンヤミン・アンソロジー』所収、河出文庫、二〇一一年、二九五―三五八頁〕。以下、複製技術論文からの引用は、基本的に第二稿からおこなうとともに、本文中の丸括弧内にズーアカンプ版『ベンヤミン全集』第Ⅶ巻の頁数をアラビア数字で、〔　〕内に対応する邦訳の頁数を漢数字で示す。なお、邦訳は適宜変更した。

（2）この点については、すでにたびたび指摘されている。たとえば Jean-Michel Palmier, *Walter Benjamin. Lumpensammler, Engel und bucklicht Männlein. Ästhetik und Politik bei Walter Benjamin*, Frankfurt a.M.: Suhrkamp 2009, S. 1087–1109 を参照。また中村秀之は、「三〇年代に進行したと考えられる事態は映画の物質的基盤を経験の水準から隠蔽し、見るという具体的な経験を物語の抽象性へと回収しようとする動きであった」と規定したうえで、「そのような危機的ともいうべき変容にたいして映画の物質性を肯定し、それに即した受容の方法を指し示している点」に、「トーキーへの移行が完了しつつある時期に〔ベンヤミンが〕無声映画に準拠して映画を論じたことの積極的な意味」を見出している（『瓦礫の天使たち――ベンヤミンから〈映画〉の見果てぬ夢へ』せりか書房、二〇一〇年、五〇頁）。

（3）Benjamin, »Das Kunstwerk im Zeitalter seiner technischen Reproduzierbarkeit [1]«, a.a.O., S. 439.

（4）中村、前掲『瓦礫の天使たち』四八頁以下を参照。

（5）ちなみにフランス語版では、社会研究所所長のホルクハイマーの意向を受けて、この節がまるまる削除されている。

（6）Fredric Jameson, *Marxism and Form: Twentieth-century Dialectical Theories of Literature*, Princeton, New Jersey: Princeton University Press, 1971, S. 81.〔フレデリック・ジェイムスン『弁証法的批評の冒険――マルクス主義と形式』荒川幾男／今村仁司／飯田年穂訳、晶文社、一九八〇年、六六頁〕

（7）Adorno an Benjamin, 18. 3. 1936, in: *ABB*, S. 171.〔前掲『ベンヤミン／アドルノ往復書簡』一四二頁〕

（8）Burkhardt Lindner, »Das Kunstwerk im Zeitalter seiner technischen Reproduzierbarkeit«, in: Lindner (Hg.), *Benjamin Handbuch. Leben-Werk-Wirkung*, Stuttgart: J. B. Metzler 2006, S. 232.

（9）Alexander Grarcía-Düttmann, *Kunstende. Drei ästhetische Studien*, Frankfurt a.M.: Suhrkamp 2000.

（10）Benjamin, »Über den Begriff der Geschichte«, a.a.O., S. 701.〔ベンヤミン、前掲「歴史の概念について」、六五八頁以下〕

（11）Ebd.〔同書、六五九頁〕

（12）Ebd., S. 696.〔同書、六五〇頁〕

（13）Ebd., S. 701.〔同書、六五九頁以下〕

(14) Ebd., S. 703.〔同書、六六二頁〕

(15) Ebd., S. 704.〔同書、六六四頁〕

(16) このような指摘は、ベンヤミン自身の前期著作と複製技術論文との関係にたいしても向けることができるだろう。ギリシア悲劇、初期ロマン主義の芸術批評、ゲーテの小説、ドイツのバロック演劇、さらにはプルーストやカフカにいたるまで、一九三〇年代半ばまでのベンヤミンの仕事で論じられた対象の多くは、複製技術論文の二分法に照らすならば、明らかに伝統的な芸術表現の側――「〈美しい仮象〉の国」（368〔六一〇〕）――に区分されるべきものである。そして、第1章で確認したように、たとえば「ゲーテの『親和力』」のなかでベンヤミンは、オッティーリエという女性形象に体現される「美しい仮象」が小説の内部で密かに打ち破られる瞬間を、「中間休止」や「表現なきもの」といった〈沈黙〉の形象の数々をつうじて繰り返し追求していた。だが、それにたいして、複製技術論文のなかでベンヤミンは、伝統的な芸術作品の存在要件としての「美しい仮象」を明確に「アウラ」と関連づけたうえで――「美しい仮象の意義は、いまや終わりに近づいているアウラ的知覚の時代に基礎づけられた」（368〔六三三〕）――、この「アウラ」を凋落させた主要な要因を、技術的な複製可能性の増大および観客大衆の知覚の変容という芸術作品外の契機に求める。ここにおいてベンヤミンは、芸術作品における「美しい仮象」の自己超克という『親和力』論での議論を、進歩主義的な技術決定論と教条的なマルクス主義によっていわば「完全に清算」することで、おのれの過去の思想からの訣別を図っているのではないか、という疑念が否応なく生じてくるのである。複製技術論文における「仮象」と「アウラ」についてはこの章の後半で検討する。

(17) たとえば、Palmier, *Walter Benjamin*, a.a.O., S. 1158f.、中村、前掲『瓦礫の天使たち』五二頁を参照。モスクワ滞在時のベンヤミンの映画体験については、一九二七年に『文学世界』に掲載された»Zur Lage der russischen Filmkunst«（in: *BGS* II, S. 747–751［「ロシア映画芸術の現状について」久保哲司訳、浅井健二郎監訳『ベンヤミン・コレクション⑤』所収、ちくま学芸文庫、二〇一〇年、五四二―五四八頁〕を、『戦艦ポチョムキン』評価については同じ号に掲載された»Erwiderung an Oscar A. H. Schmitz«, in: *BGS* II, S. 751-755〔「オスカル・A・H・シュミッツへの応答」久保哲司訳、同書、五四九―五五七頁〕をそれぞれ参照。ベンヤミンのモスクワ体験について概観したものとして、桑野隆『危機の時代のポリフォニー――ベンヤミン、バフチン、メイエルホリド』水声社、二〇〇九年、一三―六九頁を参照。

（18）「ベンヤミンが盲目的な世界精神としてのプロレタリアートに信頼を寄せているというところに、まさに最悪のブレヒトが潜んでいます」（Adorno an Horkheimer, 21.03.1936, in: Adorno/Horkheimer, *Briefwechsel*, Band I, Frankfurt a.M.: Suhrkamp 2003, S. 131）。

（19）Chryssoula Kambas, *Walter Benjamin im Exil. Zum Verhältnis von Literaturpolitik und Ästhetik*, Tübingen: Niemeyer 1983, S. 158-181 を参照。

（20）Susan Buck-Morss, *The Origin of Negative Dialectics. Theodor W. Adorno, Walter Benjamin, and the Frankfurt Institute*, New York: The Free Press 1977, S. 150 を参照。複製技術論文におけるソ連にたいする肯定的な評価という点からも、ベンヤミンの時代錯誤性を指摘することができるだろう。というのも、スターリン体制下のソ連では、一九三五年末の時点ですでに、文化政策ではアヴァンギャルドが否定され、社会主義リアリズムが理念として掲げられており、「身体的なショック作用」を与えるような実験的な映画の製作が許容される余地はもはやなかったからである（ちなみに、ショスタコーヴィチのオペラ『ムツェンスク郡のマクベス夫人』にたいする有名な批判が『プラウダ』に掲載されるのは、ベンヤミンが第二稿に取り組んでいた最中の三六年一月のことであり、かつてベンヤミンが称賛したメイエルホリドもそこで批判の槍玉に上げられている）。また、そのあと、第三稿が成立した一九三九年までのあいだには、とりわけ三七年から三八年にかけて猖獗を極めた大粛清によって何十万人もの人々が処刑され、ベンヤミンのかつての恋人のアーシャ・ラツィスも三八年に逮捕され、強制収容所に送られて行方不明となっていた。だが、にもかかわらずベンヤミンは、モスクワで発行されていた亡命ドイツ人による文芸雑誌『言　葉《ダス・ヴォルト》』に複製技術論文を掲載するという計画にしばらく固執していたほか、第三稿では、「労働自体が発言する」という一節のまえに「ソヴィエト連邦では」という但し書きが新たに加えられるなど（Benjamin, »Das Kunstwerk im Zeitalter seiner technischen Reproduzierbarkeit [3]«, a.a.O., S. 493〔ベンヤミン、前掲「技術的複製可能性の時代の芸術作品」三二一頁〕）、親ソヴィエト的な姿勢がより明確に打ち出されているのである。

（21）ただし、複製技術時代の「道化芸人《エクセントリーク》」であるチャップリンが「映画によってつくりだされた新たな遊動空間」で過ごすのは、あくまで「一時入居者〔Trockenwohner: 新築の家の壁が完全に乾くまでのあいだ安い家賃でそこに暮らす住人〕」としてであり、「最初に住みついた」と過去形で記されているように、すでにこの「遊動空間」から退去していることが暗に示唆されている。その意味でチャップリンとは一種の〈消える媒介者〉として捉えるほうが正確かもしれない。

（22）Benjamin, »*Paralipomena*, Varianten und *Varia* zur ersten Fassung von *Das Kunstwerk im Zeitalter seiner technischen Reproduzierbarkeit*«, in: *BGS* I, S. 1040.

（23）Benjamin, »Varia zum Kunstwerk«, in: *BGS* I, S. 1047.

（24）もっとも、『ドイツ哀悼劇の根源』でも、「寓意《アレゴリー》的細断」の暴力は、「哲学的批評」というかたちで芸術作品というカテゴリーそのものにも向けられるという意味で、同じく自己解体的な構造を備えているというべきかもしれない。「批評とは作品を壊死させること」であり、批評をつうじて「はかなき美のすべてが完全に消えゆき、作品が廃墟として自己主張するような新生の基盤」がつくりだされるのである（Benjamin, *Ursprung des deutschen Trauerspiels*, a.a.O., S. 358.〔ベンヤミン、前掲『ドイツ悲劇の根源』下巻六〇頁以下〕）。

（25）Ebd., S. 355.〔同書、下巻五四頁〕

(26) Benjamin, »Rückblick auf Chaplin«, in: *BGS* III, S. 157–159.〔ベンヤミン「チャップリン回顧」久保哲司訳、前掲『ベンヤミン・コレクション⑤』所収、五七二頁〕

(27) Benjamin, »Aufzeichnungen 4［zu *Franz Kafka*（1934）］«, in: *BGS* II, S. 1198.

(28) Benjamin, »Franz Kafka«, in: *BGS* II-2, S. 419.〔ベンヤミン「フランツ・カフカ」西村龍一訳、浅井健二郎編訳『ベンヤミン・コレクション②』所収、ちくま学芸文庫、一九九六年、一二八頁〕

(29) Ebd., S. 427.〔同書、一四四頁〕

(30) Ebd., S. 424.〔同書、一三七頁〕

(31) Ebd., S. 431.〔同書、一五〇頁〕

(32) Ebd., S. 436.〔同書、一五九頁以下〕

(33) Ebd., S. 432.〔同書、一五二頁〕

(34) ベンヤミンのカフカ論とチャップリン解釈が「疎外」というモティーフの点で深く関連していることについては、すでに先行研究で指摘されている。Miriam Bratu Hansen, *Cinema and Experience. Siegfried Kracauer, Walter Benjamin, and Theodor W. Adorno*, Berkeley/Los Angels/London: University of California Press 2012, S.129–130、および、村上真樹「チャップリンとカフカ――ベンヤミンにおける救済のイメージについて」『文化学年報』第六一号、二〇一二年、四一一―四三二頁を参照。

(35) ちなみに『モダン・タイムス』は、一九三六年二月五日にニューヨークで封切られたあと、そのわずか六日後にはロンドンで公開されており、それをさっそく鑑賞したイギリス亡命中のアドルノは、先に引用した同年三月一八日付のベンヤミン宛書簡のなかで、「私は『モダン・タイムス』を鑑賞したいまでも、クラカウアーのお気に入りのチャップリンを前衛に数えいれることはできません」(Adorno an Benjamin, 18.3.1936, a.a.O., S. 172〔前掲『ベンヤミン／アドルノ往復書簡』一四三頁〕) と書き送っていた。それにたいして、

『モダン・タイムス』がパリで公開されたのは九月になってからのことであり、複製技術論文第二稿が成立した時点でベンヤミンはこの作品をまだ観ていなかったこととなる。

(36) Benjamin, »Entwürfe, Einschübe, Notizen zu einer Umarbeitung des Essays (etwa ab Anfang 1935)«, in: *BGS* II, S. 1257. この一節はさらにこうつづく。「この猶予期間をカフカもまた活用した。カフカは無声映画と同時期に死んだのであり、カフカの散文は実際、無声映画の最後の字幕テクストであると呼ぶことができる」。これとほぼ同じ内容の文章が、一九三四年一二月一七日付のアドルノのベンヤミン宛書簡に見られることから(Adorno an Benjamin, 17.12.1934, in: *ABB*, S. 94f.〔前掲『ベンヤミン/アドルノ往復書簡』七九頁〕)、ベンヤミンはアドルノにたいする反応としてこのメモ書きを執筆したものと推測される。この書簡の思想的内容については、竹峰、前掲『アドルノ、複製技術へのまなざし』八三―八七頁を参照。

(37) Benjamin, »Das Dossier von fremden Einreden und eigenen Reflexionen«, in: *BGS* II, S. 1256.

(38) Benjamin, »Rückblick auf Chaplin«, a.a.O., S. 159.〔ベンヤミン、前掲「チャップリン回顧」五七六頁〕

(39) ラプランシュ/ポンタリス『精神分析用語辞典』村上仁監訳、みすず書房、一九七七年、二三九頁。

(40) Hansen, *Cinema and Experience*, a.a.O., S. 137. さらに、つづけてハンセンは、「この点において主要な参照点となるのがセルゲイ・エイゼンシュテインであって、この人物は、ウィリアム・ジェイムズおよびルートヴィヒ・クラーゲスを修正・活用しつつ、俳優の身体運動をつうじて見る人のうちに感情を伝達するための、より正確に言えば感情をつくりだすための諸条件を理論化しようとしたのである」(ebd.)と述べたうえで、エイゼンシュテインがクラーゲスの「表現運動〔Ausdrucksbewegung〕」の概念をおのれの映画受容をめぐる議論に適用しようと試みたと指摘している。ベンヤミンにおける「神経刺激」の概念の形成においても、クラーゲスの表現学が何らかのかたちで影響を及ぼしたことは、先に引用した「チャップリンの身振り」についての遺稿断章のなかにこの「表現運動」という言葉がもちいられていることからも推測できる。ベンヤミンにたいするクラーゲスの思想的影響についてはとりわけ、森田團『ベンヤミン――媒質の哲学』水声社、二〇一一年、一七一―一七九頁、二九九―三一四頁を参照。そこでは、たとえばカフカ論における「身振り」のモティーフとクラーゲスのイメージ論との関連について指摘されているが（同書、三一〇頁）、複製技術論文とクラーゲスの表現学との関わりについては触れられていない。

(41) Benjamin, »Über einige Motive bei Baudelaire«, in: *BGS* I-2, S. 631.〔ベンヤミン「ボードレールにおけるいくつかのモティーフについて」久保哲司訳、前掲『ベンヤミン・コレクション②』所収、四五〇頁〕

(42) Ebd., S. 631.〔同書、四五二頁〕

(43) ベン・シンガー「モダニティ、ハイパー刺激、そして大衆的センセーショナリズムの誕生」長谷正人訳、長谷正人／中村秀之編訳『アンチ・スペクタクル――沸騰する映像文化の考古学』東京大学出版会、二〇〇三年、二八八頁。

(44) Benjamin, »Über einige Motive bei Baudelaire«, a.a.O., S. 630.〔ベンヤミン、前掲「ボードレールにおけるいくつかのモティーフについて」四五〇頁〕

(45) 近代的な知覚経験をめぐるベンヤミンの議論が、ショックと外的神経症をめぐるフロイトの神経生理学的な議論に依拠していることは、Susan Buck-Morss, »Aesthetics and Anaesthetics: Walter Benjamin's Artwork Essay Reconsidered«, in: *October* 62 (Autumn, 1992), S. 16-18〔スーザン・バック＝モース「美学と非美学――ヴァルター・ベンヤミンの「芸術作品」論再考」吉田正岳訳、マーティン・ジェイ編『アメリカ批判理論の現在――ベンヤミン、アドルノ、フロムを超えて』永井務監訳、こうち書房、二〇〇〇年、三九七―三九九頁〕で指摘されている。

(46) Benjamin, »Was ist das epische Theater? [2]«, in: *BGS* II-2, S. 532.〔ベンヤミン「叙事演劇とは何か〔第二稿〕」、前掲『ベンヤミン・コレクション①』所収、五三五頁〕

(47) Benjamin, »Der Autor als Produzent«, in: *BGS* II-2, S. 699.〔ベンヤミン「生産者としての〈作者〉」岡本和子訳、前掲『ベンヤミン・コレクション⑤』所収、四一五頁以下〕

(48) Ebd., S. 698.〔同書、四一三頁以下〕

(49) この「Erschütterung」という語は、『快感原則の彼岸』のなかでフロイトが外傷性神経症の原因について説明するときにもちいていたものでもある。「列車の衝突やほかの生命の危険と結びつく災害といった激しい機械的な衝撃〔Erschütterungen〕をうけたあと、どのような心的状態が発生するのかについてかねてより記述されてきたが、それは結局「外傷性神経症」と呼ばれるようになった」(Freud, »Jenseits des Lustprinzips«, in: ders., *Gesammelte Werke*, Frankfurt a.M.: Fischer Taschenbuch Verlag 1999, Bd.13, S. 9〔フロイト「快原理の彼岸」須藤訓任訳、『フロイト全集』第一七巻(岩波書店、二〇〇六年)所収、六〇頁〕)。それゆえ、ここでベンヤミンが「大衆のなかの動揺」を「大衆をほぐす」というポジティヴな機能をもつ契機として位置づけるとき、「機械的な衝撃」と外傷性神経症の関係をめぐるフロイトの議論を反転させ、集合的で内的な次元で生じる「Erschütterung」を、ショッキングな場面にたいする病的な固着を誘発するものではなく、集団心理的な衝動や反応をいわばシャッフルすることによって中和し、その激しいエネルギーを別の――革命的な――方向に振り向けることを可能にするような解放的なものとして捉えなおしているといえよう。

(50) Benjamin, »Der Sürrealismus«, in: *BGS* II-1, S. 310.〔ベンヤミン「シュルレアリスム」久保哲司訳、前掲『ベンヤミン・コレクション②』所収、五一八頁〕

(51) Benjamin, »Erfahrung und Armut«, in: *BGS* II-1, S. 218.〔ベンヤミン「経験と貧困」浅井健二郎訳、前掲『ベンヤミン・コレクション②』所収、三八二頁以下〕

(52) このようなミッキーマウスのユートピア的な能力は、『パサージュ論』においてベンヤミンが注目する、ファンタスマゴリー的な商品社会のなかで一見相容れないような契機がたがいに重なり合い、夢のように入り混じりあうという現象とも呼応している。たとえば、街路でありながらも室内空間であり、物を売る場所でありながらも通路であるというパリのパサージュや、あるいは、商品にして売り手である娼婦がその典型であるが、それらは、ベンヤミンの解釈によれば、「商品」がもつ使用価値と交換価値という二重性の寓意《アレゴリー》であって、モノが使用価値から切り離され、自由に浮遊するなかで、固有の境界や輪郭がぼやけ、あらゆるものがたがいにイメージとして交錯し、結合しあうようになる。遊歩者《フラヌール》が通り抜けていくパサージュとは、まさにそのような夢のイメージ空間をなしているといえるだろう。そして、ベンヤミンは、パサージュを「その過去の存在に導くアーケード」(Benjamin, *Das Passagen-Werk*, in: *BGS* V, S. 1046 (a°,5)〔ベンヤミン「〔パリのパサージュ〈Ⅱ〉〕」久保哲司訳、浅井健二郎編訳『ベンヤミン・コレクション⑥』所収、ちくま学芸文庫、二〇一二年、六六頁〕)と定義することによって、パサージュに象徴される「夢」としての位相のうちに、「過去」へとつうじる回路を見出すとともに、さらにそれを「幼児期」と関係づけていく。「ある世代の幼児期の経験は、夢の経験と多くの共通点をもっている。その歴史的形態が夢の形象である。どの時代も夢に向かうというこうした側面を、つまり子供の側面をもっている。一九世紀にとって、こうした側面がかなり明瞭に浮かび上がっていくるのは、パサージュにおいてである」(ebd., S. 490 (K1,1)〔ベンヤミン『パサージュ論』今村仁司／三島憲一他訳、岩波現代文庫、二〇〇三年、第③巻五頁〕)。つまり、一九世紀のブルジョワ社会が集団的身体として夢見るファンタスマゴリーは、幼児の知覚経験に親和しているのであり、ベンヤミンが『パサージュ論』の原型と見なしていた短文集『一方通行路』(一九二三―二六)の表現を借りるならば、「遊びのなかでそこからつくりだすものをつうじて、じつにさまざまな種類の素材のあいだに、新しい、飛躍に富んだ関係をつける」(Benjamin, *Einbahnstraße* (1923-26), in: *BGS* IV, S. 93〔ベンヤミン『一方通行路』久保哲司訳、浅井健二郎編訳『ベンヤミン・コレクション③』所収、ちくま学芸文庫、一九九七年、三四頁〕)ような幼い子供たちの能力が、商品世界のファンタスマゴリーのなかで再生されるのである。そして、複製技術論文においてベンヤミンが、諸事物をたがいに自由に結びつけることによって「集団的な夢の形象」を形成するという可能性を、映画というテクノロジー・メディア――とりわけミッキーマウス――のうちに認めるのも、その延長線上で捉えることができるだろう。ベンヤミンに由来する「テクノロジーの遊戯」という観点からディズニーランドを考察した興味深い試みとして、長谷川一『ディズニーランド化する社会で希望はいかに語りうるか――テクノロジーと身体の遊戯』慶應義塾大学出版会、二〇一四年を参照。

(53) Adorno/Max Horkheimer, *Dialektik der Aufklärung*, in: *AGS* 3, S. 160.〔アドルノ／マックス・ホルクハイマー『啓蒙の弁証法』徳永恂訳、岩波書店、一九九〇年、二二二頁〕アドルノのディズニー・アニメ批判の思想的背景については、竹峰、前掲『アドルノ、複製技術へのまなざし』四三―五〇頁を参照。

(54) Hansen, *Cinema and Experience*, a.a.O., S. 176.

(55) 人間の身体と機械との相互浸透というモティーフは、ベンヤミンに限られることなく、とりわけ一九二〇年代のドイツにおける技術をめぐる諸言説においてひとつのトポスともいうべき位置を占めていた。詳しくは、ベルント・シュティーグラー「機械の陶酔のなかで」柳橋大輔訳、鍛治哲郎／竹峰義和編『陶酔とテクノロジーの美学』青弓社、二〇一四年、二二一―四五頁を参照。

(56) 一九三一年にベンヤミンがグスタフ・グリュックおよびクルト・ヴァイルと会話した際に記されたと思われるメモ書き「ミッキーマウスについて」の以下の記述は、そのような事態を指していると読むこともできるだろう。「ミッキーマウス映画における所有物にまつわる諸関係：ここではじめて、自分自身の腕や、自分自身の身体までもが盗まれるということが可能であると分かる」(Benjamin, »Zu Micky-Maus«, in: *BGS* VI, S. 144)。

(57) この点においてベンヤミンの議論は、非実体的なイメージによって現実が呑み込まれ、個々人の生がおのれの本質から切り離されたことを批判するメディア疎外論的な立場――たとえばドゥボールによる「スペクタクルの社会」批判――から厳密に区別される。すなわち、ベンヤミンにとって、〈いま・ここ〉にある個々人の「生」という観念もまた非実体的な「仮象」であり、清算されるべきブルジョワ的な幻影にすぎないからである。

(58) もっとも、初稿では、「鏡像」が「周知のようにジャン・パウルのお気に入りのテーマだった」(Benjamin, »Das Kunstwerk im Zeitalter seiner technischen Reproduzierbarkeit [1] «, a.a.O., S. 451) と記されており、フリードリヒ・シュレーゲルやノヴァーリスと直接結びつけられているわけではない。なお、第三稿ではロマン主義者たちへの言及個所は削除されている。

(59) Benjamin, *Der Begriff der Kunstkritik in der deutschen Romantik*, in: *BGS* I-1, S. 31.〔ベンヤミン『ドイツ・ロマン主義における芸術批評の概念』浅井健二郎訳、ちくま学芸文庫、二〇〇一年、五七頁〕

(60) Ebd., S. 30.〔同書、五五頁〕

(61) Ebd., S. 57f.〔同書、一一〇頁以下〕

(62) ただし、ここで問題になっているのは、人間の身体のうちへとテクノロジーを取り込んだり、逆に人間がテクノロジーに全面的に身をゆだねるといったことではない。「映画が果たすさまざまな社会的機能のなかで、人間と装置のあいだに平衡をつくりだすことがもっとも重要である」(374〔六一八〕強調原文) のであり、どちらかに重心が偏ることも、「ひとまとまり」となることもないままに、「共同遊戯」をおこなう対等なパートナーという関係をあくまで崩してはならないのである。

(63) さらに第三稿では、フロイトの『日常生活の精神病理学』(一九〇一) への言及とともに、「視覚的な知覚世界――さらに今日では聴覚的な知覚世界――の広がり全体のなか」で「統覚の深化」をもたらしたという点で、映画が「芸術と科学との相互浸透を促進するという傾向」をもっていると記されている (Benjamin, »Das Kunstwerk im Zeitalter seiner technischen Reproduzierbarkeit [3] «, a.a.O., S. 498f.〔ベンヤミン、前掲「技術的複製可能性の時代の芸術作品」三二七頁以下〕）。ここで、「視覚的無意識」だけでなく、〈聴覚的無意識〉もまた映画をつうじて経験可能となることがほのめかされていることは、ベンヤミンがトーキー映画という動画と音声を同時に再生するテクノロジー・メディアそのものについてはかならずしも否定的な見解を抱いていなかったことを示しているといえよう。ベンヤミンの思考におけるトーキー映画の位置づけについてはさらに後述する。

（64）Benjamin, »Der destruktive Charakter«, in: *BGS* IV, S. 396f.〔ベンヤミン「破壊的性格」浅井健二郎訳、前掲『ベンヤミン・コレクション⑤』所収、一二頁以下〕

（65）Ebd., S. 398.〔同書、一五頁以下〕

（66）Benjamin, »Trauerspiel und Tragödie«, a.a.O., S. 136.〔ベンヤミン、前掲「近代悲劇とギリシア悲劇」一九三頁〕

（67）Ebd.〔同書、一九一頁以下〕

（68）Benjamin, »Die Bedeutung der Sprache in Trauerspiel und Tragödie«, a.a.O., S. 138.〔ベンヤミン、前掲「近代悲劇とギリシア悲劇における言語の意味」二〇二頁〕

（69）Ebd., S. 139f.〔同書、二〇二頁以下〕

（70）Ebd., S. 139.〔同書、二〇二頁〕

（71）Benjamin, »Über den Begriff der Geschichte«, a.a.O., S. 701.〔ベンヤミン、前掲「歴史の概念について」六五九頁以下〕

（72）Ebd., S. 700.〔同書、六五七頁〕

（73）Ebd., S. 695.〔同書、六四八頁〕

（74）Ebd.〔同書、六四九頁〕

(75) Ebd., S. 703.〔同書、六六二頁〕
(76) Ebd., S. 694.〔同書、六四七頁〕
(77) Ebd., S. 704.〔同書、六六四頁〕
(78) Ebd., S. 703.〔同書、六六二頁〕
(79) Ebd., S. 696.〔同書、六五一頁〕
(80) Ebd.〔同頁〕
(81) Ebd., S. 700.〔同書、六五七頁〕
(82) Ebd., S. 693.〔同書、六四六頁〕
(83) Benjamin, *Das Passagen-Werk*, a.a.O., S. 527 (M1a, 3).〔ベンヤミン、前掲『パサージュ論』第③巻八三頁〕
(84) Benjamin, »Über den Begriff der Geschichte«, a.a.O., S. 697f.〔ベンヤミン、前掲「歴史の概念について」六五三頁〕
(85) »Das Kunstwerk im Zeitalter seiner technischen Reproduzierbarkeit [3]«, a.a.O., S. 492.〔ベンヤミン、前掲「技術的複製可能性の時代の芸術作品」三一九頁〕
(86) ベンヤミンの歴史表象におけるアナクロニズムという契機については、G・ディディ・ユベルマン『時間の前で――美術史とイメージのアナクロニズム』（小野康男／三小田祥久訳、法政大学出版局、二〇一二年）の序論、第二章および第四章を参照。そこでは、美術史の記述のなかで「イメージと歴史の関係のまさにその折り目において出現する」という「アナクロニズム」（同書、二二頁）の認識論的な重要性が、「歴史の概念について」をはじめとするベンヤミンのテクストを読解するなかで強調されており、とりわけ歴史を解体するものとしての「モンタージュ」をめぐる記述（同書、一一四―一二二頁）は、複製技術論文を解釈するうえでも示唆に富んでいる。ただし、ユベルマンが第四章でベンヤミンにおける「アウラ」を、たんに凋落・消滅していくものではなく、「アナクロニズムとして再帰するもの」〔同書、二四三頁〕として位置づけたうえで、バーネット・ニューマンのテクストにおける「出現」や「啓示」、「単独性」といった概念と関連づけるとき、「アウラ」がエピファニー的な顕現の瞬間といささか安易に関連づけられているだけでなく、複製技術にまつわる問題が完全に捨象されてしまっているという印象は否めない。

(87) Benjamin, »Über den Begriff der Geschichte«, a.a.O., S. 704.〔ベンヤミン、前掲「歴史の概念について」六六五頁〕

(88) Adorno an Benjamin, 18.3.1936, in: *ABB*, S. 171.〔前掲『ベンヤミン／アドルノ往復書簡』一四二頁〕

(89) Ebd., S. 170.〔同書、一四〇頁〕

(90) 前掲の拙著『アドルノ、複製技術へのまなざし』で詳述したように、『映画のための作曲』のなかでアドルノと共著者のハンス・アイスラーは、映画音楽の使用をめぐる諸問題について、ベンヤミンの複製技術論文にもたびたび言及しながら、さまざまな省察を繰り広げている。なかでも、「美学のための諸理念」と題された章で、無声映画における音のない純粋な映像が、「生きているとともに生きていない幽霊的なもの」として、観客に「ショック」や「不安」を与えるのであり、さらに「身振りをする仮面をまえにして、人々はみずからもまたそのような存在であることを、すなわち、みずから疎外されたものであるということを知覚する」と述べた一節（Adorno/Hanns Eisler, *Komposition für den Film*, in: *AGS* 15, S. 74f）は、ベンヤミンによるチャップリンの身振りについての議論と同型であるといえる。さらにアドルノ／アイスラーは、「トーキー映画もまた無声である」（ebd., S. 76f. 強調原文）と規定することで、トーキー映画のなかにも無声映画の不気味な〈無音性〉がなおも潜在しているという認識を示したうえで、進歩的な映画音楽を導入することをつうじて、「閉ざされたドラマ的な連関を中断」し（ebd., S. 73）、「おのれの技術的な立場とは相容れない〈いま・ここ〉という身体的な無媒介性の要求を宙吊りする」(ebd., S. 141) ことを来るべき映画作曲家の課題として何度も強調するのである。そのような要請は、複製技術論文における現前性の仮象——「芸術作品のもつ〈いま・ここ〉」(352〔五八八〕)——をめぐる議論を明らかに意識したものであるとともに、そのうちにはさらに、時間的な連続のうちに〈中間休止〉を穿つという「ゲーテの『親和力』」から「歴史の概念について」にいたるベンヤミンのテクストにおいて一貫して追求されるモティーフの影響を読み取ることができるだろう。すでに見たように、複製技術論文においてベンヤミンは、トーキー全盛期にあって、無声映画という時代遅れのメディアに敢えて遡及するというアナクロニズム的な身振りを介して、現在のうちに過去へといたる革命的な回路を開くことの必要性を訴えた。それにたいしてアドルノたちは、映画音楽という手段をつうじて、いわば視覚と聴覚とを弁証法的に対立させることで、トーキー映画が孕みもつ〈無音性〉の次元を開示することが可能であると見なすのである。『映画のための作曲』におけるベンヤミンの「アウラ」概念の扱いについてはさらに、Yoshikazu Takemine, »Beschwörung der filmischen Gespenster: Zu Theodor W. Adornos Reflexionen über technische Medien«『言語・情報・テクスト』(東京大学大学院総合文化研究科言語情報科学専攻紀要)第二一号(二〇一四年)、一—一三頁を参照。

第3章　補論1　外来語の救済
――初期アドルノにおけるクラウス的な主題をめぐって

1　クラウスを読むアドルノ

「ベルクのクラウスにたいする態度は、手放しの尊敬そのものであった。私がウィーンにいるときにはいつも、われわれは一緒に、可能なかぎりひとつのこらず、クラウスの朗読会にでかけたものであった(1)」「「シェーンベルク・クライスのなかで」クラウスがもつ権威は筆舌に尽くせないほどだった(2)」。一九二五年一月末にアルバン・ベルクのもとで作曲を学ぶべくウィーンに音楽留学した当時二二歳のアドルノは、のちにそう回想している。「「私はほかの誰よりもあなたから多くのことを学んだといえるかもしれません」といった趣旨の言葉(3)」を添えて自著の『和声学』(一九一一)をカール・クラウスに謹呈したというアーノルト・シェーンベルクをはじめ、ベルク、アントーン・ヴェーベルン、さらにはウィーンでアドルノがとくに懇意にしていたエドゥアルト・シュトイアーマンやルードルフ・コーリッシュなど、シェーンベルク楽派の主要人物たちのほとんどがクラウスを崇拝しており(4)、とりわけベルクは「熱烈なクラウス賛美者で——無条件に——まるまる心酔していた」[5]（コーリッシュ）。それゆえ、ウィーン留学中の若きアドルノにとって、作曲の師のお供としてクラウスの朗読会に定期的に赴き、[6]クラウスの個人誌『炬火《ファッケル》』や戯曲『人類最後の日々』（一九二二年刊）を熟読することは、シェーンベルク・クライスに加入するための必須条件だったといっても過言ではないだろう。そして、ウィーン留学からほどなくするとアドルノは、ベルクに宛てた書簡のなかで、あたかも自身の学習成果を報告するように、クラウスの名前に頻繁に言及するだけでなく、[7]フランクフルト帰還後に精力的に執筆した音楽批評のなかでも——もっぱら、シェーンベルクやベルクとクラウスを類比するというかたちで——クラウスをしばしば引き合いに出すようになる。[8]

さらにそれ以外にも、アドルノの周囲にはクラウス崇拝者に事欠かなかった。ジークフリート・クラカウアー、エルンスト・クシェネク、マックス・ホルクハイマーはその一例であるが、なかでも決定的だったのがヴァルター・ベンヤミンの存在である。[9]すでに一九一六年ごろから『炬火《ファッケル》』の愛読者であり、ヴェルナー・クラフトやゲオルク・ショーレムといった友人たちとクラウスの散文や詩について何度も議論を重ね、ベルリンでクラウスの戯曲の上演や朗読会が開催された折には熱心に通っていたベンヤミンは、一九三〇年春よりクラウス論の構想を練りはじめ、アドルノにも文献面での助言を仰ぎながら、[10]およそ一年間にわたる執筆期間をへて、長文のエッセイ「カール・クラウス」を完成させる。[11]一九三三年のパリ亡命以前にベンヤミンが受け取った書簡はすべて現存していないために、一九三一年三月に『フランクフルト新聞』に四回にわたって分載されたこの論文にたいしてアドルノがどのような反応を示したのかについての詳細は不明である。だが、ちょうどベンヤミンからの圧倒的な影響のもとにフランクフルト大学私講師就任講演「哲学のアクチュアリティ」の原稿を執筆していたアドルノが、年長の友人による労作を「まったく並々ならぬ感銘」とともに熟読したことは間違いない。[12]

このように、周囲の熱気に煽られるようにしてクラウスに親しむようになったアドルノは、最晩年にいたるまでクラウスについて考察するのをやめることはなかった。先に言及した初期の音楽批評をはじめ、『啓蒙の弁証法』、『否定弁証法』、『美学理論』のような主要著作や、『アルバン・ベルク』、『マーラー』といった音楽論、『プリズメン』などに収録された社会批判的エッセイなど、クラウスへの言及があるテクストは枚挙に暇がないほどだ。なかでも、一九六四年刊行の『モラルと犯罪』の新版に寄せた解説文――のちに「モラルと犯罪――カール・クラウス作品集の第十一巻に寄せて」という表題で、『文学ノート』第Ⅲ巻に収録[13]――は、アドルノのクラウス受容の集大成をなしているといえるだろう。

さらに、アドルノがクラウスを直接的に論じてはいないテクストであっても、そのテーマ選択やスタイルからして明らかにクラウスを意識したと思しきものも少なくない。[14]それゆえ、論文等でカール・クラウスが紹介される際には、その言語批判が「ウィトゲンシュタインやアドルノ、ベンヤミン等の哲学者に大きな影響を与えたことでも知られる」といった記述が枕詞のように添えられ[15]、逆にアドルノにまつわる研究文献でも、アドルノの独特の文体が「カール・クラウスのスタイルに負うものである」といった見解が、ほとんど自明の事実として述べられるのである。[16]実際、たびたび指摘されているように、アドルノとクラウスには、テーマ選択から叙述のスタイル、思想的モティーフにいたるまで、さまざまなレヴェルで多くの共通点や類似点が認められる。[17]たとえば、ジャーナリズムによって反復・伝播される紋切型の表現にたいするクラウスの容赦のない批判は、文化産業論に象徴されるアドルノの社会批判にも頻繁に登場するモティーフであるし、『ミニマ・モラリア』で採用されたアフォリズム形式がクラウスを模したものであることは明らかである。また、自然＝本性の抑圧、反ユダヤ主義、性と倫理など、クラウスとアドルノがともに強い関心を抱いた主題も多い。

しかしながら、少なくとも、一九三〇年代のアドルノのクラウスにたいする姿勢には、ベルクのように「まるまる心酔していた」様子は希薄であり、むしろ、いささか醒めた視線が随所に感じられることも事実である。たとえば、先に触れたベンヤミンのクラウス論にたいして、ほかならぬクラウス本人が一九三一年三月発行の『炬火《ファッケル》』誌上で冷淡なコメントをおこなったことについて、ベルク宛の書簡で「私はとてもがっかりしました。無理解は言い訳になりません」と露骨に苛立ちを表明している。[18]また、一九三四年七月にクラウスがヒトラー政権誕生後の長い沈黙を破って『炬火《ファッケル》』特別号として「なぜ炬火《ファッケル》は発行されないか」を発表したことや、[19]一九三六年六月にクラウスが脳卒中で逝去したことにも——ともにベンヤミンを大いに狼狽させたのとは対照的に——アドルノはほとんど無反応であった。

なかでも、クラウスにたいするアドルノの共感と距離の度合いを測るうえで注目すべきは、一九三四年四月二一日付のアドルノのベンヤミン宛書簡のなかの一節である。そこで、当時イギリスに亡命したばかりのアドルノは、ベンヤミンが『一方通行路』の補遺として執筆したいくつかの小品に論評をくわえているのだが、そのなかの「新聞についての小品」が「私の志向するところと、すっかり重なっている」と称賛したうえで、[20] 次のような言葉でもって、みずからの手によるクラウス批判に自己言及しているのである。

実際、数年まえに私は、クラウスに反論するかたちでさまざまな新聞の言語のカオスを擁護することを試みていました。あなたへのささやかなお返しとして、それよりもいくぶん規模が大きい外来語についての私の論考を、近いうちにお渡しできればと思っているのですが、それは外来語の擁護を、ある程度似たような仕方で、すなわち外来語が最悪であるところで、おこなっています。[21]

このうち、「クラウスに反対して、さまざまな新聞の言語のカオスを弁護することを試み」たテクストについては、これまで刊行されたアドルノの著作・遺稿のなかに該当する文章は見当たらず、おそらく現存していないと考えられる。だが、一九三四年に成立した「いくぶん規模が大きい外来語についての私の論考」は、「外来語の使用について（Über den Gebrauch von Fremdwörtern）」という表題のもと、『文学ノート』の付録というかたちで『アドルノ全集』第一〇巻（一九七四年刊）に収録された。[22] この全集版で七頁のテクストについて、同じベンヤミン宛書簡のなかでアドルノは、「私はそれを、ブリッジ・ゲームで相手の裏をかくように」して「ばかげた言語浄化論者たちの機関誌」である「ドイツ国語協会の紀要『母国語』に送りつけた」と述べているが、[23] 結局のところ『母国語』やその他の媒体にこの論考が掲載されることはなく、アドルノの生前に印刷されることもなかった。

「外来語の使用について」のなかでクラウスの名前が一言も触れられていないことは確かである。しかし、「外来語」の排斥を訴える「言語浄化論者たち」とは、まさにクラウスが『炬火《ファッケル》』のなかで倦むことなく非難を浴びせつづけた宿敵にほかならず、それゆえ、彼らに抗して「外来語」を「弁護」するというアドルノの企図が、クラウスの言語論を多分に意識したものであると推測することは、まったくの牽強付会であるとはいえないだろう。とはいえ、次節以降で検証するように、ここでアドルノは、たんにクラウスの主張を反復することに終始しているわけではない。むしろアドルノは、たんに言語浄化主義者のみならず、外来語を擁護する論陣を張るクラウス流の議論にも反駁を加えたうえで、ベンヤミンの複数のテクストを援用しながら、いかに「外来語」を「救済」するかという問題をめぐって思弁的な考察を繰り広げているのである。以下、このエッセイの論旨をたどりながら、外来語の擁護というクラウス的な主題をアドルノがいかに独自のかたちで変奏しているかを検証していきたい。

2　(非)有機体としての言語

アドルノの外来語論について考察するまえに、クラウスの言語批判の基本的なモティーフについて、外来語にたいするクラウスの見解を中心にごく簡潔にまとめておこう。一八九九年から一九三六年までの三七年間にわたってつづいた『炬火《ファッケル》』全九二二号のなかで、言語を主題的に扱った代表的なテクストが、クラウスの没後一年後の一九三七年に刊行された『言語』というタイトルの論集にまとめられている。そのうち、外来語にまつわる諸問題について論じたテクストとしては、「当地ではドイツ語がペッと吐き出される」（一九一五）、「言語浄化主義者の宛書きに宛てて」（一九二一）などが挙げられるが、そこではともに、ナショナリズム的な信条のもとに外来語の使用を控えるべきだとする言語浄化主義者たちの主張が槍玉に上げられている。

彼らは自分の国語がわかっていないのだ。言葉にとっては、それが創造されるもとになる「材料」ほどどうでもいいものはありえないのだから、最善のドイツ語は外来語だけから組み立てられることも可能だと打ち明けられたとしても、彼らにはその事情がのみこめないだろう。(24)

ドイツ語が台無しにされるのを防ぐには、外来語を有益に活用することこそ必要なのだ。ドイツ語の表現の無限の可能性をいじりまわして罪を犯すよりも、他国の言葉に備わるもっと簡明な形式を利用するほうが一〇〇倍もいいのだ。けっして自国語を学ぼうとはしないような連中でも、外来語をたくさん使えば使うほどいい。(25)

このような表現でクラウスは、母国語から外来語を排除するのではなく、むしろ、母国語のなかで外来語を「有益に活用する」べきだと訴える。というのも、たとえば「〔自分を向ける〔s'adresser〕」対象としてのアドレス〔Adress〕」という語は、フランス語においては語源的な意味を保っているものの、ドイツ語における代用語である「宛書き〔Anschrift〕」は、この言葉が本来もっていたはずの他の複数の意味を暴力的に抑圧することによって成立した「抽象的な名称」にすぎず、「外来語に本来備わり、さらに付け加わった経験内容」を完全に捨象してしまっているからである[26]。つまり、クラウスの言語観にとって決定的に重要なのは、ある言葉が孕みもつ本源的な意味や、具体的な使用のなかで堆積していった豊かな響きや微妙なニュアンスなのであって、外来語排斥論者は、かかる代替不可能な歴史的・経験的な次元を無視して、「ひとつの交通手段として言語を体験すること[27]」をいたずらに強制しようとするがゆえに、断固として非難されるべきなのだ。

さらに、このような外来語擁護論の背景には、言語における「相互浸透」の必要性にたいするクラウスの確信があることを見逃してはならない。「すでにありとあらゆる仕事や関係に奉仕してきた語は、相互浸透を生み出すという仕方で置かれているのだが、そこで事物と響き、理念とイメージは、相手なしには、また相手以前には存在しなかったのである[28]」。語、事物、理念、響き、イメージといった諸契機は、それぞれ独立したかたちで成立しているわけではなく、言語という巨大な媒体のうちで幾重にも織りなされている関係性の網目のなかで、「相互浸透」しあいながら複雑かつ不可分にからまりあっている。クラウスの表現によれば、それはまさにひとつの「言語という有機体[29]」をなしているのであって、そこでは、母国語という狭隘な枠組みを完全に超出しつつ、異なる来歴と生命をもった語と語とが、多層的な次元（現実的、観念的、聴覚的……）でたがいに共振や交配を繰り返しつづけているのだ。そして、「最善のドイツ語は外来語だけから組み立てられることも可能だ」とクラウスが断言するとき、その背景には、「言語という有機体」であるドイツ語にとって、ナショナルな土壌で自足しているだけでは十分ではなく、むしろ、外来語という異質な契機を積極的に摂取し、母国語とのあいだに一種の弁証法的な葛藤を生み出すことこそが、言葉の表現的・創造的な次元――クラウスのいう「言葉のかたち〔Wortgestalt〕」[30]――の拡大や深化に繋がるという確信があるといえるだろう。「最良のドイツ語は二つの外来語のあいだに場所をもっているのだ」[31]。

このようなクラウスの議論にたいして、「外来語の使用について」の冒頭部でアドルノは、ひとまずその見解に同意しているように見える。「それ〔＝外来語の使用を断固として擁護すること〕がなすべきは、外来語が無害であると示すことではなく、その爆発力を解放することである。すなわち、外来語の異質さを否定するのではなく、利用することなのだ」[32]。つづけてアドルノは、言語浄化主義者にたいする一般的な反論と、外来語擁護論者の立場を紹介していくのだが、ひとまずそれは、前者を非難し後者に与するという意味で、クラウスの議論の延長線上にあるといってよいだろう。

アドルノによれば、母国語と外来語との違いは「ひとつの歴史的過程の異なる段階を反映したものにすぎない」のであって、両者の境界はつねに流動的に変化しつづけてきた。「分かるかぎりでの最古の諸言語」であっても、異なる言語どうしがたがいに混じり合っているがゆえに純粋なものではなく、結局のところ「原言語」なるものとは「後世のロマン主義的な願望理念」にすぎない[33]。それにたいして、外来語を擁護するという立場もまた、一九世紀における「個人」の台頭という――少なからず、同じくロマン主義的な――現象と深く結びついている。すなわち、近代以降に地位が高まっていった主体は、「客観的なものとしての言語」という社会的制約に徐々に対立するようになるのであり、「言語的な規範」を打ち砕こうとする主体がもちいる手段となったのが、「外来語」のもつ「ニュアンス」にほかならないというのである。「外来語は主観的内容の、すなわちニュアンスの担い手となった。外来語が同じ意味の自国語とそれぞれ対応していることは確かであるが、外来語を好きなように自国語に置き換えることはできない。なぜなら、意味のうちに込められた主観的な表現をきれいさっぱり解消してしまうことはできないからである(34)」。

さらにアドルノは、「Attitude〔姿勢、ポーズ〕」や「Cachet〔印章、特徴〕」といったフランス語に由来する外来語、ボードレールの詩のなかに登場するラテン語の引用句、リルケの『新詩集』に収められた「若き日の父の肖像」という詩のなかの「汝、すみやかに消えるダゲレオタイプよ」という一節など、「あらゆる言語浄化主義を周辺に追いやってしまう(35)」であろう優れた「主観的な表現」としての外来語の例を列挙していくのだが、その論拠や手つきもまた、『炬火《ファッケル》』におけるクラウスの筆致を彷彿とさせる。とはいえ、すでに示唆したように、ここでのアドルノの記述のうちには、クラウス的な言語論にたいする痛烈な反駁と解しうるような個所も見受けられるのである。

一般的な外来語の擁護は、有機体としての言語というイメージを、言語浄化主義と共有している［……］。外来語を絶えず同化吸収していくような言語の成長なるものを頼みの綱にすることもできなければ、外来語がもつニュアンス的な内容が言語のはたらきの品位を決定しうるというわけでもない［……］。さらに、同化やニュアンスの対立といった枠組みにとどまっているものは、言語浄化主義者が前提にしているものと両立可能でありつづける。［……］結局のところ議論で問題になっているのは、内在的で閉鎖的な有機的言語という理想なのである(36)。

アドルノの主張は明確である。外来語のような異他的なものを弁証法的に「同化吸収」していくことで「成長」を遂げていく「有機体としての言語」という立場を墨守しているかぎり、外来語擁護論者は言語浄化論者と本質的な違いはない。なぜなら、ここでの外来語とは、有機的な全体性によって最終的に包摂され、同一化されるべきたんなる否定的契機にすぎないからであって、のちにアドルノがヘーゲル哲学を評して述べたように、「非同一的なものを純粋な同一性へと解消する」[37]ための小道具であるとさえいえるかもしれない。それにたいして、試みられるべきはむしろ、「それ〔＝外来語〕が言語浄化主義のいう意味において最悪であるところ、すなわち、外来語が異物として言語という身体を悩ませるところで、外来語を擁護すること[38]」だというのである。

3　命名としての外来語

それでは、いったいアドルノはどのようにして「異物」としての外来語を擁護すべきだというのか。まず、「それは言語についての異なった捉え方によって初めて正当化される」と述べたうえでアドルノは、言語とはそもそも有機的な本質のものではないことを立証しようとするのだが、そこで論拠とされるのは、驚くほど神学的な言語観である。

純粋な被造物の言語は、人間にとって隠されているか失われている。というのも、その総体とは描出された真理のそれにほかならないであろうからだ。それゆえ、言語の生は、誕生、成長、死といった、被造物の生の目的論的な息吹とともに進行するのではなく、把捉する思考と現象する真理のあいだの謎めいた原現象としての命名とともに、結晶化と崩壊とともに進行するのである。真なる言葉、真理の破片とは、神話によって召喚されるべき埋もれた原《ウア》‐言語《ヴォルト》の数々ではない。それは、見出された、なされた、人為的な——端的にいえば、造られた言葉である。『創世記』の記述にあるように、神は人間にたいして事物の名を啓示したのではない。ただし、人間が人間的に諸事物を名づけたとき、つまりは命名という行為のなかで、諸事物の名が人間に知られるようになる場合は別である。新たに措定された外来語は、それが現象する瞬間に、世俗的なかたちで、真の原‐史的な命名をもう一度おこなっているのだ。そして、あらゆる外来語において、たんなる自然的な生の連関に神話的に頽落している状態から、創造的精神《ゲーニウス》が奪い取られるのである。(39)

この個所では、「言語一般および人間の言語について」(一九一六)をはじめ、「翻訳者の使命」(一九二一)、「ゲーテの『親和力』」(一九二一—二二)、『ドイツ哀悼劇の根源』(一九二三—二五)といったベンヤミンのさまざまなテクストが、凝縮されたかたちで幾重にも踏まえられていると考えることができる。(40)まず、「言語一般および人間の言語について」のなかでベンヤミンは、神の創造行為の本質をなしているのが言葉であり、そこでは名と言語と認識とが無媒介的かつ絶対的に同一であるのにたいして、人間の言語ではそのような「神的無限性」が決定的に失われている、と論じていた。だが、人間が事物を名づけるとき、事物は「神の言葉が放射された」みずからの名なき言語を人間に伝達するのであり、だからこそ、人間による「命名」という行為や「名称言語」のうちには神の創造行為が反照されているとされる。[41] ここでアドルノは、このようなベンヤミンの「命名」をめぐる議論を――いささか強引に――みずからの外来語論に接合しているわけだが、ただし、強調点が微妙にずらされている点に注意しなくてはならない。

ベンヤミンにおいて、人間の「名称言語」とは、神の創造する言葉の制約された反映・模倣であり、神の言葉の無限性に到達することはないものの、にもかかわらず、事物の言語との照応関係は神によって保証されているのであって、その意味で神の言語との連続的・垂直的な紐帯を保持しつづけている。第１章で論じたように、そのような連帯性が失われるのは、人類の堕罪後に人間の言葉が純粋な名称言語から離脱し、記号や抽象言語といった「間接的伝達の手段」へと貶められてからのことであり、そのなかで「過剰命名」されてしまった諸事物は「哀しみ」のうちに沈黙する。[42] それにたいしてアドルノは、ベンヤミンに倣って『創世記』の記述を引き合いに出しながら、神と人間と事物とのあいだの言語を媒質とした相互伝達関係という中心的なモティーフ[43]に触れることなく、「純粋な被造物の言語」――ベンヤミンの術語でいえば、「純粋言語」としての諸事物の「名」――から人間が完全に遮断されてしまったという〈堕罪後〉の状況をそもそもの出発点に据える。そのうえでアドルノは、「言語の生」とは、「誕生、成長、死」という有機体モデルではなく、「結晶化と崩壊」という無機的な形象に関連づけられるべきだと述べることで、クラウス的な言語有機体論をあらためて批判するとともに、「真理の破片」としての言葉とは「見出された、なされた、人為的な――端的にいえば、造られた言葉」であるという規定をつうじて、人間の言語の作為性をあらためて強調するのである。

だが、にもかかわらずアドルノは、「命名という行為」をつうじて「諸事物の名」が人間に開示されるという、初期言語論におけるベンヤミンの命題を手放すことはない。しかも、かかる「命名」を世俗的な次元で反復することで、「たんなる自然的な生の連関に神話的に頽落している状態」という運命的な軛――明らかに、ベンヤミンの「ゲーテの『親和力』」における「いまや自然的な生はたんなる生に取り込まれており、それが人間において罪として露わになる」という一節が念頭に置かれている(44)――から「創造的精神《ゲーニウス》」を解放するというメシアニズム的な機能を担うものが「外来語」にほかならないというのだ。ベンヤミンとは異なりアドルノは、堕罪後の人間が抽象的な言語によっておこなう「命名」を、沈黙する諸事物をさらに哀しませる「過剰命名」に繋がるものとして否定的に評価することはない。むしろ、「異物として言語という身体を悩ませる」ものとしての「外来語」こそが、逆説的にも、「世俗的なかたち」での「命名」として、神話的な罪連関を打ち破るための潜勢力――ベンヤミンの「運命と性格」（一九一九）でいわれる「崇高さ」の「暴力《ゲヴァルト》」(45)――を秘めもっているのであり、そこにこそ、「外来語」の「爆発力を解放する」ための基盤が、ひいては「外来語を擁護する」ための根拠が潜んでいるのである。

しかし、ここでいくつかの疑問が浮上してくる。まず、「把捉する思考と現象する真理のあいだの謎めいた原現象としての命名」とはどういう意味だろうか。この問いに答えるためには、ここでアドルノが暗黙裡の前提としていると思われるもうひとつのベンヤミンの議論、すなわち、ベンヤミンが初期言語論の理論図式を歴史哲学的な認識論に応用するかたちで展開した、『ドイツ哀悼劇の根源』の「認識批判的序章」における「命名」をめぐる議論を参照する必要がある。ベンヤミンによれば、「諸現象は［……］粗雑で経験的な状態のまま丸ごと理念界に入っていくのではなく、諸々の構成要素に分解されたかたちでのみ、救出されて、理念界に参入する。［……］諸事物を解体して構成要素に分けるものが、概念に他ならない」。「諸理念はそれぞれ、永遠不変の星座的布置なのであり、さまざまな構成要素がそのような星座的布置のなかに位置する点として捉えられることによって、諸現象は分割され、同時に救出されているのだ」[46]。つまり、経験的な諸現象や諸事物は、いったん抽象的な「概念」によって分解されることで、はじめて「理念」を表出する「星座的布置」の「構成要素」となることが可能になる。さらにベンヤミンは、こうして形成された複数の「理念」の「無志向的」な配置から「真理」が浮かび上がってくると規定するのだが（「真理は諸理念から形成されている、無志向的な存在である」[47]）、言葉になった「理念」が「名」であり、この根源的な「名」を受け取るとともに付与するという「原《ウア》‐聴き取り《フェアネーメン》」の原型こそが『創世記』における「アダムの命名」にほかならない[48]。「哲学的観想」の使命とは、アダムをモデルとしながら「原《ウア》‐聴き取り《フェアネーメン》」としての「命名」を回復させることであって、そこでは「理念が言葉となって、つまり新たにみずからの命名する権利を要求する言葉となって、分離してくる」[49]。要するに、ベンヤミンにとって「哲学的観想」とは堕罪後の世界における「アダムの命名」の世俗的反復であり、いったん「概念」によって破砕された諸事物の断片から「星座的布置」を浮かび上がらせることで、そこから自己現出する「理念」を――そして、究極的には「真理」を――「名」というかたちで受胎するべきなのだ。引用した一節におけるアドルノの言葉でいえば、「概念」は「把捉する思考」に、「星座的布置」を構成する諸事物の断片は「真理の破片」としての「造られた言葉」に、「理念」は「描出された真理」ないしは「現象する真理」にそれぞれ対応していると見なすことができるだろう。

それでは、このような理論的枠組みに照らした場合、「新たに措定された外来語は［……］世俗的なかたちで、真の原‐史的な命名をもう一度おこなっているのだ」という一節はどのように理解できるだろうか。アドルノは明示的に語っているわけではないものの、ベンヤミンが「翻訳者の使命」で展開した議論をさらなる補助線として引けば、その論拠が明確になる。そもそも、われわれが外来語をもちいるのは、母国語には存在しない、あるいは母国語ではその実態や含意を十全には汲みつくせないような対象――現象、事物、概念、感情、感覚、ニュアンス……――にたいしてである。アドルノが挙げている例でいえば、意識的にとった姿勢や心構えにたいして、「Haltung」のようなドイツ語の単語ではなく、「Attitude」というフランス語の単語を敢えてもちいる場合がそれであり、ベンヤミンの言葉を借りれば、このとき「志向されるものは同一であるが、それを志向する仕方は同一ではない(50)」。初期言語論の立場からすれば、このように同一のものを志向する語が複数存在しているという事態そのものが、人類の堕落後におけるバベルの言語混乱を如実に反映しているのであり、アドルノの術語でいえば、「純粋な被造物の言語」としての「名」は決定的に分裂し、「結晶化と崩壊」の過程に委ねられているということになる。

さらに、「新たに措定された外来語」が登場するそのたびごとに、かかる言語の混乱・分裂がいっそう深く進行していくわけであるが、しかし、ある対象にたいして、既存の母国語の語を機械的に貼り付けるのではなく、むしろ、その微妙な特徴をみずから観相学的に読み取ったうえで、おのれが受け取った感覚に相応する外来語を新たに付与する場合、たとえアダムの命名には遠く及ばない、堕罪後の人間が不完全な言語をもちいておこなう制約された営為であったとしても、それを「アダムの命名」という神秘的行為の末裔と見なすことは、まったく不可能ではないのではないか——そうアドルノは、ベンヤミンの議論を世俗的に応用するかたちで主張しているのである。

さらに、「翻訳者の使命」におけるベンヤミンの観点から見れば、ここでの母国語と外来語は、ちょうど原作にたいする複数の翻訳のように、「志向するその仕方においてたがいに補完しあい有和しあい一致する、そのような言語」をなしてもいるはずであって、[51]そこで「みずからは沈黙しながら補完されている」ものこそが「真なる言語」としての「純粋言語」にほかならないといえるだろう。概念によって破砕された諸現象の破片からなる「星座的布置」から「理念」が現象するように、あるいは、複数の翻訳のあいだから「純粋言語」が語り出してくるように、「造られた言葉」にすぎない「外来語」であっても、そこには失われた楽園でのアダムの命名の残響が密かにこだましているのであって、われわれが何かを新たな「外来語」によって名づけた瞬間、「純粋な被造物の言語」の一端が、さらには「真理」としての「名」が、一種の〈贈与〉として密かに到来するのである。[52]

4　引用としての外来語

このあと、「外来語の使用について」におけるアドルノの議論は、やはりベンヤミンの理論図式をある程度まで踏襲しながらも、神学的な色調は一挙に後退し、マルクス主義的な社会批判としての特徴を帯びていくことになる。

社会のなかで諸事物が人々にたいして異質なものになればなるほど、いっそう異質なかたちで言葉は、人々のもとに到達して、諸事物を本来あるべきところに持ち帰るべきであると寓意的《アレゴリー》に警告することの象徴となる。自然成長的な性質と合理的な性質との矛盾が社会に深く刻み込まれれば刻み込まれるほど、外来語は、いっそう孤立したかたちで、一部の人々には理解できないままに、別な人々にとっては脅威として、言語圏のうちに否応なくとどまりつづけざるをえない。しかし、にもかかわらず外来語は、疎外そのものの表現としての権利を、さらにまた、おそらくはいつの日か、事前に考えられた言語のなかに人間がぼんやりと囚われているという状態を打ち砕くような透明なクリスタルとしての権利をもっているのである。(53)

またしても難解な記述であるが、鍵となるのは「疎外」と「寓意的《アレゴリー》」という言葉である。近代の資本主義社会において、諸事物が人間との有機的な紐帯を喪失し、独自の法則性のもとで運動する抽象的な商品として、人間にとってますます疎遠で異質なものとして立ち現れてくる——若きアドルノが、そのような初期マルクスの疎外論的な図式を、おもにルカーチの『歴史と階級意識』(一九二三)の物象化論をつうじて学んだことはよく知られているが、ここにはさらに、ベンヤミンの『ドイツ哀悼劇の根源』における寓意《アレゴリー》論のモティーフが暗に重ね合されていると考えられる。第1章で触れたように、ベンヤミンは、凋落した被造物の死骸が散乱し、すべてが謎めいた暗号文字としての相貌を晒すというバロック的な「廃墟」のうちに、「復活」の寓意《アレゴリー》というメシアニズム的な意味を読み解いた。すなわち、極限にまで達した否定的様態を〈救済〉の寓意《アレゴリー》として読み替えることで、そのネガティヴな意味を弁証法的に転換させるというプログラムがそこで呈示されていたわけである。それにたいして、この一節でアドルノは、そのようなベンヤミンの寓意《アレゴリー》論の図式を現代的・世俗的な対象へと応用するかたちで、「外来語」は、教養のない人々にとっては「理解でき」ず、ナショナリストたちにとっては「脅威」であるというその不可解さと異質さゆえに、一種の寓意《アレゴリー》的な暗号文として「疎外そのものの表現」をなしていると規定するのである。

さらに、外来語のうちには、「事前に考えられた言語のなかに人間がぼんやりと囚われているという状態」を打破するための批判的潜勢力が秘められているというのだが、その必要性については、新聞文芸欄などに氾濫する常套句や陳腐な言葉遣いを飽くことなく糾弾しつづけたクラウスも全面的に同意することだろう。しかし、クラウスにとっての「外来語」が、あくまで「言語という有機体」のうちに最終的に吸収され、その成長に寄与するべきものであるのにたいして、アドルノは、「外来語」の同化しえない異他性にこそアクチュアリティがあるという立場を崩すことはない。そればかりでなくアドルノは、ジャーナリズムや日常生活のなかで言語が最低の次元にまで貶められたときにこそ最大の可能性が顕在化するという、クラウスの言語観とは絶対に相容れないであろう、ラディカルにして逆説的な見解を打ち出すまでにいたる。

アドルノによれば、近代以降の外来語は、分業の進展や教養層の形成といった社会的変化によって、「物象化されたものという特徴」や「非人間的でフェティッシュな商品としての性格」[54]を強く帯びるようになった。まさにそのことが言語浄化主義者たちを大いに憤激させているのだが、とはいえ、だからといって、いたずらに「外来語を駆逐」しようとすることも、「教養の特権」として「外来語を擁護」することも、あるいは、「言語という身体に融合させ」ようとすることも、すべて誤りである。[55] なぜなら、外来語とは「未来の言語領域からの疲弊した使者」なのであって、「〔既存の言語と未来の言語という〕二つの言語領域のあいだの緊張」こそが「生産的」だからである。[56] では、かかる「緊張」を高めるものとは何か。アドルノが示唆するところによれば、それは、人々が思わず眉を顰めるような外来語の「堕落」した使用法の数々にほかならない。「言語の最底辺には、すなわち、有機的言語や言語浄化という観点からすれば堕落と呼ばれるに違いない政治的なジャルゴンや、色事にまつわるチンピラの隠語、日常的な言い回しのなかには、来たるべき言語の輪郭が浮かんでいるのかもしれない[57]」。まさにこの一節は、アドルノが終生にわたって思想的課題として掲げつづけた、〈希望なきもの〉の救済というモティーフが、如実に表現されているといえるだろう。

外来語が断固として擁護されなければならないのは、ボードレールやリルケの詩といった高級芸術の名においてだけでもなければ、アダムの命名をめぐる神学的な議論が唯一の根拠であるわけでもない。むしろ、「色事にまつわるチンピラの隠語〔Rotwelsch der Liebe〕」として「外来語」が妙な仕方で使われる場合のように、人間やその言語が極限にまで疎外・物象化され、たんなる商品や符丁にまで徹底的に貶められるとき、その堕落した「非人間的」な様態のうちにこそ、言語の現状にたいする痛烈な〈否〉が、既存の言語という牢獄がいつか打破されるというユートピア的なヴィジョンが、さらには「来たるべき言語」の萌芽が読み取られるべきなのである。

とはいえ、このエッセイの最終節の冒頭でアドルノが断言するように、「文筆家たちはまだそこまで狙っているわけではない[58]」。彼らが文章のなかで外来語を敢えてもちいるとき、それは「哲学、諸科学、芸術、技術といった特殊領域から」のたんなる「引用」であって、しょせんは「教養という理念」に奉仕するだけのものにすぎないように見える。[59] だが、にもかかわらずアドルノは、外来語には逆説的な「弁証法」が潜んでいると、ベンヤミンが『一方通行路』（一九二三—二六）のなかで著述のプロセスを外科手術に喩えた個所——「執刀医は［……］外来語をひとつ、銀製の肋骨として挿入してみる」[60]——を引き合いに出しながら主張する。「患者が生来の〔organisch: 有機的な〕肋骨の病気に苦しんでいたのにたいして、銀製の肋骨は患者の思考を生きながらえさせる助けとなる。外来語の弁証法とはこのようなものである。外来語は、有機的な言語活動がもはや思考をまとめるのに十分ではないならば、そこから袂を分かつのだ」[61]。さらに、つづけてアドルノは、外来語の使用において真に決定的なのは「認識」であると規定し——「外来語を正しく使用しているかどうかを真に決定するのは、教養ではなく認識である。外来語のなかで言語の流れが理性《ラーツィオ》の光線によって射とめられ、そのもとで痛々しく輝くのだ」[62]——、そのうえでさらに、「引用」としての外来語という捉え方にたいしても、ひとつの弁証法的な捻りをくわえてみせることで、このエッセイの濃密な議論を締めくくる。

外来語とは引用である。だが、自分たちが引用しているのはおのれの教養や特殊な知識であるとどこでもなおも主張している文筆家たちは、〔実際のところ〕ひとつの隠された、実証的には知られていない言語から引用しているのであって、それは、あたかもみずから未来の言語へと転化しようとするかのように、既存の言語に不意に襲いかかり、重なり合い、変容をもたらすのである。［……］知られていない本来の言語がもつ力は、計算によって開示されるものではなく、ひとえに既存の言語の崩壊から少しずつ現れてくるのだ。この否定的で、危険であるとともに、確かに約束されたものである力が、外来語を真に正当化しているのである。[63]

ここでいわれる「知られていない本来の言語」が、前節での「来たるべき言語」と同一のものを志向していることは明らかだろう。「色事にまつわるチンピラの隠語」のような「堕落」した外来語の使用法のみならず、アドルノ自身も含めた教養ある「文筆家たち」が「特殊領域」でもちいる外来語もまた、「未来の言語圏」からの隠されたメッセージを伝達する「使者」の役割を果たしているのである。さらに、それはまた、アダムの命名をめぐる議論のなかで浮上した「純粋な被造物の言語」や「真なる言葉」とも、限りなく近い位置にあるといえよう。失われた楽園という遠い過去の言語と、ユートピアとしての未来の言語とが、現在時において何気なく使用される無数の外来語のなかで、密かに引用＝召喚（zitieren）されているのだ。クラウスの言語観とは異なり、ここでの外来語は、「相互浸透」によって言語という有機体の生命維持と成長に寄与するのではなく、むしろ、われわれが何かを外来語によって「命名」するそのたびに、「既存の言語」を急襲し、内部から蝕むことによって「崩壊」へと導く。しかし、そこに穿たれた無数の亀裂からは、未来から照射されたユートピア的な光が、いまだ汲みつくされていない「本来の言語」がもつ「力」として、密かに漏れ出しているのである。おそらく、アドルノのいう「認識」とは、無機的な異物として散乱する「外来語」のうちに秘め隠されたこの微かな光を感知し、来るべきユートピアの予兆として捉え直すことなのではないだろうか。

5　おわりに――超越への憧憬

ここまで、アドルノが一九三四年に執筆したエッセイ「外来語の使用について」における議論を詳細に検証してきた。言語浄化主義者と言語有機体論者の双方の外来語観にたいする批判に始まり、「命名」をめぐる神学的な議論をへて、否定性が極限にまで達した様態のうちにユートピア的希望へと反転する可能性を読み取るという弁証法的な視座を呈示することによって終わるこの論考は、ベンヤミンからの思想的影響の痕跡を露骨なまでに顕在化させており、初期アドルノのテクストを評してしばしば述べられるように、「さながらベンヤミン［……］から吸収したものを、性急にパッチワーク的に組み合わせた初期アドルノの習作といった観がある(64)」ことは確かに否めない。

だが、すでに繰り返し指摘したとおり、このエッセイは、たとえクラウスの名前に直接言及されていないとしても、外来語の擁護というモティーフにおいて間違いなくクラウスを多分に意識していると考えられるのであり、その意味で、初期アドルノにおけるクラウス受容を証言するドキュメントをなしているといえる。さらに、ここでアドルノが「有機体としての言語」という表現によってクラウスの言語論を暗に示唆しているのではないかという推測が成り立つとすれば、ベンヤミンの初期言語論に由来する「命名」という概念を導入することによってアドルノが、ベンヤミンの概念によってクラウスを批判していると見なすこともできるだろう。このテクストが執筆される数年まえにアドルノが、ベンヤミンのクラウス論にたいするクラウス本人の「無理解」に強い憤りを表明していたことを想起するならば、ここでアドルノはベンヤミンに代わって一種の意趣返しをおこなっていると深読みすることもできるかもしれない。また、アドルノがこのエッセイを執筆した時期は、ヒトラーによる政権掌握から一年あまりしか経過しておらず、まさにこのころドイツ国語協会を中心として外来語の排斥を求める言語浄化運動が急速に盛りあがったことを鑑みるならば、(65) アドルノがこの文章をほかならぬドイツ国語協会の紀要に送りつけたという振る舞い自体が、いかにささやかなものであろうとも、現実にたいする挑発的な介入と抵抗を目論んでいるという点において、クラウスの批判的精神を踏襲していると考えることもまったく不可能ではないだろう。

ともあれ、上述したように、このアドルノの外来語論は、一九七四年に『アドルノ全集』第一〇巻の付録として出版されるまで、一度として日の目を見ることはなかったわけだが、ここで最後に注目したいのは、「外来語の使用について」の成立から四半世紀後にアドルノが、外来語という主題をあらためて取り上げ、その存在権を正当化するような議論を展開しているという事実である。すなわち、一九五九年にラジオ講演用の原稿として執筆された「異国の言葉」というテクストがそれであり、そこでアドルノは、みずからが以前におこなったプルーストについての講演――「プルースト小解」（一九五八）――に「外来語を使いすぎるという抗議の投書がいくつかあった」(66) ことにたいして、自身のテクストを具体例としながら細かく反駁しているのである。周知のように、抗議の投書にたいする反論というのは『炬火《ファッケル》』においてクラウスが愛好したスタイルであり、文中でクラウスの名に触れていることからも、この第二の外来語論でもアドルノがクラウスを意識していることは間違いない。

もっとも、「異国の言葉」では、外来語を擁護する論拠として「アダムの命名」にまつわるベンヤミンの理論図式が持ち出されることはもはやない。だが、『本来性の隠語』（一九六四）で大々的に展開されるハイデガー批判を予告するような議論や、「コミュニケーション・システム」にたいする揶揄といった新たに導入された主題と並んで、外来語の非有機性、ベンヤミンの「銀製の肋骨」という比喩、「教養」と「認識」との関連など、すでに「外来語の使用について」に登場したモティーフも随所に確認できる。なかでも注目すべきは、「責任をもって正しく使われた外来語」が、「表現のしなやかさや、エレガンスや、彫琢」などのような「いまでは失われたもの」を想起させるがゆえに人々に「不愉快」な感情を与えるのであり、[67]「中途半端な教養へとすべての人々が平準化される」という事態がなくなったらどうなるのかを人々に教えるべきであるという趣旨の記述につづく、次の印象的な一節である。

このことによって外来語は、言語のユートピアの、歴史上存在したものの呪縛から自由な、大地をもたない言語の幾分かを温存させることができるだろう。それは子供の言葉遣いのなかにも無意識のうちに生きている。外来語は髑髏のように、よりよい世界のなかで覚醒させられるのを、希望をもつことはせずに待っている。[68]

「子供の言葉遣いのなかにも無意識のうちに生きている」ような「言語のユートピア」とは、「外来語の使用について」において「来たるべき言語」や「知られていない言語」といった表現によって呼ばれていたものに違いない。外来語は、まさにバロック演劇の舞台上に散乱する「髑髏」のように、

「よりよい世界のなかで覚醒させられる」というメシアニズム的な〈救済〉の瞬間が訪れる日を待ち望みながら、これまで積み重ねられてきた歴史や現在の社会体制の「呪縛」とは無縁の「言語のユートピア」の一端を、その「希望」なき様態のうちに隠しもちつづけているのだ。

ここで問われているのは、現存する世界とは異なる〈他なるもの〉にたいする志向性であり、現状を批判的かつ遊戯的に〈超越〉するようなポテンシャルであるといえるだろう。ちなみにアドルノは、哲学的主著である『否定弁証法』（一九五九―六六）の最終節「形而上学についての省察」において、まさに〈他なるもの〉と〈超越〉という問題について集中的に論じているのだが、興味深いことに、そこにカール・クラウスの名前が二度にわたって登場してくる。

> 超越を確実なものとして捉えようとする者にたいして、カール・クラウスがおこなったように、想像力の欠如、精神への敵愾心、さらに、そのような点で超越を裏切っているという非難を浴びせることは正しい。それにたいして、いかに遠く微かなものであろうとも、存在するもののなかでの救済の可能性から完全に切り離されてしまったならば、精神は幻想となるだろう(69)［……］。

> クラウスは、超越を具体的なものとして主張するという、想像力を欠いた幻想化を寄せつけないよう身構えていたが、超越を抹消するよりも、憧憬のうちに超越を読み取るという憧憬に満ちたやり方を好んでいた。しかし、だからといって彼がロマン主義的でリベラルな隠喩家であったわけではなかった(70)。

このような表現によってアドルノは、「超越」を何か実定的なものとして表象するような「想像力の欠如」を非難する一方で、既存の事物のうちに微かな「救済の可能性」を読み取ることの必要性を訴える。まさにそれは、徹底的に物象化された現実社会のなかで、あるべきユートピアの姿を具体的なかたちで表象することを断固として退けながら、同一性の圧力と交換原理に還元されない〈他なるもの〉の痕跡を知覚・認識するべきだという、アドルノ哲学の根本要請にほかならないといえよう。そのなかでクラウスは、いうなれば〈図像化禁止〉の戒律を徹底的に遵守した人物として形象化されているわけだが、しかし同時に、「超越」にたいするクラウスの禁欲的な態度のうちにも、「超越」にたいする「憧憬」が屈折したかたちで隠されていることを、ここでアドルノは示唆しているように思われる。すなわち、いまここにある現状を超え出るようなオルタナティヴな可能性をつねに希求するという「憧憬に満ちた」まなざしであり、希望なき現実や諸事物のうちにこそ「救済の可能性」を模索するというメシアニズム的な志向である。そして、それはまた、「外来語」という卑俗な現象のなかにも「言語のユートピア」を絶えず看取しようとしたアドルノの姿とも重なってくることだろう。

おそらく、アドルノがクラウスから学んだのは、安易なイメージ化の誘惑に身をゆだねることなく、しかし「超越」にたいする「憧憬」をつねに抱きつづけるという、帆柱におのれの身を縛りつけながらセイレーンの歌声を聴こうとするオデュッセウスにも似た、アンビヴァレントな姿勢だったのではないだろうか。

註

（1）Adorno, *Berg. Der Meister des kleinsten Übergangs*, in: *AGS* 13, S. 357.〔アドルノ『アルバン・ベルク——極微なる移行の巨匠』平野嘉彦訳、法政大学出版局、一九八三年、六〇頁〕

（2）Adorno, »Kleiner Dank an Wien«（1955）, in: *AGS* 20–2, S. 553.

（3）Arnold Schönberg, *Schöpferische Konfessionen*, hg. von Willi Reich, Zürich: Arche 1964, S. 21.

（4）シュトイアーマン（Edward Steuermann: 1892–1964）はポーランド出身のピアニストで、新ウィーン楽派のピアノ曲やピアノのための室内楽の多くを初演するとともに、クラウスの朗読会でもしばしばピアノ伴奏者を務めた。ウィーン留学中にアドルノはシュトイアーマンからピアノの個人レッスンを受けており、それ以降「絶えることなく友情がつづいた」（Adorno, »Nach Steuermanns Tod«（1964）, in: *AGS* 17, S. 313）。コーリッシュ（Rudolf Kolisch: 1896–1978）は、ヴァイオリニストおよびウィーン弦楽四重奏団のリーダーとして、シェーンベルクとその弟子たちの初演を数多く手がけた人物であり、シェーンベルクの二番目の妻ゲルトルートの実兄にあたる。さらにコーリッシュは、著名な内科医でウィーン大学講師でもあった父親がクラウスの数少ない友人であり、その縁でクラウスとも個人的な交流があった（Joan Allen Smith, *Schoenberg and His Circle: A Viennese Portrait*, New York: Schirmer Books 1986, S. 56〔ジョーン・アレン・スミス『新ウィーン楽派の人——同時代者が語るシェーンベルク、ヴェーベルン、ベルク』山本直広訳、音楽之友社、一九九五年、八九頁〕）を参照。ウィーンにおけるアドルノの交友関係については、Heinz Steinert, *Adorno in Wien. Über die（Un-）Möglichkeit von Kunst, Kultur und Befreiung*, Wien: Verlag für Gesellschaftskritik 1989, S. 13–30およびJohann Dvořák, *Theodor W. Adorno und die Wiener Moderne*, Frankfurt a.M.: Peter Lang 2005, S. 105–118を参照。

（5）Rudolf Kolischへのインタビュー（in: Joan Allen Smith, *Schoenberg and His Circle*, a.a.O., S. 31f.〔スミス、

前掲『新ウィーン楽派の人々』五五頁〕）より引用。ベルクのクラウス受容については、Susanne Rode, *Alban Berg und Karl Kraus. Zur geistigen Biographie des Komponisten der »Lulu«*, Frankfurt a.M.: Peter Lang 1988 に詳しい。

（6）一九二五年七月三日付のジークフリート・クラカウアー宛書簡においてアドルノは次のように報告している。「カール・クラウスを僕は聴きました。残念ながら預言者めいた格好だったものの、そのかわりに道化的で司祭じみた偉大なるコメディアンでした。道徳的に登場してくる彼のやり方よりも審美家めいたものを、君は想像できないでしょう。さらに彼にあまりに一心不乱に才気をひけらかすので、僕は退屈するどころではありませんでした」（Adorno an Siegfried Kracauer, 3.7.1925, in: *AKB*, Frankfurt a.M.: Suhrkamp 2008, S. 91）。往復書簡集の編纂者の註によれば、このときアドルノが鑑賞したのは、一九二五年五月一八日と一九日にコンツェルトハウスの小ホールで開催されたクラウスの朗読会であり、演目は「シェークスピア（Shakespeare）」、「韻文の言葉（Worte in Versen）」、「碑文（Inschriften）」、「夢芝居（Traumstück）」であったと推測される（ebd., S. 92）。

（7）たとえば、「われわれすべてが――すなわち、シェーンベルクとあなたとヴェーベルンと私が――ある一点でカール・クラウスと一致しているとすれば［……］「内容」と「形式」の解消しえない相互関係が、造形物と造形家との関係にとってまさに倫理的な基準をなしているという点であることは確かです」（Adorno an Berg, 6.1.1926, in: Adorno/Berg, *Briefwechsel 1925–1935*, Frankfurt a.M.: Suhrkamp1997, S. 56. 強調アドルノ）。

（8）Adorno, »Die Oper Wozzeck«（1929）, in: *AGS* 18, S. 473; »Stilgeschichte in Schönbergs Werk«（1930）, in: *AGS* 18, S. 385を参照。

（9）フランクフルト学派のクラウス受容についての概観として、Friedrich Rothe, *Karl Kraus. Die Biographie*,

München: Piper 2003, S. 369–383 を参照。

（10）Benjamin an Adorno, 29.3.1904, in: *ABB*, S. 13〔前掲『ベンヤミン／アドルノ往復書簡』一二頁〕）を参照。

（11）Benjamin, »Karl Kraus«, in: *BGS* II, S. 334–367.〔ベンヤミン「カール・クラウス」内村博信訳、前掲『ベンヤミン・コレクション②』所収、四八五―五五四頁〕ベンヤミンのクラウス論の成立については、*BGS* II, S. 1078–1086 を参照。

（12）「今日のところはただ、この労作〔＝カフカ論〕の諸モティーフにまったく並々ならぬ感銘を――クラウス論の完結以来私があなたから受けた最大の感銘を――覚えたことの、お礼のみを申し上げたく思います」（Adorno an Benjamin, 16.12.1934, in: *ABB*, S. 89.〔前掲『ベンヤミン／アドルノ往復書簡』七三頁〕）。

（13）Adorno, »Sittlichkeit und Kriminalität. Zum elften Band der Werke von Karl Kraus«, in: *AGS* 11, S. 367–387.〔アドルノ「モラルと犯罪――カール・クラウス作品集の第十一巻に寄せて」高木昌史訳、『アドルノ　文学ノート２』所収、みすず書房、二〇〇九年、五六―八〇頁〕

（14）たとえば、売春や未成年者への性暴力といった性的タブーにまつわる諸問題とそれにたいする法的介入という主題を扱った「性的タブーと今日の法」（一九六三）（Adorno, »Sexualtabus und Recht heute«, in: *AGS* 10–2, 533–554〔大久保健治訳『批判的モデル集Ⅰ――介入』所収、一九七一年、一二三―一五六頁〕）や、世論について理論的に考察した「意見　妄想　社会」（一九六一）（Adorno, »Meinung Wahn Gesellschaft«, in: ebd., S. 185–217〔大久保健治訳、同書、一八五―二一九頁〕）など。

（15）古田徹也「言葉の溶流に抗して――カール・クラウスの言語論」『思想』一〇五八号（二〇一二年六月）二六三頁。

（16）Emil Walter-Busch, *Geschichte der Frankfurter Schule. Kritische Theorie und Politik*, München: Wilhelm Fink 2010, S. 105.

(17) クラウスとアドルノの類似性を検証した代表的な文献として，Dietmar Goltschnigg, »Theorie und Praxis des Essays bei Theodor W. Adorno (Der Essay als Form) und Karl Kraus (Sittlichkeit und Kriminalität)«, in: Joseph P. Strelka (Hg.), *Karl Kraus. Diener der Sprache - Meister des Ethos*, Tübingen: Francke 1990, S. 87–108，Irina Djassemy, *Der „Produktivgehalt kritischer Zerstörerarbeit". Kulturkritik bei Karl Kraus und Theodor W. Adorno*, Würzburg: Königshausen und Neumann 2002 が挙げられる。とりわけ後者は，言語批判，外的・内的自然，文化産業，文化批判といった共通の主題をめぐるクラウスとアドルノの思考を対比するかたちで綿密に検証している。しかし，この浩瀚な研究書は，「伝記的な関係や，アドルノがクラウスについて直接的に言及した個所に準拠することはない」(S. 11) ことを方針として掲げていることもあって，クラウスの思想をアドルノがどのように受容したのかという問題にほとんど踏み込むことなく，各主題にまつわる両者の見解を概説的に要約・並置することに終始しているという印象は否めない。また，このあと本章で中心的に論じる「外来語の使用について」への言及もない。

(18) Adorno an Berg, 23.9.1931, in: Adorno/Berg, *Briefwechsel 1925–1935*, a.a.O., S. 265. S. 268 も併せて参照。

(19) その経緯については，池内紀『闇にひとつ炬火あり――ことばの狩人カール・クラウス』筑摩書房，一九八五年，二〇四―二二六頁を参照。

(20) Adorno an Benjamin, 21.4.1934, in: *ABB*, S. 64.〔前掲『ベンヤミン／アドルノ往復書簡』五四頁〕言及されている「新聞についての小品」とは，Benjamin, »Die Zeitungen«, in: *BGS* II, 628f. を指す。

(21) Adorno an Benjamin, 21.4.1934, in: *ABB*, S. 64.〔前掲『ベンヤミン／アドルノ往復書簡』五四頁〕

(22) Adorno, »Über den Gebrauch von Fremdwörtern«, in: *AGS* 10, S. 640–646.

(23) Adorno an Benjamin, 21.4.1934, in: *ABB*, S. 64.〔前掲『ベンヤミン／アドルノ往復書簡』五四頁〕

(24) Karl Kraus, »Hier wird deutsch gespuckt«, in: ders., *Die Sprache*, hg. von Heinrich Fischer, München: Kösel

1954, S. 13.〔カール・クラウス「当地ではドイツ語がペッと吐き出される」『カール・クラウス著作集7　言語』所収、武田昌一／佐藤康彦／木下康光訳、法政大学出版局、一九九三年、五頁〕

(25) Kraus, »An die Anschrift der Sprachreiniger«, in: ebd., S. 16.〔クラウス「言語浄化主義者の宛書きにあてて」、同書、八頁〕

(26) Ebd., S. 17.〔同書、一一頁以下〕

(27) Ebd., S. 19.〔同書、一三頁〕

(28) Kraus, »Wortgestalt«, in: ebd., S. 351.〔クラウス「言葉の姿」、同書、五七七頁〕

(29) Kraus, »Die Sprache«, in: ebd., S. 463.〔クラウス「言語」、同書、七一二頁〕

(30) Ebd., S. 437.〔同書、七一三頁〕この概念についての考察として、古田、前掲「言葉の溶流に抗して」二六八―二七一頁を参照。

(31) Kraus, »Nachhilfe«, in: *Die Sprache*, S. 96.〔クラウス「補習」、前掲『クラウス著作集7』所収、一一九頁〕同様の表現として、「言葉において語はたいへん重要だが、その語よりも重要なのは語と語のあいだにあるものである」(Kraus, »Bei den Tschechen und bei den Deutschen«, in: ebd., S. 343.〔クラウス「チェコ人の側で、ドイツ人の側で」、同書、五六六頁〕)。

(32) Adorno, »Über den Gebrauch von Fremdwörtern«, a.a.O., S. 640.

(33) Ebd.

(34) Ebd., S. 641.

(35) Ebd.

(36) Ebd, S. 641f.

(37) Adorno, *Negative Dialektik*, in; *AGS* 6, S. 394.〔アドルノ『否定弁証法』木田元他訳、作品社、一九九六

年、四九六頁〕

(38) Adorno, »Über den Gebrauch von Fremdwörtern«, a.a.O., S. 642.

(39) Ebd., S. 642f.

(40) ベンヤミンの「言語一般および人間の言語について」をアドルノが実際に読んだという直接的な証拠はないが、「外来語の使用について」の二年まえに書かれ、同じく「事物の命名」という問題が扱われているアドルノの初期論考「哲学者の言語についてのテーゼ」について細見和之が述べているように、「ベンヤミンはアドルノとの対話のなかでは「名称言語」を軸にした自らの言語思想を語っていたはずだ」と考えられる〔「訳者あとがき」、アドルノ『哲学のアクチュアリティ――初期論集』所収、細見訳、みすず書房、二〇一一年、一八五頁〕。

(41) Benjamin, »Über Sprache überhaupt und über die Sprache des Menschen«, a.a.O., S. 147-152.〔ベンヤミン、前掲「言語一般および人間の言語について」二一―二八頁〕

(42) Ebd., S. 152-156.〔同書、二八―三四頁〕同様の議論は、『ドイツ哀悼劇の根源』の末尾に近い個所でも要約的に展開されている（Benjamin, *Ursprung des deutschen Trauerspiels*, a.a.O., S. 407〔ベンヤミン、前掲『ドイツ悲劇の根源』下巻一七五頁以下〕を参照）。

(43) 初期言語論における「伝達」については、森田、前掲『ベンヤミン――媒質の哲学』一二二―一二六頁を参照。

(44) Benjamin, »Goethes Wahlverwandtschaften«, a.a.O., S. 139.〔ベンヤミン、前掲「ゲーテの『親和力』」六七頁〕

(45) Benjamin, »Schicksal und Charakter«, in: *BGS* II-1, S. 175.〔ベンヤミン「運命と性格」、前掲『ドイツ悲劇の根源』所収、下巻二一二頁〕なお、「運命と性格」でも、デモーニッシュな運命としての罪責連関を打ち破る「崇高さ」から「ゲーニウス」が立ち現れると規定されている（ebd.〔同書、二一二頁以下〕）。

（46）Benjamin, *Ursprung des deutschen Trauerspiels*, a.a.O., S. 213f.〔ベンヤミン、前掲『ドイツ悲劇の根源』上巻二三〇頁以下〕

（47）Ebd., S. 216.〔同書、上巻二三七頁〕

（48）Ebd.〔同書、上巻二三九頁〕

（49）Ebd., S. 217.〔同書、上巻二三九頁〕

（50）Benjamin, »Die Aufgabe des Übersetzers«, in: *BGS* IV-1, S. 14.〔ベンヤミン「翻訳者の使命」、前掲『ベンヤミン・コレクション②』所収、三九七頁〕

（51）Ebd., S. 16.〔同書、四〇二頁〕

（52）なお、この「外来語の使用について」とほぼ同時期に執筆された「レコードのフォルム」という短いエッセイのなかでもアドルノは、やはりベンヤミンの初期言語論を援用するかたちで、レコードの音溝のうちに「真なる言語」が表出されているという同様の議論を展開している（詳しくは、竹峰、前掲『アドルノ、複製技術へのまなざし』五五―五七頁を参照）。

（53）Adorno, »Über den Gebrauch von Fremdwörtern«, a.a.O., S. 643.

（54）Ebd., S. 644.

（55）Ebd.

（56）Ebd.

（57）Ebd.

（58）Ebd., S. 645.

（59）Ebd.

(60) Benjamin, »Einbahnstraße«, in: *BGS* IV-1, S. 131.〔ベンヤミン『一方通行路』『ベンヤミン・コレクション③』所収、浅井健二郎編訳、ちくま学芸文庫、一九九七年、一〇八頁〕

(61) Adorno, »Über den Gebrauch von Fremdwörtern«, a.a.O., S. 645.

(62) Ebd.

(63) Ebd., S. 645f.

(64) 細見和之『アドルノ――非同一性の哲学』講談社、一九九六年、六六頁。

(65) Tozo Hayakawa, »Die Fremdwortfrage und der Deutsche Sprachverein in der NS-Zeit«, in: Heidrun Popp (Hg.), *Deutsch als Fremdsprache. An den Quellen eines Faches. Festschrift für Gerhard Helbig zum 65. Geburtstag*, München: iudicium 1995, S. 429-436.

(66) Adorno, »Wörter aus der Fremde«, in: *AGS* 10, S. 216.〔アドルノ「異国の言葉」恒川隆男訳、三光長治他訳『アドルノ　文学ノート1』みすず書房、二〇〇九年、二六七頁〕

(67) Ebd., S. 224.〔同書、二七六頁〕

(68) Ebd.〔同頁〕

(69) Adorno, *Negative Dialektik*, a.a.O., S. 392.〔アドルノ、前掲『否定弁証法』四九三頁〕

(70) Ebd., S. 396.〔同書、四九八頁〕

第Ⅱ部　メーディウムとしての芸術作品

第4章　芸術の認識機能
――アドルノのシェーンベルク論をめぐって

1　新音楽と哲学――シェーンベルクとアドルノ

アドルノの音楽哲学のなかで、作曲家アーノルト・シェーンベルクが特権的な地位を占めており、無調音楽や十二音技法といったその作曲法上の革新が、モダニズム芸術のアクチュアリティをめぐるアドルノの美学理論の形成と発展にたいして決定的な役割を果たしたことには異論の余地がない。一九二〇年九月、一七歳の誕生日を目前にひかえたアドルノが、自作の《弦楽四重奏のための六つの習作》にたいする評価を乞うべく、まだ面識のない一九歳年長のシェーンベルクに宛てて手書きのスコアを送付したとき、同封の手紙のなかで彼は、二年まえにフランクフルトの演奏会ではじめてシェーンベルクの作品――《弦楽四重奏曲第二番》（op.10／一九〇八）――を聴いたときの、「驚愕に近い思いと、畏敬の念に満たされて、音楽的な創造性という目標が現実のものとなるのを感じた」という「体験」が「私の進路を決定づけました」と書いている。(1)まさにその言葉どおり、シェーンベルクの音楽と出会ったことは、アドルノの生涯を左右する運命的な出来事となったといえるだろう。この衝撃的な「体験」に触発された少年期のアドルノは、シェーンベルク作品のスコアの研究を重ね、みずからも作曲を――最初はたんなる「シェーンベルクの剽窃者」[2]として――試みるようになる。そして、一九二四年にフッサールについての論文で哲学博士号を取得したあと、翌年三月より音楽修行のためにウィーンに赴いた彼は、そこでアルバン・ベルクのもとで作曲法を、エドゥアルト・シュトイアーマンのもとでピアノを学ぶようになるのであり、この二人のシェーンベルクの愛弟子を介して念願の〈シェーンベルク・クライス〉への加入を果たすとともに、シェーンベルク本人の謦咳に接する機会をたびたび得るにいたる。[3]

もっとも、アドルノのウィーン滞在はそれほど長くつづいたわけではなく、この年の八月中旬をもって実質的に終結してしまう。しかしながら、シェーンベルクとその弟子たちにたいするアドルノの貢献は、むしろウィーン留学のあとに本格的に開始されたというべきであろう。というのも、六週間に及ぶイタリア旅行を終えてフランクフルトに戻ったアドルノは、ウィーンで学んだ成果を結実させるべく作曲活動に専心する一方で、『音楽誌《ムジークブレッター》アンブルフ』や『譜面台と指揮棒《プルト・ウント・タクトシュトック》』といったシェーンベルク門下の音楽雑誌において、シェーンベルクをはじめ、ベルク、アントーン・ヴェーベルン、ハンス・アイスラーといったウィーンでの師や兄弟子、友人たちの作品にたいする批評を次々と発表していくことで、〈シェーンベルク・クライス〉を理論的・哲学的側面から擁護することに尽力していくこととなるからである。[4]

だが、直接の作曲の師であるベルクにたいするアドルノの敬慕の念が終生にわたって薄れることはなかったのにたいして、シェーンベルクと彼との関係は、二人が出会った当初から緊張を孕んだものであった。若きアドルノの眼に映ったシェーンベルクは、「何かに憑かれたよう」で、「どこか不気味で胸苦しくさせる」という胡乱な印象を与える人物であり、[5]作曲家としてのシェーンベルクの天分と歴史的な正当性への信念がアドルノのなかで揺らぐことこそなかったものの、「シェーンベルク的なものはすべて神聖であり〔……〕それに反対する者は粉々にされる」[6]というその横暴で権威主義的な態度は、自尊心に溢れた青年に反発を感じさせるのに十分であった。また、シェーンベルク自身も、音楽にたいするアドルノの造詣の深さを一応は認めながらも、この若き信奉者が執筆したテクストにたいしていささかの理解や共感も示すことはなく、それどころか――少なくともアドルノがつねに確信・憤慨していたところによれば――音楽批評家としての彼の活動を陰で妨害するような振る舞いもけっしてまれではなかったのである。[7]

アドルノとシェーンベルクのあいだに潜伏していた反目は、このあと、ともに「非アーリア人」である彼らがナチス・ドイツの脅威から逃れるための亡命地として移り住んだアメリカ西海岸において、同じドイツ系亡命者による一冊の小説をめぐる諍いをつうじて顕在化することとなる。[8]すなわち、一九四三年七月下旬、当時『ファウスト博士』第Ⅶ章の執筆中であったトーマス・マンは、ホルクハイマーを介して知遇を得たばかりのアドルノから、のちに『新音楽の哲学』の第一部となる論文「シェーンベルクと進歩」（執筆：一九四〇―四一年）の草稿を送られ、小説の主人公である天才作曲家アードリアーン・レーヴェルキューンの造形にたいする深い示唆を受ける。そして、そのことを機縁としてアドルノと急速に親交を深めていったマンは、このあと、この二八歳年少の「正枢密顧問官」[9]の口から音楽的な助言や協力をたびたび仰ぎつつ長篇小説の執筆を進めていくのであり、いわば二人の親密なコラボレーションの結果として、一九四七年一月に『ファウスト博士』がようやく完成にいたる。[10]しかしながら、同年冬にストックホルムの出版社から刊行された『ファウスト博士』の初版本をマン本人から謹呈されたシェーンベルクは、そのなかに十二音技法に関する詳細な記述がありながらも、その真の創始者として自身の名が明記されていないことに激高し、一九四八年二月に彼自身が変名で書いた風刺的テクスト——一九八八年（！）版の百科事典の項目という設定の文章で、作家にして十二音技法を考案した音楽家でもあったトーマス・マンが、「他人のアイディアの破廉恥な盗作者」であるシェーンベルクがその技法の創始者を僭称したことにたいして、その「憎むべき犯罪」を寛大にも許容したという内容のもの——を抗議の意味を込めてマンに送ったことで、[11]この二人の著名な亡命芸術家のあいだで論争が開始される。[12]そして、シェーンベルクの激烈な怒りの矛先は、マンの音楽上の「助言者にして情報提供者」と目されたアドルノにも公然と向けられるようになるのであり、[13]図らずもアドルノは古稀を過ぎた老作曲家から延々と蒸し返される論争の矢面に立たされることとなる。そのような経緯もあってか、一九五一年七月一三日のシェーンベルクの死去にあたって、ある書簡のなかでアドルノは、故人の音楽的才能という「われわれの時代の音楽の精神が見出したもっとも完全な楽器が破壊され、それによって音楽がいわば沈黙してしまった」ことへの哀悼の意を表明しはするものの、その言葉につづいて、あたかも積年の鬱憤を吐き出すかのように、「それにたいして、私人としてのシェーンベルクは、楽器ケースのようにどうでもいいものです」と冷徹に書きつけたのだった。[14]
最晩年のシェーンベルクをして、名声あるノーベル賞作家の隣人にたいする執拗な非難へと駆り立てたもの。それは、直接的には、十二音技法というみずからの歴史的な〈発明〉にたいする知的著作権が音楽上の素人の手によって無断で侵害されたことへの憤怒であることは間違いない。しかしながらそこには、『ファウスト博士』の文面に反映された、アドルノの十二音技法にたいする見解への不満も多分に与っていたように思われる。事実、シェーンベルクは、「トーマス・マンのアードリアーン・レーヴェルキューンが十二音による作曲の本質的なことを知らない理由」として、マンに十二音技法を教授したアドルノもまたこの音楽上の「秘儀」について十全に理解していなかったことを真っ先に挙げている。(15) そして、一九四九年秋、アドルノの「シェーンベルクと進歩」が、新たに書き加えられた序論と第二部「ストラヴィンスキーと復古」とともに『新音楽の哲学』としてドイツで出版されたとき、(16) 重度の視力障害に陥っていたにもかかわらず、その内容について——おそらく、要点を書き送らせたり、抜粋を朗読させたりすることで——知ったシェーンベルクは、弟子たちに宛てた私信のなかで、アドルノを「背教者〔Abtrünniger〕」と呼んで声高に非難するのである。

この本はきわめて読みにくいが、それは今日の哲学教授たちが思想の不在を隠蔽するための擬似哲学用語を使っているからだ。彼らは曖昧模糊とした新しい表現によって不明晰さを持ち込むことが深遠だと信じ込んでいる。〔……〕彼〔＝アドルノ〕が十二音技法に精通していることは勿論だが、創造する過程については少しも知らないのだ。〔……〕つまり、新音楽はひとつの哲学をもっているというわけだ——新音楽が一人の哲学者をもっているということで満足すべきところなのだろう。そのなかで彼は私をたいへん激しく攻撃している。またしても背教者だ。〔……〕いまや私は、彼が私の音楽を気に入ったことなど一度もないことがはっきりとわかった。[17]

この「背教者」という言葉は、晩年になって被害妄想の傾向を募らせていたシェーンベルクが、『新音楽の哲学』という書物を、もっぱら哲学的な粉飾の陰でおのれの作曲の根本教義たる十二音技法を貶めようとする不遜な試みとして理解したことを示している。しかしながら、アドルノの音楽哲学にたいするシェーンベルクの頑なな拒絶は、不肖の孫弟子の「背教」行為への怒りといった個人的次元での確執にとどまらず、さらにより一般的な問題を提起しているといえる。つまり、芸術家と哲学者とのあいだ、および、芸術作品とそれをとりまく諸々の——哲学的、批評的、美学的、理論的、詩学的、時代診断的、精神分析的——言説とのあいだの関係という問題である。おそらく一九五〇年ごろに執筆されたと思われる「ヴィーゼングルント」と題されたシェーンベルク最晩年の遺稿において、アドルノが『新音楽の哲学』という「表題をつけたことによって、すでに真面目に受け取られることを要求する権利を失ってしまった」[18]と記されているように、この作曲家にとって、音楽と哲学というコンビネーションそのものが滑稽かつ苛立たしい背理にほかならず、はじめから受け入れられるものではなかった。そこで暗に前提とされているのが、「創造の過程」とは、創作主体である芸術家のみに開示されるべきものであり、「哲学者」は、いかに知識のうえで作曲技法について「精通して」おり、空疎な概念を詭弁的に駆使しようとも、かかる特権的で自律的な領域に与ることは原理的に不可能であるという、いささか古風に響く芸術家観である。創作者にとって「哲学」とはまったく不要な寄生物であり、たんに「不明瞭さ」という害悪をもたらすだけの忌むべき存在にすぎないというわけだ。

さらに、このシェーンベルクの非難のうちには、芸術家としての自己やその所産から主体性が剝奪され、たんなる抽象的思弁の対象として哲学的言説のなかに一方的に書き入れられてしまうことにたいする、芸術家の側からのアレルギー的な拒否反応という側面も多分に認められるように思われる。シェーンベルクのなかで「哲学者」としてのアドルノは、後者が生涯にわたって激しく批判しつづけたヘーゲル主義者として暗に形象化されていたとすらいえるかもしれない。すなわち、『美学理論』のなかでヘーゲルの美学について批判的に記されているように、「主観的精神のために、あからさまの、ほとんど無反省の肩入れ」をおこない、「自己の前進する精神化」の過程のうちに芸術を包摂させることに専心するだけの尊大な美学者として。[19] そのような人物にとって芸術作品とは、おのれの思弁を展開させるためのたんなる素材にすぎず、作品の内実として解釈されるものもまた、いかに客観性や真理を標榜しようとも、所詮はみずからの「主観的精神」の反映ないしは投影にすぎないこととなるだろう。

もっとも、アドルノの芸術美学そのものに照らした場合、そのような非難をほかならぬこの哲学者に浴びせることは、あまりにも乱暴な振る舞いといわざるをえないのではないか。なぜなら、アドルノの美学思想において芸術作品は、徹頭徹尾、主体にも客体にも還元されえない「自律的」な存在であるとともに、ヘーゲルの観念論哲学に象徴されるような主観性の支配にたいして、みずからの形式構造をつうじて、その同一化の圧力に徹底的に抵抗するものとして規定されているからである。たとえば、第２章で触れたように、一九三六年三月一八日付のベンヤミン宛書簡のなかでアドルノが、複製技術論文における「アウラ」の扱いをめぐって、「自律的な芸術作品〔das autonome Kunstwerk〕」の価値を過小評価すべきではないと力説するとき、この発言は、あくまで芸術作品は〈自己‐律法的：auto-nom〉なものとして、完全におのれ自身の内在的な論理のみに従う自給自足的な存在でなくてはならず、芸術家の意図や受容者の解釈といった主観的な契機のうちにも、さらには技術的な諸条件や社会的な文脈といった客観的な契機のうちにも回収されるものであってはならないという信念に裏打ちされているといえよう。すでに引用したこの書簡の一節をもう一度、前後の個所を含めて引用しよう。

あなたの論文がいかに弁証法的であるにせよ、自律的な芸術作品を扱うときにはそうではありません。この論文は、自律的な芸術が、テクノロジー的な〔technologisch〕法則に極度にまで徹底して従っていくことによって自身を変革し、タブー化したり物神化するのとは違ったかたちで、自由の状態に、すなわち、意識的につくりだされるもの・つくられうるものの状態に近づいていくという、みずからの音楽的経験のなかで私に日々明白になってきている経験を見過しています。〔……〕芸術作品の自律性は、すなわち物としての形式は、作品における魔術的なものと同一ではありません。映画の物象化がまったく見棄てられてはならないように、偉大な芸術作品の物象化も見棄てられてはならないのです。(20)

ここでアドルノが「自律的な芸術」として、もっぱらシェーンベルクの作品を念頭に置いていることは、この書簡のなかで何度もこの作曲家の名前に言及しているだけでなく、「テクノロジーと弁証法について、そして技術との関係が変化したことについて」[21]論じた試みとして、みずからのシェーンベルク論――「弁証法的作曲家」[22]（一九三四）――を引き合いに出していることからも明らかである。ここでベンヤミンの複製テクノロジー論に対抗するかたちで持ち出される「テクノロジーの論理」とは、作品そのものに内在する形式法則としての〈テクネーの論理〔Techno-logie〕〉にほかならず、その内なる強制力に徹底的に服従することによってのみ、「物象化」された作品は、逆説的なことに、「自由の状態」へと弁証法的な反転を遂げることができるというのだ[23]。

さらに、ここで言われる「自由の状態」には、政治的な含意も密かに込められていると考えられる。複製技術論文のなかでベンヤミンは、プロレタリア大衆の蜂起による共産主義革命の到来というマルクス主義的な図式になおも従っていたわけだが、それにたいして、このあと一九三二年に執筆された「音楽の社会的状況によせて」におけるシェーンベルク解釈を分析するなかで詳述していくように、モダニズム芸術にたいするアドルノの護教論は、労働者階級に替わる社会認識と変革の担い手を「自律的」な美的領野のうちに求め、そこから批判的な潜勢力を汲みだそうという企図のもとに位置づけることができる。そして、その際にアドルノがおこなうのが、「物象化〔Verdinglichung〕」の換骨奪胎の作業、すなわち、マルクスに淵源し、ジェルジ・ルカーチによって再発見されたこの概念に、一種独特の弁証法的な捻りを加えることによって、「自律的な芸術」のうちにユートピア的な自己解放の契機（＝「自由の状態」）を見出すことにほかならない。

ただし、だからといって、アドルノの音楽哲学にたいするシェーンベルクの反感が提起した芸術と哲学との関係という問題が、それによって完全に解決したことにはならないだろう。つまり、いかに哲学の側でモダニズム芸術作品の「自律性」を断固として擁護しようとも、そのような主張そのものが、芸術作品はそれ自体がおのれの真理を概念的に表現することは不可能であり、哲学的解釈という〈他者〉をつねに必要とするという暗黙裡の前提のうえに成立しているように思われるからだ。つまり、アドルノの前衛芸術の護教論とは、結局は哲学的認識による芸術の我有化であって、作品を主観的思弁のうちに強引に包摂し、いわば解釈というかたちで作品をして哲学者自身の見解を語らしめるという腹話術的な構図が、アドルノの芸術哲学のうちにも密かに潜伏しているのではないか。だとするならば、アドルノは隠れヘーゲル主義者の誇りを免れないというだけでなく、主観性の支配に抵抗するような「自律性」の担い手として芸術作品を位置づけるというアドルノ美学の企図そのものが根底から揺らいでしまうことにもなりかねないようにも思われてくる。

それにたいして、以下でアドルノのシェーンベルク解釈の軌跡をたどる作業をつうじて試みるのは、アドルノの音楽哲学のなかで、作品の「自律的」な構成原理のうちに社会を批判的に表出＝認識するという基本モティーフ——その究極の表現が「投壜通信」としての芸術作品という「シェーンベルクと進歩」の末尾に登場する比喩である——がつねに出発点をなしているものの、さらにそれが弁証法的に練り上げられていくなかで、それとは異なるもうひとつのモティーフへと徐々に変容しているという点を示すことである。すなわち、作品を統御する形式的・内在的な力が綻びをみせ、「認識」を可能にしていた「自律的」な構造がおのれの諸矛盾によって自己瓦解する瞬間のうちにこそ「希望」を見出すというモティーフである。もっとも、『新音楽の哲学』の「序論」の記述によれば、芸術作品が孕みもつ「真理内実」は、作品そのものがおこなう「認識」ではなく、作品にたいして超越的な位置にある哲学的批評がおこなう上位の「認識」によってはじめて開示されるのであり、その意味において芸術にたいして哲学を上位に据えるヘーゲル的なヒエラルキーのなかになおも納まっている。しかしながら、最晩年の『美学理論』にいたるとアドルノは、芸術作品の「真理内実」を展開させるにあたって哲学的認識が不可欠であることを強調しつつも、「仮象」としての芸術作品がもつ感性的・経験的な契機のうちに、認識による把捉と同一化の圧力から逃れるとともに、その支配の限界を露呈させるような力を認めようとする。そして、こうした議論の流れを検証することは、なぜアドルノ哲学のなかで芸術作品がかくも重要な位置を占めつづけたのかという問いにたいする、ひとつの決定的な回答となるだろう。

以下の議論では、まずは「音楽の社会的状況によせて」をもとに、一九三〇年代におけるアドルノによる芸術作品の「自律性」をめぐる理論的省察を、その思想的背景――とりわけルカーチの物象化論――を踏まえながら、芸術作品のもつ「認識機能」という鍵概念を補助線としつつ考察する（第2節）。そのうえで、『新音楽の哲学』の前半部をなす「シェーンベルクと進歩」を分析するなかで、アドルノの主要な関心が、作品の形式構造を純粋に析出することから、作品の構造がおこなう「認識」が内在的な論理によって破綻するという点に移行していることを示す（第3節）。そのあと、「シェーンベルクと進歩」の末尾に登場する「投壜通信」としての前衛芸術という暗喩《メタファー》を、「序論」での議論と照らし合わせながら考察したうえで（第4節）、『美学理論』をもとに、アドルノ美学における哲学と芸術のアポリアについて、芸術作品の精神的契機と感性的契機の相克という観点から検証する（第

5節)。そして最後に、アドルノのモダニズム芸術理論とベンヤミンの複製芸術論文との密かな近接性について、〈知覚の媒体〉という観点から考察したい(第6節)。

2　物象化と認識——「音楽の社会的状況によせて」

まず、ルカーチの物象化論について確認することからはじめよう。周知のごとく、『資本論』第一巻の「商品の物神的性格とその秘密」のなかでマルクスは、商品の本質を、物を介しての人間と人間との関係が、あたかも物自体に固有の属性であるかのように錯認されること——たとえば、有用物の交換比率をあらわす貨幣の購買力が貨幣そのものと同一視されることで、貨幣が物神《フェティッシュ》的な特性を帯びる現象——のなかに求めたが、『歴史と階級意識』(一九二三)に収められた「物象化とプロレタリアートの意識」におけるルカーチの企図とは、このような商品形態における「物象化」の構造を、近代資本主義社会の歴史的過程全体に当てはまる普遍的カテゴリーとして打ち出すことであったといえる。ルカーチの有名なテーゼによれば、「人間にたいして、人間固有の行為である人間自身の労働が、何か客体的なもの、人間から独立したもの、人間とは疎遠な固有の法則性によって人間を支配するものとして対立させられる」(24)。つまり、人間労働の産物であるはずの商品が、貨幣という抽象的な媒介によって相互に交換されることをつうじて、あたかも外在的・自律的な法則のもとで運動しているかのような様相を呈するとき、この「法則性」が、主体によっては克服しえない永続的な秩序——ルカーチの用語では「第二の自然〔die zweite Natur〕」——として物象化されることによって、人間の生活実践をあまねくコントロールするようになるというのである。

そして、このような資本主義社会における物象化の帰結として招来されるのが、計算可能性に基づく合理化の原理の全面的な浸透と、それにともなう人間の自己疎外にほかならない。経済的な諸関係が自律化し、等価交換原則が社会全体を貫徹していくことによって、労働過程もまた抽象的に分解された分業体制へと必然的に移行する。合理化・専門化・システム化がそのメルクマールであるが、そのような機械的な生産システムの一部分へと組み込まれた労働者は、あらゆる有機的な紐帯から強制的に切り離され、「機械体系の法則に意志を喪失して従わなくてはならなくなる」[25]。だが、かかる物象化の傾向は、経済の領域に限定されるわけではなく、官僚制、ジャーナリズム、法学、そして近代科学においても、主体と客体との決定的な分裂と、客体化された抽象的機構による人間主体の隷属化という現象が普遍的に見られるとルカーチは説く。というのも、まさに資本主義体制の発展に対応するかたちで形成されてきた近代国家の諸制度（行政・司法・学問……）は、おのれの経済的基盤と完全に構造的に類同しているからであり、だからこそ、商品関係をつうじて生起する物象化が、ブルジョワ社会体制全体を貫徹する根本原理となるのだ。そして、非人間的な合法則性に徹頭徹尾支配された近代社会において、「外界のさまざまな対象と同様に、人間が〈所有し〉〈譲渡する〉ような〈モノ〉」[26]となった人間たちは、みずからもまた代替可能な客体として処理されていくなかで、おのれの意識さえも物象化されていき、ついには「自分自身の存在が、疎遠な体系のなかに組み込まれた孤立した小部分として現れるという事態を、なんのはたらきかけもせずにただ傍観する者」[27]となるのである。

もっとも、物象化について論じるにあたってルカーチは、近代の合理化がもたらした資本主義社会の閉塞状況を理論的・哲学的に分析することに終始しているわけではなかった。むしろ、正統的マルクス主義をみずから標榜するルカーチにとって何よりも重要なのは、理論と実践との弁証法的統一、すなわち、「理論そのもののなかにも、またそれが大衆を捉える仕方のなかにも、理論すなわち弁証法的方法を革命の動輪とするような契機または規定を見つけ出す」[28]ことにあったのである。そして、このような問題意識を、アドルノもまた少なからず継承しているのであるが、ただし、物象化の強制力を打破するための手段という問題をめぐって、アドルノはルカーチと完全に袂を分かつこととなる。

よく知られているように、『歴史と階級意識』のなかでルカーチは、来るべき社会変革の可能性を、プロレタリアートの「自己認識」のなかに求めた。ヘーゲルの『精神現象学』における「主人と奴隷の弁証法」の理論図式を援用しつつルカーチが主張するところによれば、商品社会のなかで物象化にもっとも深く浸透されたプロレタリアートのみが、商品生産過程の中枢にいるというその独自の階級的な位置ゆえに、客体（＝商品）としての自己と、主体としての自己との矛盾を意識化するためのパースペクティヴをもつことが可能である。そして、まさにこのプロレタリアートの「階級意識」こそが、主体／客体の分裂を超えた社会の「全体性」の洞察へと弁証法的に高まることによって、おのれを搾取するブルジョワ社会の転覆という革命的実践へと必然的に移行するというのである。つまり、世界の物象化を克服できるのは、唯一の革命的階級であるプロレタリアートが、資本主義的生産過程のなかで商品として疎外・物象化されたみずからの矛盾的な様態を冷徹に「自己認識」することにおいてよりほかはないのだ。[29]

だが、それにたいしてアドルノは、先に触れた一九三六年三月一八日付のベンヤミン宛書簡のなかで明言していたように、集団的主体としてのプロレタリアートに革命実践への期待を寄せるといったルカーチ＝ブレヒト＝ベンヤミン的な立場を「アナーキズム的なロマン主義」と呼んで断固として退ける。というのも、『啓蒙の弁証法』の有名な比喩によれば、オデュッセウスの部下たちが、セイレーンの誘惑的な歌声を聞くことがないよう、あらかじめ蜜蠟で耳を塞がれていたように、現代のプロレタリアートもまた、商品世界の眩惑のなかで、「おのれの耳によって聞いたことがないものを聞き、おのれの手でもって捉えがたいものに触れることができない無能力」(30)を支配機構によって否応なく押しつけられているからである。たとえば、ベンヤミンの複製技術論文への批判的な応答という意図のもとに執筆された「音楽における物神的性格と聴取の退化」の記述によれば、フェティッシュ化されたさまざまな音楽消費財――巨匠《マエストロ》によって奏でられる〈クラシックの名曲〉、編曲されたバッハやシューベルト、流行歌やジャズの退行的な響き――を日々摂取しつづけることによって大衆は、「自己認識」にいたるのに必要な思考力や感性を全面的に退化させられてしまったのであり、その結果、「小児段階で成長がとまった人間」として、「こうした認識の可能性そのものをかたくなに否定する」ようになるというのだ(31)。

しかし、その一方で、なおもアドルノは、「自己認識」という契機のなかに、物象化された現実世界にたいする抵抗の契機を認めるという点で、ルカーチの姿勢を批判的に継承しているという事実を見逃してはならない。ただし、アドルノにとって、既存の体制が孕む諸矛盾を意識化することで来るべき社会変革のための礎を築くのは、産業資本によって徹底的に愚昧化されたプロレタリア大衆ではない。一九三二年にフランクフルト社会研究所の紀要『社会研究誌』の創刊号と第二号に分割掲載された「音楽の社会的状況によせて」の記述によれば、「階級メカニズムによって毀損された傷跡をいつまでも負いつづけている」[32]ような労働者たちの階級意識に代わって「弁証法的な認識機能」[33]を果たしうるのは、シェーンベルク楽派の作品のような「芸術としての音楽」だというのである。

いまここで音楽が為しうることは、おのれの孤立化にたいしても罪がある社会の諸々のアンチノミーを、自分自身の構造において描出すること以外にはない。音楽は、そうした諸矛盾の力と、それらを社会的に克服しなくてはならないという必然性とを、おのれの形姿のうちでより深く造形できるほど、それだけいっそうよいものとなろう。自分自身の形式言語がもつ諸々のアンチノミーのなかで社会状況の苦境をより純粋に語るほど、苦悩の暗号文〔Chiffrenschrift des Leidens〕のうちで社会変革へとより純粋に呼びかけるほど、それだけいっそうよいものとなろう。驚愕したまま途方に暮れて社会を凝視していても、音楽にとっては無益である。おのれの技法のごく微小な部分にいたるまで包含している社会の諸問題を、自分自身の素材において、自分自身の形式法則に即して表出するとき、音楽はその社会的機能をより厳密に果たすのである。芸術としての音楽の使命は、この点において、社会理論とある種のアナロジーをなす。[34]

音楽が今日おのれの生存権を実証しようとするならば、音楽からある意味で認識的性格が求められなくてはならない。[35]

近代社会における世俗化の進展とともに、宗教儀礼という本来の起源から切り離された音楽は、自律的な芸術として疎外され、物象化されていく。のちに複製技術論文のなかでベンヤミンが「礼拝価値」から「展示価値」への転換と呼ぶこととなるこの歴史的過程において、ついには一般社会から完全に隔絶され、ブルジョワ演奏会という無力な閉域へと追いやられてしまった音楽芸術であるが、だからといって現実にはたらきかける力をまったく喪失してしまったというわけではない。というのも、「芸術としての音楽」は、まさにあるべき「社会理論」がそうであるように、現代社会が抱えるさまざまな「アンチノミー」を内在的に「表出」することによって、それらをひとつの「認識」へともたらすことができるからである。現代の独占資本主義経済体制のなかで完全に物象化され、聴衆との直接的なコミュニケーションの回路を断ち切られた音楽芸術は、にもかかわらず、「ライプニッツのモナドのように窓がない状態において［……］歴史的に生み出された不協和音を、つまりは社会の諸々のアンチノミーを〈表象〉する」のだ[36]。

さらに、アドルノにあって、このような「モナド」としての音楽芸術の「表出」は、つねに「自分自身の素材において、自分自身の形式法則に即して」、つまり、「素材」という客観的契機と「形式法則」という主観的契機とのあいだのアンチノミー的な葛藤をつうじて遂行されることとなる。たとえば、アドルノが「〈現代〉の音楽にあって唯一本質的なショックを与えうる[37]」タイプの代表格として位置づけるシェーンベルクの音楽は、「おのれが引き継ぎ、取り組みつづける素材上の諸問題がとる形姿のうちに、社会の諸問題を見出した[38]」うえで、十二音技法という合法則的な作曲秩序の導入によって、「主観的・表現的」なかたちで「素材的・客観的な矛盾の解消」をおこなうというのだが[39]、それはまさに、「意識が自然素材に襲いかかり、この素材を支配する」[40]こと、つまり、所与のものとしての「素材」（＝客体）を合理的手段によって「意識」（＝主体）の支配下におさめるという〈自然支配〉の構図をミクロな次元で再現前化することにほかならない。[41]また、その過程は同時に、音楽作品がみずからを「苦悩の暗号文」という〈文字（Schrift）〉へと変容させることでもあるといえよう。社会における「芸術としての音楽の使命」とは、おのれの創作上の「素材」と弁証法的に対峙するなかで、すべての社会的矛盾の根底をなす〈自然支配〉のメカニズムを内在的に呈示するとともに、等価交換関係の桎梏のうちに閉じ込められ、完膚なきまでに物象化された人々や諸事物の苦痛を、みずからの形姿においてミメーシス的に擬態化することによって、〈文字〉という可読的な形式へと変換することにあるのである。

だが、音楽芸術による「認識」が孕みもつポテンシャルはそれだけにとどまらない。シェーンベルクの十二音音楽のなかに、さらにアドルノは、素材と形式法則との相克を弁証法的に「止揚」することによって、おのれの疎外状況を内在的に超克する可能性をも見出している。「〔十二音技法における〕内在構造の極端な厳密さには、どのような物的・音楽外的な規範をもうけないラディカルな自由が組み込まれているのであり、これによって音楽は、少なくとも自己の内部において、主観的な形式組成と客観的な素材とのあいだの疎外を止揚している」[42]。要するに、「芸術としての音楽」は、物象化の過程によって覆われ尽くされた社会をモナドロジー的に表象するのみならず、「第二の自然」の強制力から脱け出すような「ラディカルな自由」というユートピア的な地平へと到達するための道程をも、その〈文字〉として硬直した相貌において密かに「表出」＝「認識」しているのだ。そして、このような

「自由」の可能性にたいする「自己認識」が、ここではさらに、「社会変革へとより純粋に呼びかける」という政治的・実践的な機能を担っていることに注意しよう。すなわち、「おのれの社会的機能についての自己意識を得るにいたった音楽」は、まさにルカーチの『歴史と階級意識』におけるプロレタリアートのように、「階級支配の克服を客観的な意図とする諸要素を〔……〕みずからのうちで形成する」ことをつうじて、「実践にたいして弁証法的に関係するであろう」というのである。(43)

ベンヤミンの複製技術論文にたいしてアドルノが、「自律的な芸術は、テクノロジー的な法則に極度にまで徹底して従っていくことによって自身を変革し〔……〕自由の状態に」近づいていくことができるのであり、それゆえに「偉大な芸術作品の物象化」を安易に見棄てることは許されないとして厳しく批判するとき、その論拠となるのが、このような音楽芸術のもつ「認識的性格」であることはもはや明確であろう。ルカーチは、「第二の自然」として物象化されたブルジョワ社会を変革へと導きうる存在として、この社会のなかで同じく徹底的に物象化されたプロレタリア大衆の「自己認識」に希望を託した。そして、複製技術論文におけるベンヤミンもまた、こうしたルカーチ的な姿勢を踏襲するかたちで、大衆とテクノロジーとの相互作用のうちに、ファシズムと巨大資本に対抗するような革命的な潜勢力を見出していく。それにたいしてアドルノは、資本主義的生産様式がおのれ自身の廃絶を可能にする諸条件を産出するというマルクスの予言的プログラムに同じく立脚しながらも、管理社会によって認識能力を完全に去勢されてしまった労働者階級ではなく、社会から隔絶され、物象化された「自律的な芸術」を、批判的な「認識」のほとんど唯一の担い手として位置づける。すなわち、芸術作品は、主観的形式と客観的素材とのあいだの内在的葛藤を極端にまで先鋭化させることをつうじて、現実社会の諸矛盾を内在的に表出するとともに、両契機の矛盾を止揚するような「自由」の可能性をも密かに示すことができるというのである。先に触れた一九三四年執筆のエッセイ「弁証法的作曲家」のなかでアドルノは、「音楽的テクノロジー」という概念を導入したうえで、「極度の厳密さ、すなわち技法の隙のない厳密さが、最終的には実際に最高度の自由であることが明らかとなる」(44)と記しているが、それはまさに、このような形式的な拘束と解放の弁証法的反転の構図を端的に定式化しているといえよう(45)。

3　忘却の力──「シェーンベルクと進歩」

このあとも、晩年にいたるまでアドルノは、膨大な量の音楽関連のテクスト──音楽批評、楽曲分析、作曲家論、音楽社会学、音楽美学──を世に送りつづけるのであるが、それはまた、「音楽の社会的状況によせて」におけるモダニズム音楽をめぐる思弁的考察が、さらに理論的に練り上げられ、独自の芸術哲学へと高められていく過程であったといえるだろう。なかでも、芸術作品の「認識機能」というモティーフは、アドルノの音楽哲学の核心をなすものとして、とりわけ『新音楽の哲学』の前半部をなす「シェーンベルクと進歩」において大々的に展開されることとなる。そして、そのなかのまさに「認識的性格」と題された節に見られるように、モダニズム音楽芸術が、社会の諸矛盾をモナドロジー的に表象することによって「認識」するという「音楽の社会的状況によせて」の基本的な図式は、ここでも踏襲されているといってよい。「新音楽は、現実にたいするおのれの矛盾的な関係を取り上げ、それをみずからの意識のなかへと、みずからの形姿のなかへといたらしめる。そうした態度において、音楽はおのれを認識へと先鋭化するのである」(*PnM* 118f.〔一七七〕強調引用者)。

ただし、『啓蒙の弁証法』にたいする詳細な補論」(*PnM* 11〔一二〕)として構想されたこのシェーンベルク論において、もはやアドルノは、十二音技法という合理的な作曲様式それ自体のなかに「自由の状態」へと高まりうるようなユートピア的な契機を認めることはない。むしろ、音楽素材の解放に寄与するものとして案出されたはずの十二音技法が、かつての伝統的な調性体系と同様に、拘束的な規則体系として自己硬直化し、「第二の自然」へと物象化することによって、ふたたび作曲主体の自由の余地を奪うようになるというルカーチ的な図式を、アドルノは「運命」というベンヤミン的な概念をもちいて強調する。「十二音技法はまさしく、音楽の運命である。十二音技法は、音楽を解放することによって束縛する。〔……〕音素材の盲目的な支配を打破した処理から、規則的体系をとおして、第二の盲目的な自然が生まれる。主体はこの自然に従属する〔……〕」(*PnM* 68f.〔一〇一以下〕)。結局のところ、シェーンベルクによる十二音技法の試みとは、自然の強制力を克服するための手段にたいして人間自身が「運命」として服従することを強いられるという〈自然支配〉のアポリアが、作曲という領野において如実に露呈した一事例にすぎないのであって、「素材」と「形式法則」のアンチノミーを「止揚」するはずの「自由」は、この技法自体に構造的に内包される自己矛盾によってたちまち撤回され、最終的に不自由へと反転してしまうのだ。それゆえ、いまやアドルノが断言するところによれば、シェーンベルクの十二音音楽とは「見事な失敗の作品」(*PnM* 96〔一四一〕)にほかならないのである。

しかしながら、だからといって、ここでアドルノが、シェーンベルクの仕事のすべてを、たんなる「自然支配の音楽版」[46]として安易に片づけてしまっているわけではない。すなわち、まずアドルノは、「すでに伝統的な芸術も、おのれ自身の素材の矛盾を深く刻印し、それによって自身が置かれている世界の矛盾を深く証言すれば証言するほど、ますます認識を深めていく。伝統的な芸術の深さは、悪しきものにたいする判決〔Urteil〕の深さである」（*PnM* 119〔一七七〕）と述べることによって、モダニズム芸術だけでなく、ベートーヴェンやブラームスの作品のような「伝統的な芸術」にたいしても社会を「認識」する能力を認めていく。偉大なる芸術作品は——もしもそれが「閉じた芸術作品」として「おのれのなかで認識を消してしまう」ことがない場合には（*PnM* 118〔同〕）——現実社会が抱える諸々の矛盾をモナド的に表象＝認識し、「証言する」とともに、さらに審判者として、被告である悪しき社会にたいして有罪の「判決」を下すというのだ。そして、さらにこの「認識」は、社会的なアンチノミーが絶対に解消しえないものではなく、「調停」や「克服」の可能性をつねに宿した可変的で偶発的なものであることを——たとえば、ベートーヴェンの交響曲のように、主題展開の弁証法的な過程において「主体的自由から調性の意味を再生産する」ことによって（*PnM* 70〔一〇三〕）——呈示するなかで、社会の諸矛盾にたいする「批判」を遂行するのである。「芸術が遂行する認識行為のなかで、芸術の形式は矛盾にたいする批判となるのだが、それは矛盾の和解の可能性を指し示すとともに、それによって矛盾のなかの偶発的なもの、超克可能なもの、絶対的ではないものを示すことによってなのである」（*PnM* 119〔一七七以下〕）。

ここまでの議論は、前節で検証した「音楽の社会的状況によせて」における芸術の「認識」と「自由」との関係をめぐる議論をなおも踏襲するものにとどまっている。だが、ここでアドルノは、芸術の認識機能をめぐるみずからの思考を弁証法的にもう一歩進めようと試みる。すなわち、さらにアドルノが主張するところによれば、シェーンベルクのような現代芸術がおこなう「認識」は、「伝統的な芸術」の場合とは異なり、現実にたいして「調停」や「判決」をおこなうという超越的な審判者の立場にとどまることは許されない。それはむしろ、みずからの「調停できない」矛盾をまえにして、「認識」=「判決」する作品としての「おのれ自身を放棄」する地点にまでラディカル化され、断片化されなくてはならないのである。

しかしながら芸術の認識的性格は、芸術がもはやそれに甘んじなくなる瞬間にラディカルとなる。それこそが新しい芸術の閾である。新しい芸術はおのれの矛盾を、もはや調停できないほどに深く捉える。新しい芸術は形式の理念を極度に緊張させるので、美的に実現されたものがそれをまえに支払い不可能であることを宣言しなければならない。新しい芸術は矛盾をそのままにしておき、おのれの判断カテゴリーである形式の裸の原石をあらわにする。それは裁き手の威厳をかなぐり捨て、現実によってしか宥和されない嘆きの状態に戻る。断片的で、おのれ自身を放棄した作品においてはじめて、批判的内実は自由となる。(ebd.〔一七八〕)

ここでアドルノの念頭に置かれているのは、シェーンベルクに見られる「素材の無差別化〔Vergleichgültigung des Materials〕」(*PnM* 115〔一七一〕)、すなわち、とりわけ後期作品や編曲作品、副次的作品において、この作曲家が、十二音技法やそこから導出された新たな音楽素材にみずから距離を置き、あるいはそれらをたんに代替可能なものとして恣意的に使用することで、「みずからが打ち立てた素材にたいする全面的な支配への忠誠を解約する」（*PnM* 118〔一七五〕）という点である。後期シェーンベルクは、「それまでおのれが所有していたものを〔……〕つねにそのつど放棄し、否定する能力」（*PnM* 117〔一七三〕）としてのニーチェ的な「忘却の力〔Kraft des Vergessens〕」（ebd.〔同〕）によって、自身が案出した十二音技法そのものをも棄て去る。そして、まさに晩年のベートーヴェンの様式がそうであったように、主観と客観との「調和的なジンテーゼ」の仮象に亀裂を走らせるような「中間休止〔Zäsuren〕」という空隙を敢えてみずからの作品構造のなかに穿つことをつうじて[47]（*PnM* 114〔一七〇〕）、「この弁証法的作曲家が、弁証法に停止を命じる」というのだ（*PnM* 117〔一七五〕）。このような自己放棄によって芸術作品は、先鋭化された「おのれの矛盾」に引き裂かれるようにして断片化し、ついには「嘆きの状態」――現実社会の諸問題にたいして、もはや超越的なパースペクティヴから「調停」や「判決」をおこなうことが不可能となった原初的状態――へと立ち戻ることとなるだろう。

かつてベンヤミンは初期言語論において、人間の堕罪によるユートピア的な直接伝達の言語の「裁く言葉」への堕落と、その哀しみによって沈黙する自然の「嘆き」について考察していた（第1章第1節（2）を参照）。それを暗に踏まえるようにしてアドルノは、伝統芸術と現代芸術とを分かつ「閾」を、諸断片の散乱状態のなかで自壊した作品が、「裁き手」の立場から「嘆きの状態」へと移行することのなかに認めたうえで、まさにその無力な「嘆きの状態」のなかに、「批判的な内実」が「自由となる」可能性を見出しているのである。もっとも、当然ながら、ここでの「自由」とは、素材と形式とが弁証法的に止揚されたことによってもたらされるような種類のもの――「音楽の社会的状況によせて」でいわれる「ラディカルな自由」――と同一ではない。むしろそれは、形式規則による自己統御からの自由、認識行為をおこなう超越的な主観性からの自由、〈自然支配〉の基盤をなす弁証法の論理そのものからの――ただし、あくまで束の間の――自由である。啓蒙の弁証法の運命的な進行は、おのれを放棄した現代芸術において一瞬のあいだ「停止」するのだ。第1章で、ベンヤミンの「ゲーテの『親和力』」で「美しい仮象」を破壊するものとしての「崇高な暴力」が、ヘルダーリンの『『オイディプス』への註解』における「中間休止」と等値されていることを確認したが（第1章第1節（3）を参照）、ここでアドルノが念頭に置いていたのは、まさにベンヤミンによるこの議論であったに違いない。

さらに、「断片的で、おのれ自身を放棄した作品」と、それが担っている「ラディカル」な「認識的性格」という規定には、ベンヤミンの複製技術論文における「アウラ芸術」の扱いにたいする反駁という意味が多分に込められていることも見逃してはならない。先に引用した一節には、次のような註が付されている。少々長いが全文を引用しよう。

「アウラ的」な芸術作品というベンヤミンの概念は、閉ざされた芸術作品という概念とおおむね一致する。アウラとは全体と部分とが破れ目なく接合していることであり、それによって閉ざされた芸術作品が構成される。ベンヤミンの理論は事象内実の歴史哲学的な現象様態を、閉ざされた芸術作品という概念はその美学的根拠を、それぞれ強調している。だが、後者の概念は、歴史哲学によってはすぐさま引き出されないような結論を下すことを可能にする。すなわち、アウラ的な芸術作品ないしは閉ざされた芸術作品が崩壊するなかで何が生じるかは、おのれの崩壊が認識にたいしてもつ関係に依存しているのである。崩壊が盲目的で意識されないままであるならば、作品が技術的複製による大衆芸術に陥ってしまう。大衆芸術のなかのいたるところにアウラの切れ端が亡霊のようにさまよっているということは、たんなる外的な運命ではなく、形成物の盲目的な頑なさの表現なのであり、それが現在の支配関係のうちに囚われていることによって生じていることは言うまでもない。しかしながら芸術作品は、認識するものとして、批判的で断片的となる。芸術作品のうちで今日でも延命するチャンスを有しているもの、シェーンベルクやピカソ、ジョイスやカフカ、そしてプルーストなどは、その点で一致している。さらに、それによってふたたび歴史哲学的な思弁を繰り広げることができるかもしれない。すなわち、閉ざされた芸術作品はブルジョワ的であり、機械的な芸術作品はファシズムに属し、断片的な芸術作品は、全面的な否定性という状況のもとで、ユートピアを志向しているのである。(*PnM* 119-120〔一八二―一八三〕)

一読して明らかなように、〈アウラ芸術〉／〈複製芸術〉というベンヤミンの概念的な対立図式が、「閉ざされた芸術作品」／「機械的な芸術作品」／「断片的な芸術作品」というトリアーデに変換されている。さらに、そこにアドルノは「歴史哲学的な思弁」を付加することで、「ブルジョワ的」(過去）／「ファシズム」（ディストピア的現在）／「ユートピア」（来るべき未来）へとそれぞれを割り振るのである。ベンヤミンに真っ向から反駁するかたちでアドルノは、「技術的複製」という外在的なテクノロジーや、それによって（再）生産される「大衆芸術」のすべてにたいして、「アウラ」を完全に清算することも、「現在の支配関係に囚われている」状態を脱することもなく、最終的に「ファシズム」に寄与するのみであると断ずる。それにたいして、「断片的な芸術作品」は、「全体と部分とが破れ目なく接合している」という「アウラ」的な幻想をみずから打ち崩し、「閉ざされた」おのれの構造を解体するというその自己否定的な身振りによって、非主体的なかたちでの「認識」を遂行するのである。アドルノにとって「アウラ」とはあくまで内在的に超克されるべきものであり、ユートピアもまた、みずからを徹底的に「断片化」し、自己放棄する芸術作品という「全面的な否定性という状況のもと」においてのみしか表現されえないのである。

　このあとアドルノは、現代音楽が主観性のコントロールから離脱していくという「音楽の終末」を徴づける契機を、「音楽の起源」をなす「身振り的な種類のもの」と関連づけていく。とりわけ注目すべきことに、そこでアドルノはさらに、またもやベンヤミンに——とりわけ「ゲーテの『親和力』」における「涙」と「有和」をめぐる記述（第1章第2節（2）を参照）に——暗に依拠するかたちで、この「身振り」を「泣くことの起源」と親和するものとして規定するのである。

　音楽の終末がそうであるように、音楽の起源は、諸々の志向の領域、すなわち意味と主観性の領域を超えていく。それは身振り的な種類のものであり、泣くことの起源と近い関係にある。泣くこととは解くという身振りである。顔の筋肉の緊張、すなわち行動するなかで顔を外界に向けながらも、同時にそれを外界から遮断するあの緊張が緩むのである。音楽も、泣くことも、どちらも唇を開き、おしとどめられた人間を解放する。通俗音楽のセンチメンタリズムは、上質な音楽が狂気のきわにあって真のかたちでそのまま描くことができるもの、すなわち宥和を、歪んだかたちで思い起こさせる。人間は、泣くことのなかで、そして、もはや無関心ではいられないような音楽のなかでみずからを流出させるとともに、自分自身ではないものの流れ、事物世界のダムの背後に堰き止められていたものの流れをみずからのなかに溢れこませる。（*PnM* 122〔一八一以下〕）

音楽と泣くことは、自然支配の主体である人間にたいして、おのれの身を外界から守るために絶えず強いられてきた緊張を解きほぐし、「意味と主観性の領域」を超えた「身振り的な」領域――言語や志向といったあらゆる主観的な諸要素に還元されることがないミメーシス的な領域――を開示するとともに、さらに、これまで意識によって抑圧されてきた「事物世界のダムの背後に堰き止められていたもの」を、人間自身のなかで決壊させる。それはまさに、主体の内部に潜む〈自然＝本性（Natur）〉を、合理的支配の対象として暴力的に同一化するのではなく、内的衝動として溢れ出るがままにさせ、その奔放な流れに敢えて受動的に身をゆだねることによって、「自分自身ではないもの」の存在を身体的に感知することにほかならない。そして、この〈非同一的なもの〉の経験においてこそ、自然とのユートピア的な「宥和」の微かな可能性が感得されるのだ。[48]

『啓蒙の弁証法』においてアドルノとホルクハイマーは、いつか「啓蒙」がおのれ自体を啓蒙することをつうじて、〈自然支配〉の盲目的な原理を止揚するというユートピア的な最後の希望を、思考による「主体の内なる自然への追想」のなかに求めた。[49] それにたいして、現代音楽は、おのれを諸断片へと解体するという「狂気」に満ちた自己放棄の企てのなかで、啓蒙的理性によって抑圧され、毀損された〈自然〉の微かな痕跡を知覚させることによって、それがまさに人間主体自身の「根源」をなすものであって、それによって「自己保存」という目的のために徹底的に疎外された根源的な〈本性〉にほかならないことを追想するのである。いうなれば、おのれ自身の解体の条件を孕んだ真正なモダニズム芸術作品とは、現代社会にあって人間が、外的・内的な〈自然＝本性〉をミメーシス的に経験し、主観性のうちに還元されない〈非同一的なもの〉として省察させるような特権的な媒体《メーディウム》にほかならないのである。

4　投壜通信の隘路——『新音楽の哲学』序論

だが、ここであらためて問われなければならないのは、現代芸術によって遂行されるこのようなラディカル化された「認識」——ないしは〈脱認識〉——が、実際の社会実践とどのように関係するのかという、アドルノ美学にたびたび投げかけられてきた疑問である。すでに述べたように、一九三二年に執筆された「音楽の社会的状況によせて」においてアドルノは、秘教的なモダニズム音楽芸術のなかにこそ、物象化された現実にたいして「社会変革へと純粋に呼びかける」という実践的な機能が備わっていると主張していた。その九年後に擱筆された「シェーンベルクと進歩」ではさらに、「モナド」としての芸術作品が社会的に隔絶していくのに従って社会批判的な力を増していくという逆説に、いっそうの強調点が置かれるようになる。「芸術作品は、世界から離れれば離れるほど、社会の他律性にたいしてより正確に応答する。芸術作品は、おのれが投げかけた問いの答えや、その問いの選択においてすら、社会に必然的に目をつけるということはない」（*PnM* 125〔一八七〕）。そして、テクストを締めくくるにあたってアドルノが、今日の社会において現代音楽が置かれた完全な孤絶状況をあらわすイメージとして持ち出すのが、海中に投じられた「投壜通信〔Flaschenpost〕」という有名な暗喩《メタファー》にほかならない。

この世界の暗闇と罪のすべてを、新音楽は引き受けた。新音楽のあらゆる幸福は、不幸を認識することのなかにある。〔……〕個々人にせよ、集団にせよ、新音楽と関わりをもちたいと思うものはいない。その響きは、聴かれることも、反響することもなく消えていく。〔……〕新音楽は、絶対的に忘れられた状態を自発的に目指す。それはまさに投壜通信なのである。（*PnM* 126〔一八八以下〕）

誰からも顧みられることがないままに、虚しく波間を漂いつづける「投壜通信」としてのモダニズム音楽。それはもはや「社会変革」を呼びかけることもなく、むしろ周囲の世界を完全に遮断しようとする。『啓蒙の弁証法』のなかで命題としていわれているように、「あらゆる物象化は忘却である」とすれば(50)、二重の忘却——内在的な自己忘却と、社会一般からの忘却——に晒された現代音楽において、世界の疎外と物象化の過程はその極限にまで達するといえるだろう。しかし、この絶対的に見棄てられた音楽芸術のなかにこそ、救済のための微かな希望が――「希望なき希望のイメージ」が（*PnM* 133〔一九八〕）――宿っているのだ。なぜなら、『ミニマ・モラリア』（一九四四―四七）の最後に置かれた断章によれば、「完全に否定的な状況は、ひとたび目を凝らして見るならば、その正反対のものをあらわす鏡文字へと結晶化する」[51]。つまり、物象化社会の「暗闇と罪のすべて」を一身に体現したものとしての現代音楽の響きが、文化産業がたてる騒々しいノイズに掻き消されるようにして「聴かれることも、反響することもなく消えていく」とき、その真に絶望的な状況こそが、一種の弁証法的な反転によって、現実世界の窮状にたいする究極のアンチテーゼをなす、ユートピア的な「宥和」の世界――自然と人間とのあいだの非抑圧的でミメーシス的なコミュニケーションの可能性――を陰画《ネガ》のかたちで表出するものへと生まれ変わるのだ。「投壜通信」のなかに密封された手紙には、まさに「その正反対のものをあらわす鏡文字」が記されているのである。

とはいえ、この有名な暗喩《メタファー》でもって、シェーンベルクの音楽をめぐるアドルノの哲学的考察が最終的に締めくくられるというわけではない。というのも、「シェーンベルクと進歩」が脱稿されてから八年後の一九四八年に、なおも南カリフォルニアに滞在していたアドルノが、このテクストとストラヴィンスキー論――「ストラヴィンスキーと復古」――とを併せて『新音楽の哲学』というタイトルの書籍として西ドイツで出版することを決意したとき、そこに新たに書き下ろした「序論」で哲学的な芸術批評の方法論について説明するなかで、まさに社会的に孤立したラディカルな音楽の命運をめぐって、さらなる議論を展開しているからである。そして、本節の結論を先取りするならば、そこでアドルノがおこなっているのは、「投壜通信」としてのモダニズム芸術というおのれの主張にたいする自己批判であるともに、自律的な芸術作品が内在的に遂行する「自己認識」の力を、露骨なまでのヘーゲル主義的な身振りでもって、哲学的認識のなかに新たに組み入れることなのである。

まず、「序論」の冒頭でアドルノは、ベンヤミンの哀悼劇論文の「認識批判的序章」における哲学史の定義――「根源の学としての哲学史は、遠く隔たれた極端なもの、一見過剰に展開していると思われるものから、そのように対立しあうものが意義深いかたちで並存することが可能であるということによって特徴づけられる全体性としての理念の布置状況を浮かび上がらせる形式である」――を引用したうえで、「極端なもの〔das Extreme〕」や「真理内実〔Wahrheitsgehalt〕」といったベンヤミンの鍵概念を駆使しつつ、「ただ極端なものにおいてのみ、新音楽の本質は刻印づけられているのであり、それらだけが新音楽の真理内実の認識を許すのである」（*PnM* 13〔一五〕）と主張する。つづけて、シェーンベルクとストラヴィンスキーという「二人の革新家」が、「妥協のない首尾一貫性によって、作品に内在する諸々の衝動を、事柄それ自体の諸理念として読解可能となるまで推し進めた」（*PnM* 14〔一五以下〕）がゆえに、新音楽における二つの「極端なもの」をなしていると規定したアドルノは、そのような「諸理念」を認識するためには、たんに十二音技法や新古典主義といった様式そのものを論及の対象とするのではなく、むしろ「いかなる作品上の急迫が作品をそうした様式へと押しやるのか、あるいはその様式上の理念がいかにして作品の素材や構造上の全体性と関わっているのか」（ebd.〔一六〕）を問うことから出発しなくてはならないと述べる。要するに、アドルノにとって音楽哲学の使命とは、「極端なもの」として対立しあう諸作品のうちに潜在する「衝動〔Impulse〕」ないしは「急迫〔Not〕」を、具体的な音楽素材や構成連関の分析をつうじて作品に内在する「諸理念」として読解することによって、その「布置状況」から新音楽の「真理内実」を認識することにほかならない。芸術作品にたいして哲学は、様式といった表層的な外観に拘泥するのではなく、むしろ、ちょうど患者の特定の症状を生じせしめた無意識の意味作用を解釈する精神分析家のように、そのような様式へと駆り立てた内的な諸動因を解き明かすべきだというのである。

つづけてアドルノは、文化産業などへの批判的考察を交えながら、ヘーゲルの『美学講義』と『精神現象学』を何度も引用しつつ、音楽芸術がたどった歴史的展開を、〈精神の客体化〉というヘーゲル的なモティーフと暗に関連させつつ記述していく。それは、音楽が、大量生産される娯楽音楽や、作曲上の折衷主義、そしてとりわけストラヴィンスキーのディレッタンティズムに象徴されるような、音楽にまつわる「あらゆる規範の崩壊」（*PnM* 17〔二〇〕）が顕著となっていくかたわらで、それに甘んじない先鋭的な作曲家たちが「侵しがたい自律性」（*PnM* 24〔三二〕）へと突き進んでいくという分裂的な過程であり、最終的には「クレメント・グリーンバーグが、あらゆる芸術がアヴァンギャルドとキッチュに分かれると語った事態」（*PnM* 19〔二四〕）へと行き着くこととなる（アドルノ美学における「キッチュ」の問題については次章で論じる）。

注目すべきはその先の議論である。すなわち、ここでアドルノは、一方で、芸術は「この世界の明るさにおのれ自身の闇を意識的に認めさせることによってのみ、開明に役立つ」（*PnM* 24〔三〇〕）と記しており、「投壜通信」としての前衛芸術こそが、現実社会にたいする究極のアンチテーゼをなすものとして、批判的な潜勢力を孕んでいるという「シェーンベルクと進歩」での立場になおも立脚しているように見える。だが、他方でアドルノは、「モナド」としての現代音楽が社会的に孤立しているという事態にたいして、「美的主体の驕慢」、「硬直」、「非真理」といった言葉でもって、きわめて痛烈な非難を随所で浴びせているのである。

芸術がおのれからによっては超克しえない社会的孤立が、芸術自体の成功にとって致死的な危険となる。（*PnM* 24〔三二〕）

あらゆる既存のものを排除し、音楽をいわば絶対的なモナドへと還元させてしまうことは、音楽を硬化させ、そのもっとも内奥の内実を冒してしまう。〔……〕多くの人々によって聴き取られることが音楽の客体化の基盤そのものをなしているのだが、それが閉ざされている場合には、音楽の客体化はほとんど虚構のもの、美的主体の傲慢へと切り下げられる。（*PnM* 26〔三四以下〕）

新音楽の硬直しているさまは、絶望的な非真理にたいする形姿の不安である。それはおのれ自身の法則のなかへと沈潜することで非真理から死にもの狂いで逃れようとするものの、それは同時に、整合性によって非真理を増殖させてしまう。（*PnM* 27〔三六〕）

これらの文章はまさに、「投壜通信」としての芸術作品という八年まえの自身の命題にたいする容赦のない自己批判であるといえるだろう。文化産業が大量生産する娯楽音楽に象徴される「非真理」

に併合されることへの「不安」のあまり、社会から隔絶された自律的な閉域において、誰からも聴き取られることなく「おのれ自身の法則のなかへと沈潜する」だけの音楽は、いかに「客体化」を僭称したところで、結局のところそれは「虚構のもの」であり、たんなる「美的主体の傲慢」に基づくものとして、結局は「非真理を増幅させてしまう」だけの結果に終わってしまう。そして、シェーンベルク楽派の音楽が置かれたこのようなアポリア的な状況を、さらにアドルノは、ヘーゲルの『精神現象学』における「不幸な意識」に喩える（ebd.〔同〕）。すなわち、現実世界から逃避し、おのれの思性のうちに引きこもるストア主義的な立場と、外的な現実をことごとく否定する懐疑主義の立場を超えたところに位置する「自己意識」の最終段階であり、絶対者がおのれの本質をなすと知りつつも、みずからは絶対者たりえないという想念によって引き裂かれた意識の様態に。内面性と外界、個と普遍の二重性のはざまで、なすすべもなく硬直していく「不幸な意識」としての新音楽――かかる冷徹な分析は、かつての作曲の師であったシェーンベルクにたいするアドルノの訣別の言葉として解することも可能だろう。

さらに興味深いことに、このあとの記述においてもアドルノは、『精神現象学』における「自己意識」とシェーンベルク楽派の音楽との比較をつづけていく。

ヘーゲルの「主人と奴隷」についての弁証法は、最後には自然支配をおこなう精神という上位の主人へと及ぶ。この精神は、それが自律性へと進展していけばいくほど、おのれによって支配されたもの、すなわち人間も材料も同様に、そのすべてと具体的な関係をもつことからますます遠ざかっていく。この精神は、みずからのもっとも固有の領域である自由な芸術生産という領域において、最後の他律的なものである材料を完全に制圧するやいなや〔……〕抵抗するものから解放され、おのれ自身のうちに囚われて循環しはじめる。（*PnM* 28〔三八〕）

すでに確認したように、ルカーチの物象化論は、マルクスの『資本論』を踏襲するかたちで、「主人と奴隷の弁証法」におけるヘーゲルの弁証法的反転の図式を、プロレタリア大衆の「階級意識」をめぐる議論へと応用していた。つまり、〈主人〉として資本主義社会に君臨するブルジョワ階級が物象化のイデオロギー的な意識構造から逃れえないのにたいして、〈奴隷〉としての労働者階級のみが、みずからが置かれた社会体制が抱える諸矛盾を「自己認識」し、意識へと上らせることができるというのである。そして、「音楽の社会的状況によせて」のなかでアドルノが、このルカーチの議論を踏襲しつつ、管理社会によって意識の隅々まで画一化されてしまったプロレタリア大衆ではなく、進歩的な芸術作品のうちにこそ「自己認識」と「自由」の真の担い手を見出したことは、すでに詳しく検証したとおりである。

だが、それとは逆に、ここで新音楽は、没落する〈主人〉の側に位置づけられていることに注意しなければならない。つまり、自律的な法則によって「最後の他律的なものである材料」を完璧におのれの支配下におさめた美学的主体は、ちょうど具体的な生産手段から切り離されたブルジョワ階級がみずからがつくりだした抽象的な物象化システムに隷属するように、「おのれ自身のうちに囚われて循環しはじめる」。こうした構図は、「シェーンベルクと進歩」のなかの「第二の自然」としての十二音技法をめぐる議論とほぼ同型であるが、しかしながら、もはやアドルノは、作品が自己放棄し、「嘆きの状態」へと回帰するような脱自的な瞬間のうちに、何らかの解放的な可能性を認めようとすることはない。アドルノがひたすら強調するのはむしろ、作品をつうじて客体化されるべき精神そのものが、実質的なものから切り離され、内的緊張が失われることによって「去勢」され、さらには「物神的性質」を帯びていくという点である（*PnM* 28〔三八〕）。誰かによって聴き取られるという契機から切り離されることで、現実社会との最後の紐帯をみずから断ち切った秘教的音楽は、たんなる「自己目的」と化してしまうのであり（*PnM* 30〔四〇〕）、「孤立化」が「音楽そのものをふたたび枯れさせてしまう」（*PnM* 28〔三九〕）とともに、「主体と客体の和解が、客観的秩序のなかでの主体の清算という悪魔的なパロディへと転倒されてしまう」（*PnM* 34〔四七〕）のだ。

　では、どのようにして芸術作品は、主体と客体との悪無限的なループから脱出し、両者の矛盾を調停することができるのだろうか。アドルノの答えは明快である。すなわち、「〔主体と客体との〕和解に寄与するのは、和解の欺瞞を退け、世界的な自己疎外に対抗して〔……〕希望なきまでに疎外されたものを主張する哲学のみである」（ebd.〔同〕強調引用者）というのである。こうした主張の背後には、ベンヤミンの「ゲーテの『親和力』」第Ⅲ部における「批評と哲学」との関係をめぐる記述――とりわけ「芸術作品は、問題の理想との親縁性をつうじて、ただ哲学とのみ、もっとも厳密な関係に入る」のであり、「批評が最終的に芸術作品のなかで呈示するものとは、作品の真理内実を最高度の哲学的問題として定式化する潜在的な可能性である」という個所[52]――であると推測される。ともあれ、ここでアドルノは、芸術作品にたいして哲学が構成的に振る舞うことによって、作品そのものを「超える」ことを要請する。すなわち、「哲学的であるというのは、たとえときに芸術作品によって実現されたものをみずから超えることがあろうとも、作品の諸理念とその連関とを構成すること」であり、「対象それ自体の帰結が対象の批判へと反転するまで、〔……〕諸理念を限定し、追求すること」が肝要だというのである（*PnM* 34〔四七〕）。要するに、芸術作品を分析するにあたって哲学は、作品の内奥で作用している力動的な強迫をさらに極限まで推し進めていくことによって、作品を作品以上のものへと超出させなくてはならない。そのとき作品は、おのれ自身にたいする「批判＝批評〔Kritik〕」へと弁証法的な反転を遂げることになるだろう。そして、アドルノによれば、このような哲学による芸術作品の自己超出と自己批判への変容の過程において決定的な役割を果たすのが「矛盾〔Widerspruch〕」というカテゴリーであるが、それは作品にたいしてアンビヴァレントな意義を帯びているという。

　矛盾という指導的なカテゴリーは、それ自体が二重の本質をもっている。すなわち、一方では作品が矛盾を形成し、そのような形成の際に、形成の不完全さの傷跡においてふたたび矛盾を浮かび上がらせるということが作品の成功の尺度となるが、他方ではこの矛盾の力がかかる形成を嘲弄し、作品を破壊するのである。（ebd.〔同〕）

　したがって、哲学的批評が最終的に目指すものとは、作品に内在する「矛盾」を徹底的に突き詰め、顕在化させていくことをつうじて、作品を「破壊」へともたらすことにほかならない。そして、「矛盾」がさらなる「矛盾」を産出していくという負の連鎖こそが、逆説的にも作品の「成功」の度合いを測る基準となるのである。かつてベンヤミンは「批評とは作品の壊死であ」り、「哲学的批評」とは、作品の根底にある「歴史的な事象内実」を「哲学的な真理内実」に変えることによって、「作品が廃墟として自己を主張するような［……］新生の基盤」を拓くことを対象とすると規定していた。(53) それと同様に、アドルノもまた、哲学的考察の暴力的な力に晒された作品がおのれの矛盾に引き裂かれるようにして瓦解し、「廃墟」と化していく自己解体の過程から、「希望なきまでに疎外されたもの」としての作品の「真理内実」を浮かび上がらせようとするのだ。

このようなアドルノの「哲学的批評」の役割をめぐる議論は、露骨なまでにヘーゲル主義的であるといえる。その議論に従うならば、音楽芸術の歴史的変遷の過程とはすべて「精神」の客体化の階梯であって、そのなかで、「自己意識」としての音楽芸術は、徹底的な自律化によって社会から完全に隔絶されるとともに、異他的な「材料」との弁証法的な葛藤という決定的に重要な契機を喪失してしまったがゆえに硬直していく。それにたいして、哲学的認識こそがまさに、作品のうちなる諸矛盾を顕在化させ、作品そのものを自己解体へといたらしめるまでかかる矛盾を突き詰めていくことで、音楽芸術が置かれた歴史的な隘路を突破することができるというのである。確かに、「序論」の最後でアドルノは、哲学がおこなう「内在的方法」が「かつてのヘーゲルの方法のように肯定的な超越にドグマ的に依拠することは許されない」（*PnM* 35〔四八〕）と警告してはいる。しかしながら、同時にこの方法が「対象を超越する哲学的知識を前提としている」（*PnM* 34〔四七〕）と明言している以上、芸術を「超越する」ものとして哲学を位置づけたうえで、精神の発展過程においていわば媒体としての役割を果たしていた芸術作品という形式の限界と終焉を示唆しているという意味で、ここでアドルノはヘーゲルを完全に踏襲しているといってよい。一九四八年に西ドイツで出版された『新音楽の哲学』にシェーンベルクが激高したとき、とりわけ作曲家の怒りを招いたのは、このようなヘーゲル主義的な「哲学的批評」の優越性にたいする記述だったのではないだろうか。先に引用した遺稿のなかでシェーンベルクは、かつてアドルノが「傷つけるような両目で」自分のことを貪るように見つめていた、と回想しているが、(54) それはまた、芸術家としての自身が哲学的認識によって「傷つけ」られ、一方的に貪られることにたいする恐怖と反発とを暗に表現していたのかもしれない。

5　仮象と真理――『美学理論』

この芸術作品と哲学との関係という問題は、晩年のアドルノが精力的に取り組むものの、一九六九年の哲学者の突然の死によって遺著となった『美学理論』でふたたび取り上げられ、さまざまな角度から思弁的考察が加えられていく。そこでもアドルノは、ヘーゲルの名前に頻繁に言及しつつ論を進めていくのだが、『三つのヘーゲル研究』（一九六三）を彷彿とさせるかたちで観念論的な芸術哲学にたいする批判や反論を随所で開陳しながらも、なおもアドルノは、ある一点においてヘーゲルに賛意を示す。

「それゆえ、芸術の学問はわれわれにとって、芸術そのものよりも必要となる」というヘーゲルの思想には［……］芸術にたいする理論的な関心が増大していることを鑑みるならば、それなりの予言的真理が含まれている。すなわち、芸術はおのれ自身の内実を展開するために哲学を必要としている、という真理である。[55]

では、なぜ「芸術は〔……〕哲学を必要としている」のだろうか。アドルノによれば、芸術作品をたんなる事物や現象と区別するものとしてその成立に不可欠なのが「作品を客体化する力」としての「精神」であり（ÄT 134〔一四九〕）、この「精神」という契機を読み解くとともに、さらに「作品の精神から真理内実を認識する」ことができるのが哲学的批評だからである（ÄT 137〔一五一以下〕）。「芸術作品を〔……〕それ以上のものにするのが精神にほかなら」ず、「精神は芸術作品のエーテルであり、作品をとおして語るもの、あるいはより厳密に言えば、作品を文字へと変えるもの」であって、それは「作品の感性的契機の布置状況から」飛び出してくる（ÄT 134f.〔一四八以下〕）。それゆえ、哲学的批評は、この「文字〔Schrift〕」を解読することを使命としているのであり、かつての「音楽の社会的状況によせて」における「暗号文」としての芸術作品というモティーフがここで再登場していると見なすことができるだろう。

さらに、『美学理論』でアドルノは、芸術作品の「真理内実」について考察する文脈のなかで、芸術と哲学との関係という問題をふたたび議論の俎上にのせるのだが、そこでも基本的な主張は同一であるといってよい。「芸術作品の真理内実とは、個々の作品の謎を客観的に解消すること」であり、この「真理内実」は「哲学的反省をつうじてしか獲得しえない」（ÄT 193〔二一九〕）。「哲学と芸術は芸術の真理内実において収斂する」がゆえに、「真正な美的経験は哲学とならなければならないか、あるいはまったく存在しないかのいずれかである」（ÄT 197〔二二三以下〕）。このような表現によってアドルノは、ふたたびベンヤミンの「ゲーテの『親和力』」における「批評と哲学」との関係をめぐる記述を踏まえつつ、芸術作品の「精神」や、さらにその上位を占める「真理内実」にアクセスできるのは、作品それ自体ではなく、哲学をおいてよりほかはないという認識をあらためて示す。[56]「ゲーテの『親和力』」においてベンヤミンが示した哲学的批評のモデルが、『ドイツ哀悼劇の根源』の「認識批判的序章」での「哲学的観想」と「真理」をめぐる議論（第3章第3節を参照）をへて、バロック時代の寓意家《アレゴリカー》がおこなう「批評的解体」というモティーフへと受け継がれていったとすれば、それをさらにアドルノが、芸術作品にたいする「哲学的反省」を規定するなかで踏襲したということも可能だろう。

しかしながら、ここでアドルノは、芸術作品や美的経験の本質を「精神」や「真理内実」へと還元することで、ヘーゲル主義的な身振りによって芸術を哲学の支配下に組み入れることに終始しているわけではない。アドルノによれば、芸術作品が「真理」の直接の担い手となることは、原理的にいって不可能である。なぜなら、芸術作品とは人為的に制作されたものであるが、「真理内実がつくられたものであることはありえない」（ÄT 198〔二二五〕）からである。つまり、つくられたもの、〈いま・ここ〉に現存するもの、感覚的なものであるにもかかわらず、つくられえないもの、非現実的なもの、超越的なものとしての絶対的な「真理」を媒介しなければならないというアポリア的な要請のまえに、あらゆる芸術作品は立たされている。それゆえ、芸術作品の「真理」とは「真理」そのものではなく、その「仮象＝見せかけ〔Schein〕」であり、「仮象についての問い、真なるものの仮象としての仮象の救済についての問い」（ebd.〔同〕）がここで問題となってくる。「芸術は仮象なきものの仮象として真理をもつ」（*ÄT* 199〔二二六〕）のだ。

これまで見てきたように、芸術と哲学との関係を論じるにあたって露骨にヘーゲル主義的な立場から議論を進めるアドルノだが、この「仮象」という契機に徹底して拘泥するという点で、観念論美学の立場から決定的に区別される。大雑把に定式化するならば、ヘーゲルにとって芸術美とは「理念の感覚的な仮象[57]」であり、非概念的なかたちで現象した真理であるが、理念が「精神」として発展していく歴史的過程のなかで、しだいに芸術という形式は理念の受け皿としては不十分なものとなり、最終的に没落する（「芸術の終焉」）。つまり、ヘーゲル美学において、「仮象」としての芸術美は、あくまで真理の暫定的な現れにすぎないのだ。それにたいしてアドルノは、絶対的な「真理」が非本質的な被いとしての「仮象」=「芸術作品」から徐々に分離し、純粋な姿を現していくという見解を、そのままのかたちで受け入れることはない。

アドルノにとって、芸術作品の「真理内実」は「概念を欠くものとして、つくられたもの以外のものから現象することはない」（*ÄT* 199〔二二五〕）のであり、それはつねに「仮象」と――「仮象なきものの仮象」と――不可分の関係にある。だが、他方で、「真理内実」それ自体が「つくられたもの」ではありえない以上、「真理内実は作品のなかではたんに否定的なものにすぎない」（*ÄT* 200〔二二七〕）ともアドルノは述べる。「芸術作品の真理内実は無媒介的に同定しうるものではない。真理内実は、ただ媒介されたかたちでのみ認識されるように、それ自体のうちにおいて媒介されているのだ」（*ÄT* 195〔二二一〕）。芸術作品にとって「真理内実」とは「仮象」としてのおのれの臨界点であり、媒介的に関わる以外には参与しえない圏域であって、そのなかでは「つくられたもの」としての自己の存在は必然的に「没落」せざるをえない――「あらゆる芸術作品は形成物として、おのれの真理内実のなかで没落する」(ÄT 199〔二二五〕)。言い換えれば、「真理内実」を現出させるためには、「つくられたもの」=「仮象」としての芸術作品という媒体が不可欠であるが、この「真理内実」は、哲学による暴力的な介入によって作品の仮象性が打ち破られる瞬間にしか顕現しないのだ。そして、このような主張が、『新音楽の哲学』の「序論」における「哲学的批評」による芸術作品の自己超出をめぐる議論と正確に呼応していることは、あらためて指摘するまでもないだろう。

だが、「仮象なきもの」としての「真理」を「仮象」をつうじて媒介的に出現させるという芸術作品のアポリア的な課題はさらに、「存在せざるもの」を現前させるという、芸術が抱えるもうひとつの課題にもつうじていく――「芸術作品がそこにあるということは、存在せざるものが存在しうるかもしれないことを指し示している」(ÄT 200〔二二七〕)。そして、ここでいわれる「存在せざるもの〔das Nichtseiende〕」は、アドルノの思考のなかで、「いまだ存在せざるもの〔das noch nicht Seiende〕」だけでなく、「かつて存在したもの〔das Gewesene〕」とも密接に関わっていることは注目に値する。

芸術作品における憧憬が目指すもの――存在しないものの現実性――は、想起〔Erinnerung〕へと変容する。〔……〕想起のなかではかつて存在したものが存在せざるものと結び合わさっているが、それはかつて存在したものがもはや存在しないからである。プラトンのアナムネーシス以来、いまだ存在せざるものについては追想〔Eingedenken〕のなかで夢想されてきたが、それだけがユートピアを現存在に売り渡すことなく具体化する。仮象はいまだ存在せざるものとの結びつきを保ちつづける。というのも、過去においてもそれはけっして存在していなかったからである。
(ebd.〔二二六〕)

アドルノにとって芸術作品が、いかにその存立が外在的・内在的な諸要因によって根底から揺さぶられようとも、けっして「終焉」を迎えたものとして見棄てることが許されないのは、それが、かつてあったもの、もはや存在しないもの、いまは忘却されたものとしての過去へと想いを馳せるとともに、この過去の記憶を、「いまだ存在せざるもの」への憧憬へと転換することを可能にする稀有な媒体《メーディウム》であるからである。もっとも、そこで追想されるべき過去とは、あくまで非実体的な「仮象」であり、はかなく消えていく刹那的なイメージにすぎない。だが、それはまた、この「想起」の瞬間が、純粋に感覚的な経験として、何らかの思考や認識によって同定したりすることを根本的に拒絶するものであることを意味してもいる。アドルノが「芸術作品において不可欠の感覚的契機」(ÄT 203〔二三一〕)の重要性を強調するとき、そこには、たんに芸術作品が〈いま・ここ〉に現前しているという揺るがしえない事実(ebd.〔同〕)を指しているだけでなく、作品を受容するということが、まさに「美的経験〔*ästhetische* Erfahrung〕」であって、概念に還元されることのない知覚《アイステーシス》的な次元を備えているということを暗に示唆していると捉えることができるだろう。

先に見たように、アドルノは「作品を客体化する力」としての「精神」を読み解くことで、そこから「真理内実を認識する」ことを「哲学的批評」の課題としていた。それは、「精神」が芸術作品をつうじておのれを外化していく軌跡を思弁的に再構成することであると言い換えることができるだろうが、アドルノによれば「美的経験」とは、そのような「精神」の自己展開の可能性の限界を徴づけるものにほかならない。

美的経験とは、精神が世界についても自身についてもあらかじめ所有しえないような何かについての経験であり、そうした経験が不可能であることによって約束された可能性なのである。芸術は幸福の約束であるが、その約束は破られる。（*ÄT* 204f.〔二三二〕）

「美的経験」とは、「精神」による捕捉から逃れ出るものの経験であり、「不可能性」の経験であって、アドルノ哲学の鍵概念をもちいるならば、まさにそれは「非同一的なもの」の経験であるといえるだろう。この「非同一的なもの」をまえにして、「精神」ですらももはや、優越的な立場から他なる対象をおのれのうちに一方的に併合し、我有化することは許されない。「精神は非同一的なものを同一化することはない。精神はみずからを非同一的なものへと同化するのである」（*ÄT* 202〔二三一〕）。このようにして、芸術作品において「精神」が他なるものとのミメーシス的な同化をおこなう瞬間、いかに刹那的であろうとも、作品だけでなく、「精神」そのものが没落し、みずからを超出する。そのとき、「哲学的反省」もまた、おのれの同一性を保持しつづけることはできないだろう。芸術と哲学の双方が「非同一的なもの」をまえに解体されるなかで、過去と未来、可能性と現実、存在と非存在、仮象と真理とが渾然一体となって交錯・照応しあう一瞬の知覚経験——アドルノが芸術作品の

「真理内実」と呼んでいたものとは、まさに複数の「非同一的なもの」が感覚的に触知されるというこのエピファニー的な瞬間なのである。

だとするならば、「哲学と芸術は芸術の真理内実において収斂する」のであり、「真正な美的経験は哲学とならなければならないか、あるいはまったく存在しないかのいずれかである」というアドルノの言葉についても、たんに芸術にたいする哲学のアプリオリな優越というヘーゲル主義的な教説を反復していると解釈することは慎まなくてはならない。芸術も、哲学も、ともに「非同一的なもの」として知覚・経験されるべき「真理内実」を志向しているという点では完全に等しいのであり、哲学が芸術にたいして優位であるのは、芸術作品がおのれのうちに孕みもちながらも、独力では展開することのできない「真理内実」を、否定的なかたちで浮かび上がらせることができるためにすぎないからだ。それゆえ、芸術がみずからの「真理内実」を露顕させるために「哲学的省察」という認識的な契機を必要とするように、哲学的精神もまた、「かつて存在したもの」のはかない痕跡を概念によって暴力的に抑圧・同一化するのではなく、おのれの有限性を自覚しつつ、この「非同一的なもの」とミメーシス的な有和の関係を取り結ぶためには、「仮象」という表層的・感覚的な契機をつねに必要とするのである。『否定弁証法』（一九六一―六六）のなかの次の印象的な一節が示唆するのは、まさにそのことにほかならない――「それゆえ、美学の対象である仮象の救済は、比類のない形而上学的意義を有しているのである(58)」。

6　おわりに——ベンヤミンとの接点

ここまでの議論をまとめよう。本章では、アドルノのシェーンベルク解釈の軌跡を時系列的にたどりながら、ルカーチの物象化論に由来する芸術の「認識機能」という基本モティーフがどのように変容していったかという問題を検証するとともに、アドルノの美学思想における芸術的認識と哲学的認識との関係について考察することを試みてきた。そこから明らかになったのは、一九三〇年代の「音楽の社会的状況によせて」で示された、社会的な諸矛盾を批判的・内在的に表出＝認識するという芸術作品のモナド論的なモデルが、一九四〇年代前半の「シェーンベルクと進歩」において、その基本図式はかなりの程度まで踏襲されながらも、認識主体としての芸術作品の自己解体という「ラディカル」なモデルへと移行しているという点であった。さらに、このエッセイの末尾に登場する「投壜通信」としての前衛音楽という暗喩《メタファー》は、現実社会から徹底的に隔絶している自律的な芸術作品のうちにこそ逆説的なアクチュアリティが潜在するというアドルノの美学的見解を象徴するものとして人口に膾炙してきた。ただし、一九四〇年代後半の『新音楽の哲学』の序論でアドルノは、社会的に孤立した美的主体の「驕慢」を厳しく批判するとともに、さらに、ヘーゲル美学やベンヤミンの批評理論を踏まえつつ、芸術作品のうちに秘め隠された「真理内実」を開示することができるのは「哲学的批評」のみだという立場を明確に打ち出す。ここにおいて、芸術における「認識機能」の最終的な担い手は、作品そのものからその特権的解釈者である批評家へと移行しているのであり、芸術作品の「真理」は「哲学的批評」の介入なくしてはけっして顕現することはないがゆえに、芸術的認識は最終的に、その上位にある哲学的認識のうちに包摂される必要があるとされる。

しかしながら、『美学理論』のなかで最晩年のアドルノが「哲学と芸術は芸術の真理内実において収斂する」と述べるとき、そこで打ち出されているのは、芸術にたいする哲学の優越性というヘーゲル主義的な立場ではもはやなく、さらには哲学的認識を超越するものとして芸術体験を位置づけるような芸術至上主義的な立場でもない。むしろ、そこで示されているのは、「芸術の真理内実」をまえに、究極的に哲学と芸術の双方が「没落」しなくてはならないという洞察であった。すなわち、哲学と芸術は、非同一的で非感性的な「真理」をともに志向しながらも、前者は概念的同一化によって、後者は「仮象」という感性的な契機をつうじて「真理」を目指さざるをえないという根本的な矛盾を抱えている。それゆえ、「芸術の真理内実」が浮かび上がるのは、哲学的省察をつうじて作品の仮象性が解体されるとともに、認識の主体である精神そのものが「みずからを非同一的なものへと同化」し、つまりは「仮象なきもの」に仮象的に擬態しようとするなかで、哲学と芸術とがともにおのれを揚棄し、自己超出する瞬間においてなのである。

さらに、『美学理論』で「仮象」について省察をおこなうなかでアドルノは、これまでの彼の美学関連のテクストではほとんど省みられることのなかった側面にはじめて焦点を当てる。すなわち、芸術作品の受容経験という感性的な契機であり、作品を介していかに「非同一的なもの」が感覚的に経験されるかという問題であって、ここにおいて芸術作品は、認識の媒体《メーディウム》から知覚の媒体《メーディウム》へと決定的な転換を遂げることとなる。アドルノ美学における知覚の問題についてはすでに別のところで詳しく検証したので、ここで再述することは控えるが、(59)ひとつだけ確認しておきたいのは、自律的芸術のアクチュアリティをめぐるアドルノの美学的省察が紆余曲折をへて最終的にたどりついた視座が、かつて彼が激しく批判したベンヤミンの複製技術論文のそれと意外な近接性を示しているという点である。

第2章において「歴史の概念について」を補助線としながら複製技術論文を読解するなかで明らかにしたように、ベンヤミンにとって映画というメディアが革命的な重要性を帯びているのは、端的にいって、それが〈いま・ここ〉という軛から解放するような複数の時間性を解放することを可能にするものだったからである。そのうちには、かつて実際に存在した過去だけでなく、かつてありえたかもしれない可能性としての過去が潜在的に含まれており、だからこそ映画をつうじて諸々の過去をイメージのかたちで現在に召喚することが、来るべきユートピア的な未来を志向することに繋がっていた（第2章第6節を参照）。同様に、アドルノが「存在せざるもの」を現前させることを芸術作品の最重要課題のひとつとして規定するとき、そこで問題になっていたのは、「かつて存在したもの」としての過去を、「いまだ存在せざるもの」としての未来の可能性を孕んだものとして追想することにほかならない。ベンヤミンにとって映画がそうであったように、最晩年のアドルノにとって芸術作品とは、物象化社会において〈他なるもの〉を知覚・経験するための回路となるべきなのだ。受容者の感覚的領域に働きかけることで、現状とは異なるものの存在について追想することを可能にする知覚の媒体《メーディウム》——そのようなユートピア的な機能を芸術作品のうちに看取したアドルノは、まさに複製技術論文におけるベンヤミンの主張を忠実に継承しているといえるだろう。

もっとも、ベンヤミンが複製芸術としての映画とそれを鑑賞する大衆のうちに革命的な可能性を見て取ったのとは異なり、生涯にわたってアドルノが固執しつづけたのがシェーンベルクの音楽作品に象徴される「自律的な芸術」にほかならず、それにたいしてエリート主義という非難が幾度となく浴びせられてきたことは周知のとおりである。だが、次章で明らかにしていくように、芸術作品をめぐるアドルノの哲学的思考のうちにはつねに、内在的な形式論理を極限にまで推し進めようとする前衛的でモダニズム的な志向性だけでなく、それとは正反対の要素のうちにも美学的な可能性を等しく見出そうとするような弁証法的な視座が含まれていた。すなわちキッチュという非芸術的な要素であり、すでに初期の著作から、世間から見棄てられた陳腐なものや、卑俗でありふれたものを美的素材として積極的に活用することを提唱していたアドルノは、『美学理論』との関連で執筆された最晩年のエッセイのなかでは、現代において芸術を芸術たらしめる不可欠の条件となるのが、〈非芸術的なもの〉にほかならず、そのような異質な契機——とりわけ、あらゆる芸術が所詮は無意味なキッチュにすぎないというシニカルな自己認識——をおのれのうちに取り込み、それよって芸術を廃棄しようとする身振りをつうじて芸術が延命していくという逆説的な命題を掲げるにいたる。それは、「おのれ自身を放棄した作品」のうちに美学的な潜勢力を読み取るという「シェーンベルクと進歩」での主張を、個々の作品のレヴェルを超えて、芸術というカテゴリーそれ自体のレヴェルにまで拡大したものと捉えることができるだろう。

だが、アドルノ自身が明言しているわけではないものの、この〈非芸術的なもの〉のうちには、テクノロジー、大衆、流通機構など、かつてアドルノが「自律的な芸術」の領域から徹底的に排除した外在的な諸要素が必然的に含まれていなくてはならないはずである。この点を、先に触れた知覚媒体としての芸術作品という観点とともに考え合わせるならば、芸術作品のアクチュアルな可能性についての最晩年のアドルノの美学的考察のうちに、テクノロジーと大衆によって媒介された「遊戯空間」という、複製技術論文のなかでベンヤミンが打ち出したユートピア的なヴィジョンと共鳴するような潜在的な可能性を深読みすることは、まったく不可能とはいえないのではないだろうか。そして、実際にそのようなアドルノ美学の読み替えを実践的な次元で遂行しつづけているのが、第III部で集中的に論じるアレクサンダー・クルーゲなのだが、次章ではひとまず、アドルノの芸術哲学をキッチュという観点から再考することにしたい。

註

（1）Adorno an Schönberg, 5.11.1920, in: Theodor W. Adorno Archiv (Hg.), *Adorno. Eine Bildmonographie*, Frankfurt a.M.: Suhrkamp 2003, S. 64–66, hier S. 64. ただし、アドルノがこの手紙を実際にシェーンベルクに送付したかどうかは――それがアドルノの遺稿のなかから見つかったという事情のために――確証されてはいない。

（2）「私が作曲したものを見た人は、私のことをシェーンベルクの剽窃者だと非難しましたが、それは不当であるとはいえません。ただ、彼らが見誤っていたのは、私が流行に便乗して剽窃者になったのではなく、やむにやまれぬ気持ちからそうなったということです」(ebd., S. 65)。

（3）「シェーンベルクとは、コーリッシュ弦楽四重奏団によるプライヴェートな室内楽の演奏会で知り合いになりました［……］。ベルクがそこに僕を連れていって、好ましく温かい仕方で僕を紹介してくれたのです。

僕の名前を聞いたシェーンベルクは、僕がかつて彼に何かを（弦楽四重奏用の小品でした）送ったことをすぐに思い出し、そのあと話をしたのですが、それはちょうどフランクフルトの音楽生活という［……］辺境の戦場から来た若い副官と話すナポレオンといった感じでした。そのあと彼は、僕が作曲したものを見せるように頼んできました」（Adorno an Kracauer, 10.4.1925, in: *AKB*, S. 36）。

（4）シェーンベルクについてのアドルノの最初のテクストは、フランクフルトの『芸術と文学のための新しい雑誌（Neue Blätter für Kunst und Literatur）』の一九二二年二月三日号に掲載された《月に憑かれたピエロ》のコンサート評であるが（Adorno, »Februar 1922: *Kammermusik im Verein für Theater- und Musikkultur, Dritter Kammermusikabend. Arnold Schönbergs ›Pierrot lunaire‹*«, in: *AGS* 19, S. 11–13）、シェーンベルク派の音楽批評家としての活動にアドルノが本腰を入れて取り組むようになるのはウィーン留学後の一九二五年秋からである。初期アドルノの音楽批評活動の概観として、好村冨士彦「初期アドルノの音楽理論」、三光長治編『思索する耳――ワーグナーとドイツ近代』所収、同学社、一九九四年、一八七―二〇九頁、とりわけ一八七―一九三頁を参照。

（5）「彼は暗い人間の顔、おそらく悪人面といえるような顔をしており［……］、「円熟に達した」ようなところはなく（彼には年齢もありません）、むしろ上と下から何かに憑かれているようでした。それにくわえて、巨大でほとんど硬直した二つの眼と堂々とした額があります。彼には全体としてどこか不気味で胸苦しくさせるようなところがあるのですが、彼が愛想よくすればするほどその印象が強まっていきます」（Adorno an Kracauer, 10.4.1925, in: *AKB*, S. 38f.）。

（6）Adorno an Kracauer, 8.3.1925, in: *AKB*, S. 21.

（7）たとえばアドルノは、一九二六年五月四日付のクラカウアー宛の手紙において、『音楽誌アンブルフ』――一九二〇年にウィーンの名門音楽出版社ウニヴェルザール・エディションが創刊した音楽批評誌で、一九二一年までベルクが初代編集長を務めた——の編集長の地位に自分が就けなかった原因として、自身にたいするシェーンベルクの反感を挙げている。「長期間にわたって、あるいは一時的にでも、しばらくここ〔＝ウィーン〕で暮らすという最後の可能性は内的にも外的にも消えうせました。まず外的な事情からいうと、僕が『アンブルフ』に書いたいくつかの論文、とりわけベルクについて書いた文章が、〔……〕僕をこの雑誌の編集長に据えるということなど考えられないという異議を招いたことです。そして、こう書くと僕がここで置かれた状況がはっきりすると思いますが、この異議を唱えた人物というのがシェーンベルクなのです。彼は僕の論文が理解できないとはっきり述べたのですが、その理由は、彼が僕の論文を理解したうえで、ひとつの「楽派」をつくることを僕が認めず、また僕がシェーンベルクにたいするベルクの独立性を主張していることを文面から読み取ったからです。ベルクの独立性といった主張は、彼の独裁的な教師根性には〔……〕まったく耐え難いものなのです。それにくわえてさらに、僕がベルクとは密接なコンタクトをとっていたのに、彼にたいして心を砕かなかったことが彼の神経を逆撫でしたということがあります。彼はまさにヴィーゼングルント・コンプレックスを抱いているという話で、僕のせいで一度ベルクと激しく言い争いをしたほどです」（Adorno an Kracauer, 4.5.1926, in: *AKB*, S. 118f.）。

　このあと、一九二八年秋からアドルノは『音楽誌アンブルフ』の編集委員に加わり、非公式的にではあるが実質的に編集のイニシアティヴをとるようになるが、翌年一〇月一日、年間予約購読者数の減少と、「きわめて抽象的・理論的で〔……〕一面的な」彼の編集路線が「シェーンベルクと彼のもっとも近しい仲間たち」からも満足が得られなかったことを理由として、出版社側から編集責任の地位からの解任と減給とを一方的に申し渡される（Hans W. Heinsheimer an Adorno, 1.10.1929, in: Adorno/Berg, *Briefwechsel*, a.a.O., S. 349–354, bes. S. 350f.）。それにたいして、自身の編集方針への否定的な見解がシェーンベルク本人に由来するものであると考えたアドルノは、ふたたび自分を裏切ったシェーンベルクにたいする怒りをベルクに宛てた書箇のなかで爆発させている——「それにもかかわらず、シェーンベルクがなおもまた私を裏切り、私が対象となっている事柄——それはシェーンベルク自身のことですが——への興味関心から着手したことを妨害するのならば、それにたいして私は憤慨せざるをえません。ここで問題としてあるのは、天才的な業績さえあれば人間としての義務のすべてから免除されると信じるような、愚かで自己中心的な「専制性」という症例です」（Adorno an Berg, 9.10.1929, in: ebd., S. 229）。結局アドルノは、翌一九三〇年一一月まで編集部内に留まったあと、一九三一年一月号をもって正式に『アンブルフ』から退いている（Stefan Müller-Doohm, *Adorno. Eine Biographie*, Frankfurt a.M.: Suhrkamp 2011, S. 183-185〔シュテファン・ミュラー＝ドーム『アドルノ伝』徳永洵監訳、作品社、二〇〇七年、一三九—一四一頁〕を参照）。

（8）一九二六年初頭からシェーンベルクは、夭折したブゾーニの後任として、ベルリンのプロイセン芸術院において作曲法の教授を務めていたが、一九三三年三月にナチスによるユダヤ人公職追放政策を受けて辞職、パリを経由してアメリカ・ニューヨークに亡命し、とりあえずボストンのモールキン音楽院の教授に就任する。そのあと、健康上の理由から一九三四年秋にロサンジェルスに移り、一九三五年に南カリフォルニア大学（USC）で、一九三六年から一九四四年に停年退職するまではカリフォルニア州立ロサンジェルス大学分校（UCLA）で教鞭をとった。また、一九三四年春にイギリスに亡命し、三八年二月にアメリカに渡ったアドルノは、一九四一年一一月にそれまで住んでいたニューヨークからサンタ・モニカ近郊のブレントウッド・ハイツに居を移している。なお、アメリカ西海岸への移住後しばらくは、新たに隣人となったシェーンベルクと——アイスラーをまじえて——しばしば会っていたアドルノであるが（Adorno an seine Eltern, 1. 9. 1942, in: Adorno, *Briefe an die Eltern 1931-1951*, hg. von Christoph Gödde und Henri Loniz, Frankfurt a.M.: Suhrkamp 2003, S. 160 を参照）、しだいに両者の関係は冷却化していった。

（9）完成した『ファウスト博士』のアドルノへの謹呈本に書かれた献辞（zit. nach: Adorno Archiv (Hg.), *Adorno*, a.a.O., S. 186)。

(10)『ファウスト博士』にたいするアドルノの寄与については、マン自身によるこの小説の成立過程の報告である『ファウスト博士の成立』において詳細に述べられているが（Thomas Mann, *Die Entstehung des Doktor Faustus. Roman eines Romans*（1949）, Frankfurt a.M.: Fischer-Taschenbuch-Verlag, 1984, bes. S. 39–47, 133–138, 192–195〔マン「ファウスト博士の成立」佐藤晃一訳、『トーマス・マン全集Ⅵ／ファウスト博士』所収、一九七一年、五五二―五五四、六一四―六一八、六五五―六五七頁〕を参照）、そのなかでマンがアドルノの役割をかなり過小に描いており、レーヴェルキューンの音楽についての記述のほとんどがアドルノの発案に基づくばかりでなく、アドルノが書いた原案をマンがほとんどそのまま自分の小説のなかに取り込むこともまれではなかったことは、Rolf Tiedemann, *„Mitdichtende Einführung“- Adornos Beiträge zum Doktor Faustus -noch einmal*, in: *Frankfurter Adorno Blätter* I（1992）, S. 9–33 が詳細に検証するとおりである。この問題についてはさらに Müller-Doohm, *Adorno*, a.a.O., S. 479–487〔ミュラー＝ドーム、前掲『アドルノ伝』三七二―三七九頁〕および Angelika Abel, *Musikästhetik der Klassischen Moderne: Thomas Mann - Theodor W. Adorno - Arnold Schönberg*, München: Wilhelm Fink 2003, S. 163–191 を参照。

(11) Hugo Triebsamen（Pseudonym von Schönberg）, *Ein Text aus dem dritten Jahrhundert*（Original englisch im Arnold Schoenberg Center）, deutsche Übersetzung in: Hans Heinz Stuckenschmidt, *Arnold Schönberg. Leben·Umwelt·Werk*, Zürich: Atlantis 1974, 502f. このテクストについてはさらに、Adorno/Thomas Mann, *Briefwechsel 1943–1955*, Frankfurt a.M.: Suhrkamp 2002, S. 40–42 および Abel, *Musikästhetik der Klassischen Moderne*, a.a.O., S. 225 を参照。

(12) シェーンベルクとマンのあいだの論争の経緯について詳しくは、Stuckenschmidt, *Arnold Schönberg*, a.a.O., S. 446–463 および Abel, *Musikästhetik der Klassischen Moderne*, a.a.O., S. 193–249 を参照。

(13) Schönberg an die *Saturday Review of Literatur*, 13.11.1948, Auszug in: Nuria Nono-Schönberg (Hg.), *Arnold Schönberg 1874–1951*, Klagenfurt/Wien: Ritter 1998, S. 415. Thomas Mann an Adorno, 11.12.1948, in: Adorno/Mann, *Briefwechsel*, a.a.O, S. 39–42 も併せて参照。

(14) Adorno an René Leibowitz, 20.7.1951, in: Adorno Archiv (Hg.), *Adorno*, a.a.O., S. 70.

(15) Schönberg, „Der Segen der Sauce“, in: *Stil und Gedanke*, Frankfurt a.M.: Fischer 1992, S. 204–208, hier S. 207.

(16) Adorno, *Philosophie der neuen Musik*, Tübingen: J.C.B.Mohr 1949, jetzt in: *AGS* 12. 〔アドルノ『新音楽の哲学』龍村あや子訳、平凡社、二〇〇七年〕以下、このテクストからの引用にあたっては、*PnM* と略記したうえで、本文中の丸括弧内のアラビア数字によってズーアカンプ版アドルノ全集の頁数を示すとともに、〔 〕に邦訳の頁数を漢数字で付記する。

(17) Schönberg an Josef Rufer, 5.12.1949, in: Schtuckenschmidt, *Arnold Schönberg*, a.a.O., S. 462.

(18) Schönberg, “WIESENGRUND”, undatiert, zit. nach: Abel, *Musikästhetik der Klassischen Moderne*, a.a.O., S. 246. このテクストの成立と概要については、Jan Maegaard, »Schönberg hat Adorno nie leiden können«, in: *Melos* 41 (Heft IV, 1974), S. 262–264 を参照。

(19) Adorno, *Ästhetische Theorie*, a.a.O., S. 117. 〔アドルノ、前掲『美の理論』一二七頁〕

(20) Adorno an Benjamin, 18.3.1936, in: *ABB*, S. 168–171. 〔前掲『ベンヤミン／アドルノ往復書簡』一三九―一四二頁〕

(21) Ebd., S. 169. 〔同書、一四〇頁〕

(22) Adorno, »Der dialektische Komponist«, in: *AGS* 17, S. 198–203.

(23) この書簡の理論的内実について詳しくは、竹峰、前掲『アドルノ、複製技術へのまなざし』七〇―七四頁を参照。

(24) Georg Lukács, *Geschichte und Klassenbewußtsein. Studien über marxistische Dialektik*, in: ders, *Werke* 2, Neuwind/ Berlin: Luchterhand 1968, S. 260f.〔ゲオルク・ルカーチ『歴史と階級意識』城塚登／古田光訳、白水社、一九九一年、一六六頁以下〕

(25) Ebd, S. 263.〔同書、一七一頁〕

(26) Ebd, S. 275.〔同書、一八七頁〕

(27) Ebd, S. 265.〔同書、一七二頁〕

(28) Ebd, S. 172.〔同書、二三頁〕

(29) Ebd, S. 352.〔同書、三〇三頁〕S. 172f.〔二四頁〕も併せて参照。

(30) Adorno/Horkheimer, *Dialektik der Aufklärung*, a.a.O., S. 53f.〔アドルノ／ホルクハイマー、前掲『啓蒙の弁証法』四七頁〕

(31) Adorno, »Über den Fetischcharakter in der Musik und die Regression des Hörens«, a.a.O., S. 34.〔アドルノ、前掲「音楽における物神的性格と聴取の退化」五四頁〕

(32) Adorno, »Zur gesellschaftlichen Lage der Musik«, in: *AGS* 18, S. 732.〔アドルノ「音楽の社会的状況によせて」、『アドルノ――音楽・メディア論集』所収、渡辺裕編、村田公一／舩木篤也／吉田寛訳、平凡社、二〇〇二年、一四頁〕

(33) Ebd., S. 733.〔同書、一五頁〕

(34) Ebd., S. 731.〔同書、一二頁〕

(35) Ebd., S. 732.〔同書、一三頁〕強調アドルノ。

(36) Ebd., S. 734.〔同書、一八頁〕

(37) Ebd.〔同頁〕
(38) Ebd., S. 738.〔同書、二四頁以下〕
(39) Ebd.〔同書、二四頁〕
(40) Ebd., S. 736.〔同書、二二頁〕
(41) アドルノの音楽論における〈自然支配〉のモティーフについては、龍村あや子「アドルノにおける音楽と〈自然〉および〈自然支配〉」、徳永恂編『フランクフルト学派再考』所収、弘文堂、一九八九年、一八七—二〇九頁を参照。
(42) Adorno, »Zur gesellschaftlichen Lage der Musik«, a.a.O., S. 738f.〔アドルノ、前掲「音楽の社会的状況によせて」二六頁〕強調引用者。
(43) Ebd., S. 732f.〔同書、一五頁〕
(44) Adorno, »Der dialektische Komponist«, a.a.O., S. 202f.
(45) ここで問題になっているのは、自分自身の主体性をいったん放棄することによって「自由」を獲得するという、一見すると逆説的な構図であるが、それはちょうど、おのれの理性が命じる道徳法則に徹底的に従うことが「自由」であるとするカントの『実践理性批判』における議論とまったく同型であるといえよう。
(46) Martin Jay, *Adorno*, Cambridge 1984, S. 152.〔マーティン・ジェイ『アドルノ』木田元／村岡晋一訳、岩波書店、一九九二年、二四四頁〕
(47) Adorno, »Spätstil Beethovens« (1937), in: *AGS* 17, S. 13-17〔アドルノ「ベートーヴェンの晩年様式」三光長治訳、『楽興の時』所収、三光長治／川村二郎訳、白水社、一九九四年、一五—二一頁〕も併せて参照。
(48) 同様のことは「笑い」にも当てはまる。実際、『啓蒙の弁証法』では、「笑いはまた、おのれが告げ知らせる法の停止のうちに、身動きが取れなくなった状態から抜け出る道を指し示す。笑いは故郷への道を約束しているのである」（Adorno/Horkheimer, *Dialektik der Aufklärung*, a.a.O., S. 96f.〔アドルノ／ホルクハイマー、前掲『啓蒙の弁証法』一〇八頁以下〕）と記されている。アドルノにおける「笑い」については、竹峰、前掲『アドルノ、複製技術へのまなざし』三四四—三四六頁を参照。

（49）Adorno/Horkheimer, *Dialektik der Aufklärung*, a.a.O., S. 13.〔アドルノ／ホルクハイマー、前掲『啓蒙の弁証法』五二頁〕

（50）Ebd., S. 263.〔同書、三六六頁〕

（51）Adorno, *Minima Moralia*, in: *AGS* 4, S. 283.〔アドルノ『ミニマ・モラリア——傷ついた生活裡の省察』三光長治訳、法政大学出版局、一九七九年、三九二頁〕

（52）Benjamin, »Goethes *Wahlverwandtschaften*«, a.a.O., S. 172f.〔ベンヤミン、前掲「ゲーテの『親和力』」一三〇頁以下〕

（53）Benjamin, *Ursprung des deutschen Trauerspiels*, a.a.O., S. 357f.〔ベンヤミン、前掲『ドイツ悲劇の根源』下巻六〇頁以下〕

（54）Schönberg, “WIESENGRUND”, zit nach: Abel, *Musikästhetik der Klassischen Moderne*, a.a.O., S. 245.

（55）Adorno, *Ästhetische Theorie*, a.a.O., S. 140f.〔アドルノ、前掲『美の理論』一五六頁〕強調引用者。以下、このテクストからの引用にあたっては、*ÄT* と略記したうえで、本文中の丸括弧内のアラビア数字によってズーアカンプ版アドルノ全集の頁数を示すとともに、〔　〕に邦訳の頁数を漢数字で付記する。

（56）『美学理論』におけるアドルノの芸術作品の「真理内実」をめぐる議論において、ベンヤミンの「ゲーテの『親和力』」がその下敷きとなっていることは、道籏泰三「脱・「啓蒙の弁証法」としての『美の理論』——「真理内実」の概念について」『ドイツ文學研究』第四四号（一九九九年）四一—六七頁で詳細に検証されている。

(57) Georg Wilhelm Friedrich Hegel, *Vorlesungen über die Ästhetik*, in: Hegel, *Werke*, Bd. 13, Frankfurt a.M.: Suhrkamp 1986, S. 151.〔ヘーゲル『美学講義』長谷川宏訳、作品社、一九九五年、上巻一一九頁〕

(58) Adorno, *Negative Dialektik*, a.a.O., S. 368.〔アドルノ、前掲『否定弁証法』四八四頁〕

(59) 竹峰、前掲『アドルノ、複製技術へのまなざし』第6章を参照。

第5章　破壊と救済のはざまで
――アドルノ美学におけるキッチュの位置

1　アヴァンギャルドとキッチュ

アメリカの美術批評家クレメント・グリーンバーグが「アヴァンギャルドとキッチュ」（一九三九）のなかで、モダニズム芸術にたいしてキッチュな通俗芸術を対置したことは広く知られている。グリーンバーグの議論では、一方にT・S・エリオットの詩などの「アヴァンギャルド」の陣営に属する真正な芸術作品があり、それらは公衆の反応のような不純な要素を拒絶し、おのれの「ミディアム」と反省的に向きあう「芸術のための芸術」の道を突き進んでいく。他方に広告や映画など「リアガード」に属するキッチュな商品があり、大衆向けの「代用文化」として文化伝統のストックから借用されたものが、型にはまった様式へと変換され、大量複製され、商品や娯楽として提供される。一見したところ両者の差異は歴然としており、受容者層もまた、ひと握りの教養知識人と大多数の一般大衆というかたちで截然と分離しているように見える。そして、グリーンバーグの共感が、ひとえに前者の側に寄せられていることは間違いないだろう。だが、この美術批評家の診断において、アヴァンギャルド芸術が置かれた立場はけっして盤石ではないことに注意しなくてはならない。事態はむしろ、キッチュの圧倒的な攻勢にたいする前衛芸術の後退戦という様相を呈している。「キッチュの旺盛な勢力、抗しがたい魅力」によって、「本物」の芸術文化がつねに略奪されるなかで、アヴァンギャルドを標榜する陣営は、抽象的かつ狭隘な方向へとおのれを「特殊化」することを強いられていく。それにたいしてキッチュは、よい芸術／悪い芸術、高級芸術／大衆文化の境界のみならず、地理的・文化的・民族的な境界のすべてを侵食することで、薄っぺらな模造品にすぎないキッチュが「普遍文化」として君臨していくというのだ。(1)

このグリーンバーグの処女論考とほぼ同時期に、アドルノもまた、キッチュな大衆文化を批判したうえで、まさにおのれを「特殊化」していくモダニズム芸術を擁護するという同様の議論を展開していた。一九四一年から四三年にかけてアドルノは、ホルクハイマーとともに『啓蒙の弁証法』の「文化産業」の章を書き進める。そこでアドルノたちは、ハリウッド映画やポピュラー音楽などを「文化産業」という概念に還元したうえで、商品や娯楽を媒介として産業資本がいかに大衆を愚鈍化させるかという問題を検証するのだが、彼らのいう「文化産業」とは、キッチュな商品を「文化」の名のもとに大量供給するとともに、本来の芸術を商業主義によって内側から腐食させるという点をつうじて規定される。溢れかえるキッチュをまえに、「シェーンベルクと進歩」（一九四〇―四一）などの論考において、アドルノがほとんど唯一の希望を託しているように見えるのが、シェーンベルクの音楽をはじめとするアヴァンギャルド芸術だったことは、すでに前章で確認したとおりである。商業主義やテクノロジーなど、外在的な要素のすべてを遮断し、社会的な孤絶を貫きとおしながら、内在的な形式論理を極限まで先鋭化させていくモダニズム芸術。その悲壮な姿に、そのころアメリカで「亡命下の知識人」として「陰鬱な学問」に没頭していたアドルノがみずからの現状を重ね合わせていたのではないかと推測することは、あながち的外れではないだろう。

このように、グリーンバーグとアドルノが、アヴァンギャルド芸術と大衆文化という主題をめぐってきわめて類似した議論を展開したという点について、後者にたいする前者の直接の影響として捉えることも可能である。事実、『新音楽の哲学』の「序論」でアドルノはこう述べている。

音楽は、クレメント・グリーンバーグが、あらゆる芸術がキッチュとアヴァンギャルドに分裂してしまっていると語った事態に参与しており、キッチュ、すなわち文化を支配する利益の独裁が、社会的に特殊な領域として保存されたこの分野を、とっくの昔に屈伏させてしまった。それゆえ、美的客観性における真理の展開を問題とするような諸々の考察は、公的な文化から閉め出されているアヴァンギャルドのところにのみ押しやられている。（*PnM*, 19〔二四〕）

グリーンバーグの主張を敷衍するようにしてアドルノは、「キッチュ」が蔓延する文化領域のなかで、「アヴァンギャルドのところにのみ」、「真理」が「美的客観性」のなかで「展開」する唯一の可能性を認める。それをきわめて印象深いかたちで形象化したのが、『新音楽の哲学』末尾の「投壜通信」という比喩であった。「新音楽は、絶対的に忘れられた状態を自発的に目指す。それはまさに投壜通信なのである」（*PnM*, 126〔一八九頁〕）。大衆社会に背を向けつつ、社会の諸矛盾をモナド的に認識＝表象している現代音楽の響きが、誰からも聴かれることなく忘却されていく――先に論じたように、かかる絶望的な光景のうちにアドルノは、現代社会への究極のアンチテーゼという逆説的な希望を見出したわけだが、「投壜通信」が宛先もなく漂う海面とは、いうなれば文化産業が垂れ流す無数のキッチュな文化商品によって構成されているといえるだろう。アヴァンギャルド芸術とは、キッチュという名の汚水を頑なに遮断しつつ、〈絶対的な忘却〉という深淵に向かってひたすら流されることを、みずから積極的に希求すべきなのだ。

しかし、アドルノ美学において、「投壜通信」としての芸術が、キッチュな疑似文化を徹底的に拒絶する身振りによって特徴づけられるとすれば、今日から見て、そのような姿勢が時代的な限界を露呈させているという印象は否めない。たとえば、一九六〇年代以降の現代美術が、ポップ・アートやキャンプのように、陳腐、悪趣味、商業主義といった契機を積極的に包摂する方向に進んでいったことを考えるならば、アヴァンギャルド／キッチュという対立図式は、その後の現代芸術の創作実践によって決定的に乗り越えられたのではないか。

あるいは、アドルノによるモダニズム芸術擁護論にたいして、それが一八世紀の古典主義美学における「趣味判断」にまつわる議論を密かに反復しているのではないか、という少し穿った見方もできるかもしれない。周知のように、一八世紀後半より芸術が自律的なシステムとして確立する過程で、芸術作品の価値を正しく判定する能力としての「美的判断力」が要請されるようになるのだが、そこで趣味判断に課せられた使命のひとつが、〈よい趣味〉〈美的なもの〉〈快〉と、〈悪趣味〉〈美的でないもの〉〈不快〉のあいだに明確な分水線を引くことだった。カントの『判断力批判』をはじめとする古典主義美学の正典《カノン》の数々は、ニクラス・ルーマンが〈自律的な芸術システム〉と呼ぶ[2]オートポイエーシス的な領域が確立・進化するうえで決定的な役割を果たした。それらは、ブルデューの言葉を借りれば、「「安易な効果」にとらわれている」ように見える「「不純」な趣味」と「感官の快楽にまで還元された感知しうる快楽の単純で素朴な形式」としての「aisthesis〔感覚・感性〕」にたいする二重の「拒否をその基本原理としている」[3]。つまり、美学的な自律性とは、それが確立された一八世紀後半からすでに、通俗的な趣味嗜好と感覚的な快楽をその外部へと追放するという排他的な操作のうえに成立しているのである。

それにたいして、アドルノ美学の立場が、〈自律的な芸術〉という特権的な領域を措定する一方で、その諸規範に合致しない対象を「文化産業」や「物神的性格」、「退行」といった名称のもとに拒絶するという身振りに求められるとすれば、結局のところそれは、かつての古典主義美学の枠組みを基本的にまったく超えていないのではないか。さらに、ロマン主義の理論と創作実践が、古典主義的な「良き趣味」のカテゴリーから周到に除外されてきた〈醜〉や〈混乱〉といった、のちの「キッチュ」とも通底するような否定的な要素を美的システムのなかに取り入れようとする傾向をひとつの主要な特徴としていたことを勘案するならば、アドルノの時代錯誤ぶりはさらに顕著となるようにも思えてくる。

だが、アドルノ美学の思想内実は、真正なアヴァンギャルド芸術の擁護と、キッチュな大衆文化への悪罵という単純な図式に還元されるものではない。とりわけ六〇年代のアドルノの美学理論においいて追求された課題のひとつが、芸術のうちなる非芸術的な契機の思弁的究明であり、そこでアドルノは、芸術という理念とは一見したところ相容れない異質な諸要素がいかに美学的可能性の基盤と弁証法的に関連しているかという問題について思考をめぐらしていた。そして、それを象徴的に示すのが、アドルノ美学のなかで「キッチュ」が占めるアンビヴァレントな位置である。

以下で検証するように、一方でアドルノは、もっぱら文化産業批判の文脈のなかで、資本主義体制下で消費者大衆に供給される文化商品を「キッチュ」の名のもとに激しく糾弾するとともに、〈芸術のための芸術《ラール・プール・ラール》〉を標榜する高級芸術でさえも、それが過去の様式を反復することに甘んじるようになった瞬間にたちまち「キッチュ」に堕してしまう、という主張をおこなっていた。だが、他方でアドルノは、ヴェーデキントの戯曲や、アルバン・ベルクやマーラーの音楽作品を論じるなかで、「キッチュ」を美的素材として活用するような芸術創作を積極的に是認するような見解を繰り返し表明しつつ、「キッチュ」に含まれる通俗性や愚かさといった位相のうちに、ユートピア的な〈救済〉の可能性を模索しつづけるのである。

さらに、晩年に執筆された「芸術と諸芸術」(一九六六)というエッセイでは、現代芸術とキッチュとの関係をめぐって、いっそうラディカルかつ逆説的な認識が示される。すなわち、現代において、芸術という形式そのものが、おのれとは異質なものを自己のうちに絶えず取り込みつづけるという身振りを介してのみ成立しうるのであり、キッチュや映画、さらにはみずからの意味喪失といった非芸術的な要素を包摂すること以外には、芸術というカテゴリーが延命する道は残されていないというのだ。

本章ではまず、古典主義美学のなかでキッチュに相応する文化現象がどのように捉えられてきたのかを、〈吐き気を催させるもの〉という形象をもとに簡単に跡づけたのち、そこでの〈純粋な美〉と醜との弁証法的な関係が、芸術とキッチュをめぐるアドルノの批判的議論と構造的に類似していることを示す（第2節）。そのうえで、『ミニマ・モラリア』の一節を手がかりとして、真正な芸術や文化の名のもとにキッチュに敵対することすらもがキッチュに陥らざるをえないというアドルノの洞察について検討を加える（第3節）。つづけて、初期のヴェーデキント論から後期のマーラー論にいたる芸術批評的なテクストをもとに、キッチュによる救済というモティーフがアドルノの芸術思想のうちに含まれていることを確認するとともに、その哲学的な背景について考察する（第4節）。そして最後に、現代芸術の可能性の条件をめぐる最晩年のアドルノの省察を、〈亡霊〉としての芸術という視座のもとに検証したい（第5節）。

2　吐き気を催させる美

「キッチュ」という語は、一八六〇年代にミュンヘンの美術商のあいだで使われた「安物」をあらわす隠語であり、その語源については諸説があるものの、歴史のごく浅い言葉であることは間違いない。しかしながら、一八世紀末以降の「芸術」や「趣味」をめぐる美学的言説のなかにはすでに、フランス語の「degoût」やドイツ語の「das Gemeine」のように、キッチュという概念が含意している、俗悪、偽物、凡庸、媚態、過剰などを批判するための賓辞が見受けられる。なかでもドイツの古典主義美学において特権的な位置を占めたのが、「吐き気〔Ekel〕」ないしは「吐き気を催させる〔ekelhaft〕」という言葉であった。もっとも、そこでの〈吐き気を催させるもの〉とは、たとえばカントの『人間学遺稿』にあるように、「何度も聞かされる思いつき、退屈な物語、自画自賛。食事の過多、やたらに甘いのや脂っこいの。〔……〕一般に動物の体の腐ったのや糞便などまさに」[4]など、過食や味覚に関わるものから、醜いもの、忌まわしいものにいたるまで幅広い対象に及んでおり、一九世紀後半以降に「キッチュ」と呼ばれてきたものよりも広範囲にわたることは確かである。しかし、カントによれば、「吐き気」とは、汚物や臭いにたいする生理的な拒絶反応のみならず、冗談を「何度となく繰り返し聞かされるように、「思考を伝達することに存する精神的享受」が「精神の養分として利益にならない」にもかかわらず「われわれに押しつけられる」とき、それを避けようとする「自然な衝動」もまた「アナロジーによって吐き気と名づけられる」[5]。つまり、「享受」するよう反復的に強制される退屈で過剰なものこそが「吐き気を催させる」のであり、さらに、他のテクストでも、「吐き気を催させるもの以上に美に大きく対立するものはない」[6]と規定されている以上、古典美学的な趣味判断によって芸術の領域から排除されるべき「吐き気を催させるもの」のうちに、のちのキッチュも包摂されると推論することは不可能ではないだろう。

カントの美学体系における「吐き気」という形象は、とりわけジャック・デリダが『エコノミメーシス』（一九七五）で、カント美学において絶対的に排除される〈吐き気を催させるもの〉に着目して以降、しばしば研究者によって取り上げられてきた。なかでも、一八世紀から現代までの「吐き気」の形象の変遷を包括的に検証した試みとして知られているのが、ヴィンフリート・メニングハウスの

『吐き気――ある強烈な感覚の理論と歴史』（一九九九）である。古典主義美学における「吐き気」の考察に始まり、カント、ロマン主義、ニーチェ、フロイト、カフカ、さらにはバタイユやクリステヴァにいたるまで、この大著においてメニングハウスは、多岐にわたる著述家による「吐き気」との取り組みの軌跡を丹念にたどっている。この書物はキッチュという主題について直接論じたものではないが、「美学理論における吐き気というタブーと吐き気の遍在」と題された第一章の議論は、ドイツ古典主義美学においてキッチュが占める位置の手がかりを与えてくれるだろう。

そこでメニングハウスが、メンデルスゾーンの『文学書簡』、初期カントの『美と崇高の感情にかんする観察』、レッシングの『ラオコーン』などのテクストの精緻な読解から洞察したことのひとつが、「吐き気」という情動やその対象とは、たんに醜悪で唾棄すべき否定の対象として、「美」、「趣味」、「快」といった諸理念の明確な対立項をなしているばかりでないという点である。すなわち、〈あまりに甘すぎるもの〉〈たんに美しいだけのもの〉〈剝き出しの快〉が「吐き気」を催させるように、「美」や「快」そのものがある一線を越えれば、それはただちに疲弊や倦怠を招き、ついには〈吐き気を催させるもの〉へと反転するという危険性をつねに孕んでいるというのだ。「「感官の享楽」がまったく濁りなく自己現前してくるならば、それは現前する近さの経験の否定的形式へと、すなわち吐き気へと反転してしまうだろう。［……］このようなモデルのなかにおいて、吐き気とは、「美」の下限であるとともに上限であり、「美」の敵対者であるとともに「美」に固有の傾向をなす(7)」。さらにメニングハウスがアドルノを引き合いに出しつつ示唆するところによれば、このような「美」に潜在する自己破壊の脅威は、「美」が「キッチュ」へと弁証法的に反転する脅威につうじているという。

美自体への飽満の吐き気はさらに、キッチュというカテゴリーへの視野を開く。アドルノによればキッチュとは」「敵対するものが不在であるがゆえに」同時に自分自身と「矛盾している」美であり、それはまさに屈折がないことによってみずから「醜」へと反転してしまう。(8)

ここで言及されているアドルノの『美学理論』の一節も引用しておこう。

キッチュとは〔……〕醜としての美であり、同じ美の名のもとにタブー化されているものであって、キッチュは、かつては美であったものの、いまや敵対するものが不在であるがゆえに美と矛盾しているのである。(ÄT, 77〔八四〕)

古典主義美学において、「たんに美しいだけのもの」が、その純粋さゆえに「吐き気を催させる」ように、アドルノ美学においても、「敵対するもの」という否定的な契機――とりわけ「醜」――を欠いた非弁証法的な「美」は、たちまち「キッチュ」と化してしまうのである。

メニングハウスによれば、古典主義者たちが「美」の「吐き気」への反転という事態の予防策として推奨するのは、第一に、美的な快を完全に満足させることを慎むことによって無限に高まりうる余地をつねに残しておくという「食餌療法」である。(9) さらに、「美」の〈まじりけのなさ〉もまた「吐き気」の誘発因となる以上、第二の予防策は、「美」自体のうちに、「真面目さ」「真理」「悟性」「反省」

といった「美」ならざる審級を導入する「汚染」という手段となる。[10]それにたいして、『美学理論』のなかでアドルノが、「美」が「キッチュ」へと転落することを回避するべく芸術作品に求めるのも、「美」ならざる要素、すなわち、おのれに「敵対するもの」という自己否定的な契機を包含していくことにほかならない。要するに、ここでアドルノは、「美」の根源にある「醜」に立ち戻ることによって、おのれの「現状肯定的なもの」をつねに自己否定していくことが、芸術という概念にとって不可欠であるという議論を展開していくのである。

醜いものとして形象化されるものとは、まずは歴史的に古びたもの、自律性へと進んでいく軌道において芸術から排除されたものであり、それによっておのれ自身において媒介されているものである。［……］回帰してくるものはアンチテーゼとして他なるものとなるが、芸術はこの他なるものを欠くなら、それ自身の概念からして存在することとすらなくなる。こうした他なるものは否定をつうじて受け入れられ、精神化する芸術の現状肯定的なものを蝕みながらそれに訂正を加える。（*ÄT*, 77〔八四〕）

つまり、「美」とは「他なるもの」をおのれの構成要素として内在させることによってはじめて「美」でありうるのであり、「醜」という異質な契機が失われるや否や、芸術はただちに「キッチュ」へと反転してしまうという弁証法的な逆説のうえに芸術美は成立しているのである。一八世紀美学における「吐き気」と、二〇世紀のアドルノ美学における「キッチュ」が、「美」そのものに内在している「醜」への「反転」の脅威の指標という意味で共通しているのだ。

ただし、古典主義美学の場合とは異なり、アドルノが「歴史的に古びたもの」としての「醜」において問題にしているのは、「美」というカテゴリーそのものが本質的に抱える時間的な不可逆性という点であることを見逃してはならない。一九二九年に執筆されたエッセイのなかでアドルノは、ウィンナワルツ風の流行歌について、それが「非現実的な、没落したものの再来」として「キッチュに転倒してしまった」[11]と述べているが、それが「キッチュ」であるのは、たんに美しいだけであるからではなく、すでに廃れた過去の美の様式を臆面もなく反復しようとするという反動性のためにほかならない。芸術作品の「美」とは永劫不変に妥当するわけではなく、特定の時代や形式と不可分の関係にある。にもかかわらず、異質な契機を取り込んでいくことによる絶えざるヴァージョン・アップの作業を怠り、かつて「美」として認められていたものに安住しようとするならば、そのような怠惰な姿勢は、矛盾性の欠如という自己矛盾によって、「美」のキッチュへの反転という事態を招くのである。一九三二年のエッセイ「キッチュ」でアドルノはこう定義していた。「キッチュとは、おのれの圏域から引き離されてしまったひとつの形式世界における無価値となった諸形式や紋切り型の沈殿物なのである。かつての芸術に属していたものが今日おこなわれるとき、それはキッチュとなる[12]」。そして、最晩年の『美学理論』でもアドルノの認識は変わることはない。「かつて芸術だったものはキッチュとなりうる。かかる衰退の歴史は、おそらく芸術による修正の歴史であり、芸術の真の進歩なのである」(ÄT, 467〔五四六〕)。

このように、アドルノにとって「キッチュ」とは、「かつての芸術」の構成要素をいたずらに反復するという時代錯誤性の産物なのであり、だからこそ、芸術作品にたいしてアドルノはつねに「進歩的」であることを、すなわち、現状に甘んじて歩みをとめることなく、絶えざる自己否定を重ねつつ、前に進みつづけることを要求するのである。あたかも静止するやいなや自動的にスイッチが入る起爆装置を内蔵しているかのように、その場に立ちどまって後ろを向くその瞬間に芸術作品は「キッチュ」によって飲み込まれ、かつての「美」は吐き気を催させる「醜」へと反転することを余儀なくされるのだ。

3　キッチュの弁証法

過去の「美」の安易な反復がキッチュに陥るというのは、アドルノの社会批判的なテクストに頻繁に浮上してくるモティーフである。そこで批判されるのは、「クラシック音楽」と総称される音楽の千篇一律さから、編曲されたバッハやモーツァルト、ブルジョワ家庭の居間に麗々しく飾られた名画の複製品など多岐に及ぶが、いずれの場合でも、かつては真正な芸術作品だったものが、文化産業をつうじて現代に召喚され、俗悪な文化商品へと変換されるという商業主義的なメカニズムが糾弾されているといえる。

なお、『ミニマ・モラリア』でのアドルノの記述によれば、人々が陳腐な代用芸術である「キッチュ」をこぞって愛好する一方、「彼ら自身の問題を世界にたいして代弁している」という意味で「もっとも身近なもの」であるはずの真正な芸術作品に無関心で冷淡な態度を取りつづけるのには、ひとつの隠れた理由がある。すなわち、そうした作品を「敢えて理解しようとするやいなや、あまねき不正にみずから関与しているということにたいする羞恥心によって居たたまれなくなる」ためであり、「だからこそ自分たちを嘲笑しているようなものにしがみつく」というのである。[13] ただし、このような自己欺瞞的な心的機制は、近代の産業資本主義体制の到来によってはじめて生じたものではなく、「都市文明が栄えた時代のすべて」にはつねにすでに「不可避的」なものであって、「末期のアテナイ喜劇やヘレニズムの芸術工芸品は、たとえ機械的な複製技術を駆使していなくともキッチュである」[14]とアドルノは説く。様式や流行の時代的な変遷に全面的に依存するキッチュであるが、キッチュな娯楽を産出・享受する社会的構造そのものは不変であり、古典古代から現代にいたるまで一貫して存続しつづけているのである。

このような分析は、キッチュにたいして眉を顰めるエリート主義的知識人の身振りを彷彿とさせる。しかしながら、アドルノの批判の矛先は、訳知り顔で俗悪な対象から距離を置きつつ高級文化を愛好するブルジョワ的な態度にも等しく向けられていることを見逃してはならない。アドルノは、高級文化を疎ましく感じる一般庶民の心理のうちに隠れた「羞恥心」が働いていることを指摘するかたわらで、返す刀でもって、キッチュをアレルギー的に嫌悪する高級文化の愛好家のうちにも「良心の疚しさ」が見られると主張する。

それ〔＝客観的精神〕は、おのれの影のように付きまとってくるキッチュを追放することに躍起になったが、そのような熱心さは、それ自体が高級文化の良心の疚しさであることは言うまでもないことであって、高級文化はみずからが支配体制のもとでその名に値するものではないことを予感しており、キッチュによってみずからの悪業を想起させられるのである。(15)

さらに、現代にいたると、高級文化とキッチュとがたがいに反目しあうという構図そのものが、「文化」による一元的な専制支配のなかで瓦解していく。

支配者たちの意識が社会全体の傾向と重なり合うようになった今日、文化とキッチュのあいだの緊張が融解する。文化がおのれの軽蔑すべき仇敵であるキッチュをなすすべもなく引きずっていくことはもはやなく、むしろキッチュをみずから管理するのである。(16)

ここで「文化」の名のもとに糾弾されているのが「文化産業」であることはいうまでもない。そして、「キッチュをみずから管理する」ような「文化」の例としては、一九五〇年代にアドルノが執筆したテレビ論の次の一節がまさにそれに相応するだろう。

すべてはたんなる商品であり、娯楽にすぎないということが、文化産業を脅かすことはない。文化産業はそこからとうに、おのれのイデオロギーの一部をつくりあげている。分析した台本には、みずからがキッチュであるという意識をもてあそび、自分は自分自身を信じていない、それほど自分は愚かではないと、自分以上にすれていている視聴者にたいして目配せするようなものも少なくない。[17]

このように、すべての差異を均して同一化していく文化産業の圧力のもとで、高級文化がキッチュな文化商品へと引き落とされるだけでなく、おのれのキッチュさをこれ見よがしに誇示する消費物が生産されていく。しかしながらアドルノは、あらゆるものがキッチュによって同化吸収されていくという終末的な事態にたいするグリーンバーグ的な嘆きを反復するだけではない。文化産業が促進する万物のキッチュ化の傾向に激しい非難を浴びせながらも、その一方でアドルノは、キッチュを批判する言説そのものがすでにして「紋切型」であり、キッチュであることを免れていないと指摘するのである。「彼らは口先では公に認められたキッチュを目の敵にしているが、彼ら自身の性向は［……］紋切型に敵対する紋切型というべきものに甘んじている」[18]。キッチュの感染力は、キッチュを愛好する消費者大衆や、みずからの商品にキッチュな要素を意図的に注入する文化産業だけでなく、キッチュに反対する知識人たちのうちにも及んでいるのであり、「キッチュにたいする憎悪がキッチュ自体を構成する要素とされる」ことは免れないのだ。[19]

それでは、アドルノの美学的認識のなかで、キッチュへの敵対がキッチュとなるというアポリアから芸術が抜け出すためには、どのような方途が残されているのだろうか。すでに触れたように、この疑問にたいして、「投壜通信」としての現代音楽というテーゼは明快に思われる。つまり、現実社会のすべてがキッチュにつうじている以上、そこから頑なに距離を置きつづけることによってのみ、キッチュの脅威を回避することができるのではないか。ただし、かつての「美」に固執することが「キッチュ」を招来するという見解からすれば、そのような美学的姿勢をひたすら護持しつづけることは許されないだろう。事実、アドルノは『美学理論』のなかで、「芸術にとって手放しようのないカテゴリーであっても、そうしたものに固執するならキッチュによって虜にされる」のであり、「芸術のための《ラール・プール・》芸術《ラール》の論理に基づく作品は、今日ではキッチュとなり、笑いものにされているにすぎない」（*ÄT*, 352〔四〇三〕）と述べることで、キッチュな要素をアレルギー的に拒絶する〈芸術のための芸術《ラール・プール・ラール》〉そのものが、今日ではすでに過去のものであり、キッチュであることを免れていないと明言するのである。

　しかし、『美学理論』におけるアドルノの立場は、美的領域におけるキッチュの蔓延への悲嘆に還元されるものではない。むしろ、ここでの主眼は、芸術／キッチュという二元的な対立関係を根本から見直すことに置かれている。アドルノは「芸術はその概念のうちにキッチュを含んでいる」と端的に規定することによって、キッチュを芸術の外部ではなく、その内部へとあらためて位置づけているのである。「キッチュは毒素として、すべての芸術のうちに混入しているのである。この毒素をわが身から切り取ろうとするところに、今日の芸術の絶望的な努力のひとつが見られる」（*ÄT*, 355〔四〇六〕）。

　キッチュは何らかの偶発的な要素として外部から芸術に侵蝕してくるのではない。キッチュは芸術のうちなる「毒素」として、つねにすでにその内部に、その根源に潜伏しているのだ。だからこそ、「この毒素をわが身から切り取ろうとする」という芸術の自己浄化の試みはつねに「絶望的な努力」として挫折し、最終的にキッチュに蝕まれてしまうのである。あるいは、純粋な自律的芸術という理念そのものが、内在的なキッチュをみずからの劣等なシミュラークルとして措定し、外部へと放逐するという倒錯的な欲望に基づいていると見るべきかもしれない。ともあれ、「投壜通信」としてのモダニズム芸術作品のうちにも、すでにキッチュが「毒素」として入り込んでいる以上、アヴァンギャルドとキッチュとを明確に分別することはそもそも不可能なのだ。アドルノのモダニズム美学から最終的に導き出されるのは、キッチュなくして芸術はありえないという逆説的な帰結にほかならないのである。

4　キッチュによる救済

このように、美的領域からキッチュを完全に排除することが、芸術の根本理念からして失敗に終わることを余儀なくされるならば、〈芸術のための芸術《ラール・プール・ラール》〉の理念に頑なに固執することに代わって、いまや芸術作品に問われるのは、おのれのうちなるキッチュといかに関わるのかという問題であろう。それにたいして、アドルノがあるべき芸術作品の方向として示唆するのは、キッチュを頭ごなしに否定するのではなく、しかし消費者大衆に媚びるのでもないかたちで、キッチュという要素から豊かな美的潜勢力を汲み出していくことであった。『美学理論』にはこう書かれている。「高級芸術がウインクによる目配せなしに俗悪性という契機によってインスピレーションを与えられた場合には、通俗性とは逆のものである重量感を獲得してきた」（*ÄT*, 356〔四〇七〕）。

創作実践においてキッチュな素材や形式を敢えてもちいることで「俗悪性という契機」を美的に活用するべきであるという見解は、アドルノの初期テクストのなかですでに明確に打ち出されていた。一九三二年に執筆されたラジオ講演用の原稿「フランク・ヴェーデキントの遺稿について」は、そのころ「ほとんど忘却され、あるいは排除されている」[20]ヴェーデキントの詩や戯曲を再評価することを試みたものであるが、そこで手がかりとされるのが、ヴェーデキント作品のメルクマールをなす「キッチュ」という要素であった。「形式からも社会からも見棄てられ、投げ捨てられた低級な諸事物は、仮象を欠いた唯一のものであるのだが、そこから彼〔＝ヴェーデキント〕は他のあらゆる事物に拒まれている真理を奪い取ることができるのではないかという希望をもった。それは正真正銘のがらくたであって、今日の美学上の言語が、ヴェーデキントのように決定的な定義に到達することは一度もないままに「キッチュ」と呼んでいるものと同一である」[21]。

さらにアドルノは、ヴェーデキントの文学世界と「サーカスの世界」との近接性を指摘したうえで、「サーカスのタブロー」という「形式」がヴェーデキント作品の中核をなしていると主張するのだが、かかる「タブロー」のなかでキッチュな諸要素が凝結する瞬間のうちにアドルノは、キッチュが一種の〈自己認識〉を獲得する可能性を見て取ろうとする。

あらゆる歴史的なもの、色鮮やかなもの、素材上のもの、そのなかで現象してくるものが、その起源をなす永遠へと凝固すること。タブローはあらゆるモンタージュの原像である。キッチュであったものがここではひとつになって静止し、イメージとして完全かつ決定的なかたちでおのれを描出する。〔……〕タブローのなかでキッチュはみずからを様式として認識するのである[22]。

「タブロー」という形式は、アドルノが「子供のころの「海賊・女衒のゴーロ」というサーカス・

レヴューのフィナーレを華々しく飾る「見事な大団円」をわれわれに想い出させる」と記しているように[23]、それ自体が通俗的で大衆迎合的であるが、「キッチュな素材はキッチュな形式において雄弁となる」のであり[24]、そこにおいてこそ「キッチュが認識され、名前で呼ばれることを欲する」[25]。この「タブロー」の概念は、ベンヤミンがブレヒトの叙事演劇について論じるなかで展開した「状況を発見するもの」としての「タブロー」をめぐる議論を強く想起させるものである[26]。このヴェーデキント論が執筆された一九三〇年代前半は、第3章で扱った「外来語の使用について」をはじめ、アドルノがベンヤミンの思想の強い影響下にあったことを示すテクストが数多く書かれた時期であったのだから、ここでアドルノがベンヤミンの叙事演劇論から着想を得たという可能性はかなり高いといえよう。ともあれ、戯曲のなかでヴェーデキントが「キッチュな素材」の数々をたがいにモンタージュし、そこから静止した「タブロー」を刹那的に出現させるとき、それはひとつの文字的な〈布置状況〉として、キッチュな構成要素の背後に潜んでいる「真理」を読み解き、「認識」することを可能にするのである。

このあとアドルノがヴェーデキントについて本格的に論じることはなく、さまざまなテクストのなかに散発的な言及が見出されるにすぎない。だが、『啓蒙の弁証法』の「文化産業」の章における次の一節は、ヴェーデキントの作品世界と深く親和する「サーカス」的な契機に、アドルノがなおも社会批判的な可能性を託していたことを示している。

よりよいものの痕跡を文化産業が保持しているのは、文化産業をサーカスに近づけるような諸々の特徴、すなわち、馬術師や軽業師や道化師による意味を捨て去った自己流の技量、〔ヴェーデキントのいう〕「精神的芸術にたいする肉体芸術の擁護と正当化」のうちにおいてである。[27]

そのまえの個所で「通俗芸術や笑劇や道化芝居が、チャップリンやマルクス兄弟にいたるまで正統なかたちで分かちもっていた〔……〕純粋なナンセンス」[28]が称賛されていたことを鑑みるならば、「よりよいものの痕跡」を残した文化商品の例としてアドルノの念頭にあったのが、チャップリン作品をはじめとする「ドタバタ喜劇映画〔Filmgrotesk〕」だったのではないかと推測することができるだろう。[29]もっとも、このほかにアドルノは、文化産業が大量生産するキッチュな娯楽商品それ自体のうちに支配体制の圧力に抵抗する契機を読み取ろうとするという弁証法的な視座を――ハンス・アイスラーとともに一九四三年から四四年にかけて共同執筆された『映画のための作曲』を例外として（第6章を参照）――明確なかたちで打ち出すことはなかったが、「俗悪性という契機によってインスピレーションを与えられた」芸術作品を注視していくという姿勢はつねに一貫していたといってよい。なかでも、アドルノにとって、ヴェーデキントの戯曲を原作とするオペラ《ルル》を作曲したアルバン・ベルクと、グスタフ・マーラーという二人の作曲家は、ヴェーデキントとともに、キッチュの美学的昇華という困難な課題を成し遂げた存在として特権的な位置を占めている。

マーラーの音楽が偉大なのは〔……〕その構造がキッチュに口を開かせ、キッチュがそれに奉仕する商業関係がもっぱら搾取している憧れを解き放つからである。[30]

キッチュは、品よく片づけられてしまうのではなく、むしろそれ自身の法則にしたがって徹底するならば、作曲する手の下から、様式へと変容していく。［……］「ワイン」のなかでタンゴまがいのキッチュが遭遇する［……］破壊と救済は［……］弁証家であったベルクが、最終的に商品と化した人間であるルルに遭遇させたもののモデルである。(31)

マーラーやベルクのような芸術家は、おのれの構造や法則にそくしつつ、キッチュの論理を徹底的に推し進めることで、キッチュに埋め尽くされた商品社会を美的に「救済」することを目指しているというのだ。ここでの問題は、芸術作品がみずからの「美」をキッチュという「醜い」契機の内在化によって自己是正することにとどまらない。芸術による「救済」への回路は、美と醜との弁証法的葛藤のなかにではなく、むしろ、「商業関係がもっぱら搾取している憧れ」として、キッチュそれ自体のうちに潜伏しているのであって、芸術作品の課題とは、キッチュがその通俗的な形態において微かに発している「憧れ」を解放することにあるのだ。(32)では、キッチュにおいて表現されている「憧れ」が向けられているものとは何か。『美学理論』の次の個所は、キッチュが秘匿する美的可能性の源泉の所在を示している。

愚かさは芸術におけるミメーシス的な残滓であり、芸術がおのれを密閉化したことの代償である。［……］芸術はその概念のうちにキッチュを含んでいるが、そこにはまた、愚かさという契機を昇華するものとみなされ、特権的な教養と階級社会を前提としているという社会的位相も併せて含まれている。その前提のために芸術は悪ふざけとなるという罰が与えられる。にもかかわらず芸術作品の愚かさという契機は作品の非志向的な層にもっとも近いところに位置している〔……〕。（*ÄT*, 181〔二〇五〕）

あらゆる芸術の根底には、〈他なるもの〉への非概念的な一致を目指すミメーシス的な衝動が脈々と流れていた。しかし、芸術がおのれを自律化し、「密閉化」するなかで、かかるミメーシス的な衝動も、志向性によって作品構造に組み込まれるか、あるいは「愚かさ」や「キッチュ」として外部へと追放されることを強いられる。しかし、おのれの根源をなす〈ミメーシス的なもの〉を暴力的に統御しようとした芸術が陥るのは、「愚かさ」を合理的に昇華ないしは排除しようとするほど、みずからが愚かしい「悪ふざけ」へと変貌するという逆説的な事態にほかならない。だが、すべての芸術作品にそなわるキッチュという契機のうちに、むしろアドルノは、芸術作品の自律化・合理化のプロセスのなかで抑圧され、忘却されたものをふたたび想起するためのユートピア的な回路を見出そうとする。すなわち、芸術の「愚かさ」には「ミメーシス的な残滓」というかたちで、〈他なるもの〉を暴力的に同一化するのではないような宥和的な対象との関わりの記憶がなおも残存しているのであり、それゆえ、芸術作品は、このキッチュという契機を媒介として、主観的な意図によっては到達しえない「作品の非志向的な層」に接近することができるのだ。芸術を通俗的な方向へと堕落させ、破壊するキッチュであるが、そこに沈殿する〈他なるもの〉の残滓のうちには、同時に、志向性による自己支配の軛から芸術作品を解放し、主観性の暴力から人類を「救済」へと導くための微かな手がかりとなるものが潜んでいるのである。

5　亡霊としての芸術

もっとも、芸術作品とキッチュとの関係をめぐる以上のようなアドルノの美学的考察を今日的な視点から眺めた場合、いくつかの疑問が浮かび上がってくる。まず、アドルノは、キッチュという不純な契機を介して芸術が「救済」へといたる可能性をベルクやマーラーの音楽作品のうちに認めたわけであるが、両者はいずれも高級芸術のカテゴリーに属するものであり、それら自体が低俗であるわけではない。それゆえ、おのれのうちなるキッチュから美学的潜勢力を引き出すことができるのはモダニズム芸術のみであり、通俗音楽や商業映画のように徹頭徹尾キッチュな商品には「救済」の可能性がアプリオリに閉ざされているということが、ここで暗黙裡の前提とされているのではないか。だとするならば、アヴァンギャルド／キッチュというグリーンバーグ的な二項対立の枠組みは、結局のところなおもそのまま維持されていることになるだろう。

また、アドルノが『美学理論』に取り組んでいた一九六〇年代に、なおも「芸術」と呼ばれているものが示す姿は、もはや「自律的な芸術作品」や〈芸術のための芸術《ラール・プール・ラール》〉といった旧来の理念が完全に無効となりつつあるような地点にまでラディカル化していた。このころ音楽においては、五〇年代まで現代音楽の主流を占めたセリー主義に代わって、偶然性音楽、電子音楽、ミュジーク・コンクレートなどのさまざまな作曲技法が次々と登場するとともに、美術の分野においても、ポップ・アートやハプニングのように従来の作品概念を根底から覆すような前衛的な流派が台頭した。さらには映画という大衆娯楽メディアからも、〈ヌーヴェル・ヴァーグ〉や〈ニュー・ジャーマン・シネマ〉のように、若い世代の映画人らによる革新的なムーヴメントが巻き起こっていた。そして、その熱気に満ちた空気のなかで、伝統的な美学における諸概念――作品、形式、素材、ジャンル、表現……――もまた、さまざまなアーティストたちによって批判され、換骨奪胎され、あるいは死亡宣告とともに破棄されていったのである。このように、「芸術」というカテゴリーそのものの形態や意味が大きく揺さぶられているという時代状況下にあって、アドルノの芸術哲学の基盤をなしていた美学的前提そのものが根底から崩れてしまった以上、マーラーやベルクの音楽といった数世代前の芸術作品を規範としたキッチュ論はもはや成立しえないようにも思えてくる。

だが、急激な変貌を遂げていく現代芸術をまえに、晩年のアドルノは、『美学理論』とは別のテクストにおいて、今日における芸術作品のあり方をめぐって、さらなる考察をおこなっていた。すなわち、一九六六年にベルリンの芸術アカデミーでおこなわれた講演に基づく「芸術と諸芸術」であり、(33)そこには、芸術とキッチュの関係という問題をさらに考えるうえで示唆的な記述が含まれている。このテクストのなかでアドルノは、アナーキーな混迷の度を深めつつある現代芸術の状況にたいして、「芸術という理念」とは何かという本質的な問いをふたたび提起し、みずからの立場をあらためて表明することを試みているのだが、そこでは、芸術作品が「おのれの意味喪失」という契機を積極的に取り入れていくことによって、いうなればみずからキッチュへと変貌することが、芸術というカテゴリーを延命させるためのほとんど唯一の方策として呈示されているのである。

「芸術と諸芸術」でまずアドルノは、図形楽譜やフルクサスをはじめとする六〇年代のアート・シーンを賑わしたさまざまな試みにおいて、絵画と音楽、彫刻と建築、空間芸術と時間芸術といったジャンル区分が意図的に攪乱され、音や色彩のように、それぞれのジャンル固有の単位とされてきた諸要素までもが自明のものと見なされなくなっていると指摘する。そして、そのような諸芸術の「解きほぐれ〔Verfransung〕」という現象をまえにアドルノは、「芸術という理念」についての考察を進めていくための前提として、ひとまずこれまでの美学の歴史に立ち戻ろうとする。そこでは、とりわけ「芸術」と「諸芸術」の関係、すなわち、「芸術」という大文字の理念と、多様なジャンルからなる「諸芸術」との関係をめぐって、さまざまな哲学者や芸術家がおこなった省察の系譜が、鋭利な分析をまじえつつ辿り直される。ヘーゲル、ショーペンハウアー、シューマン、カンディンスキー、シェーンベルク、ゲオルゲと象徴派に始まり、ボルヒャルトおよびハイデガーを経て、最終的にはシュルレアリスムや不条理劇、さらには映画芸術にいたるまで、取り上げられるトピックは多岐に及ぶ。だが、いずれにせよ、そこで示されているのは、「芸術」を「諸芸術」を総合する上位審級として位置づけようとも──「魂」（ロマン主義）としての、「精神的なもの」（カンディンスキー）としての、「起源」（ハイデガー）としての「芸術」──あるいは「諸芸術」を構成する個々のジャンルに固有の本質をあくまで擁護しようとも（ボルヒャルトにとっての「詩作」）、それらは結局のところ「芸術」と「諸芸術」のどちらかを他方に還元しようとするという意味で、ともに不十分であったという認識である。むしろ、アドルノによれば、「芸術という理念」とは、外部の現実世界を本質的に否定するものでありながらも、それと同時に、つねに「諸芸術」のうちに「否定的」なかたちで内在し、みずからを客体化させるべく促すものであるために、経験的な諸契機から切り離すことは許されない。「芸術が芸術となるためには、おのれとは異質なものを必要とする」のである[34]。そして、このような洞察は、『美学理論』のなかの先に引用した「芸術はこの他なるものを欠くなら、それ自身の概念からして存在することすらなくなる」という一節と呼応していると考えることができるだろう。

ただし、「芸術と諸芸術」での議論は「芸術という理念」の護教論で終わるわけではない。とりわけアウシュヴィッツ以降、芸術作品と現実世界との対立図式や、「芸術の意味」という創作の基盤そのものがイデオロギー的仮象にすぎないことが暴かれ、完全に瓦解してしまったなかで、なおも「おのれとは異質なもの」を求めようとする現代芸術の衝動は、みずからの意味喪失や、意味付与をおこなう主体の自己放棄という契機をも、不可避的に自己のうちに取り込んでいかざるをえないというのである。

　芸術は、あたかも自分を破壊したいかのように、あるいは毒をもって毒を制することで延命したいかのように、おのれの意味喪失を取り入れていく[35]。

アドルノが例として挙げるのは、無意味さをアイロニカルに誇示してみせる不条理劇や、「アウラや主観的志向を極端に禁欲した」映画、すなわちシネマ・ヴェリテのように主観性の介入を極力排除しようとする映画芸術の試みである。それはあたかも、確固たる形式やおのれの意味を喪失してしまった現代の芸術にとって、完全に空疎化した「芸術という理念」とシニカルに戯れるという選択肢しか残されていないかのようだ。しかしながらアドルノは、現代芸術の自己解体という契機のなかに、ひとつの逆説があることを指摘する。すなわち、芸術作品が有意味的なものとしての自己を否定し、あらゆる意味を廃棄するという身振りをつうじて別の意味連関を新たに再構成し、そのことによって、美学的領域を拡張し、死んだはずの「芸術」をさらに存続させていくという逆説である。芸術的主体が「おのれの意味喪失」を進んで取り入れ、そのことによって自己を無にすることをいかに希求しようとも、それは「みずからの意図に反して、芸術の最後の言葉でありつづけることができるわけではない[36]」のだ。

「毒をもって毒を制する」かのように「おのれの意味喪失という契機を取り入れる」ことで、逆説的に「芸術」というカテゴリーを「延命」させていく現代芸術。そのうちには、不条理演劇やハプニングのみならず、キャンプ・アートやアブジェクト・アートなど、吐き気を催させる低劣な要素と自覚的に戯れるような作品も含まれていると見なすことができるだろう。芸術作品にとっての問題は、かつての美を無批判に反復することでキッチュと化すことでもなければ、おのれのうちなるキッチュを介して「作品の非志向的な層」に到達することでもない。ここで想定されているのはむしろ、みずから進んでキッチュな要素を取り入れ、いうなればおのれをキッチュへと変貌してみせることで、芸術というカテゴリーの無意味さをパフォーマティヴなかたちで宣言するような新たな種類の作品にほかならない。それはあたかも、あらゆる芸術はすでにキッチュであるがゆえに、あらゆるキッチュは芸術となりうるとでもいうかのようだ。

なお、芸術の理念と形式とが有機的に調和していた時代が過去のものとなり、芸術作品を成立させていた絶対的な意義が完全に失われるなかで、反省的なイロニーに基づく作品の数々が跳梁跋扈し、芸術の理念そのものをみずから廃棄しようと躍起になるさまは、ヘーゲルが「芸術の終焉」と呼んだ事態を強く想起させるだろう。ただし、ヘーゲルの予言とは異なり、だからといって芸術が「終焉」を迎えることはなく、すでに死んだものとして「延命」しつづける。それどころか、アドルノが映画を例に述べているように、かかる自己否定の身振りをつうじて、芸術というカテゴリーはむしろ無際限に「拡張」していくのである。

映画が内在的な法則性に基づいて芸術的なものを――あたかも、それがおのれの芸術原理と矛盾するとでもいうかのように――投げ捨てようとしたところで、そうした反逆をおこなうことによって、映画はなおも芸術なのであり、芸術を拡張しているのである。(37)

「おのれの意味喪失」という要素を積極的に内部へと取り入れていくことだけでなく、みずからのうちなる「芸術的なもの」を外部へと排除しようとすることもまた、「芸術」を廃棄するどころか、むしろ「芸術」を「拡張」することに寄与してしまう。いくら無意味なものとして自己否定し、〈非芸術的なもの〉に擬態しようとも、にもかかわらず「芸術」はつねに復活し、外部の領域をみずからのうちに貪欲に併合することをやめることはない。第Ⅰ部において、ギリシア悲劇と近代の哀悼劇との差異を主題にしたベンヤミンの初期論考のなかで浮上した〈亡霊的な時間性〉というモティーフが、のちの複製技術論文における「第二の技術」と「遊戯空間」をめぐる議論へと受け継がれたことを示唆したが（第2章第6節）、晩年のアドルノの認識における「芸術」もまた、死という契機すらもが終わりを意味するものではなく、おのれの遊戯をひたすら反復することを運命づけられているという意味で、まさに〈亡霊（revenant）〉として永遠に回帰しつづけるのだ。

　アドルノが『美学理論』の執筆を開始した一九六〇年代初頭にポップ・アートが登場して以降、いわゆる「キャンプ」が芸術様式として市民権を得るなかで、アヴァンギャルド芸術／大衆文化という対立図式は決定的に崩された。そして、アブジェクト・アートを想起するまでもなく、今日において現代芸術は、〈吐き気を催させる〉契機を取り入れることに躍起であるようにさえ見える。それは、みずからに内在する卑俗さという「毒素」を作品の〈素材〉として公正に取り扱うことを目指すという意味において、『美学理論』の「キッチュ」をめぐる議論で示唆されていた芸術創作の理念の忠実な実践として捉えられるかもしれない。不条理演劇やハプニングのみならず、キャンプ・アートやアブジェクト・アートなど、吐き気を催させるキッチュな要素と戯れてみせる作品もまた、おのれの「意味喪失」という契機を内在化したり、「芸術的なもの」を排除したりといった自己否定の身振りによって「延命」していくという現代芸術の逆説を体現しているといえよう――「毒をもって毒を制する」という芸術の同種療法《ホメオパシー》が、治癒のために少量摂取した「毒素」に身を蝕まれ、たんなる大量生産品よりもいっそう悪質な商品フェティッシュとして文化産業による物象化の論理に完全に加担する危険とも、つねに隣り合わせであることはいうまでもないにせよ。

　しかしながら、「芸術と諸芸術」のなかでアドルノは、おのれを否定することで延命しつづける現代芸術の〈亡霊的〉な様態のうちに、なおもひとつの積極的な意義を見出そうとする。

美学的な意味を一貫して徹底的に否定することが可能なのは、ただ芸術を廃棄することによってのみであろう。最近の重要な芸術作品の数々は、そのように芸術が廃棄されてしまうという悪夢であるが、しかしながら、それらの作品は同時に、みずからの実存をつうじて、廃棄されることに逆らってもいるのである。それはあたかも芸術の終焉が、人類の終焉という脅威を予告しているかのようであるが、おのれの苦しみのために人類は、苦しみを鎮めたり和らげたりすることのない芸術を求める。芸術は人類にたいして、彼らの没落という夢を見せるのだが、そうすることでかえって人類は覚醒し、みずからを律する力をもって、延命するのである。(38)

アウシュヴィッツという未曾有の災厄を経験したあとも、原水爆や戦争というかたちで、人類が「没落する」という危機はなおも変わることなく存続している。それにたいして現代芸術は、みずからを廃棄するという身振りをつうじて、人類そのものが廃棄されるという黙示録的なイメージを「予告している」のであり、さらに、「苦しみを鎮めたり和らげたりすることのない芸術」が見せる「彼らの没落という夢」によって、人類の「覚醒」と「延命」が促されるというのである。つまり、今日の芸術が示している末期的な姿とは、現代の人類が置かれている状況の一種の寓意《アレゴリー》であって、同じく深い「苦しみ」を抱えた人々にたいして「人類の終焉という脅威」が迫っていることを警告するとともに、人類もまた「廃棄されることに逆らう」ように密かに励ましているのだ。〈芸術的なもの〉

を美的領域から躍起になって追放する一方、「おのれの意味喪失という契機」や卑俗でキッチュな「毒素」にみずから蝕まれながらも、なおも「延命」しつづける現代芸術のうちには、ベンヤミンの言葉を借りていうならば、「希望なき人々のためにのみ」与えられた、微かな「希望」が潜んでいるのである。

註

（1）Clement Greenberg, »Avant-Garde and Kitsch«, in: *Partisan Review* 6:5 (1939), zit. nach: ders., *Art and Culture*, Boston: Beacon Press 1984, S. 3-21, bes. S. 12.〔グリーンバーグ「アヴァンギャルドとキッチュ」、『グリーンバーグ批評選集』所収、藤枝晃雄訳、勁草書房、二〇〇五年、二―二五頁、とりわけ一三頁〕

（2）Niklas Luhmann, *Die Kunst der Gesellschaft*, Frankfurt a.M.: Suhrkamp 1995, S. 301-319〔ルーマン『社会の芸術』馬場靖雄訳、法政大学出版局、三〇七―三二五頁〕を参照。

（3）ピエール・ブルデュー『ディスタンクシオンII　社会的判断力批判』石井洋二郎訳、藤原書店、一九九〇年、三六九頁。

（4）Immanuel Kant, *Reflexionen zur Anthropologie*, in: *Kant's gesammelte Schriften*, hg. von der Königlichen Preußischen Akademie der Wissenschaft, Berlin 1907ff.（=*KGS*）, Bd. 15, S. 473.〔カント『人間学遺稿（抄訳）』高橋克也訳、『カント全集』（岩波書店、一九九九―二〇〇六年）第一五巻所収、三九三頁〕以下のカントにおける「吐き気」の用例については、Winfried Menninghaus, *Ekel. Eine Geschichte der starken Empfindung*, Frankfurt a.M.: Suhrkamp 1999, S. 40-47, 160-188〔メニングハウス『吐き気——ある強烈な感覚の理論と歴史』竹峰義和／知野ゆり／由比俊行訳、法政大学出版局、二〇一〇年、四七―五六、一九九―二三三頁〕を参照した。

(5) Kant, *Anthropologie in pragmatischer Hinsicht*, in: *KGS* 7, S. 157.〔カント『実用的見地における人間学』渋谷治美訳、『カント全集』第一五巻所収、六八頁〕

(6) Kant, *Beobachtungen über das Gefühl des Schönen und Erhabenen*, in: *KGS* 2, S. 233.〔カント『美と崇高の感情にかんする観察』久保光志訳、『カント全集』第二巻所収、三五五頁〕

(7) Menninghaus, *Ekel*, a.a.O., S. 47.〔メニングハウス、前掲『吐き気』五六頁〕

(8) Ebd.〔同書、五五—五六頁〕

(9) Ebd., S. 45.〔同書、五三頁〕

(10) Ebd., S. 45, 47〔同書、五三、五八頁〕を参照。

(11) Adorno, »Schlageranalysen«, in: *AGS* 18, S. 778.〔アドルノ「流行歌分析」吉田寛訳、前掲『アドルノ——音楽・メディア論』所収、一一四—一一五頁〕ここでのアドルノの批判は、「すでに内面的なものを喪失していながらも、にもかかわらずなおもそれを仮象のなかで保持したいと願う」ような「時代」に向けられている (ebd., S. 781〔同書、一二〇頁以下〕)。

(12) Adorno, »Kitsch«, in: *AGS* 18, S. 791.

(13) Adorno, *Minima Moralia*, a.a.O., S. 167.〔アドルノ、前掲『ミニマ・モラリア』二二二頁〕

(14) Ebd.〔同頁〕

(15) Ebd., S. 168〔同書、二二三頁〕

(16) Ebd.〔同頁〕

(17) Adorno, »Fernsehen als Ideologie«, in: *AGS* 10-2, S. 530.〔アドルノ「イデオロギーとしてのテレビジョン」大久保健治訳、アドルノ、前掲『批判的モデル集Ⅰ——介入』所収、一一九頁〕この一節も含めたアドルノのテレビ論について詳しくは、竹峰、前掲『アドルノ、複製技術へのまなざし』二八一—三一四頁、とりわけ二九五—二九七頁を参照。

(18) Adorno, *Minima Moralia*, a.a.O., S. 236f.〔アドルノ、前掲『ミニマ・モラリア』三二三頁〕

(19) Adorno, »Das Schema der Massenkultur«, in: *AGS* 3, S. 306.

(20) Adorno, »Über den Nachlaß Frank Wedekinds«, in: *AGS* 10, S. 627-633, hier S. 627.

(21) Ebd., S. 630.

(22) Ebd., S. 632.

(23) Ebd.

(24) Ebd., S. 631.

(25) Ebd., S. 633.

(26) Benjamin, »Was ist das epische Theater? [1]« (1931), in: *BGS* II-2, S. 522.〔ベンヤミン「叙事演劇とは何か〔初稿〕」前掲『ベンヤミン・コレクション⑤』所収、三四二頁〕

(27) Adorno/ Horkheimer, *Dialektik der Aufklärung*, a.a.O., S.165.〔アドルノ／ホルクハイマー、前掲『啓蒙の弁証法』二一九頁〕さらに、『美学理論』のなかでもアドルノは、ヴェーデキントを引き合いに出しながら、「精神化された芸術の手本」となるのが「サーカス」であると述べている（*ÄT*, 126f.〔一四〇〕）。アドルノ美学における「サーカス」という形象については、竹峰、前掲『アドルノ、複製技術へのまなざし』三三六—三三八頁を参照。

(28) Adorno/ Horkheimer, *Dialektik der Aufklärung*, a.a.O., S.159.〔アドルノ／ホルクハイマー、前掲『啓蒙の弁証法』二一一頁〕

(29)『美学理論』の次の記述も参照。「ベケットの作品は太陽と世界が没落したあとのように薄暗く、サーカスの多彩さを祓い除けようとしているが、こうした作品は、舞台上で演じられることによって、サーカスにたいして忠実であるし、そうした作品のアンチ・ヒーローたちが、道化師やドタバタ喜劇映画からどれほど多くのインスピレーションを受けているかは周知のとおりである」(*ÄT*, 126〔一四〇〕)。アドルノの「ドタバタ喜劇映画」観については、竹峰、前掲『アドルノ、複製技術へのまなざし』三三八頁を参照。

(30) Adorno, *Mahler. Eine musikalische Physiognomik*, in: *AGS* 13, S. 189.〔アドルノ『マーラー――音楽的観想学』龍村あや子訳、法政大学出版局、一九九九年、五五頁〕

(31) Adorno, *Berg. Der Meister des kleinsten Übergangs*, in: *AGS* 13, S. 467.〔アドルノ『アルバン・ベルク――極微なる移行の巨匠』平野嘉彦訳、一九八三年、二二九頁〕

(32) ベンヤミンもまた、『パサージュ論』の一節で、芸術作品が「「キッチュ」を弁証法的におのれのうちに受け容れる」ことによって「キッチュを克服しうることが必要である」と述べることで、ここでのアドルノと同様の認識を示している (Benjamin, *Passagen-Werk*, in: *BGS* V, S. 500 (K3a,1)〔ベンヤミン、前掲『パサージュ論』第三巻二四頁〕)。ただし、つづけてベンヤミンは「今日こうした課題を解決することができるのは、おそらく映画だけであろう」と付け加えるのであり、キッチュを内在化する可能性を複製芸術にのみ認めるという点で、アドルノの立場とは異なっている。「彼〔=すでにそのことを認識している者〕は、映画を神の摂理によって与えられた場所とするようなキッチュにたいして、禁猟区なり自然保護区なりを要求することだろう。それまでおそらく知られていなかったこの素材のうちに一九世紀が蓄積してきた諸要素を爆発させることができるのが、映画よりほかにない」(ebd.〔同頁〕)。

(33) Adorno, »Die Kunst und die Künste«, in: *AGS* 10-1, S. 432-453.〔アドルノ「芸術と諸芸術」拙訳、『SITE ZERO/ZERO SITE』第〇号(二〇〇六年)所収、三一八—三五〇頁〕

(34) Ebd., S. 439.〔同書、三三〇頁〕

(35) Ebd., S. 450.〔同書、三四五頁〕

(36) Ebd.〔同頁〕
(37) Ebd., S. 452.〔同書、三四七頁〕
(38) Ebd., S. 452f.〔同書、三四六頁〕

第6章　補論2　挑発としての擬態
――アドルノの文化産業論再考

1　「文化産業」というトポス

アドルノが遺したさまざまな概念のなかで、もっとも人口に膾炙したものであると同時に、もっとも悪評を買いつづけているのが「文化産業〔Kulturindustrie〕」の概念であることは衆目が一致している。(1)アドルノの知的営為は、哲学、音楽学、社会学、文学論、芸術美学、社会批評など多岐にわたっており、「非同一的なもの」「自然支配」「投壜通信」「限定否定」「図像化禁止」といったように、「批判理論」として総称される彼の思想を特徴づける独自の術語や形象も少なくない。だが、今日、アカデミックな専門研究という特殊な領域以外のところでアドルノの名前が取り沙汰されるのは――「アウシュヴィッツのあとに詩を書くことは野蛮である」という有名な警句が引き合いに出される場合を除いては――もっぱら『啓蒙の弁証法』の文化産業論との関連であることが多い。そして、そこで幾度となく浮かび上がってくるのは、「文化産業」の名のもとに、ジャズや娯楽映画などの大衆文化のすべてを、支配体制によるイデオロギー的な大衆操作の手段として十把ひとからげに批判したエリート主義的な知識人という、きわめてクリシェ的なイメージである。

一九四四年に脱稿された『啓蒙の弁証法』――当時はまだ『哲学的断想』というタイトルだった――は、社会研究所内で私家版が回覧されたのち、一九四七年にアムステルダムで出版される。だが、この書物について広く知られるようになったのは、初版からおよそ二〇年後、一九六〇年代の西ドイツにおける学生運動の高まりのなかで、『啓蒙の弁証法』の海賊版――ホルクハイマーがこの書物の再版を拒絶しつづけたため、正規版はずっと入手困難だった――が広く出回り、そこでの資本主義的体制にたいする痛烈な批判に多くの若者が賛同したことがきっかけである。(2) その意味で「文化産業」の概念は、いわゆる六八年運動を理論的に支える役割を果たしたといえるが、しかしながら、学生たちの抗議行動が過激化の一途をたどっていくなかで、アドルノ自身もまた、体制側の知識人の一人として攻撃の槍玉にあげられるようになる。とりわけ、このころ『美学理論』の執筆に没頭していたアドルノが、一九六九年夏に心筋梗塞で急逝するまでのあいだ、シェーンベルクの音楽をはじめとするモダニズム芸術のアクチュアリティを懸命に擁護する一方で、政治的なアンガージュマンのすべてにたいして懐疑的な発言を繰り返したことは、非実践的な文化保守主義者というこの哲学者のイメージを決定づけることとなった。

このあと、フランクフルト学派の担い手は、一九七〇年代以降はハーバーマスを筆頭とするいわゆる「第二世代」に、さらに八〇年代半ば以降はアクセル・ホネットら「第三世代」にシフトしていく。そのなかで、アドルノの理論的主著のひとつである『啓蒙の弁証法』がたびたび痛烈な批判に晒されたことは、フランクフルト学派の後継世代による一種の〈父親殺し〉と解釈できなくもない。よく知られているようにハーバーマスは、『啓蒙の弁証法』における理論的立場をニーチェと比較しながら、この書物のうちに、イデオロギー批判が理性にまで向けられることで、おのれの立論の妥当性の基盤をみずから掘り崩しているというアポリア的な構造を見て取ろうとする。そこで文化産業論について踏み込んで論じられているわけではないが、「この書物〔＝『啓蒙の弁証法』〕を読んだときにはじめに受ける［……］直観的印象」として各所に記されている「自分たちの論旨の説得力を疑わしくさせるような抽象化と平板化」、「不完全で一面的」といった言葉は、[3] アドルノの社会批判に繰り返し向けられてきた常套句そのものであるといってよい。さらに、ホネットにいたると、その主著である『権力の批判』（一九八五）のなかの次の一節は、アドルノの社会批判の欠陥のすべてが文化産業論に集約されていると主張したいかのようだ。

アドルノはこのような狭窄化した視野を規準とすることによって、サブカルチャーを受容する地平や、集団に固有な解釈の働きおよび解釈基準、何よりもマスメディアの組織形態における国民的特殊性を度外視しうると考えた。ともかくも、このような視野の狭窄化は、文化産業の理論を後期資本主義社会のグローバルな構造分析というこの理論に固有の背景に引き戻してみれば驚くにあたらない。そこに、つまりアドルノの社会経済的な現代診断のうちに、操作理論の粗雑なヴァージョン――彼の文化産業論は結局そこに帰着していく――の根がある。[4]

他方で、第二次世界大戦および冷戦構造の影響により、戦後しばらくのあいだヨーロッパの左翼思想の輸入がほぼ途絶していた英米圏でも、ようやく一九七〇年代になってアドルノのテクストの翻訳・研究が本格化し、そのなかで「文化産業」の概念も社会批判のためのツールとして徐々に広まっていく[5]。だが、ポピュラー文化の最大の発信地であるアメリカでは、とりわけジャズにたいするアドルノの批判的エッセイが激しい反発を呼び[6]、「マンダリン的文化保守主義[7]」というレッテルが定着した。また、一九八〇年代半ばより、いわゆる亡命研究（Exilforschung）が盛んになるなかで、ドイツ＝ユダヤ系亡命知識人のアメリカ体験という観点からアメリカ時代のアドルノのテクストを読み直す試みも見られるようになる。だが、そこでもまた、「アドルノが〔アメリカの〕ポピュラー文化から引き出しえた唯一の教えは、後期資本主義社会がきわめて悪い状態にあるということであり、大衆文化に反対し、とはいえ「古典」を崇拝する気もないという彼自身の立ち位置は、これからもずっと極度に孤立したものでありつづけるだろう」といった見解が飽くことなく呈示されつづける[8]。

さらに、英米圏におけるアドルノ受容という点で指摘すべきは、カルチュラル・スタディーズとの関わりであろう。とりわけ、アドルノを含めたフランクフルト学派の思想家たちが、通俗小説、映画、ジャズ、ソープオペラ、テレビドラマなど、それまでかならずしも学術研究の対象と見なされてこなかったロウ・カルチャーを、マルクス主義的な観点から批判的分析の対象にしたことは、一九六〇年代後半よりイギリスを中心に流行したカルチュラル・スタディーズの先駆と見なされてきた。もっとも、アドルノたちが後期資本主義社会における大衆文化の役割に注目した背景には、ファシズムという問題、とりわけ、革命の担い手となるはずの大衆がなぜナチズムのような野蛮な政治運動を熱狂的に支持しつづけるのかという、多くはユダヤ系の社会研究所のメンバーにとっては焦眉の問題があったのであり、このあと詳述するように、ファシズムと大衆消費社会との類同性を析出することで、その自発的服従のメカニズムを解明することが彼らの主要な企図をなしていた。そのために、フランクフルト学派の場合、大衆文化やマスメディアを主題としている場合であっても――ベンヤミンの複製技術論文や晩年のマルクーゼが学生運動の時期に著した時局的な革命論は例外として――それらをイデオロギー的な大衆操作の手段として規定するという傾向が強い。それにたいして、一般的にカルチュラル・スタディーズは、日常生活における権力と消費との関係を重層的なものとして捉えることで、ポピュラー文化やマスメディア、消費者としての大衆のうちに、既存の体制に盲従するだけの受動的な役割だけでなく、支配的イデオロギーを攪乱・転覆するような能動的な契機をも積極的に見出していこうとする。それゆえ、カルチュラル・スタディーズの陣営に属する理論家たちからは、「フランクフルト学派の人々が鼓舞した議論の問題点は、抽象性にあった。ポップ・ファンが音楽を実際にどう利用しているかについては、ほとんど検証されず、受動性だけが仮定されていた」[9]といった批判が、しばしば投げかけられてきたのである[10]。

さらに付言しておくと、日本では、『啓蒙の弁証法』の全訳が一九九〇年にようやくはじめて刊行されたことをきっかけとして、アドルノの文化産業批判についての論及が増えていく。とはいえ、そこでもまた、しばしばベンヤミンと対比されるかたちで、ポピュラー文化に無理解なままに高級芸術に固執しつづけた反動的なエリート主義者というイメージがまたもや反復されているという感は否めない[11]。このように、アドルノの文化産業論は、西ドイツの学生運動の担い手たちからも、フランクフルト学派の後継世代の思想家たちからも、ポピュラー文化の擁護者を自認する立場からも、カルチュラル・スタディーズの主唱者たちからも、そして日本の批評家たちからも、地域や時代の別を問わず、さまざまに批判され、反駁され、さらには侮蔑されてきたのである。

だが、ここでひとつの素朴な疑問が浮かび上がる。全集版で五〇頁ほどの長さのこのエッセイをめぐって、なぜこれほどまでに執拗かつ饒舌に語られてきたのだろうか。たとえば、かつての〈政治の時代〉に一世を風靡したマルクーゼの著作について言及されることがいまではほとんど稀になってしまったのにたいして、『啓蒙の弁証法』の文化産業論は、ベンヤミンの複製技術論文ほどではないにせよ、今日でも忘却されることなく、なおも盛んに論じられつづけている──それも、現代社会にたいするアクチュアルな視座を再評価するというよりも、時代的な限界や視野の狭さにたいするお馴染みの批判を飽きもせずに蒸し返すようなかたちで。さらに、文化産業論を批判する諸々の言説において特徴的なのは、先に挙げたさまざまな引用が示すように、妙にどこかパセティックであり、冷静な距離感を欠いているように響くものが多いことだ。

それにたいして、本章で試みるのは、アドルノの社会批判の是非について議論したり、その今日的な射程を擁護したりすることではない。むしろ、ここでの主眼は、視点を一度転換し、『啓蒙の弁証法』の「文化産業」の章とそれに関連する論考を、読者にたいするテクストのパフォーマティヴィティという点から、あらためて考察することである。そもそも、「エッセイ」として執筆されたアドルノのテクストを、その主張内容の真理や普遍妥当性といった（疑似）自然科学的な基準で測るのは見当違いである。以下で明らかにしていくように、そこで誇張やメタファーといった修辞技法をもちいつつ戦略的に遂行されているのは、読者を巧みに挑発し、何らかの情動や反応を誘発し、みずから思考することを促すというパフォーマティヴな行為にほかならないのだ。

2　誇張と挑発

アドルノの文化産業論にもっともよく投げかけられる批判のひとつが、大衆が消費行動のなかで果たしうる自発的・能動的な役割を完全に無視しているというものである。スチュアート・ホールの有名な論文「エンコーディング／デコーディング」（一九七二）を持ち出すまでもなく、諸々のメディアによってエンターテインメントとして生産・流通される多種多様なコンテンツにおいて、そこに込められた製作者側のメッセージや意図は、そのまま消費者大衆にストレートに伝達されるわけではない。送信者によってコード化《エンコーディング》されたメッセージは、受信者のもとで脱コード化《デコーディング》される際、それぞれが属する文化や性別、階級などの諸条件に応じて、さまざまな解釈や読解が主体的に施され、送信者側が予期していなかった複数の文脈に結びつけられる。カルチュラル・スタディーズの理論を少しでも齧ったことがある者であれば誰もが共有しているであろうこうした見解と比較するならば、「資本の全能さを［……］焼き付けることがすべての映画の意味をなす」[12]といった文章を目にすると、あまりにも単純で、一元的で、大衆蔑視的であるという印象が拭えないことは確かである。

のちに「文化産業についてのレジュメ」（一九六三）という論考のなかでアドルノは、そもそも「文化産業」という術語自体が、「大衆文化」という言葉に付きまとう消費者大衆の自発性という「含意」

のすべてを事前に打ち消すためのものであったと述べている。「〔『啓蒙の弁証法』の文化産業の章の〕草案の段階では大衆文化という言葉がもちいられていた。われわれはこの表現を「文化産業」という言葉で置き換えたわけだが、その理由は、そうした事柄を擁護しようとする人々に都合がよい含意をあらかじめ排除しておくためだった。すなわち、そこで問われているのが、何か大衆そのものから自然発生的に沸き起こった文化といったものであり、現在では民衆芸術という形態をとっているものであるといった含意である」[13]。このようにアドルノは、一般に「大衆文化」と呼び慣らされているものが、「自然発生的に沸き起こった」というイメージとは裏腹に、徹底して非自発的なかたちで消費者に強制されたものであり、産業的なシステムのなかに完全に組み込まれたものであることをあらためて強調する。さらに、つづけてアドルノは、文化産業のシステムのなかで「大衆」が「主体」として振る舞うという余地すらも全面的に否定してみせる。

大衆とは主要なものではなく、従属的なものであり、計算に入れられたものであり、機械装置の付属物にすぎない。顧客とは、文化産業がそう思わせようとしているのとは異なり、王様でもなければ主体でもなく、たんなる客体にすぎないのである[14]。

ここで注意すべきは、「顧客とは〔……〕たんなる客体にすぎない」という一方的な断定の言葉によって糾弾されている対象が、文化産業に従事する関係者や、その生産物を日々嬉々として受容する無自覚的な消費者だけでなく、むしろそれ以上に、「大衆」や「民衆」の名のもとに管理社会のヘゲモニー的な支配のメカニズムを正当化したり、そのイデオロギー的な強制力を隠蔽したりするような論者たちであるという点である。つまり、文化産業論とは、大衆の主体性や能動性をいたずらに言祝ぐような言説にたいする反論をなしているのであり、のちのカルチュラル・スタディーズの理論家たちがアドルノを批判する際に依拠するような立場がそこであらかじめ批判されているのだ。言い換えれば、どのような理由からであれ大衆文化を擁護するような言説は、つねにすでに文化産業論の言説のなかに書き込まれ、事前に論駁されているのである。

同様のことは、アドルノの文化産業論にたいするもうひとつの主要な批判、すなわち、一般に「大衆文化」と総称されるものが孕みもつ微細な差異や豊かな細部、個性的な表現、独創的なスタイルなどが完全に等閑視されているという批判についても当てはまる。ハリウッドのスタジオ・システムのもとで製作されたラブ・コメディや活劇の高度な洗練、『市民ケーン』（一九四一）におけるディープ・フォーカスの息を呑むような斬新さ、クール・ジャズの革新性など、大衆娯楽のジャンルに属する文化商品が、アドルノが「自律的な芸術作品」と呼ぶものにけっして劣らない美的価値や表現力をもちうることを、われわれは経験のレヴェルですでに熟知している。だが、それにたいしてアドルノは、「〔本質的な違いがないという点で〕ワーナー・ブラザーズが提供する映画と、メトロ・ゴールドウィン・メイヤーズが提供する映画は同じである[15]」、「オーソン・ウェルズが業界の慣例に逆らうことをやっても、そのすべてが許容されるのは、それが計算された無作法として体制の効力をいっそう熱心に強化するからである[16]」、あるいは「ジャズは何度も文化産業の手に、つまりは音楽的・社会的な画一性に捉えられてきた。スウィング、ビーバップ、クール・ジャズといった有名な標語は、宣伝のスローガンであると同時に、例の才能の吸い上げの過程がのこした傷痕でもある」[17]などと堂々と言い放つのである。

ただし、大衆文化をひたすら軽侮しつづけたエリート主義者というアドルノのイメージを幾重にも裏書するようなこれらの記述を、たんなる無知や無関心の産物であると見なすことはあまりに短絡的だろう。南カリフォルニア亡命時代（一九四一―四九）にアドルノが親しく付き合っていた人々のなかには、フリッツ・ラングのほか、ワーナーの看板監督の一人であるウィリアム・ディターレや、MGMのグレタ・ガルボ主演作のシナリオを数多く手がけた女性脚本家のザルカ・フィアテルといったドイツ系の映画人も多数含まれていた。さらに、このころアドルノは、映画館で頻繁に作品を鑑賞するだけでなく、友人たちが関与する映画の撮影スタジオや録音現場をたびたび見学していたのだから[18]、ワーナー・スタジオとMGMスタジオの製作作品のスタイル上の差異や、オーソン・ウェルズの試みの画期的な意義について、まったく知らなかったはずはない。さらに、それに先立つニューヨーク亡命時代（一九三八―四一）にアドルノは、アメリカで活躍したイギリス出身のジャズ・ピアニストで、ジャズ評論家としても知られるレナード・フェザーの案内のもと、名門クラブ「コットン・クラブ」でアルトサックス奏者ジョニー・ホッジズのライヴを堪能したり[19]、ラジオで聴いたベニー・グッドマンを「もっとも才能あるスウィング・ミュージシャンの一人」として評価するなど[20]、ジャズの実地検分もけっして怠ることはなかった。要するに、アドルノは、みずからが批判対象とする文化商品の数々について、その生産システムや製作者たちの実態を熟知していただけでなく、娯楽や芸術としての価値を評価する感性にも欠けてはいなかったのである。

それゆえ、ひとまずこう結論づけることができるだろう。ハリウッド映画やジャズについてアドルノが過激なまでに否定的な断定を繰り返すとき、それは大衆文化の実態をまったく知らないヨーロッパ系知識人の傲岸さと感性的な限界をあらわしているのではなく、対象がもつ内在的な価値について——少なくともある程度は——認識したうえで、敢えて意図的に極論を呈示しているのだと。そして、その裏には、個々の文化商品の芸術的な表現力を手放しで是認・称賛するという振る舞いが、いかに正しい批評的見識に基づくものであったとしても、それが公言された瞬間、「文化産業的なスタイルをもった精神的な制作物は、もはや商品でもあるのではなく、徹頭徹尾、商品なのである」[21]という事実への洞察が曇らされてしまうという確信があったのではないだろうか。つまり、いかに芸術表現として卓越した映画やジャズ演奏であったとしても、それらは商業的な利潤を上げることを至上の目的としているという点にかけては低劣な娯楽映画や安手の流行歌とまったく変わることはない、という確信である。たとえばフリッツ・ラングのフィルム・ノワールやコルトレーンの即興演奏に心を動かされる——この文章の筆者も含めた——人々は、有名指揮者の〈名演〉や印象派の〈名画〉を文化施設で悦にいって鑑賞するブルジョワたちのように、たんに商品フェティシズムに耽溺しているにすぎないのであり、結局のところそれは既存のイデオロギー的支配体制を正当化することに繋がってしまうのだ。

消費者大衆が主体的な能動性を発揮することも、文化生産物が多元性や多層性をもちうることもいっさい認めることなく、ひたすら独占資本主義体制のもとでの商品とその消費者である大衆の意識の画一化を糾弾しつづけるアドルノの文化産業論。その要諦を凝縮させているのが、先に引用した「資本の全能さを［……］焼き付けることが、すべての映画の意味をなす」という印象的な命題であろう。そこでは、個々の表現内容、作品としてのクオリティ、監督やスタッフ、プロダクション、製作された時代や地域、受容者層など、さまざまな次元における無数の差異が完全に捨象され、大衆の意識に産業資本のイデオロギーを刻印づけるという単一の機能へと還元されてしまう。もちろんながら、そうした疑わしい特徴をもった映画作品は無数に存在しているだろうし、大量の資金投下を必要とする商業映画の多くが資本に迎合するような傾向を潜在的にもっていると主張することもあながち不可能ではないかもしれない。だが、「すべての」という不定代名詞がもちいられることによって、この一文は客観的な検証可能性の地平から離れ、誇張という修辞的な性格を濃密に帯びることとなる。[22]

『ミニマ・モラリア』のなかでアドルノは、「精神分析では、その誇張された面だけが真理である」と述べているが、[23] 彼自身の文化産業論にたいしても同様のことが指摘できるだろう。物事を大袈裟に表現するというこの修辞技法によって描き出されるのは、ありのままの事実ではなく、ある特定の要素が極端にまで拡大ないしは縮小されたさまである。その機能は、多くの修辞表現がそうであるように、何らかの目的（説得、芸術表現、粉飾、誘導……）のために、とにかく相手に強い印象を与えることであり、その意味において、誇張とはすべてが事実確認的《コンスタティヴ》な言説ではなく、行為遂行的《パフォーマティヴ》な言説をなしている。だからこそ、誇張表現にたいして、その真偽を問うことは的外れ（ないしは野暮）であり、読者に及ぼす効果という点から適切／不適切の判定が下されるべきなのだ。

ただし、文化産業批判のなかでアドルノが駆使する誇張の数々は、他人を説得したり、おのれの主張の正しさに同意を求めたりすることを主眼に置いているわけではおそらくない。そこで意図されている効果とは、端的にいって、読者を挑発することに尽きるだろう。後期資本主義社会において、いかに知識人やアウトサイダーを気取っても、あらゆる人間が消費者大衆の一人であることを免れないのだから、管理社会が文化商品のなかに埋め込んだ欺瞞的なメッセージを嬉々として受容する愚鈍にして無力な大衆についての記述とは、そのまま読者一人ひとりの肖像画でもある。文化産業に関するアドルノの教説を読む者は、過度に単純化され、矮小化された文化産業システムとその生産物の数々のイメージのみならず、デフォルメされたおのれのカリカチュアをみずからの鼻先に突きつけられる。そして、それがほかならぬ自分自身に向けられた批判であるだけに、すべて間違った暴論であると憤激するのであれ、あまりの無理解ぶりに嘆息するのであれ、あるいは滑稽な誤解として嘲笑するのであれ、何らかの情動的な反応が誘発されるのである。

要するに、ここでアドルノが独特の文体で綴られたおのれのテクストを介しておこなっているのは、読者にたいする挑発行為なのであり、それに躍起になって反論すればするほど、そこで遂行されている挑発に見事に乗せられてしまったという事実を、みずから証し立てることとなる。挑発された読者は、テクストにたいして傍観者的な位置に立つことはもはや許されない。読者は、好むと好まざるとにかかわらず、さらには著者たちの主張に賛同するか反対するかに関係なく、真偽の二項対立を超えたところで、テクストのうちに参与し、挑発と応答からなるパフォーマティヴなコミュニケーション行為をともに遂行することを余儀なくされるのだ。それゆえ、アドルノの議論がさまざまな非難や反論をいまもなお誘発しつづけていることは、テクストの時代的な限界や理論的な欠陥ではなく、そのパフォーマティヴィティの成功の証左と見なすべきなのである。

3　言説戦略としてのミメーシス

だが、文化産業論が今日においてなおも挑発的であるとすれば、そこで繰り広げられる誇張表現の数々のみに起因するわけではない。それと同じく重要なのが、文化産業を批判する言説それ自体が、紋切り型のイメージの数々への還元という、きわめて文化産業的な手法によって成立しているという点である。『啓蒙の弁証法』でアドルノ／ホルクハイマーは、後期資本主義体制下の消費者大衆が、あらゆる対象を所与のパターンにカテゴリー的に包摂することを無自覚のうちに強制されているという主張を、「図式機能」や「レッテル思考」といった術語を使いながらおこなっている。だが、そのなかの、当時の大衆文化とブルジョワ文化の双方を彩る多種多様なジャンルに属する固有名詞の数々――グレタ・ガルボ、ルビッチ、ザナック、ミッキー・ルーニー、ヴィクター・マチュア、ベティ・ブープ、ドナルドダック、チャップリン、マルクス兄弟、ベティ・デイヴィス、グリア・ガースン、カルーソー、トスカニーニ、ギュイ・ロンバルト、ベニー・グッドマン、パレストリーナ、ベートーヴェン、ヴァーグナー、ヘミングウェイ、マーク・トウェイン、エミール・ルートヴィッヒ……――は、すべてが置換可能な記号であり、たんなる商標以上のものではない。言い換えれば、文化産業論でおもに問われていることのひとつが、実態から遊離したシミュラークル的なイメージがいかに生産・流通・消費されているかという循環的なメカニズムであったとすれば、それを批判的に考察する言説そのものが、「図式機能」や「レッテル思考」に基づく対象のイメージ化をみずから徹底的に推し進めているのだ。

たとえば、文化産業システムのもとで、個々の芸術家や作品の表現上の特性や質的な差異は抹消されるばかりでなく、盛んにおこなわれる「翻案」をつうじて、文学、映画、音楽などのジャンルや、あるいはクラシックやジャズといったサブジャンルの区別も廃棄され、高級文化／大衆文化というヒエラルキーも崩壊する。そのなかで、代わりに「ミリメーターの部品の違いで揃えられたシリンダー錠」のように完璧に規格化された「擬似個性」のみが、市場のニーズに合わせて適宜供給される。(24)「A級映画とB級映画との違いや、価格帯の異なる雑誌の読み物の違いがことさらに強調されるのは、内容に起因するのではなく、消費者の分類・組織・理解度に合わせたものなのである」(25)。だが、このようなかたちでテクスト上で展開されているのは、資本主義的な商品経済システムの――けっして客観的なものではなく、多分に誇張された――分析であると同時に、画一的なイメージへの変換という文化産業的な操作そのものを、言説の次元においてミメーシス的に再現《レプロドゥツィーレン》＝複製することにほかならない。『啓蒙の弁証法』の文化産業の章は、「白い歯以外の、腋汗や感情からの自由以外の何ものも意味しない」ような「パーソナリティ」を例に、「それは同時に正体が透けて見えている文化商品にたいして消費者たちがおこなう強制されたミメーシスなのだ」という主張によって締めくくられているが(26)、アドルノたちのテクストそのものが、おのれの論述対象とミメーシス的な関係を密かに取り結んでいるのだ。

それゆえ、文化産業論を読むという行為とは、言語によって擬態された産業資本のメカニズムを、凝縮されたかたちで疑似体験することだということもできるかもしれない(27)。ただし、そこには、誇張とイメージ化とともに、さらに読者の情動を挑発的に刺激するような、もうひとつの修辞的な工夫が施されていることに注意する必要がある。すなわち、異質なカテゴリーに属する二つの契機がアナロジーをつうじて短絡的に連結されるという、一種のモンタージュないしは「交差配列法」[28]と呼ぶことができるような仕掛けである。すでに「文化産業」という言葉が「文化」と「産業」を組み合わせた造語であったことに象徴されるように、アドルノ／ホルクハイマーの議論には、読者の意表をつくようなコンビネーションが散見される。産業資本がおのれの顧客の意識のなかで促進する画一主義が、カントの『純粋理性批判』における図式論に擬えられるのはその一例であるが、さらに、ほかにも、「ラジオと映画の総合」を目指すものとしてのテレビが「総合芸術についてのヴァーグナーの夢の嘲笑的な実現」であると規定されたり[29]、「常軌を逸している」という点で「サーカスや蠟人形館や売春宿」と「シェーンベルクやカール・クラウス」が唐突に結びつけられたりする[30]。なかでも、もっとも顕著であるのが、「文化産業」の章のテクストの後半部分で繰り返し浮上してくる大衆消費社会と全体主義体制とのアナロジーであって、ラジオで流れるコマーシャルはファシズム指導者のプロパガンダ演説に、隣人愛を謳ったヒューマンな映画はナチスの貧民救済事業に、宣伝広告のフレーズは全体主義的スローガンに、それぞれ喩えられるのである。

ここにおいて読者は、ひとつのショッキングな命題を突きつけられる。溢れんばかりの宣伝広告に身を晒しながら日々消費生活を営んでいる文化産業体制下の大衆と、指導者のイデオロギー的指令に盲従するファシズム体制下の大衆とのあいだには、本質的な差異はまったく存在しないというのだ。支配権力を欺瞞的に正当化し、自発的服従を促すためのイデオロギー的な意識操作の手段という点において、アメリカのマスメディアも、ナチス・ドイツのマスメディアも完全に同一であり、たんに「どれでも自由に選べるという見せかけ」が一応は保持されているか、「あからさまな命令」であるかという違いにすぎない。(31) 仕事のあとの余暇の時間にラジオから流れるヒットソングを聴くこと、映画館でスターたちの美貌や演技を鑑賞すること、広告につられて衣料品や石鹸を何となく購入すること、俳優のような気取った仕草でタバコに火をつけること等々、一見したところ平凡ながらも罪のない、われわれが日々おこなっている行為が、文化産業論のレンズを通して見ると、大勢順応的なメンタリティを大衆のなかに密かに醸造するものとして、ファシズムへの心理的な準備へと結びつけられる。そして、その果てにあるのが――『啓蒙の弁証法』執筆時のアドルノとホルクハイマーは、おそらくはまだ漠然とした予感の段階にとどまっていたであろう――アウシュヴィッツという未曾有の災禍にほかならない。

文化産業とファシズムに共通するものは、ミメーシスとプロパガンダという二つの契機に集約されるだろう。巨大企業は、スター俳優に象徴されるような、大量生産された画一的なイメージに消費者大衆がミメーシス的に同一化するよう、さまざまな宣伝テクニックをもちいて巧みに誘導する。「ある映画が眩いばかりの華麗な少女を見せるとき［……］この華麗な少女は、文字記号として見た場合、心理的な横断幕とはまったく異なるものを伝えている。すなわち、彼女そっくりになりなさい、という指示である」(32)。さらに、ファシズム体制下において大衆は、政治プロパガンダをつうじて、ユダヤ人のような特定の社会集団に投射された侮蔑的なイメージの数々を嘲笑しながら模倣し、無慈悲に排斥することを推奨される一方、おのれが崇める指導者を「自我理想」と見なし、それにナルシシズム

的かつ集団的に同一化すべく煽動されるのである。(33)

文化産業論がおのれの分析対象に擬態しているという仮説を先に呈示したが、だとするならば、アドルノたちの議論のうちにも、ファシズム的な言説のパターンと通底するものをも見て取らなくてはならないことになる。実際、対象を模倣しながら批判するという文化産業論のミメーシス的な身振りは、それにつづく第V章「反ユダヤ主義の諸要素――啓蒙の限界」で扱われる「みずからにとってユダヤ人とは何をあらわしているかを真似すること」が「習性となって」いる反ユダヤ主義者の姿を彷彿とさせる――「総統とその信奉者たちが了解しあっているすべての口実は、現実原則をあからさまに傷つけることなしに、いわばそれを尊重しつつ、ミメーシス的な誘惑に身をゆだねることを可能にする。彼らはユダヤ人に耐えられないが、絶えずユダヤ人の真似をする」(34)。啓蒙化と合理化のプロセスのなかで、他者や事物に擬態したり、汗の臭いを嗅いだりといったミメーシス的な行動様式は、啓蒙によって全面的に克服されたはずの過去の残滓であり、理性によって制御しえない非合理的要素として、近代社会においては徹底的に排除される。だが、その裏において、〈ミメーシス的なもの〉の歪んだイメージが、ユダヤ人をはじめとする社会的マイノリティに一方的に投影され、さらに迫害者によって模倣的に再現されるのであり、それによって反ユダヤ主義者たちは、禁じられた太古的衝動をなかば公然と充足させることができるというのである。

『啓蒙の弁証法』を執筆していたアドルノとホルクハイマー自身が、そのような「ミメーシス的な誘惑」を密かに享楽していたのではないかと推測することもまったく的外れではないかもしれないが、それは敢えて問わずにおこう。(35) むしろ、ここで見逃されてはならないのは、対象への擬態という彼らの手法が、文化産業とファシズムの双方がイメージを媒介として遂行するプロパガンダにたいする対抗プロパガンダという性格を多分に帯びているという点だ。大袈裟な修辞表現によって相手に強く印象づける誇張法、攻撃対象を単純化・矮小化する画一化されたイメージ、根拠を欠いたままに繰り返される断言など、先に指摘した文化産業論の言説上の特徴の数々は、そのまま商業的・政治的なプロパガンダの手法と合致する。[36] つまり、文化産業がファシズムと密かに共有しているイメージ／ミメーシス／プロパガンダのあいだの結託関係にたいして、アドルノたちがとる言説戦略とは、毒をもって毒を制するとでもいうような、一種の同種療法《ホメオパシー》にほかならない。

　ただし、文化産業／ファシズムがさまざまなテクノロジー・メディア（ラジオ、映画、テレビ……）をつうじておこなうプロパガンダは、周到なテクニックによって、大衆のなかの批判的意識を徐々に解除し、ミメーシス的な同一化と排斥へと誘うことを目的としている。それにたいして、文化産業論がテクストのなかで遂行している対抗プロパガンダは、鈍磨した大衆の批判的意識を挑発的に呼び覚まし、それぞれが能動的に思考するように刺激することを企図しているといえよう。文化産業論の読者としてのわれわれは、お馴染みの対象や消費者大衆の一人としてのおのれの姿をイメージ化、誇張、モンタージュなどの操作によって戯画的に歪めるような記述をまえに、まずはショックや反感を覚えるだろう。だが、そのような情動的な反応のあと、そこで大袈裟な修辞をもちいて繰り出される断定的な命題の数々にたいして、たとえ反駁するなかであっても、「文化産業」と総称された問題について、みずからが省察するようにあらためて促される。おそらく、『啓蒙の弁証法』の著者たちは、現代の大衆を迷妄のまどろみから覚醒させるためには、正論によって人々の理性に訴えるという旧来の啓蒙的な手法だけでは不十分であると考え、挑発、擬態、煽動という対抗プロパガンダ的なパフォーマンスを、ここで実験的に展開してみたのではないか。そして、執筆から七〇年以上の歳月が経過した現在でもアドルノたちの議論がさまざまな反響を呼んでいるという事実は、彼らの言説戦略の有効性をいまも証し立てているのである。

4　批判理論のパフォーマティヴィティ

以上で明らかにすることを試みたように、アドルノの文化産業論は、哲学というカテゴリーに一応は分類されながらも、客観的に検証しうる事実や真実を呈示するわけでも、ましてや強固な理論体系を構築しようとするわけでもけっしてない。むしろ、このテクストは徹頭徹尾、行為遂行的《パフォーマティヴ》な性質を帯びているのであり、そこで問題になっているのは、さまざまな修辞技法によって読者の認識や知覚を揺さぶり、新たな思考の地平を能動的に切り開いていくことであり、究極的には、現実社会についての語りによって現実社会に働きかけ、何らかの実践的な変化をもたらすことにほかならない。おそらく、かかる言語行為的な傾向は、程度の違いはあれ、『啓蒙の弁証法』の他の章や、さらにはアドルノが執筆したすべての論考にも当てはまるのではないだろうか。たとえば、漂白するオデュッセウスのうちに「自然支配」と「自己保存」を機軸とする「主体性の原史」を読み取るという有名な議論にしても、ホメーロス読解としては非文献学的で強引な印象は否めず、とはいえ哲学的論述と呼ぶにはあまりにも恣意的である。さらに、鍵となる諸々の概念も厳密に定義づけられることはけっしてなく、修辞を多用した文学的な叙述のなかで比喩的にもちいられるにすぎない。だが、にもかかわらず、あるいはまさにそれゆえに、『啓蒙の弁証法』が問うている啓蒙と神話の弁証法的交錯という事態が、この『オデュッセイア』解釈をつうじて読者の脳裏に鮮明に刻み込まれるのであり、そこからわれわれは「自然支配」の主体である自分自身について省察するように誘われるのである。

このような特徴を備えたみずからのエクリチュール形式にたいして、アドルノ自身がすでにひとつのジャンル上の名称を与えていた。すなわち、エッセイである。エッセイについてのアドルノの基本的な考えは「形式としてのエッセイ」（一九五四―五八）のなかに綱領的にまとめられているが、そこでは、「エッセイの真理」とは、主観性や恣意性とは切り離しえず、「おのれの非真理をつうじて出てくる」ものであり、「そのいかがわしいところや追放されたところ」、「移ろいやすく堅実さを欠いているところ」にこそ存在するものであると規定されている。[37] エッセイとはさらに、自然科学や合理主義哲学の場合とは異なり、「修辞」という契機とも不可分の関係にあるのであって、[38] その「真理」もまた、テクストの背後や外部に所与のものとしてあるわけでも、あるいは形式的な論理展開のなかで段階的に獲得されるものでもなく、「表現」それ自体のうちに見出されなくてはならない。エッセイの真の課題は、「文化の要求を揺るがし」、おのれの非真理を、つまり、文化が自然の手中に陥ってしまったという実態が露呈しているようなイデオロギー的な仮象を追想させること」にほかならないのだ。[39] 読者にたいしてエッセイは、叙述対象についての一般的に妥当する「真理」を与えるのではない。むしろ、みずからの「真理」の普遍性を標榜するような文化が「イデオロギー的な仮象」にすぎないという逆説的な「真理」を、「修辞」によって彩られた「表現」をつうじて読者の一人ひとりがみずから「追想」するように駆り立てることが、まさに形式としてのエッセイで問題になっているのである。

それゆえ、『啓蒙の弁証法』の「文化産業」の章や、それに関連する一連の論考も、アドルノが規定する「エッセイ」として捉えるならば、「非真理」や「いかがわしいところ」といった特徴のうちにその「真理」が潜んでいる以上、個々の主張がいかに誤りや偏向を含んでいるかということを糾弾したとしても、批判としては完全に的を外していることになる。むしろ、問われるべきは、そこでさまざまな修辞を駆使して繰り広げられる叙述が、いかなる行為を、何のために遂行しているか、という問題であろう。

これまでの議論のなかでわれわれは、アドルノの文化産業論が、読者にたいして挑発や対抗プロパガンダを遂行しているという意味で行為遂行的《パフォーマティヴ》な性質をもっていることを繰り返し確認してきたが、結局のところ、かかる言語行為の最終的な目的とは何だろうか。おそらくそれは、ファシズムという現代の野蛮が繰り返されるという事態を可能なかぎり阻止するということ以外ではないだろう。

『啓蒙の弁証法』が共同執筆された一九四〇年代前半、ナチス政権下の故国を逃れ、最終的にアメリカへと亡命することを余儀なくされたアドルノたちにとって、ファシスト勢力の世界規模での拡大はまさに現在進行形の危機であった。それにたいして、アドルノも含めたフランクフルト学派のメンバーは、哲学、歴史学、経済学、心理学、社会学などの学術的知見を結集することで、ファシズムを誕生・存続させた諸条件を突きとめるべく、さまざまな試みをおこなった。『啓蒙の弁証法』という書物もその一環として書かれたわけだが、ただし、「文化産業」の章で問題になっているのは、大衆消費社会とファシズムとの親和性を暴きだすことであることは、すでに何度も指摘したとおりである。つまり、文化産業批判の矛先が向けられているのは、全体主義的体制そのものではなく、そのまったく対極にあると見なされてきた自由主義的な社会であり、ファシズムという病理を蔓延させた集団的なメンタリティが産業資本をつうじて密かに組織的に再生産される構造的なメカニズムを告発することに重点が置かれていたのである。

さらに、戦後になってもアドルノは、アメリカや西ドイツをはじめとする西側の社会においても、ファシズムへとふたたび傾倒しかねないような危険な心理状態が、消費活動をつうじてなおも大衆のなかで密かに培養されているのではないかという強い危惧を絶えず抱きつづけた。五〇年代や六〇年代になってもアドルノは、商品資本主義社会にたいする批判的考察として、テレビなどの新たに普及した大衆メディアを主題にするといった多少のアップデートをおこないながらも、基本的には『啓蒙の弁証法』での自身の主張をそのまま繰り返すようなテクストを飽くことなく発表しつづけた。それにたいしてわれわれは、誤った自説に固執するエリート主義者の頑迷さのあらわれとして一蹴するのではなく、むしろ、アウシュヴィッツの再来にたいする痛烈な危機意識に裏打ちされた挑発的なパフォーマンスの継続と見なすべきではないだろうか。晩年のアドルノが執筆した「アウシュヴィッツのあとの教育」を主題にしたテクストのなかには、次のような一節がある。

そのような「アウシュヴィッツを繰り返してはならないという」要求や、そうした要求において問題とされることがあまりにも意識されていないということは、途方もないことが人々のうちに浸透していないということを示しているのであり、それは、〔アウシュヴィッツが〕繰り返される可能性が、人々の意識・無意識状態に関するかぎり、存続していることの徴候をなしている。〔……〕野蛮はそのような逆行を促進した諸条件が本質的に存続しているかぎり、持続する。(40)

このようなアドルノの危惧が、現在において有効性を失ったわけではまったくないことは、単純なスローガンや空疎なキャッチコピーが政治状況を決定的に左右する状況や、表層的なイメージに粉飾された商品を消費することをやめない大衆の姿、さらにはヘイト・スピーチなどのように特定のカテゴリーに属していない社会集団を露骨に排斥するような言説がなおも根強く存続しているという事実が如実に示している。それゆえ、アドルノの文化産業論にたいして、大衆文化にたいする「視野の狭窄化」などを理由に、過去の議論として安易に切り捨てるような振る舞いは慎むべきだろう。むしろ、大量消費文化と全体主義との内在的連関に関するアドルノの認識を胸に刻みながら、既存の社会の変革に向けて、いかなる言説戦略のもとで批判的思考を伝達するべきかを絶えず問いなおし、倦まず実践に移していくことが、なおもアクチュアルな課題のひとつでありつづけているのではないだろうか。

註

(1) アドルノとホルクハイマーとの共著である『啓蒙の弁証法』だが、第Ⅳ章「文化産業――大衆欺瞞としての啓蒙」の執筆において主導的な役割を果たしたのがアドルノであることは疑いない。以下の議論はこのテクストを中心に展開されるが、アドルノの手によるその関連論考――「文化産業」の章の最初の草案である

「大衆文化のシェーマ」（一九四二）、二つのジャズ論（「ジャズについて」（一九三六―三七）と「時間のない流行」（一九五三）、「文化産業についてのレジュメ」（一九六三）など――も必要に応じて適宜参照・引用することにしたい。

（２）『啓蒙の弁証法』の受容史については、Andreas Hetzel, »Dialektik der Aufklärung«, in: Richard Klein/ Johann Kreuzer/ Stefan Müller-Doohm (Hg.), *Adorno Handbuch. Leben-Werk-Wirkung*, Stuttgart/Weimar: J.B. Metzler 2011, S. 389-396, bes. S. 394ff. を参照。

（３）Jürgen Habermas, *Der philosophische Diskurs der Moderne: Zwölf Vorlesungen*, Frankfurt a.M.: Suhrkamp 1985, S. 135, 138.〔ユルゲン・ハーバマス『近代の哲学的ディスクルスⅠ』三島憲一／轡田収／木前利秋／大貫敦子訳、岩波書店、一九九〇年、一九四、一九九頁〕

（４）Axel Honneth, *Kritik der Macht. Reflexionsstufen einer kritischen Gesellschaft*, Frankfurt a.M: Suhrkamp. 1985, S. 93-94.〔アクセル・ホネット『権力の批判――批判的社会理論の新たな地平』河上倫逸監訳、法政大学出版局、一九九二年、一〇四―一〇五頁〕ここでのホネットの『啓蒙の弁証法』批判は、自然支配のモデルに拘泥するあまり、社会理論から社会的なものが排除されているという点におもに向けられている。ただし、『正義の他者』（二〇〇〇）に収録された『啓蒙の弁証法』論においてホネットは、この書物が「所与の価値地平の超越」とそのための新しい記述方法によって「世界の意味を切り開く批判という特殊なタイプの批判を実現している」という点を肯定的に評価している（Honneth, »Über die Möglichkeit einer erschließenden Kritik. Die ‚Dialektik der Aufklärung' im Horizont gegenwärtiger Debatten«, in: ders., *Das Andere der Gerechtigkeit*, Frankfurt a.M.: Suhrkamp 2000, S. 73.〔ホネット「世界の意味地平を切り開く批判の可能性」『正義の他者』加藤泰史／日暮雅夫他訳、法政大学出版局、二〇〇五年、七五頁〕）。ホネットのアドルノ批判について詳しくは、表弘一郎『アドルノの社会理論――循環と偶然性』白澤社、二〇一三年、四四―四七、一七九―一八四頁を参照。

（5）イギリスでのアドルノ受容については、Christian Skirke, »Großbritannien«, in: Klein u.a.（Hg.）, *Adorno Handbuch*, a.a.O., S. 451-456 を、アメリカでのアドルノ受容については、Larson Powell, »USA«, in: ebd., S. 467-471 をそれぞれ参照。ちなみに、『啓蒙の弁証法』の英訳が刊行されたのは一九七二年。

（6）アドルノのジャズ論を扱った英語文献の概観として、Nick Nesbitt, »Sounding Autonomy. Adorno, Coltrane and Jazz«, in: *Telos* 116（Summer 1999）, S. 82（Anm. 3）; Richard Leppert, »Commentary［to Music and Mass Culture］«, in: Theodor W. Adorno, *Essays on Music*, selected, with introduction, commentary, and notes by R. Leppert, Berkeley/ Los Angeles/ London: Univercity of California Press 2002, S. 348-360 を参照。

（7）Jay, *Adorno*, a.a.O., S. 17.〔ジェイ、前掲『アドルノ』一四頁〕

（8）Anthony Heilbut, *Exiled in Paradise. German Refugee Artists and Intellectuals in America from the 1930s to the Present*, Berkeley/ Los Angeles/ London: University of California Press 1997, S. 160. 同様の見解として、Dagmar Barnouw, *Untröstlich in Amerika: Adorno und die Utopie der Eigentlichkeit*, in: *Merkur* Heft 8, August/ 1999, S. 754-760 を参照。

（9）Simon Frith, *Sound Effects. Youth, Leisure, and the Politic of Rock'n Roll*, New York: Pantheon Books, 1981, S. 45.〔サイモン・フリス『サウンドの力――若者・余暇・ロックの政治学』細川周平／竹田賢一訳、晶文社、一九九一年、六四頁〕

（10）カルチュラル・スタディーズによるフランクフルト学派受容を概観したものとして、Douglas Kellner, *Media Culture. Cultural Studies, Identity and Politics between the Modern and the Postmodern*, London/New York: Routledge 1995, S. 28-33 を参照。

（11）たとえば、『中央公論』二〇一〇年一月号に掲載された対談における蓮實重彥と浅田彰の以下の発言を参照。「蓮實　批評家ベンヤミンならわかっていたことを、彼らの理論〔＝アドルノとホルクハイマーの『啓蒙の弁証法』の文化産業論〕は何もとらえきれなかったということです。［……］／浅田　再び教科書的に補足しておけば、アドルノとホルクハイマーの立場というのは、ある種のエリート主義とマルクス主義の結合です。要するに、資本主義文化産業に支えられた大衆文化は、すべて下らない、と。［……］ベンヤミンが写真や映画、つまり、それまで下らないとされてきたものの中に発見した驚きを、彼らは見ていない」（「対談「空白の時代」以後の二〇年」六四頁）。蓮實重彥による文化産業論への批判として、さらに、蓮實『映画への不実なる誘い――国籍・演出・歴史』NTT出版、二〇〇四年、四九―五三頁を参照。

（12）Adorno/ Horkheimer, *Dialektik der Aufklärung*, a.a.O., S. 145.〔アドルノ／ホルクハイマー、前掲『啓蒙の弁証法』一九一頁〕

（13）Theodor W. Adorno, »Résumé über Kulturindustrie«, in: *AGS* 10-1, S. 337.

（14）Ebd.

（15）Adorno/ Horkheimer, *Dialektik der Aufklärung*, a.a.O., S. 144.〔アドルノ／ホルクハイマー、前掲『啓蒙の弁証法』一九〇頁〕

（16）Ebd., S. 150.〔同書、一九八頁〕

（17）Adorno, *Einleitung in die Musiksoziologie*, in: *AGS* 14, S. 213.〔アドルノ『音楽社会学序説』高辻知義／渡辺健訳、平凡社ライブラリー、一九九九年、七六頁以下〕

（18）竹峰、前掲『アドルノ、複製技術へのまなざし』一五二―一五七頁を参照。

（19）Volker Kriegel, »Adorno und der Jazz«, in: *Der Rabe. Magazin für jede Art der Literatur* 14 (1986), S. 20ff. を参照。

（20）Adorno an seine Eltern, 24.04.1942, in: Adorno, *Briefe an die Eltern 1939-1951*, a.a.O., S. 139.

（21）Adorno, »Résumé über Kulturindustrie«, a.a.O., S. 338.

（22）ジャック・デリダの系譜に属する哲学者であり、アドルノについていくつもの著書をもつアレクサンダー・ガルシア・デュットマンが二〇〇四年に上梓した『誇張の哲学』は、ハイデガーから、ベンヤミン、アドルノ、アレント、ナンシーにいたる多様な思想家たちのテクストにおける「誇張」の機能に着目し、さまざまな角度から分析している（Alexander García Düttmann, *Philosophie der Übertreibung*, Frankfurt a.M.: Suhrkamp 2004）。アドルノのテクストにおける「誇張」の問題は、同時期に刊行されたデュットマンの『ミニマ・モラリア』論でもひきつづき考察されている（Düttmann, *So ist es. Ein philosophischer Kommentar zu Adornos ›Minima Moralia‹*, Frankfurt a.M.: Suhrkamp 2004, S. 50-54）。以下、アドルノの文化産業論を誇張という観点から再読するという着想を得るにあたっては、デュットマンの議論から示唆を受けた。また、註4で触れたホネットの『啓蒙の弁証法』論でも、その最後で「物語的なメタファー」と「交差配列法」と「誇張という美学的手法」という「三つのレトリックの手法」の重要性が指摘されている（Honneth, »Über die Möglichkeit einer erschließenden Kritik«, a.a.O, S. 84-87〔ホネット「世界の意味地平を切り開く批判の可能性」八八―九二頁〕）。

（23）Adorno, *Minima Moralia*, a.a.O., S. 54.〔アドルノ、前掲『ミニマ・モラリア』五八頁〕

（24）Adorno/ Horkheimer, *Dialektik der Aufklärung*, a.a.O., S. 177.〔アドルノ／ホルクハイマー、前掲『啓蒙の弁証法』二三六頁〕

（25）Ebd., S. 144.〔同書、一八九頁〕

（26）Ebd., S. 191.〔同書、二五四頁以下〕

（27）なお、誇張という契機もまた、文化産業の主要な特徴のひとつであることは、ある商品と別の商品とのごく些細な違いを声高に喧伝するとともに、「世界最高の楽団」（ebd., S. 179〔同書、二三九頁〕）といった大袈裟な決まり文句を何度も反復しつづける宣伝広告やジャーナリズムにたいするアドルノたちの批判的分析が明確に示している。

（28）Honneth, »Über die Möglichkeit einer erschließenden Kritik«, a.a.O, S. 85.〔ホネット、前掲「世界の意味地平を切り開く批判の可能性」九〇頁〕

（29）Adorno/ Horkheimer, *Dialektik der Aufklärung*, a.a.O., S. 145.〔アドルノ／ホルクハイマー、前掲『啓蒙の弁証法』一九〇頁〕

（30）Ebd., S. 157.〔同書、二〇八頁〕

（31）Ebd., S. 183.〔同書、二四四頁〕

（32）Adorno, »Das Schema der Massenkultur«, a.a.O., S. 332f.

（33）ファシズム指導者への同一化という問題についてのアドルノの心理学的説明として、以下を参照。Adorno, »Anti-Semitism and Fascist Propaganda«（1946）, in: *AGS* 8, S. 397–407; »Democratic Leadership and Mass Manipulation«（1949）, in: *AGS* 20-1, S. 267–286; »Freudian Theory and the Pattern of Fascist Propaganda«（1951）, in: *AGS* 8, S. 408–433.

（34）Adorno/ Horkheimer, *Dialektik der Aufklärung*, a.a.O., S. 208.〔アドルノ／ホルクハイマー、前掲『啓蒙の弁証法』二八八頁〕

（35）なお、一九三三年四月の職業官吏再建法により、ユダヤ系の血統を理由にフランクフルト大学講師の職を奪われたアドルノは、ナチス・ドイツで音楽批評家として越冬しようと試みた時期に「流行歌を叩き潰せ」という短文を執筆している。アドルノの生前には未発表であり、ズーアカンプ版『アドルノ全集』からも意図的に除外されたこのテクストでは、ドイツのラジオから愚劣な流行歌を「今日のプロパガンダの中央集権化が提示する諸々の圧倒的手段によって」排斥するために、「音楽家とラジオのアナウンサーが、〔流行歌のなかで」もっとも他愛なく陳腐な代物を、マイクの前で一度のみならず容赦なく繰り返し披露し、そしてそれらの歌詞のなかでもっとも滑稽かつ愚鈍で恥ずべき個所において中断してみせることで、この音楽の惨めな月並みさを示す」というプロパガンダ番組の放送が提案されており、ここでアドルノが反ユダヤ主義者の身振りと通底するような「ミメーシス的な誘惑」に身をゆだねてしまったという感は否めない（Adorno, »Rundfunkautorität und Schlagersendung«, in: *Frankfurter Adorno Blätter* VII (2001), S. 90–93, hier S. 93. このテクストについて詳しくは、竹峰、前掲『アドルノ、複製技術へのまなざし』第1章を参照）。

(36) 実際、『啓蒙の弁証法』の執筆とほぼ同時期にアドルノは、アメリカ・ユダヤ人委員会（AJC）の助成を受けた社会研究所の研究プロジェクト「反ユダヤ主義に関する調査計画」の一環として、アメリカの反ユダヤ主義プロパガンダについての共同研究の作業に取り組んでおり、その報告書として書かれた「マーティン・ルーサー・トーマスのラジオ演説の心理学的テクニック」（一九四三―四四）の随所で「カウンター・プロパガンダ」の必要性を強調していた。「ファシストの非合理的なプロパガンダが合理的な側面をもつことが［……］きわめて明白であるために、それは恒久的な不誠実さにたいする一種の抵抗を生むに違いなく、この抵抗をカウンター・プロパガンダが利用することができるからである。カウンター・プロパガンダは酩酊した言葉の裏に小賢しげな素面顔が隠れていることを指摘することができるだろう」（Adorno, »The Psychological Technique of Martin Luther Thomas' Radio Addresses«, in: *AGS* 9-1, S. 7–141, hier S. 18）。アドルノの反ユダヤ主義プロパガンダについて詳しくは、竹峰、前掲『アドルノ、複製技術へのまなざし』補論①、および古松丈周『フランクフルト学派と反ユダヤ主義』ナカニシヤ出版、二〇一四年、第四章を参照（ただし、後者では、奇妙なことにアドルノのトーマス論についてまったく論及されていない）。

(37) Adorno, »Essay als Form«, in: *AGS* 11, S. 29.〔アドルノ「形式としてのエッセー」三光長治訳、前掲『アドルノ　文学ノート1』所収、二六頁〕

（38）Ebd., S. 31f.〔同書、二八頁〕
（39）Ebd., S. 29.〔同書、二六頁〕
（40）Adorno, »Erziehung nach Auschwitz«（1966）, in: *AGS* 10-2, S. 674.〔アドルノ「アウシュヴィッツ以後の教育」、『批判的モデル集II——見出し語』所収、大久保健治訳、法政大学出版局、一九七一年、一一〇頁以下〕

第Ⅲ部　変容する投壜通信

第7章　投壜通信からメディア公共圏へ
——アドルノとクルーゲ

1　神童の遍歴

一九五二年、フランクフルト大学のある新任教授の就任記念講演の会場において、当時二〇歳の法学専攻の学生であり、同大学で司法官試補をしていたアレクサンダー・クルーゲは、すでにアフォリズム集『ミニマ・モラリア』(一九五一)のセンセーショナルな成功によってドイツ国内で著名人となっていたアドルノにはじめて出会った。そのときの模様について、のちにクルーゲは次のように回想している。

そこにアドルノも座っていました。全員の教授が列席するというのが礼儀だったからです。彼は私の前列の席に座っていたのですが、私は彼のことを見たことがなく、トーマス・マンが彼について書いたテクスト〔=「ファウスト博士の成立」〕しか知りませんでした。そして私は、驚くほど大きく、柔らかなその両目を見つめました。すると彼もまた、自分のことを奇妙なほどの執拗さで見つめつづける人のことを見つめ返すようにして、やはり奇妙なほどの執拗さで〔私を〕見つめたのです。〔……〕講演がおこなわれた四五分間、ずっとそのままわれわれは、おたがいをますます強く見つめつづけました。(1)

かつてシェーンベルクは、若き日のアドルノが「傷つけるような両目」で自分のことを貪るように見つめていたと書いていたが（第4章を参照）、今度はアドルノが、一人の青年から「奇妙なほどの執拗さ」で見つめられる対象となったこととなる。そして、ほとんど恋愛映画の一シーンを彷彿とさせるようなこのアイ・コンタクトを最初のきっかけとして、このあと二人のあいだには、年齢差を超えた強い友情が育まれていく。(2) このときアドルノは四九歳、一五年間に及ぶ亡命生活を終えて西ドイツに帰国してから、ようやく三年が経過したところであった。

アレクサンダー・クルーゲは、一九三二年二月一四日、現在のザクセン・アンハルト州に位置するハルバーシュタットの医師の家庭の長男として生まれ、(3) 敗戦を迎えるまでこの中部ドイツの小都市で過ごした。一九三四年春にイギリスに亡命したアドルノが、ナチス政権下のドイツを実質的に一年ほどしか経験しなかったのにたいして、少年時代のクルーゲは、第三帝国の誕生から崩壊へといたる歴史的過程のすべてを直接的に体験した世代にあたる。一九四五年四月八日のアメリカ軍によるハルバーシュタット大空襲を辛うじて生き延びたクルーゲ――その凄惨な経験については、のちに彼の小説のなかで詳述されている(4)――は、翌年に離婚した母親とともに西ベルリンに移住。そこでシャルロッテンブルク地区のギムナジウムを修了したのち、フライブルク大学、マールブルク大学、フランクフルト大学で法律、歴史学、教会音楽を専攻する。一九五三年に第一次司法試験に合格したクルーゲは、社会研究所の顧問弁護士を務めていたヘルムート・ベッカーの事務所で実習生として働くかたわら、五六年に大学の行政自治に関する論文で法学博士号を取得。[5] さらにその二年後に正式な弁護士資格を獲得すると、二〇歳代半ばという若さにして、ベッカーの後任として社会研究所の法律顧問に就任する。[6]

ユルゲン・ハーバーマスをはじめとする数多くのアドルノの弟子たちのなかでも、クルーゲは師の寵愛をもっとも受けた人物だったといえるだろう。アドルノにとって二九歳年少のクルーゲは息子も同然の存在であり、ケッテンホーフ通りのアドルノの自宅や歌劇場近くのレストランで、二人がともに情熱を注いでいた音楽やオペラ、さらにはクルーゲが強い関心を寄せていた映画について、ワイン片手に幾度となく語り合ったという。[7] だが、このころクルーゲは、法律家としての出世コースを順調に歩みつつも、逡巡する思いを抱えていた。「法学にはほとほとうんざりしていました。法学の勉強にけりがついたとき、別の職業のためにいま何に取りかかるべきか、とりわけ法律業務からふたたび解放されるにはどうすればいいのか熟考しました」。[8] そして、最終的にクルーゲが導き出したのが、弁護士業を完全に放棄し、映画監督と小説家という二つの道を同時に目指すという、実に思い切った結論だった。

将来を嘱望された若き弁護士が、これまで積み重ねてきたすべてのキャリアを投げ棄ててまで、浮草稼業に敢えて飛び込むという決断が、アドルノの目にあまりに無謀に映ったであろうことは想像に難くない。[9] だが、にもかかわらずアドルノは、南カリフォルニア亡命時代の旧友のフリッツ・ラングに手紙を書き送り、そのころ西ベルリンで製作準備が進んでいたラングのドイツ復帰作――CCCプロダクション製作の西ドイツ・フランス・イタリア合作映画『大いなる神秘』二部作（一九五八）――の撮影現場に、「われわれのとても親しい若い友人で〔……〕一種の神童」である「アレックス・クルーゲ博士」をヴォランティアとして参加させてくれるよう懇願するなど、[10] クルーゲの挑戦にたいする支援を惜しまなかった。もっとも、クルーゲの推測によれば、アドルノによる映画産業への斡旋の裏には、文化産業の愚劣さを身をもって体験させることで「私がすぐにうんざりして、よき法律家として社会研究所に戻り、まっとうな仕事についてくれるのではないか」[11] という狙いがあったというのだが、さらにそこには、この迷える早熟な青年の姿にアドルノが、二一歳で哲学博士号を取得したものの、作曲家になりたいという願望を捨て切れず、ウィーンに音楽留学したかつての自身の姿を少なからず重ね合わせていたということも、もしかするとあったのかもしれない。

ラングの撮影現場ではほとんど学ぶところがなかったというクルーゲだが、そのあと、新進の映画作家として彼がおさめた華々しい成功は、すでに伝説となっている。まず、一九六〇年にはじめて撮影した短篇ドキュメンタリー映画『石の獣性』によって、翌年二月のオーバーハウゼン短篇映画祭のグランプリを獲得。翌六二年に同映画祭の会場で、みずからのイニシアティヴのもとに、二六名の西ドイツの若い映画作家たちと共同で、「パパの映画」の死と「若いドイツ映画」の誕生を高らかに告げる〈オーバーハウゼン宣言〉を発表することで、クルーゲは〈ニュー・ジャーマン・シネマ〉を一躍代表する人物の一人となる。さらに、同じ年の秋、ウルム造形大学に新設されたドイツ初の映画学科のチーフに三〇歳で就任したクルーゲは、六三年に自身の映画製作会社「カイロス・フィルム」を創設、さらに弁護士としての経験を最大限に活かして、西ドイツの映画助成制度の改革のために関係省庁と粘り強く交渉を重ねることで、新人監督への公的支援をおこなう「若きドイツ映画助成委員会《クラトリウム》」を設立することに成功する。そして、その助成金をもとにクルーゲが一九六五年から六六年にかけて撮影した初長篇映画『昨日からの別れ』は、ヴェネチア映画祭の銀獅子賞および西ドイツ連邦映画賞最優秀監督賞に輝き、六八年に長篇二作目『サーカステントの芸人たち――途方に暮れて』でヴェネチア映画祭の金獅子賞を獲得する。また、映画作家としての活動と並行して、小説執筆にも精力的に取り組んだクルーゲは、初長篇小説『経歴』(一九六二)でベルリン芸術賞を、長篇二作目の『戦闘の記録』(一九六四)でバイエルン文学賞を獲得するなど、多方面でその才能を開花させるのである。

このような愛弟子の八面六臂の活躍にたいしてアドルノは、たんに喜びや誇りを覚えただけではなく、映画というメディアにたいする知的関心をふたたび強く刺激されたに違いない。すでに第2章で触れたように、一九三六年三月一八日付のベンヤミン宛書簡のなかでアドルノは、複製技術論文の第二稿にたいして、映画の観客大衆にたいするロマン主義的な信頼と、「自律的な芸術作品」の非弁証法的な扱いを理由に、激しい批判を浴びせていた。さらに、一九四〇年代にホルクハイマーとともに執筆した『啓蒙の弁証法』の「文化産業」の章において、この哲学者が娯楽映画のすべてを管理社会によるイデオロギー的な大衆操作の手段として十把ひとからげに非難したことは広く知られている。このことから、映画にたいしてアドルノが無関心と否定的な姿勢を頑なに貫きつづけたというイメージが、現在でもなおも広く流布している。しかしながら、映画がもつ大衆欺瞞的な機能を徹底的に糾弾しつつも、その一方でアドルノは、文化産業によって完全に支配されているこのメディアのうちにも批判的・美学的な可能性を見出そうと試みてもいた。とりわけ、『啓蒙の弁証法』の文化産業論の成立のほぼ同時期に、作曲家のハンス・アイスラーとともに共同執筆された『映画のための作曲』（一九四三―四四）では、来るべき映画音楽のあり方を構想するなかで、映画が孕みもつ批判的な潜勢力をめぐって、さまざまな議論が繰り広げられている。なかでも、映画音楽の素材として十二音技法や不協和音を積極的に活用し、映像と音響とを弁証法的に拮抗させることで、観客が映像について批判的に省察する余地を切り開くべきだとする基本主張は、アドルノの映像メディアにたいする姿勢が、文化産業論の単調な教説に還元されるわけではけっしてなく、複製テクノロジーによって媒介された大衆メディアのうちにも美学的な可能性を認めるような視座が含まれていたことを明確に示している[13]。もっとも、この書物の英語版が一九四七年に刊行される直前、そのころ合衆国で赤狩りの矢面に立たされていたアイスラーとの繋がりが発覚することを怖れたアドルノは、共著者名をみずから撤回してしまうのであり、それによって、かつてアドルノが映画における音楽をめぐって思弁的な関心を抱いていたという事実も完全に葬り去られてしまう。

それから一五年後、『昨日からの別れ』をはじめとするクルーゲの作品を映画館で鑑賞したアドルノが、映画音楽の使用法にとりわけ興味を抱いたというのは[14]、『映画のための作曲』の共著者として当然の反応だったといえるだろう。さらに、最晩年のアドルノは、いまや国際的な映画人として知られるようになったクルーゲとともに、かつて『映画のための作曲』で自身が提起した問題にふたたび本格的に取り組むことを計画していた。一九六九年夏、何度も版権交渉を重ねたのち、ようやくアドルノの名前が共著者として表紙に記された『映画のための作曲』のドイツ語オリジナル版が西ドイツで刊行されるのだが、そこにアドルノが付加した後書きにはこう記されている。「明らかにすべての国々において、若い世代の映画が、音楽の使用ということをまったく考え抜いていないのは奇妙なことである。わたしは一度この問題にたいしてアレクサンダー・クルーゲと共同で何らかの寄与をおこないたいと思っている[15]」。

もっとも、『映画のための作曲』の新版が刊行される直前に心筋梗塞のために滞在先のスイスで急逝するアドルノにとって、クルーゲと映画音楽について共同研究をおこなうための時間的余裕は残されてはいなかった。だが、映像と音響のあるべき関係について考察するなかで、映画メディアに潜在する美的可能性を模索するというそのヴィジョンは、このあと、映像作家およびメディア思想家としてのクルーゲの長年に及ぶ活動によって継承され、理論と実践の両面から追求されていくこととなる。なかでも、一九七二年に刊行されたオスカー・ネークトとの共著『公共圏と経験』は、クルーゲの理論的主著のひとつと見なされているが、そこでは、「公共圏」の再編成におけるテクノロジー・メディアの役割について議論されるなかで、アドルノに直接的・間接的に由来する思想的モティーフの数々が、縦横無尽に変奏されているさまを随所に確認することができる。さらに、一九八〇年代半ばからクルーゲが精力的に取り組んでいるテレビプロデューサーとしての活動は、『公共圏と経験』における自身のメディア公共圏の再編成をめぐる主張の具体化の試みとして位置づけられるが、それはまた、現実のメディア社会において批判理論がもちうる実践的な射程を示しているといえるだろう。

以下、本章ではまず、アドルノとクルーゲの思想的な関連をより明確化するべく、アドルノがクルーゲに触発されるかたちで執筆した断章形式のエッセイ「映画の透かし絵」（一九六六）をおもな手がかりとして、アドルノの後期の芸術美学のなかでテクノロジー・メディアが占める位置を精査し、アドルノ美学の思想内実のうちに〈知覚媒体〉としての芸術作品という理念がつねに潜在しているという事実を確認する（第2節）。つづいて、『公共圏と経験』でクルーゲとネークトが展開した、メディアによって構成される「公共圏」の再編成と、疎外されたプロレタリア大衆の知覚経験の地平の回復にまつわる議論を、ハーバーマスの「市民的公共圏」の概念にたいする批判的応答という観点から整理するとともに、そこに見られるアドルノからの思想的影響を精査する（第3節）。最後に、一九八七年に独立テレビプロダクション会社を設立したクルーゲが、現在にいたるまで制作しつづけている文化情報番組を、『公共圏と経験』との関連を踏まえながら、モンタージュと異化という技法に注目しつつ考察するなかで、それらが〈知覚媒体〉としての芸術作品というアドルノの理念の実践的応用として捉えられることを示したい（第4節）。

これまで、フランクフルト学派の思想的系譜として、ハーバーマスを中心とする第二世代から、ホネットやヨッヘン・ヘーリッシュ、ゲアハルト・シュヴェッペンホイザー、マルティン・ゼールなどの第三世代へといたるラインがもっぱら注目されてきたが、ベンヤミン、アドルノからクルーゲへとつづくもうひとつの知られざる思想史的な系譜を描き出すことが、本章を含めた第Ⅲ部の最終的な目標である。(16)

2　〈知覚〉の媒体《メーディウム》としての芸術作品(17)

アドルノとクルーゲとの関係について語るうえで、そしてさらに、晩年のアドルノが構想した映画美学の萌芽を検証するうえで欠かすことができないのが、一九六六年に週刊紙『ディー・ツァイト』に発表された「映画の透かし絵」である。(18) このアフォリズム形式の短いエッセイは、アドルノがクルーゲやラング、クラカウアーとのあいだで断続的に交した映画をめぐる対話の産物と呼ぶべきテクストであり、映画と小説の差異、映画における技術と技法の関係、文化産業のイデオロギー、映画におけるミメーシス的刺激、リアリズム、消費者芸術、予告篇、B級映画などの多種多様な主題について、ときにベンヤミンの複製技術論文やクラカウアーの『映画の理論』（一九六〇）に論及しながら考察を繰り広げている。このエッセイのなかでクルーゲの名前そのものが直接的に言及されることはないが、最初の断章で「パパの映画」を激しく批判した〈ニュー・ジャーマン・シネマ〉の若者たちの主張の正当性を擁護したり、「若きドイツ映画助成委員会《クラトリウム》」の支援を受けて製作されたフォルカー・シュレンドルフの初長篇作品『テルレスの青春』（一九六六）に言及したりしていることから、のちの研究者も推測しているように、クルーゲを含めたインデペンデント系の若手映画人たちを擁護することがアドルノの執筆意図のひとつであったことは間違いないだろう。(19)

なかでも、われわれの関心にとって注目すべきは第三番目の断章であり、そこでアドルノは、「映画が芸術である」ための条件について考察するなかで、映画美学の萌芽とも呼べるような認識を示している。

映画の美学はむしろ、主観的な経験形式に遡られなくてはならないだろう。映画が主観的な経験形式に類似しているということは、そのテクノロジー的な成立とは関係がないのであって、それが映画における芸術的なものを形成しているのである。たとえば、誰かが一年にわたる都市暮らしのあとに高山に数週間滞在する予定をたて、そこであらゆる仕事を禁欲することにした場合、睡眠中か、あるいは半分眠っているようなときに、あたりの光景の色鮮やかな映像が自分のまえを快いかたちで通り過ぎていったり、あるいは自分のなかを通っていったりするようなことが思わず起こるかもしれない。だが、そうした映像はそれぞれが連続して過ぎ去るのではなく、むしろ子供のころの幻燈機のように、とぎれとぎれに流れるのである。このような運動の中断という点において、内的モノローグの映像は文字〔Schrift〕と似ている。文字とはまた目の下を動いていくものであるとともに、個々の句読点において静止させられたものである。〔……〕映画が芸術であるとすれば、このような経験を客体化させるかたちで再生産するものとしてである。技術メディアの最たるものが自然美と深く親和しているのだ。[20]

クルーゲはこの記述がプルーストに由来するものであると指摘しているが、[21]ともあれ、夢見る人の身体を次々に通過していく映像という印象的なイメージをつうじてアドルノは、「映画の美学」とは「映画が主観的な経験形式に類似している」という点に遡らなくてはならないものであり、さらに、映画を鑑賞する際の知覚経験が、「文字」と「自然美」を感知するときの知覚経験と深く親和していると示唆する。この一節については別のところで詳細に論じたので[22]、ここでは要点のみを確認するにとどめるが、「自然美」とは『美学理論』の鍵語のひとつであり、「普遍的な同一性という呪縛によって捉えられている事物における、非同一的なものの痕跡[23]」をなすとともに、主体にたいする「客体の優位[24]」を証し立てるものとして、主体による同一化の暴力に微かに抵抗するような諸契機をあらわしている。そして、「文字」もまた『美学理論』のなかできわめて重要な位置を占める形象であって、芸術作品がおのれの経験的な諸条件を超えて「超越的なもの」へと高まる瞬間を、アドルノは「一瞬きらめいては過ぎ去っていく」ものの、「その意味を読み取ることができない」ような「文字」の経験であると規定する[25]。要するに、アドルノにとって「自然美」および「文字」とは、あらゆる芸術作品がミメーシス的に模倣すべきモデルであるとともに、「意味」を主体的に同定することのできない「非同一的なものの痕跡」が刹那的に現象するエピファニー的な瞬間を指し示す比喩形象にほかならない。つまり、映画メディアが「自然美」や「文字」を経験するのに似た「主観的な経験形式」をテクノロジー的に「再生産」し、鑑賞する人々に擬似的に体感させるという営為のうちにこそ、映画メディアの美学的な可能性が胚胎しているというのである。

ここにおいて、映画を含めた芸術作品は、一種の〈知覚〉の媒体《メーディウム》として捉えられているといえるだろう。これまでアドルノの芸術哲学については、卑俗な大衆社会の彼岸において、後期資本主義体制が抱える諸矛盾を内在的に表象=認識しつつも、「絶対的に忘却される」ことをみずから希求する「投壜通信」としての芸術作品という理念が主導的であることが強調されてきた（第4章を参照）。だが、ここではむしろ、「非同一的なもの」を媒介し、鑑賞者に無意識的・身体的なレヴェルで知覚させるという新たな芸術作品のモデルが、比喩的なかたちで示されているのである。後期アドルノの美学的認識にとって、芸術作品の使命とは、自律的な形式構造のなかで社会の苦境を否定的に表現するだけでは十分ではない。自然支配の暴力によって徹底的に抑圧・排除された「非同一的なものの痕跡」を、美的経験をつうじて「再生産＝複製」し、鑑賞者にたいして知覚・追想させることが、あらゆる芸術作品の美学的課題なのであって、そのカテゴリーのうちには、モダニズム芸術作品のみならず、複製テクノロジーに媒介された狭義のメディアも含まれるということが、「映画の透かし絵」のこの一節において示唆されているのだ。

　さらに、「映画の透かし絵」の別の断章においてアドルノは、「文字」のような主観的経験を映画メディアが再現するための具体的な手法としてなおも有効であるのが、「四〇年まえ」に流行した芸術技法であるモンタージュだと述べる。「モンタージュは諸事物のなかに侵入していくのではなく、諸事物を文字のような星座的布置《コンステラチオーン》へと押しやるのだ」[26]。映画における「文字」は、まさにかつてのダダイズムやシュルレアリスムのように、いったん諸事物を解体し、その破片の数々をひとつの「星座的《コンステラチ》布置《オーン》」へと再構成するという破壊と再生の営為によって、はじめて顕現するのである。この一節は、先に触れた『映画のための作曲』の基本的な主張とも完全に合致するといえるだろう。すなわち、この共著のなかで問題になっていたこともまた、映像と音響とを対位法をなすようなかたちでモンタージュすることだったからだ。さらに、アドルノにとって、モンタージュの素材となるのは、映像や音響だけにとどまらない。「映画の透かし絵」のこの断章はこう続く。「いまのところ、映画のもっとも豊かな潜勢力が求められるべきは、多くの音楽作品がそうであるように、他のメディアが映画へと移行していくことのうちであることは明白である。作曲家マウリシオ・カーゲルのテレビ映画『アンチテーゼ』は、そのもっとも強力な例のひとつである」[27]。つまり、たんに映像と映像とをモンタージュするだけではなく、映画を音楽へと、あるいは音楽を映画へと接合するといったかたちで、複数のメディアやジャンルを相互にモンタージュし、自由に交錯させることが肝要なのだ。

もっとも、「映画の透かし絵」でのこのような議論にたいして、晩年のアドルノが映画メディアの美学的可能性を認めたことは事実にせよ、それはあくまでハイカルチャーとしての芸術作品という枠内にとどまっているのではないか、という疑念が生じることだろう。たとえばベンヤミンの複製技術論文が、映画のメディア的な特性それ自体のうちに革命的な潜勢力を認めていたのにたいして、モンタージュというアヴァンギャルド的な芸術手法に映画芸術の可能性を託すアドルノの議論は、結局はたんに「モダニズム芸術」という古色蒼然としたカテゴリーのなかに一部の高級映画を編入させているだけであって、複製技術や大衆文化が孕みもつ複雑な諸問題については、まったく捉えきれてはいないのではないかと。

第6章で論じたように、「映画の透かし絵」と同じ年に執筆された「芸術と諸芸術」においてアドルノは、「芸術としての映画」についてこう述べていた。「映画が内在的な法則性に基づいて芸術的なものを［……］投げ捨てようとしたところで、そうした反逆をおこなうことによって、映画はなおも芸術なのであり、芸術を拡張しているのである」[28]。ここでアドルノが念頭に置いているのは、構成や意図といった主観的なものを極力断念しようとするシネマ・ヴェリテのような映画製作の試みであることはすでに述べたが、ただし注意すべきは、アドルノの美学的認識において、「芸術的なもの」を放棄しようとする「反逆」の身振りによって芸術の領域を「拡張」するという逆説を体現しているのは、特定の種類の芸術映画にかぎられるわけでないという点である。これも先に引用したように、「芸術が芸術でありつづけるためには、おのれとは異質なものをつねに必要とする」(29)のであって、ハプニングや不条理演劇などの例を挙げてアドルノが主張するように、「おのれとは異質なもの」という否定的契機を希求しつづける芸術の自己運動は、現代においてとりわけラディカルなかたちで進行していく。そのなかで、映画のようなテクノロジー・メディアもまた、「芸術的なもの」にたいする「反逆」をいかに試みようとも、芸術の否定と拡張の弁証法から逃れることは不可能であり、そうした「反逆」の身振りすらもが、「みずからの意図に反して、芸術の最後の言葉でありつづけることなく(30)」、結局のところ「芸術」というカテゴリーのうちへと同化吸収され、「芸術」の延命に手をかすことを余儀なくされるというのである。

しかしながら、ここでアドルノが芸術作品を〈非同一的なもの〉の痕跡をミメーシス的に感知することを可能にする〈知覚〉の媒体《メーディウム》と見なしていたことを想起するならば、「芸術と諸芸術」での「芸術としての映画」をめぐる記述にたいして、〈芸術の終焉〉の不可能性をめぐるシニカルな認識として捉えるのとは異なった読み換えもできるのではないだろうか。芸術が「おのれとは異質なもの」を貪欲に包摂していくプロセスとは、否定的契機を介して芸術というカテゴリーが肥大化するプロセスであるとともに、〈知覚〉の媒体《メーディウム》としての芸術作品のあり方が多様化を遂げていくプロセスでもある。現代芸術のアーティストたちは、伝統的な美学において「芸術的なもの」とは相容れないと見なされてきた諸要素をおのれの作品内に積極的に取り込み、異質なジャンルや表現媒体どうしを柔軟に組み合わせ、たがいにモンタージュすることをつうじて、新たな形態の〈知覚〉の媒体《メーディウム》を次々と産出しているのである。「映画の透かし絵」のなかでアドルノが「他のメディアが映画へと移行していくこと」のうちに「映画のもっとも豊かな潜勢力」を求めるとき、まさにそのような事態を指し示していているということができるだろう。それぞれの芸術ジャンルを隔ててきた境界が「解きほぐれ」、伝統的な芸術作品を構成してきた諸契機（形式、素材、理念……）がなし崩し的に融解していくなかで、芸術作品はかつての美的規範に自足することは許されない。むしろ、かかる「解きほぐれ」の過程をみずから徹底的に推し進め、「芸術を拡張」していくことこそが、今日において芸術がアクチュアルな可能性をもつ唯一の方途なのであって、ひとつのジャンルやメディアに固執することなく、複数の領域を軽やかに横断し、あるいは既存の規則や形態を容赦なく分解していくことが、いまやすべての芸術家に要請されているのだ。

それは、かつて複製技術論文のなかでベンヤミンがミッキー・マウスという形象に託したものとも微かに親和しているといえるかもしれない。すなわち、自然と技術、機械と身体など、たがいに相容れない諸要素を自由に結び合わせ、新たな編成を即興的かつ遊戯的につくりだしていくというユートピア的なヴィジョンであり、ベンヤミンにとって複製技術メディアとしての映画とは、そのような「遊戯空間」を開拓する「第二の技術」の典型であった（第2章第4節を参照）。同様に、アドルノにとっても、複数のジャンルやメディアがたがいに越境しあい、入り混じりあうことで新しい異種混交的《ハイブリッド》な芸術形態を生み出していくことが決定的に重要なのであり、その格好の舞台となるのが、映画というメディアにほかならないのである。

さらに、かかる〈知覚〉の媒体《メーディウム》としての芸術作品が受容・経験される場も、美術館やコンサート・ホールといったブルジョワ的な保護区に限定されるわけではない。好むと好まざるとにかかわらず、それが大衆娯楽や日常生活といった「非芸術的な」領域へと拡散せざるをえないこともまた、芸術の自己拡張の論理から必然的に導き出されることは明らかである。それゆえ、晩年のアドルノが構想した映画芸術は、適度に前衛的でハイブロウな芸術映画のみに汲みつくされるわけではなく、むしろ、そのカテゴリーのうちには、消費者大衆が日々消費するテレビ番組のように、さまざまな回路をつうじて大量供給されるメディア映像も潜在的に含まれていると捉えることも可能なのではないか。実際、一九六三年におこなわれたテレビ教育を主題としたラジオ対談番組のなかで、先に触れたヘルムート・ベッカーにたいしてアドルノは、テレビというメディアが、たんにイデオロギー的な意識操作という役割だけでなく、現状の組織体制を変革するならば、視聴者の批判的能力を発展させるような機能をもちうると明言している。

批判的で自立した人々や、さらには〔テレビにたいして〕敵対的な人々をもテレビ番組の構成に参加させることをつうじて、とりわけテレビ制作において何か言うべきこと・するべきことがある人々に専門的な権限を与えることで特別な人材環境を整えることによってだけでも、いまのテレビの現状をある程度超えることができるのです。――つまり、〔……〕実際にベケットの『〔クラップの〕最後のテープ』を、音声だけでなく視覚化したかたちで放送することにエネルギーを費やすようなことがあれば、そのような番組は、従来的なテレビがこれまで置かれていた組織体制全体を超えて、人々の意識を変えることに寄与することができるのです。[31]

このようなテレビ変革のための具体的提言は、ペシミスティックな文化保守主義者というクリシェ的なアドルノのイメージとはまったく相容れないように聞こえるが、そこには『映画のための作曲』においてアドルノ／アイスラーが示した、文化産業にたいする実践的な抵抗戦略と呼ぶべきプログラムの確かな残響があるといえるだろう。すでに触れたように、この共著のなかでアドルノたちは、不協和音や十二音技法などの「新たな音楽素材」を映画音楽として積極的に活用し、それによってもたらされる知覚的効果をつうじて、観客たちに映像についてみずから省察させることを映画作曲家に求めていた。さらに、そのうえでアドルノたちは、ハリウッドの映画産業のなかで何を具体的になすべきか、何が現実的に実践可能であるのかについて熟考し、綿密に「プラン」を練り上げたうえで、ときには妥協や迂回をおこないつつも、体制側の要求の裏をかくようにして、映画メディアの変革のための「密輸入」と「ゲリラ戦」を粘り強く実践へと移していかなくてはならないことを強調していた。

試みられるべきはむしろ、それが生産全体にひとつの新しいクオリティを準備するものであるかもしれないというつねに淡い希望を抱きつつ、慣れ親しまれていないもの、実践上の慣例とは矛盾するものをできるだけ多く密輸入することである。

それは不条理なかたちで合理化された隙間のない体制にたいするゲリラ戦なのだ。(32)

ここで主張されていることとはまさに、文化産業の物象化されたシステムに戦略的に介入することによって、大衆消費物として生産されるメディア・コンテンツや、それを生産する産業機構そのものを〈非同一的なもの〉を経験するための〈知覚〉の媒体《メーディウム》へと密かに機能転換・変容させることにほかならない。つまり、〈美的なもの〉の領域を現実社会にたいする絶対的なアンチテーゼとしてたんに措定するだけではなく、映画やテレビの制作機構のような文化産業のイデオロギー的体制の内側において、〈他なるもの〉への知覚経験の回路を開くための具体的な方途を模索するべきなのである。

3　プロレタリア公共圏の創出――クルーゲ／ネークト『公共圏と経験』

もっとも、アドルノの著作全体のなかで、既存のメディア組織の変革に向けて積極的に介入すべきだという実践的な主張は、あくまで周辺的なものにとどまっており、映画美学の構想ともども、理論的に十分なかたちで練り上げられることのないままに終わったという点は確かに否めない。だが、アドルノの芸術思想のなかに潜伏する〈知覚〉の媒体《メーディウム》としてのテクノロジー・メディアというモティーフや、その背後にあるプラグマティックで現実介入的な姿勢は、このあとクルーゲが映画およびテレビというメディアを主要な舞台として繰り広げていくこととなる、多岐にわたる活動によって受け継がれていく。それはまた、一九六〇年代後半の学生運動の高まりに呼応するかたちで、アドルノの思想的営為のすべてが抽象的な思弁として激しい批判に晒されるようになるなかで、師の教説のうちに実践的な射程がつねに含まれていることを、クルーゲがさまざまな角度から実証していく試みの軌跡であるといってもよいだろう。だからこそクルーゲは、映画にまつわるみずからの活動が、アドルノによる批判理論の延長線上にあるものであり、その「実践」にほかならないことを強調するのである――「批判理論は絶対的に実践的なものなのです」[33]。

アドルノの死から四年後にクルーゲが、同じくアドルノの弟子の社会哲学者オスカー・ネークトとの共著として発表した『公共圏と経験（Öffentlichkeit und Erfahrung）』[34]は、批判理論の実践的なアクチュアリティを証明するために執筆された書物といっても過言ではない。膨大な数量に及ぶクルーゲの著作のなかにあって、理論的な主著と呼ぶべきこの五〇〇頁近い大著は、亡きアドルノに捧げられており、共著という『啓蒙の弁証法』を強く想起させる形式――もちろんながら、それ以前に、マルクス／エンゲルスの『資本論』という偉大な範例があるわけだが――とあいまって、師の衣鉢を継ぐという企図を明確に表明するものとなっている。その主要な狙いは、「ブルジョワ公共圏とプロレタリア公共圏の組織化分析」という副題が端的に示すように、ハーバーマスの『公共性の構造転換』[35]（初版一九六二年）によって人口に膾炙した「ブルジョワ公共圏（bürgerliche Öffentlichkeit: 市民的公共圏[36]）」という概念にたいして、「プロレタリア公共圏」というアナクロニズム的に響く概念を敢えて対置することをつうじて、マルクス主義的な立場からの批判と修正を加えることであったと、ひとまず規定することができるだろう[37]。

『公共性の構造転換』のなかでハーバーマスが「公共圏」の歴史的変遷を軸に展開した議論につい

はよく知られている。一六世紀のヨーロッパにおいて、それまで社会と政治の双方の領域で一元的な支配権を握っていた封建的な諸権力（領主、貴族、聖職者）が徐々に解体され、国家に象徴される公権力（議会、軍隊、官僚制、司法）と、もっぱら経済活動を担う私的領域（家族、経済、社会）への分割が進んでいく。しかし、一七〜一八世紀にいたると、コーヒーハウスやサロン、読書クラブなどの場において、ブルジョワ階級に属する教養人どうしが絵画や文学などについて自由に会話・批評しあう「文芸的公共圏」が発生、新聞の普及によるジャーナリズムの確立とあいまって、それが政治問題を含めた公的関心について、私的な利害関心を排して討議する「政治的公共圏」へと機能転換していく。かくして成立した自由主義的な「ブルジョワ公共圏＝市民的公共圏」においては、公的領域と私的領域の区別を超えて、公衆間でおこなわれる理性的な討議をつうじて形成された公論が国家権力にたいして批判的に働きかけるようになるのであり、そこにハーバーマスは国家と社会とのあるべき理想的な緊張関係を見出す。だが、一九世紀になると、保護貿易や福祉国家、消費社会の確立というかたちで、私的な親密圏と公共圏の双方が公的領域のなかに飲み込まれてしまい、かつての批判的に論議する公衆は、受動的に消費するだけの大衆へと堕落することを余儀なくされてしまう。二〇世紀における公共圏はさらに縮小の一途をたどるのであり、公共的議論によって形成されるべき公論は、政治組織と営利企業がマスメディアを手段として大々的に展開するプロパガンダ的な広報活動と、それによって醸成されるムード的な雰囲気に完全に取って代わられてしまうというのである。

このようなハーバーマスの議論にたいして、ネークト／クルーゲは、まずは「公共圏」という概念を、市民相互のコミュニケーション行為によって形成される公共空間に限ることなく、企業や家族、一般大衆の意識も含めた「生の連関〔Lebenszusammenhang〕」のすべてを包摂する「普遍的な社会的経験の地平」（18）として新たに定義づける。さらに、そのうえで彼らは次の三つの点からハーバーマスに疑義を唱える。

①**「ブルジョワ公共圏」の排他性と仮象性**　ハーバーマスがモデルに据えた「ブルジョワ公共圏」の理念は、本質的に「公的なものと私的なものとのあいだの排除のメカニズム」（35）に基づいている。ただし、ここで意味されているのは、労働者階級や女性のように、批判的な討議に参加するための教養や理性をもたない人々をあらかじめ除外しているという、ハーバーマスによく向けられてきた批判にとどまらない。[38] クルーゲたちが強調するところによれば、「ブルジョワ公共圏」そのものが、資本主義的な生産様式と公権力との結託関係のなかで、おのれの障害となる諸要素を「私的なもの」というカテゴリーのもとで暴力的に排除していく歴史的過程の産物にほかならないのである。ただし、「ブルジョワ公共圏」は確固たる統一体ではなく、「たんに抽象的なかたちでそれぞれ関連しあう個々の公共圏の数々の集積」（15）であるという点を見逃してはならない。だが、だからこそ「ブルジョワ公共圏」は、社会全体をあまねく包摂するような普遍的で統一的な実体を備えているかのように見せかけなくてはならないのであり、つまりは人々の意識のなかに存在するだけのたんなる「仮象〔Schein〕」にすぎないのである（132ff.）。

②**「プロレタリア公共圏」の抑圧と併合**　「ブルジョワ公共圏」による排除の過程において、排斥され、抑圧され、あるいはヘゲモニー的な支配体制のなかに強制的に統合されたものを、ネークト／クルーゲは「プロレタリア公共圏」ないしは「プロレタリア的な生の連関」と形容する。その筆頭に

挙げられるのが労働者階級の利害関心であるが、ただし、そこで含意されているのは狭義におけるプロレタリアートに限られるわけではなく、幼児教育や大衆の想像力、想起のような対象も含まれる。ある個所でクルーゲたちは「プロレタリア的な生の連関」をカント哲学における「物自体」に喩えているが、なぜなら「それ〔＝ブルジョワ公共圏〕に働きかけながらも、把捉できない」ままにとどまりつづけるものだからである（12）。要するに、一枚岩的で普遍的に見える「ブルジョワ公共圏」とは、複数の雑多な「公共圏」の集合体であるだけでなく、さらに、それぞれの「公共圏」の内部で、おのれの原理に合致しない他なるものを排斥しようとする圧力と、不可視化された「プロレタリア的な生の連関」の抵抗とのあいだで、ミクロのレヴェルでの葛藤がつねに繰り広げられているのだ。

③「生産公共圏」とマスメディアの機能　ハーバーマスと同様に、ネークト／クルーゲも、二〇世紀において「市民的公共性＝ブルジョワ公共圏」はかつてのヘゲモニーを喪失し、縮小の一途をたどると見なす。ただし、クルーゲたちの歴史認識によれば、現代では「ブルジョワ公共圏」と結託するかたちで「生産公共圏〔Produktionsöffentlichkeit〕」がヘゲモニーを握るようになるのであり、そこでは「排除」ではなく「編入」と「正当化」が支配原理となる。「古典的な公共圏の排除のメカニズムの代わりに、古典的な公共圏とからみあった生産公共圏は排除と強化された編入のあいだを揺れ動く。〔……〕公的なものと私的なものの区別の代わりに、生産の利害関心の圧力と正当化の必要性とのあいだの矛盾が登場する」（38）。要するに、「プロレタリア的生連関」は、「私的なもの」の名のもとに公共的表象から十把ひとからげに排除されるのではもはやなく、生産・流通・消費を機軸とする「生産の公共圏」のシステムのなかに一元的に包摂・統合されるのであり、そのメカニズムを欺瞞的に隠蔽

するべく、「多様なかたちで利用可能な正当化のファサード」と「社会的に重要な事実内容の知覚にたいする統御の力学」(18) の双方が戦略的に動員される。そして、現存の支配体制の正当化と大衆の知覚の鈍磨という二つのイデオロギー的な機能を一手に担うのが、映画やテレビのようなマスメディアにほかならないというのである。

このような議論を展開するなかで、ネークト/クルーゲはしばしばアドルノの理論図式を活用している。「自然支配」(22, 25)、「眩惑連関」(24)、「文化産業」(43)、「第二の自然」(45) など、『公共圏と経験』には、その随所にアドルノに由来する諸々の概念が見受けられるが、なかでも、アドルノからの影響がもっとも顕著にあらわれているのが、「ブルジョワ公共圏」の排除のメカニズムが抽象的・普遍的な「商品生産」の論理と完全に軌を一にしているという観点である。「おのれの経験とその組織化をめぐるブルジョワ社会の意識は、ほとんどつねに、実際に機能している普遍的な商品生産とのアナロジーとなっている」(22; 強調原文)、「このような「ブルジョワ公共圏の」諸原理の内的な暴力性は、あらゆる特殊なものと闘わなくてはならないという点に基づいている。商品生産の普遍化傾向に逆らうものはすべて、一般的なもの、原理の犠牲にならなくてはならない」(31)。ここで、『啓蒙の弁証法』の根本命題——たとえば「市民社会は等価交換によって支配されている。市民社会は、通分できないものを、抽象的な量に還元することによって、比較可能にする」[39]——が念頭に置かれていることは一目瞭然だろう。さらに、別の個所でクルーゲたちは、アドルノの論考「社会学のカテゴリーとしての静学と動学」(一九六一) を引用しながら、資本主義体制において、いかに「全般的な交換」の原理が、抽象的で量的な時間概念と合致しないもの——「回想、時間、記憶」——を不合理な契機として容赦なく清算するかについて詳述している[40]（45）。『公共圏と経験』の叙述のなかで、排除の原理に基づく「ブルジョワ公共圏」と、包摂の原理に基づく「生産の公共圏」は、一応区別されてはいるものの、ともに「等価交換」の論理——まさにアドルノが西欧における「啓蒙」のプログラムの根底にあると見なすとともに、現代の管理社会においてますます支配的となると診断した論理——に完全に立脚している以上、両者は本質的に異なるものではなく、前者の派生形態ないしは発展形態として後者が位置づけられていることは明らかだろう。そして、そのような見解は、「市民社会」の根幹をなす「啓蒙」の原理と、「産業化され、徹底化された包摂[41]」の機構としての「文化産業」とを一直線で結ぶ『啓蒙の弁証法』の議論と完全に同型であることはいうまでもない。

このあとネークト／クルーゲは、メディアによって根本的に規定されている現代の「公共圏」の現状について詳細な分析をくわえていくのだが、そこで展開されるのは、『啓蒙の弁証法』の「文化産業」論を彷彿とさせるような、後期資本主義社会にたいする徹底的な批判である。クルーゲたちの社会批判の要諦は、「経験の阻害」（26）という主題でまとめることができるだろう。完全に商業的・産業的な関心によって組織化された「生産の公共圏」は、余暇や家庭教育を含めた大衆の生活世界のあらゆる領域を支配し、「意識産業」による統制プログラムをつうじて、人々の「生連関」を「原材料」として加工処理し、あらかじめ規格化された行動・思考様式にオートマティックに流し込んでいく。そのなかにあって、「経験」の主体であるはずの諸個人は、みずからの疎外状況を認識するための契機や、自己表現の可能性について意識する余地すらも完全に奪われたままに、メディアをつうじて日々大量供給される疑似経験のみを消費することを強いられるというのである。

こうした議論において、アドルノの社会批判からの影響は歴然としており、ハーバーマスの『公共性の構造転換』の後半で展開された、「広告産業」による公共圏の再封建化をめぐる議論とも通底している。さらに、「意識産業」という概念は、いうまでもなくH・M・エンツェンスベルガーが一九六一年に刊行したエッセイ集のタイトルに直接由来するものであり[42]、西ドイツで学生運動が高揚した一九六〇年代の左翼言説における共通のトポスがここで総動員されているという見方も可能だろう。だが、クルーゲたちはアドルノの教説やハーバーマスの時代診断を言い換えることに終始しているわけではない。『公共圏と経験』の根本的な主張とは、公共的表象のネットワークから大衆を隔離することを特徴とする「生産公共圏」にたいして、そのメカニズムを批判的に分析するだけではなく、社会的経験の地平を新たに再編成し、想起、時間、記憶、感情、想像力といった「経験」にまつわる諸要素を回復させることをつうじて、「人間の生の運命を変革しなくてはならないという必然性に向けられた認識能力」(51)を大衆のなかで培うことを可能とするような、オルタナティヴな「対抗公共圏」=「プロレタリア公共圏」の組織化の必要性を訴えることにほかならないのである。

さらに、かかる「経験」を回復させるうえで鍵となるのが大衆の「知覚［Sinneswahrnehmung］」(178)という感覚的な契機である。現代において大衆の「知覚」は、等価交換と抽象化の論理に立脚した「商品生産」のメカニズムによって徹底的に疎外され、イデオロギー的に狭隘化されてしまっている。だが、他方で、後期資本主義体制における生産様式のラディカルな変化、とりわけさまざまなメディア技術の急速な発展は、これまでのものとは質的に違った「新たな知覚形式」(241)を生み出すという潜勢力を秘めもってもいるのであり、そこにネークト／クルーゲは、「生産の公共圏」による強制力に抵抗して「プロレタリア公共圏」を組織していくための決定的な端緒を見出そうとする。つまり、「意識産業」が駆使する諸々のテクノロジー・メディアによって囲い込まれた大衆の「知覚」を、同じテクノロジー・メディアを戦略的に活用することで主体としての大衆のもとに奪還するべきであるというのであり、アドルノであれば〈非同一的なもの〉と呼ぶであろう異質な諸契機を感知し、現状とは違った世界の可能性を思い描くことを可能にするような感覚的経験の領野を解放することこそが、来るべき「プロレタリア公共圏」の創出のプログラムにおいて最重要課題となるのである。

もっとも、資本主義的システムの産物としての「生産の公共圏」が独占的な権力機構と完全に結託しているという現状を踏まえるならば、オルタナティヴな知覚経験の場としての「プロレタリア公共圏」の形成のためには、啓蒙的な理念や言説に訴えることも、労働者運動や学生運動を頼りにすることも、ともに不十分であるとネークト／クルーゲは主張する。[43] むしろ、彼らの認識によれば、試みられるべきはむしろ、「生産の公共圏」のただなかにおいて消費者大衆に「経験」のための回路を密かに開くような「対抗生産物〔Gegenprodukt〕」を流通させることであり、そのために、既存の生産機構を「対抗生産」に向けて戦略的に機能転換させていくことだというのである。「仮象の公共圏の生産に対抗するためには、プロレタリア公共圏の対抗商品のみが助けとなる。理念には理念を、生産物には生産物を、生産連関には生産連関を対置するべきなのだ」(143)、「生産物を効果的に反駁することができるのは、対抗生産物をつうじてのみなのである」(183)。

近代の「生産の公共圏」がメディアによって徹頭徹尾媒介されており、現代ではとりわけテレビが大衆の知覚経験を決定的に規定している以上、クルーゲたちが、来るべき「対抗生産」の舞台として、新たに主流となった「感覚的知覚の媒体としてのテレビ」(178) に焦点を合わせているのは当然の選択だというべきだろう。テレビに代表される「テレ・コミュニケーション」は、人々の「経験」や「知覚」の領域をまえもって統御・制約し、擬似経験によって代償的な満足を与えるだけではなく、それと同時に、来るべき「社会変革」を可能にする契機を弁証法的に孕みもってもいる。「このような〔テレ・コミュニケーションの〕発展は、感覚装置の拡大、すなわち人間たちの無媒介的な経験の拡大を含んでいる〔……〕。知覚の可能性がそのようなかたちで拡大することは、あらゆる現実的な社会変革のひとつの前提をなしている」(179)。つまり、テレビという新たな視聴覚メディアのなかで、これまでのプログラムのように視聴者大衆の思考を鈍磨させ、既存の支配体制を「正当化」するのではなく、人々の「知覚」や「認識」を拡張し、「経験」の地平を解放していくようなオルタナティヴな「対抗生産物」が、ここで要請されているのだ。一九三〇年代に複製技術論文のなかでベンヤミンが、テクノロジー・メディアとしての映画に「資本主義そのものの廃絶を可能にする」というユートピア的希望を託したように（第2章）、ネークト／クルーゲもまた、「生産の公共圏」と「意識産業」のイデオロギー的な結託を打破する可能性を、テレビという一般大衆向けの視聴覚メディアそのもののうちに見て取るのである。

ただし、そのような「対抗生産物」としてのテレビ番組制作の呼びかけが思弁的な次元にとどまっており、いかに実現していくかという実践的な見通しを欠いているならば、それは机上の空論の誇りを免れないだろう。『公共圏と経験』という書物が独特なのは、「ブルジョワ公共圏」、「生産の公共圏」、「プロレタリア公共圏」のそれぞれの特徴や相互の関係について、アドルノやハーバーマスのみならず、カント、マルクス、ウェーバー、フロイト、サルトル、さらには同時代の著述家たちにたびたび論及しながら理論的な考察を繰り広げる一方で、当時はまだ国営の公共放送のみであった西ドイツのテレビ制作機構の変革に向けて、きわめて具体的な提言の数々が示されているという点である。『公共圏と経験』のなかでクルーゲたちがテレビ関係者たちにたいしておこなう要求や提案は実にさまざまであるが、理念的な主張と実践的・具体的な提案とが結び合わされているところに最大の特徴がある。おもなものをいくつか列挙しよう。

> 拡大の一途をたどる私経済的な意識産業にも対抗するような拠点づくりを貫徹していくうえで決定的なことは、テレビ局が無媒介的なコミュニケーションへの基礎的な関心へと移行させるものを見出すことである。〔……〕この問題を解決するためにまず前提となるのは、テレビの制作方法と視聴者との相互関係において徹底的な変革をおこなうことである。(180)

> テレビを可能なかぎり解放的に発展させるための基盤となるのが、視聴者がみずから決めていくことであるが、それはこの〔テレビという〕生産機構〔……〕に合わせておこなわなくてはならない。変革されうるテレビとは個々の番組ではなく、番組を規定するテレビの歴史全体である。(182)

テレビの多元主義とは、複数の社会集団がテレビを所有したりコントロールしたりすることではなく、あらゆる集団が他のすべての集団によって交互にコントロールされることで所有を排除することを意味している。〔……〕それ〔＝テレビの構造変化をめぐる議論〕が検証しなくてはならないのは、支配的な多元主義という基盤のうえで、それとは異なる、生産力としてのテレビをよりよく発展させるような、下部構造により近い生産・放送機構がさらに組織されうるか〔……〕という点である。（195f. 強調原文）

このようなテレビ変革のための諸々の提言のなかで究極的に問われていることとは、資本主義的な生産システムの内部において、テレビというメディアを〈他なるもの〉を経験するための〈知覚〉の媒体《メーディウム》へと転換することであり、かかるユートピア的な理念の現実化のために何が具体的に実行可能であるかを、〈いま・ここ〉にある諸条件のもとで柔軟に思考することであるといえるだろう。それはまさに、後期アドルノが「映画の透かし絵」をはじめとするテクストにおいて、映画メディアの美学的な可能性をめぐって萌芽的に呈示した理念を、テレビという別のテクノロジー・メディアにおいて追求する試みであるとともに、『映画のための作曲』の根底にある現実介入的でプラグマティックな姿勢を踏襲したものにほかならない。さらに、「対抗生産物」をめぐるクルーゲたちの戦略を、『啓蒙の弁証法』のなかで記述されるオデュッセウスの詭計に喩えることもできるかもしれない。この「ブルジョワ個人の原像」[44]が、等価交換の原理を逆手に取るかたちで、セイレーンやポリュペーモスといった神話的形象を偽りの自己犠牲によって瞞着するように、現代におけるわれわれもまた、資本主義的な商品経済のメカニズムを巧みに利用し、「計算ずくでおのれを賭けることで、賭けの相手の力をうまく否定する」[45]ことが求められるのだ。

アドルノの思想には、「投壜通信」という比喩形象に象徴されるように、思弁偏重で非実践的なイメージがつねに付きまとってきた。それにたいしてクルーゲたちは、アドルノのテクストのなかに伏流として密かに潜在していた〈知覚〉の媒体《メーディウム》としての芸術作品というモティーフを受け継ぎ、テクノロジーや社会環境の変化に呼応するかたちでヴァージョン・アップさせながら、来るべき「プロレタリア公共圏」の創出のために戦略的に活用することを試みようとする。『公共圏と経験』においてクルーゲたちが企図したこととは、端的にいって、「批判理論は絶対的に実践的なものなのです」という信念を具体的なかたちで裏づけていくことであり、その作業をつうじて、アドルノ哲学のアクチュアリティを実証することであったといえるだろう。

4　投壜通信のテレビ放送——テレビプロデューサーとしてのクルーゲ

『公共圏と経験』においてクルーゲが、新たな経験の地平を開く「プロレタリア公共圏」の組織化という使命を、映画ではなくテレビというニュー・メディアに託した背景には、当時のクルーゲの映画製作が置かれていた八方塞がり的な状況があったことを見逃してはならない。「言葉とイメージ」（一九六四）や「ユートピア・フィルム」（一九六五）などの初期論考において、映画メディアの解放的な潜勢力をオプティミスティックに顕揚したクルーゲであるが[46]、かかる理念的目標と照らし合わせてみるならば、映画作家としてのクルーゲの歩みはかならずしも順風満帆なものではなく、むしろ、国際映画祭での受賞という華々しいデビューのあとは、模索と挫折を繰り返しつづけたといわなくてはならない。すでに長篇二作目の『サーカステントの芸人たち――途方に暮れて』（一九六七）においてクルーゲは、自己の理念に従って父親から継いだサーカスの変革を試みるものの、観客に見放されて敢えなく挫折してしまう女座長の姿をつうじて、左翼運動のユートピア主義を戯画化していた。そして、七〇年代のクルーゲ自身の映画製作もまた、理念と現実とのギャップを乗り越えることができないままに迷走しつづけたのである。

ＳＦ寓話映画や風刺喜劇など、さまざまなジャンルやスタイルをもちいて「新しいドイツ映画」を世に送りつづけたクルーゲだが、慢性的な資金不足に絶えず悩まされながらつくられた彼の「作家映画」は、少なくとも一般観客へのアピールという点ではほとんどが失敗作であった。その後、七〇年代半ばよりクルーゲは、他の「作家映画」の監督たちとの共同作業に活路を見出そうとし、『秋のドイツ』や『候補者』（一九八〇）など、政治的なテーマを扱った共同監督作品を製作、ある程度の観客動員に成功する。だが、保守的なコール政権が誕生した八〇年代前半にいたると、〈オーバーハウゼン世代〉にたいする世間の関心はますます薄らいでいった。もっとも、この時期は、ドイツ映画全体の興行収入が減少傾向を示していたのだが、その主要な要因であり、映画に代わって大衆娯楽をリードする地位を占めるようになったメディアがテレビだったのである。

テレビというニュー・メディアによって「映画文化」が危機に晒されているという認識は、八〇年代の多くの西ドイツの映画人が共有していたが、それは、テレビの普及によって映画館の観客が大幅に奪われたということだけではなく、映画製作そのものがテレビ局の出資金への依存度を強める一方で、かつて〈ニュー・ジャーマン・シネマ〉を担った多くの映画作家すらもが活動の場をテレビへと移したという現実を見据えてのものであった。『公共圏と経験』の観点からすれば、それは「意識産業」としてのテレビによる「経験の社会的地平」の統合と支配のプロセスの容赦のない進行と言い換えることができるだろう。それにたいして、一九八〇年代のクルーゲが対抗措置として打ち出した戦略とは、「公共圏の喪失」と「意識の産業化」という事態への抵抗として、映画、演劇、文学など、テレビによって周辺に追いやられた古典的な文化ジャンルをたがいに連帯させるとともに、共同でオルタナティヴなテレビ番組を制作することで、テレビのなかにこのメディアに対抗しうるような回路を開くというものであった。(47)

一九八四年四月に、クルーゲのイニシアティヴのもとで、「新ドイツ映画製作者連合」、「ドイツ演劇協会」、「ドイツ出版取引業者組合」加盟の出版社との共同組織として発足した「ケーブル・衛星放送番組連合（Arbeitsgemeinschaft Kabel- und Satelliten-Programm）」（ＡＫＳ）は、『映画のための作曲』の言葉を使うならば、まさにテレビにたいする「ゲリラ戦」の第一歩であるといえよう。だが、『公共圏と経験』では、公共放送としての国営テレビを「対抗生産」の場へと機能転換するというプログラムが呈示されていたのにたいして、ＡＫＳという組織的支援を受けたクルーゲが新たな闘争の舞台として選んだのは、西ドイツで誕生したばかりの民放テレビであった。すなわち、翌年一月に西ドイツで最初の民放テレビ Sat 1の放送が開始されたとき、その共同出資者となっていたクルーゲは、出資比率に応じて配分された一％の番組編成権を利用して「映画製作者の時間（Stunde der Filmmacher）」というテレビ番組のプロデュースを開始するのである。

このテレビ番組は、〈ニュー・ジャーマン・シネマ〉の映画監督たちがそれぞれ製作した映像作品のアンソロジーからなるものであり、クルーゲが映画メディアで試みてきた協働作業の継続として位置づけられるものであった。とはいえ、テレビというニュー・メディアに映画出身の作家たちが不慣れだったことに加え、映画と比べて格段に厳しい制作条件（資金、時間……）、スタイルの齟齬などのために、その成果はかならずしも満足できるレヴェルのものではなかった。そこでクルーゲは、番組内容にたいするみずからの権限を大幅に強化し、自身がおこなうインタヴューを中心に番組内容を再編成する。さらに、一九八七年二月、先述のＡＫＳを母体として、日本の広告会社・電通およびシュピーゲル出版と共同で独立テレビ・プロダクション会社ＤＣＴＰ（Development Company for TV Program）を創設し、ノルトライン＝ヴェストファーレン州のテレビ放送の認可権を取得することに成功したクルーゲは、テレビ制作の仕事に本格的に乗り出す[48]。そして、翌年五月からは、「Prime Time: Spätausgabe（プライム・タイム――遅版）」「News & Stories, Mitternachtsmagazin（ニュースとストーリー――深夜のマガジン）」「10 vor 11（一一時一〇分まえ）」といったクルーゲ・プロデュースによる一連の文化情報番組――クルーゲ自身の言い方によれば「文化マガジン〔Kulturmagazine〕」――が深夜枠で放送されるようになるのである。

八〇年代半ばにクルーゲが、開局されたばかりの民放テレビに参入し、放送権を獲得することが可能となった背景には、公共メディアとしてのテレビの文化的・教育的な役割にたいする政府側の期待と、このニュー・メディアに他社よりも一刻も早く参入し、確かな地歩を築きたいと焦る民間企業の思惑とが複雑にからまりあっていた。つまり、民放テレビを認可するにあたって各州が、番組編成上の文化的・芸術的な多様性と質を確保することを強く求めたのにたいして、クルーゲの文化情報番組を敢えてプログラムに加えることは、かかる要求を満たすための格好の手段となったからである。とはいえ、シュプリンガーやキルヒといった保守系のメディア・コンツェルンを基盤とする民放テレビ局の上層部にとって、クルーゲの番組が目障りな「視聴率キラー」[49]以外の何物でもないことは、当初二三～二四時だった放送開始時間が、現在では大幅に遅い時間に押しやられてしまっていること、さらに、かつてはSat 1の「10 vor 11」とRTLの「News & Stories」がまったく同一の時間に放送されることで、視聴者がどちらか一方の番組しか観ることができないように意図的に設定されていたことが如実に示している。だが、このような露骨に粗略な扱いにもかかわらず、放送開始から三〇年近くが経過した現在においても、これらのプログラムがなおも毎週かかさず放送されていることは、州政府による放送法上での後押し――一九九七年に一〇％以上の視聴率をもつテレビ局は、週に四時間以上の独立プロダクションの番組の放送が義務づけられた[50]――もあったとはいえ、やはり現代の奇跡のひとつと呼ぶべきであろう。

クルーゲ制作による文化情報番組は、さまざまな領域の文化人にたいして彼自身がオフの声でおこなうインタビュー番組と、きわめて雑多な主題を扱った文化情報番組との二種類に大別できる。先にいくつか具体的な名を挙げた番組は、それぞれ独自の特徴をもっているわけではない。むしろ、放送時間や長さは異なるものの、クルーゲの番組はスタイル的にはすべてほぼ同一であり、ある番組が別の番組の一部として再放送されるケースも少なくない。

クルーゲ制作によるテレビ番組のもっとも顕著なスタイル上の特徴は、モンタージュという技法に集約されるだろう。動画や静止画、アニメーションの断片が、もとの連関から切り離され、上映速度や色彩など、さまざまな加工処理を施されたうえで、たがいに無秩序に組み合わされることによって構成された短いクリップ。そのうえに、流行歌やミリタリー・マーチ、現代音楽など、内容的にかならずしもマッチしない音楽が自由に加えられ、さらに字幕や別の映像がシークエンスを頻繁に中断していく。それぞれの番組の冒頭では、一応表題や番組内容の紹介らしき言葉が掲げられるものの、それらは視聴者の理解に寄与するというよりも、むしろ謎めいた符丁でありつづける。さらに、通常のテレビ番組のようにナレーターや司会者が登場することもないままに、混沌とした映像世界のなかに唐突に放り込まれた視聴者は、次々と切り替わっていく映像と映像のはざまで、みずからの意識と感覚のみで絶えずオリエンテーションをおこない、終わりなき解読作業をつづけることを強いられるのである。

このような手法は、クルーゲのテレビ番組のみを特徴づけるものではなく、一九六〇年以降に製作された映画作品（長篇一四本、短篇二二本）や、小説作品——たとえば二〇〇〇年に刊行された全二巻の大作『感情の年代記〔Chronik der Gefühle〕』——にも共通するものである。理論書である『公共圏と経験』からしてすでに、本文を圧倒するような量の無数の註や、ときに数ページにもわたる引用、唐突に挿入される補論や図版など、モンタージュ的と呼ぶべきスタイルがとりわけ後半部分で顕著である。クルーゲの映像作品と文学作品の双方を分析するにあたって、両者に共通する特徴として「インターメディア性」という契機がたびたび指摘されてきたが[51]、クルーゲの創作活動において、画像の挿入やモンタージュ的な構成などによって書物が映像メディアを模倣し、逆に映像メディアが字幕テクストなどをつうじて書物のスタイルを擬態するといったメディア横断的な傾向はつねに見られるものであり、映画であれ、小説であれ、理論書であれ、テレビ番組であれ、クルーゲのあらゆる作品が複数のメディアを同時に志向しているといえる。だが、一九八〇年代半ばにクルーゲが、慣れ親しんできた映画を離れてテレビへと拠点を移行した背景には、現代における「公共圏」の形成においてもっとも主導的な役割を果たしている大衆メディアがテレビであるという『公共圏と経験』で示された認識もさることながら、異質な諸要素を縦横無尽にモンタージュするクルーゲ特有のスタイルとこの視聴覚メディアとが高い親和性をもっているということも、少なからず関係していたに違いない。

モンタージュにまつわるクルーゲと理論と実践については、ネークトとクルーゲの共著による『公共圏と経験』の続篇にあたる『歴史と我意』（一九八一）を中心に次章で詳しく検証することにしたい。だが、ここでもう一点だけ指摘するならば、クルーゲのテレビ番組においてモンタージュされるのは映像や音響だけにとどまらない。DCTPの前身にあたるAKSがすでに、テレビという空間のなかで映画／舞台／出版という異なる領域を連帯させることを目的とした組織だったように、クルーゲ制作のテレビ番組では、映画、小説、音楽、演劇など、他のジャンルに属する作品がしばしば主題化され、それぞれの作品の断片（映像、音響、文字……）が領域横断的なかたちで相互に連結される。なかでもクルーゲがもっとも頻繁に焦点を当てるのが、一九世紀に頂点を迎えた娯楽ジャンルであるオペラであり、とりわけヴェルディやヴァーグナー、ビゼーなどの歌劇場の定番のレパートリーが好んで取り上げられる。クルーゲはオペラを題材としたみずからのテレビ番組に関して、「テレビのなかのオペラとは、ある意味でテレビのなかで反リアリズムを表現すること」なのであり、それはテレビという「異質なメディアのなかの投壜通信」をなしているとと述べているが[52]、つまりはオペラという「反リアリズム」的なメディアをテレビという「リアリズム」的なメディアへと移植し、両者をモンタージュすることで、その矛盾的な葛藤のなかから新たな表現を切り拓くことが、ここで問題になっていると言い換えることができる。「映画の透かし絵」のなかでアドルノは、カーゲルのテレビ映画を例に挙げつつ「他のメディアが映画へと移行していくこと」のうちに「映画のもっとも豊かな潜勢力」を見て取ったわけだが、クルーゲによるオペラとテレビの融合の試みもまた、その延長線上に位置づけることができるだろう。

なお、DCTPの「文化マガジン」のもうひとつの柱であるインタヴュー番組の場合、モンタージュという手法はある程度抑えられており、固定カメラで撮られた一人の人物が、クルーゲ自身のオフの声で繰り出される質問に答えていくさまが延々と映し出される[53]。まさに視聴者は「話者の顔《トーキング・ヘッド》」をひたすら凝視することを余儀なくされるわけであるが、インタヴュアーとしてのクルーゲが特徴的な声で発する質問は、相手から情報や意見をスムーズに引き出すことよりも、むしろ奇妙な問いや挑発によって、相手と視聴者のルーティーン化された思考の流れを中断することに主眼が置かれている。さらに、まったく架空のインタビューがときおり加えられることで、フィクションとドキュメンタリーとの境界も曖昧になっていく。

こうした手法のすべては、クルーゲの映画作品においても見られたものだが、散漫な知覚を前提とするテレビのメディア的特性や、短期間・低予算という番組制作の条件によりかなったものだといえる。一九八六年の『雑多なニュース（Vermischte Nachrichten）』を最後にフィルムによる映画製作から完全に離れたクルーゲは、一九八八年から今日にいたるまで、小説執筆以外のほとんどの時間をテレビ・プロデュースに捧げ、週に計八四分に及ぶ三本の番組を制作しつづけている。すでに繰り返し指摘したように、それは、オルタナティヴな「経験」のための可能性を一般大衆に開く「対抗生産物」を流通させるという『公共圏と経験』のプログラムの実践であるとともに、〈非同一的なもの〉を知覚するための媒体としての芸術作品というアドルノの理念を、テレビというメディアで現実化しようとする試みと見なすことができよう。

もっとも、クルーゲのテレビ制作活動にたいして、近年学術的な関心が急速な高まりを見せる一方で、その手法については疑念の声もあることは指摘しておかなくてはならない。それは、視聴者に観念的な要求を一方的に突きつけているだけではないかというものから、番組スタイルのマンネリ化による効果の低減を憂慮するもの、視聴者とのインタラクティヴな交流の可能性を顧慮していないことを批判するもの、民間テレビ局の独立制作者のための放送枠を独占していることが若い世代の映像作家の活動の余地を狭めているというものまで、実にさまざまである。(54) 確かに、クルーゲの番組がつねに低視聴率に甘んじているという現状を鑑みるならば、「対抗生産物」による新たな「プロレタリア公共圏」の組織化というプログラムそのものは、結局はユートピア的な理念のままにとどまっていると結論づけるべきかもしれない。

だが、たとえ視聴者が無反応であろうとも、あくまで「対抗生産物」を送信しつづけることが肝要なのだと、ある最近のインタヴューでクルーゲは、アドルノの「投壜通信」の比喩をもちいて強調している。

われわれは、たとえ届くかどうか疑わしくても、投壜通信を送付するでしょう。これがアドルノによる投壜通信のメタファーの本質的なメッセージです。それゆえ、投壜通信が届くかどうかは、私の問いではありません。［……］私がそれをやめることはありませんし、もし視聴者がいなくても、私は同じことをするでしょう。(55)

クルーゲが師であるアドルノから受け取ったものとは、何よりもまず、いかに実現の可能性が絶望的であろうとも、社会的変革の可能性にたいするおのれの信念を失うことなく、既存の体制に抵抗しつづけるという倫理的な姿勢であるのかもしれない。

註

（1）Alexander Kluge/ Gertrud Koch, »Die Funktion des Zerrwinkels in zertrümmernder Absicht. Ein Gespräch zwischen Alexander Kluge und Gertrud Koch«, in: Rainer Erd u.a.（Hg.）, *Kritische Theorie und Kultur*, Frankfurt a.M., 1989, S. 111. ちなみに、ここで講演した新任教授は、古典文献学者のハーラルト・パッツァー（Harald Patzer: 1910–2005）。

（2）もっとも、二〇〇九年九月にクルーゲがアドルノ賞を受賞した際におこなった講演では「若手の法律家だった私がフランクフルトでアドルノと知り合ったのは二四歳のときでした」（Kluge, »Die Aktualität Adornos. Rede zum Theodor-W.-Adorno-Preis 2009«, in: ders., *Personen und Reden*, Berlin: Klaus Wagenbach 2012, S. 67-75, hier S. 67）と述べられており、彼らの初対面の場となった就任記念講演――二〇〇九年のヴァージョンでは、そこで二人は短い言葉を交わしたとされる——も一九五六年におこなわれたとされているが（ebd., S. 70）、パッツァーがフランクフルト大学に招聘されたのは一九五二年であるから、おそらくはクルーゲの記憶違いであろう。ただし、クルーゲがアドルノと実際に親交を深めるのは一九五六年以降のことだと推測される。

（3）以下で述べるクルーゲの経歴については、次の文献を参照した。Peter W. Jansen/ Wolfram Schütte (Hg.), *Herzog/Kluge/Straub*, München: Carl Hanser 1976, S. 229-230; Rainer Lewandowski, *Alexander Kluge*, München: C.H. Beck 1980, S. 7-14; 瀬川裕司「ドイツの共鳴者、そして先行者——アレクサンダー・クルーゲを導入する」、『現代思想』一九九五年一〇月号、四五六—四六三頁；Marion Pollmann, *Didaktik und Eigensinn. Zu Alexander Kluges Praxis und Theorie der Vermittlung*, Wetzlar: Büchse der Pandora 2006, S. 27-40.

（4）Alexander Kluge, *Der Luftangriff auf Halberstadt am 8. April 1945*, Frankfurt a.M.: Suhrkamp 1977, 2014^2. 一九三六年の時点で人口五万三〇〇〇人のハルバーシュタットにはユンカース社の飛行機工場があり、そのために連合国軍の攻撃目標とされた。一九四五年四月八日の空襲では市街部の八二%が破壊、ドイツでもっとも激しい空爆被害を受けた都市のひとつとなった。なお、このときの空襲でクルーゲの生家も全壊している。

（5）ヘルムート・ベッカー（Hellmut Becker: 1913-1993）は、弁護士としておもに大学行政関連の業務に携わるかたわら、教育政治家・教育改革者としても活動。一九五六年からドイツ市民大学連盟の総裁を務めたほか、一九六六年にマックス・プランク教育研究所の創設者・初代所長に就任している。アドルノの親しい友人でもあり、後述するように、一九六三年からヘッセン放送のラジオ番組でアドルノと「テレビと教育」「教育は何を目指して」「自律への教育」といったテーマをめぐってたびたび対談している。また、一九六一年にベッカーとクルーゲは、文化行政をめぐる共著（Alexander Kluge/ Hellmut Becker, *Kulturpolitik und Ausgabenkontrolle. Zur Theorie und Praxis der Rechnungsprüfung*, Frankfurt a.M.: Klostermann 1961）を出版している。

（6）Alexander Kluge, *Die Universitäts-Selbstverwaltung. Ihre Geschichte und gegenwärtige Rechtsform*, Frankfurt a.M.: Klostermann, 1958.

（7）Müller-Doohm, *Adorno. Eine Biographie*, a.a.O., S. 620.〔ミュラー＝ドーム、前掲『アドルノ伝』五二一頁〕を参照。

（8）Kluge in: *Filmkritik* 9/1966, S. 490.

（9）クルーゲによれば、みずからの決断を聞いたアドルノの当初の反応は、まったく肯定的なものではなく「プルーストのあとに物語を書こうとするとは、ちょっと頭がおかしいんじゃないか」と述べたという（Kluge in: Angelika Wittlich, *Alle Gefühle glauben an einen glücklichen Ausgang*（TV-Film）, zit. nach: Pollmann, *Didaktik und Eigensinn*, a.a.O., S. 35）。

（10）Adorno an Fritz Lang, 19.06.1958, zit nach: Rolf Aurich u.a.（Hg.）, *Fritz Lang. Leben und Werk. Bilder und Dokumente*, Berlin: jovis, 2001, S. 408. アドルノとラングの関係については、ebd., S. 403-410および竹峰、前掲『アドルノ、複製技術へのまなざし』二六九―二七三頁を参照。

（11）Pollmann, *Didaktik und Eigensinn*, a.a.O., S. 35.

（12）映画作家・小説家としてのクルーゲの成功にアドルノがいかに喜んだかは、一九六二年一〇月三一日付のジークフリート・クラカウアー宛書簡から窺うことができる。そのまえの手紙で、「ちょうどきわめて注目すべき本を刊行したばかりの理論家・プロデューサーのアレックス・クルーゲが僕の親しい友人であることを、君はひょっとすると知らないかもしれません」（Adorno an Kracauer, 22.10.1962, in: *AKB*, S. 552）と自慢げに書き送ったアドルノは、クラカウアーがこれまでクルーゲの名前を聞いたことがなかったことを知ると、「アレックス・クルーゲは若くてものすごく才能に恵まれた人物で、ある意味でエンツェンスベルガーに比べることができます。専門的には法律家で、輝かしいキャリアが開けていたものの［……］、文学と映画の仕事に献身するために、それを放棄しました。彼はそもそも、いわゆるオーバーハウゼンの映画グループの理論家で、きわめて注目すべき散文小説『経歴』で異例なまでの成功をおさめました」(Adorno an Kracauer, 31. 10.1962, in: *AKB*, S. 557) と詳しく紹介するとともに、クラカウアーのニューヨークの住所に『経歴』を一冊送付するのである。

(13)『映画のための作曲』の成立と内容について詳しくは、前掲『アドルノ、複製技術へのまなざし』第四章および補論2を参照。

(14)「おそらく、彼の気にいったのは、音楽の部分、つまり私の映画のサウンドトラックであったと思います[……]」(Kluge/ Koch, »Die Funktion des Zerrwinkels«, a.a.O., S. 112)。

(15) Adorno/Eisler, *Komposition für den Film*, a.a.O., S. 145.

(16) ベンヤミン、アドルノ以降のフランクフルト学派の展開を論じるにあたって、ハーバーマスやホネットの重要性を強調する一方、クルーゲの存在を軽視ないしは無視するという傾向は、とりわけ日本で顕著であり、一九九〇年代以降にドイツ語圏および英米圏でクルーゲへのアカデミックな関心が高まっているのとは著しい対照をなしている。たとえば、フランクフルト学派の思想や歴史を主題にした日本語の著書や論集であっても、クルーゲの仕事について本格的に議論されることはおろか、その名前に言及されることすらほとんどない(例として、ホネット他『フランクフルト学派の今を読む』(情況出版、一九九九年)、徳永恂『フランクフルト学派の展開——20世紀思想の断層』(新曜社、二〇〇二年)、細見和之『フランクフルト学派——ホルクハイマー、アドルノから21世紀の「批判理論」へ』(中公新書、二〇一四年)などを参照。とりわけフランクフルト学派とカルチュラル・スタディーズの思想的系譜から「公共圏」概念と「批判的メディア・コミュニケーション研究」の歴史を跡づけることを目標に掲げた阿部潔『公共圏とコミュニケーション——批判的研究の新たな地平』(ミネルヴァ書房、一九九八年)が、ハーバーマスについて多くの紙数を割いているのとは対照的に、クルーゲについては文献表で『公共圏と経験』の題名を挙げているだけの扱いにとどまっているのは象徴的である。また、クルーゲの著作の邦訳はいまだ皆無であり、クルーゲのメディア思想について論じた日本語文献も、Miriam Hansen, »Early Cinema, Late Cinema: Transformations of the Public Sphere«, in: Linda Williams (ed.), *Viewing Positions: Ways of Seeing Film*, New Brunswick: Rutger UP, 1995, 134-153の翻訳（ミリアム・ハンセン「初期映画／後期映画——公共圏のトランスフォーメーション」瓜生吉則／北田暁大訳、吉見俊哉編『メディア・スタディーズ』（せりか書房、二〇〇〇年）所収、二七九—二九九頁）を除いてはほとんど存在しない。

（17）本節の以下の記述は前掲の拙著『アドルノ、複製技術へのまなざし』三一五—三四七頁と内容的に一部重複することを断わっておく。

（18）Adorno, »Filmtransparente«, in: *AGS* 10-1, S. 353-361.

（19）Miriam B. Hansen, »Introduction to Adorno, 'Transparencies on Film' (1966)«, in: *New German Critique* 24-25 (Fall/Winter 1981-82), S. 186-198, bes. S. 193 を参照。

（20）Adorno, »Filmtransparente«, a.a.O, S. 355. この一節——とりわけ「自然美」と「文字」という比喩形象——の詳細な分析として、先に挙げた拙著のほか、Gertrud Koch, »Mimesis und Bilderverbot in Adornos Ästhetik«, in: ders., *Die Einstellung ist die Einstellung*, Frankfurt a.M.: Surkamp 1992, S. 16-29 および Hansen, *Cinema and Experience*, a.a.O., S. 218-236 を参照。

（21）Kluge/ Koch, »Die Funktion des Zerrwinkels in zertrümmernder Absicht«, a.a.O., S. 114.

（22）竹峰、前掲『アドルノ、複製技術へのまなざし』第六章。

（23）Adorno, *Ästhetische Theorie*, a.a.O., S. 114.〔アドルノ、前掲『美の理論』一二四頁〕

（24）Ebd., S. 111.〔同書、一二一頁〕

(25) Ebd., S. 125.〔同書、一三九頁〕

(26) Adorno, »Filmtransparente«, a.a.O., S. 358.

(27) Ebd. アルゼンチン出身の作曲家マウリシオ・カーゲル（Mauricio Kagel: 1931-2008）が一九六二年に発表した一八分の白黒のテレビ映画『アンチテーゼ――電子音響および環境音をともなう一人の俳優のための劇』は、白衣を着た科学者風の男性が、多種多様な音響装置やモニター、ケーブルが散乱する電子音楽スタジオのような空間で、さまざまな音響実験をおこなったり、機械を相手に格闘を繰り広げたりするという内容である。アドルノは一九六六年のダルムシュタット夏季現代音楽祭でこの作品が上映された際に鑑賞し、クラカウアーにたいして「君がこの作品を見ていないのは実に残念です」と絶賛している（Adorno an Kracauer, 28.9.1966, in: *AKB*, S. 717. Hansen, *Cinema and Experience*, a.a.O., S. 246も併せて参照）。

(28) Adorno, »Die Kunst und die Künste«, a.a.O., S. 452.〔アドルノ、前掲「芸術と諸芸術」三四七頁〕

(29) Ebd., S. 439.〔同書、三三〇頁〕

(30) Ebd., S. 450.〔同書、三四五頁〕

(31) Adorno, *Erziehung zur Mündigkeit. Vorträge und Gespräche mit Hellmut Becker 1959-1969*, Frankfurt a.M.: Suhrkamp 1971, S. 56f.〔アドルノ『自律への教育』原千史他訳、中央公論新社、二〇一一年、七九―八〇頁〕テレビをめぐるアドルノの考察について詳しくは、竹峰、前掲『アドルノ、複製技術へのまなざし』第五章を参照

(32) Adorno/Eisler, *Komposition für den Film*, a.a.O., S. 59, 126.

(33) Alexander Kluge u.a., »›In Gefahr und größter Not bringt der Mittelweg den Tod‹ Ulmer Dramaturgien: Gespräche über Film (Juni 1980)«, in: Klaus Eder/ Alexander Kluge, *Ulmer Dramaturgien. Reibungsverlust. Stichwort: Bestandsaufnahme*, München/ Wien: Hanser, 1980, S. 48.

（34）Oskar Negt/ Alexander Kluge, *Öffentlichkeit und Erfahrung. Zur Organisationsanalyse von bürgerlicher und proletarischer Öffentlichkeit*, Frankfurt am Main: Suhrkamp 1972. 以下、本章におけるこの書物からの引用は、本文中の丸括弧内に頁数を記す。オスカー・ネークト（Oskar Negt: 1934-）は、東プロイセン・ケーニヒスベルク（現ロシア領カリーニングラード）近郊のグート・カプカイム生まれ。一九四五年一月、侵攻するソ連赤軍から逃れるべく、二人の妹とともにデンマークに脱出。二年半を難民収容所で過ごす。戦後はニーダーザクセン州オルデンブルクに移り住み、そこでギムナジウムを修了。ゲッティンゲン大学で法学を学んだあと、フランクフルト大学で哲学を専攻。一九六二年にアドルノのもとでヘーゲルとコントについての論文で博士号を取得。一九六二年から七〇年までハイデルベルク大学とフランクフルト大学でハーバーマスの助手を務める。一九七〇年にハノーファー工科大学社会学教授に就任。二〇〇二年に定年退職するまで同地で教鞭を執った。マルクス主義者であるネークトは、一九五〇年代よりドイツ社会主義学生連盟（ＳＤＳ）のメンバーとして活動。労働組合とも積極的に関わりをもつとともに、一九六〇年代後半の学生運動の高揚期には上司であるハーバーマスを「左翼ファシズム」と呼んで激しく批判した。

（35）Jürgen Habermas, *Strukturwandel der Öffentlichkeit, Untersuchungen zu einer Kategorie der bürgerlichen Gesellschaft*, Neuwied: Luchterhand 1962; Frankfurt a.M.: Suhrkamp, 1990.〔ユルゲン・ハーバーマス『公共性の構造転換（第二版）』細谷貞雄／山田正行訳、未來社、一九九四年〕

（36）以下、Öffentlichkeit には「公共圏」という訳語をあてる。この訳語については、花田達朗『公共圏という名の社会空間——公共圏、メディア、市民社会』（木鐸社、一九九六年）二四—二六頁を参照。

（37）『公共性の構造転換』は、一九五六年秋に社会研究所の研究助手としてアドルノ門下に入ったハーバーマスが、ホルクハイマーとの確執によって五九年にフランクフルト大学を離れたあと、一九六一年にマールブルク大学で提出した教授資格請求論文に基づいている。ちなみに、同じ年にハイデルベルク大学教授に就任したハーバーマスは、一九六四年に退職したホルクハイマーの後任としてフランクフルト大学教授に就任した。

(38) そのような批判の典型として、ナンシー・フレーザー「公共圏の再考——既存の民主主義の批判のために」、クレイグ・キャルホーン編『ハーバマスと公共圏』山本啓／新田滋訳、未來社、一九九九年、一一七—一五九頁を参照。

(39) Adorno/ Horkheimer, *Dialektik der Aufklärung*, a.a.O., S. 25.〔アドルノ／ホルクハイマー、前掲『啓蒙の弁証法』八頁〕

(40) 引用されているのは、Adorno, »Über Statik und Dynamik als soziologische Kategorien«, in: Horkheimer/ Adorno, *Sociologica II. Reden und Vorträge*, Frankfurt a.M.: Suhrkamp 1962, S. 234; jetzt in: *AGS* 8, S. 230〔アドルノ「社会学のカテゴリーとしての静学と動学」三光長治訳、ホルクハイマー／アドルノ『ゾチオロギカ』所収、三光長治／市村仁／藤野寛訳、平凡社、二〇一二年、三一六—三一七頁〕である。

(41) Adorno/ Horkheimer, *Dialektik der Aufklärung*, a.a.O., S. 152.〔アドルノ／ホルクハイマー、前掲『啓蒙の弁証法』二〇一頁〕

(42) エンツェンスベルガーとクルーゲの関係については、Matthias Uecker, »Der Autor in der Medienindustrie. Hans Magnus Enzensberger und Alexander Kluge«, in: Andreas Erb (Hg.), *Baustelle Gegenwartliteratur. Die neunziger Jahre*, Opladen/Wiesbaden: Westdeutsche Verlag 1998, S. 59-71 を参照。

(43) それにたいして、ネークト／クルーゲが「プロレタリア公共圏」の創出を謳っていながらも、後期資本主義体制における現実のプロレタリア階級の組織化や労働運動にまつわる問題を軽視しているという批判もある。Peter Uwe Hohendahl, *The Institution of Criticism*, Ithaca/London: Cornell UP 1982, S. 266-268 を参照。

(44) Adorno/ Horkheimer, *Dialektik der Aufklärung*, a.a.O., S. 61.〔アドルノ／ホルクハイマー、前掲『啓蒙の

弁証法』六七頁〕

（45）Ebd., S. 68f.〔同書、七五頁〕

（46）Alexander Kluge, »Wort und Film«, in: Kluge, *In Gefahr und größter Not bringt der Mittelweg den Tod. Texte zu Kino, Film, Politik*, Berlin: Vorwerk 8 1999, S. 21-40および»Die Utopie Film«, in: ebd., S. 42-56を参照。

（47）Kluge, »Warum Kooperation zwischen Film und Fernsehen. Zur Mainzer Erklärung«, in: Arbeitsgemeinschaft der Filmjournalisten/Hamburger Filmbüro（Hg.）, *Neue Medien contra Filmkultur?*, Berlin: Spies 1987, S. 237, 238. 以下、クルーゲのテレビ制作活動およびＤＣＴＰの成立過程については、Rainer Stollamm, *Alexander Kluge zur Einführung*, Hamburg: Junius 1998, S. 78-96; Matthias Uecker, *Anti- Fernsehen? Alexander Kluges Fernsehproduktionen*, Marburg: Schüren 2000, S. 48-63を参照した。

（48）一九八七年におこなわれたインタビューのなかでクルーゲは、ＤＣＴＰの成立における電通の役割についてこう述べている。「われわれはいま、二年のあいだ、オペラ、演劇、映画を、日本で五番目に大きな世界的なコンツェルンである広告エージェントのデンゾー〔ママ〕と連携させる同盟システムをつくりあげました。〔……〕この期間、限定的ではありますが、国内市場には依存せず、つまりは政治的な影響を受けることがない資金が存在するわけです。さらにデンゾーとは次のような出資原則にも合意しました。すなわち、われわれが埋めたいと思っている広告スペースを一年間前払いでデンゾーが賃借し、その半分の金額を前払いするという原則です」（Gertrud Koch/ Heide Schlüpmann, »Nur Trümmern trau ich... Ein Gespräch mit Alexander Kluge«, in: Hans Ulrich Reck（Hg.）, *Kanalarbeit. Medienstrategien im Kulturwandel*, Basel/ Frankfurt a.M. Stroemfeld/ Roter Stern, 1988, S. 13-28, hier S. 13）。ＤＣＴＰへの出資比率はクルーゲ率いるＡＫＳが五〇％、電通が三七・五％、シュピーゲル出版が一二・五％（Uecker, *Anti- Fernsehen?*, a.a.O., S. 55）。なお、電通はＤＣＴＰをドイツのテレビ市場への足がかりとして利用する目論見があったとされる（Peter C. Lutze,

Alexander Kluge. The Last Modernist, Detroit: Wayne State UP 1998, S. 240（Anm.12）を参照）。

（49）Arno Makowsky, »Der Pate als Quotenkiller«, in: *Süddeutsche Zeitung* 16. Oct. 1993.

（50）Uecker, *Anti- Fernsehen?*, a.a.O., S. 60 を参照。

（51）以下を参照。Matthias Uecker, »Rohstoffe und Intermedialität. Überlegungen zu Alexander Kluges Fernsehpraxis«, in: Christian Schulte/ Winfried Siebens（Hg.）, *Kluges Fernsehen. Alexander Kluges Kulturmagazine*, Frankfurt am Main: Suhrkamp 2002, S. 82–104; Andreas Sombroek, *Eine Poetik des Dazwischen. Zur Intermedialität und Intertextualität bei Alexander Kluge*, Bielefeld: transcript 2005; Hyun Soon Cheon, *Intermedialität von Text und Bild bei Alexander Kluge. Zur Korrespondenz von Früher Neuzeit und Moderne*, Würzburg: Königshausen & Neumann 2007.

（52）Kluge, »Ein imaginärer Opernführer«, in: *Jahrbuch der Hamburgischen Staatsoper 1984–1988*, Hamburg 1988, S. 9–20, hier S. 20.

（53）クルーゲのインタヴュー番組についての詳しい分析として，Uecker, *Alexander Kluges Fernsehproduktionen*, a.a.O., S. 101–121; Georg Seeßlen, »Interview/Technik oder Archäologie des zukünftigen Wissens. Anmerkungen zu den TV-Interviews Alexander Kluges«, in: Schulte/ Siebens（Hg.）, *Kluges Fernsehen*, a.a.O., S. 128–137 を参照。

（54）クルーゲ制作のテレビ番組にたいする批判の概観として，Peter C. Lutze, »Alexander Kluge's "Cultural Window" In Private Television«, in: *New German Critique* 80（2000）, S. 171–190, bes. S. 188 を参照。

（55）Aus einem Interview mit Alexander Kluge am 18. Juli 2000, zit. nach: Peter C. Lutze, »Alexander Kluge und das Projekt der Moderne«, in: Schulte/ Siebens（Hg.）, *Kluges Fernsehen*, a.a.O., S. 35.

第8章　労働のメタモルフォーゼ
――ネークト／クルーゲ『歴史と我意』（一九八一）をめぐって

1　反‐書物としての『歴史と我意』

一九八一年、アレクサンダー・クルーゲが社会学者のオスカー・ネークトとの二冊目の共著として刊行した『歴史と我意（Geschichte und Eigensinn）』[1]は、さまざまな点で型破りな書物だといえるだろう。まず、三部形式で合計一二八三頁という圧倒的なヴォリュームは、それ自体がすでに書物というメディアの限界に挑戦するかのようだ。その分量に臆することなく、淡いピンクに着色された薄いページをめくると、われわれの目に飛び込んでくるのは、文章、文字、写真、図、イラストなどが独特の仕方でレイアウトされた、通常の理論書から期待されるものとはまったく異なる、実に混沌とした光景である（図1）。さらに、テクストを頭から順番に読み進めようと試みるならば、読者はさらなる困難に逢着することとなるだろう。一応は細かく区分けされた章や節にそって、たとえば「産業的規律」「自己統御」「労働力の政治経済」といった主題をめぐって議論が展開されていくのだが、黒の

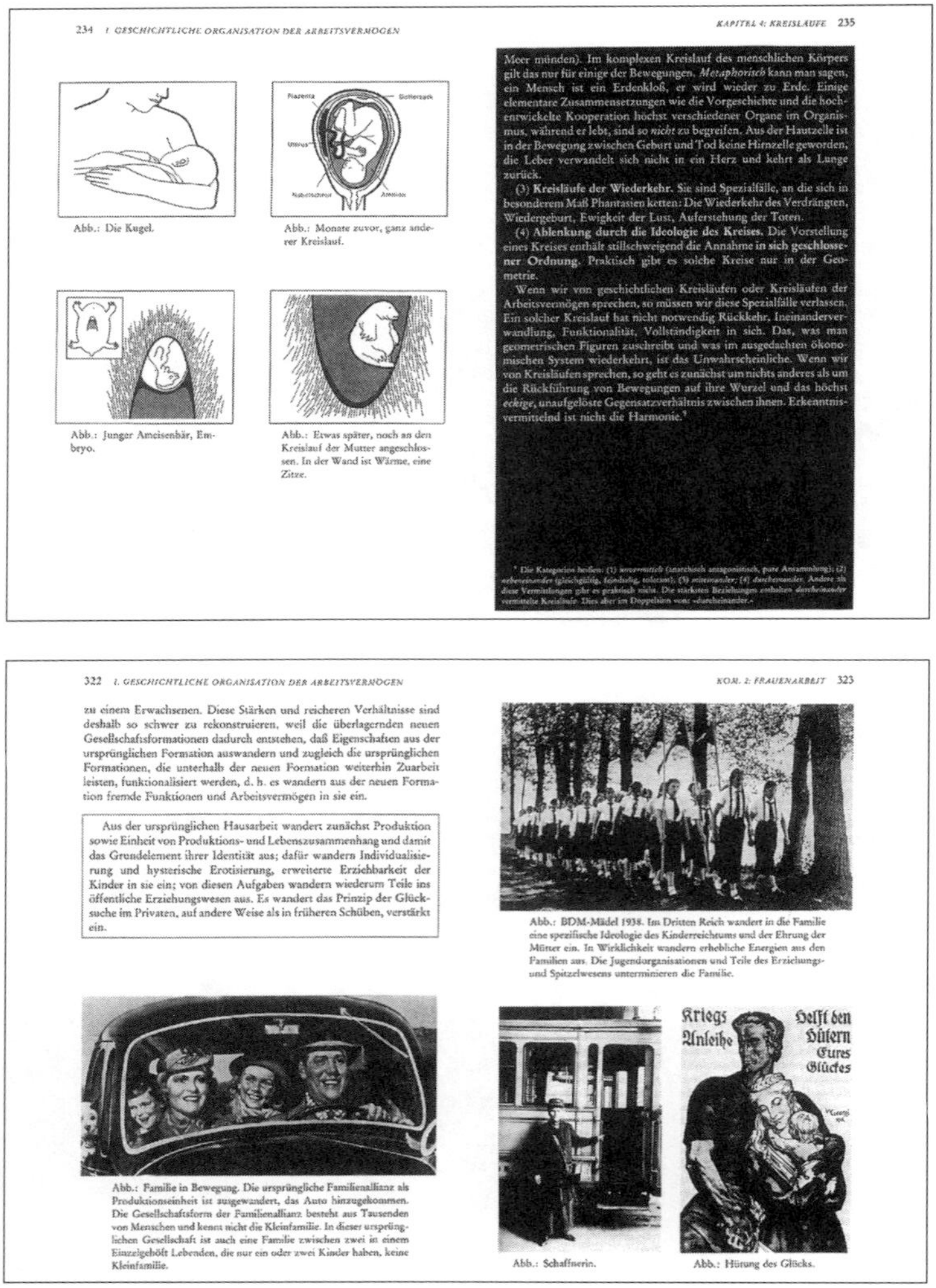

234 I GESCHICHTLICHE ORGANISATION DER ARBEITSVERMÖGEN

Abb.: Die Kugel.

Abb.: Monate zuvor, ganz anderer Kreislauf.

Abb.: Junger Ameisenbär, Embryo.

Abb.: Etwas später, noch an den Kreislauf der Mutter angeschlossen. In der Wand ist Wärme, eine Zitze.

KAPITEL 4: KREISLÄUFE 235

Meer münden). Im komplexen Kreislauf des menschlichen Körpers gilt das nur für einige der Bewegungen. *Metaphorisch* kann man sagen, ein Mensch ist ein Erdenkloß, er wird wieder zu Erde. Einige elementare Zusammensetzungen wie die Vorgeschichte und die hochentwickelte Kooperation höchst verschiedener Organe im Organismus, während er lebt, sind so *nicht* zu begreifen. Aus der Hautzelle ist in der Bewegung zwischen Geburt und Tod keine Hirnzelle geworden, die Leber verwandelt sich nicht in ein Herz und kehrt als Lunge zurück.

(3) **Kreisläufe der Wiederkehr.** Sie sind Spezialfälle, an die sich in besonderem Maß Phantasien ketten: Die Wiederkehr des Verdrängten, Wiedergeburt, Ewigkeit der Lust, Auferstehung der Toten.

(4) **Ablenkung durch die Ideologie des Kreises.** Die Vorstellung eines Kreises enthält stillschweigend die Annahme **in sich geschlossener Ordnung.** Praktisch gibt es solche Kreise nur in der Geometrie.

Wenn wir von geschichtlichen Kreisläufen oder Kreisläufen der Arbeitsvermögen sprechen, so müssen wir diese Spezialfälle verlassen. Ein solcher Kreislauf hat nicht notwendig Rückkehr, Ineinanderverwandlung, Funktionalität, Vollständigkeit in sich. Das, was man geometrischen Figuren zuschreibt und was im ausgedachten ökonomischen System wiederkehrt, ist das Unwahrscheinliche. Wenn wir von Kreisläufen sprechen, so geht es zunächst um nichts anderes als um die Rückführung von Bewegungen auf ihre Wurzel und das höchst *eckige*, unaufgelöste Gegensatzverhältnis zwischen ihnen. Erkenntnisvermittelnd ist nicht die Harmonie.[7]

[7] Die Kategorien heißen: (1) *unvermittelt* (anarchisch antagonistisch, pure Ansammlung); (2) *nebeneinander* (gleichgültig, feindselig, tolerant); (3) *miteinander*; (4) *durcheinander*. Andere als diese Vermittlungen gibt es praktisch nicht. Die stärksten Beziehungen enthalten *durcheinander* vermittelte Kreisläufe. Dies aber im Doppelsinn von »durcheinander.«

322 I. GESCHICHTLICHE ORGANISATION DER ARBEITSVERMÖGEN

zu einem Erwachsenen. Diese Stärken und reicheren Verhältnisse sind deshalb so schwer zu rekonstruieren, weil die überlagernden neuen Gesellschafisformationen dadurch entstehen, daß Eigenschaften aus der ursprünglichen Formation auswandern und zugleich die ursprünglichen Formationen, die unterhalb der neuen Formation weiterhin Zuarbeit leisten, funktionalisiert werden, d. h. es wandern aus der neuen Formation fremde Funktionen und Arbeitsvermögen in sie ein.

Aus der ursprünglichen Hausarbeit wandert zunächst Produktion sowie Einheit von Produktions- und Lebenszusammenhang und damit das Grundelement ihrer Identität aus; dafür wandern Individualisierung und hysterische Erotisierung, erweiterte Erziehbarkeit der Kinder in sie ein; von diesen Aufgaben wandern wiederum Teile ins öffentliche Erziehungswesen aus. Es wandert das Prinzip der Glücksuche im Privaten, auf andere Weise als in früheren Schüben, verstärkt ein.

Abb.: Familie in Bewegung. Die ursprüngliche Familienallianz als Produktionseinheit ist ausgewandert, das Auto hinzugekommen. Die Gesellschaftsform der Familienallianz besteht aus Tausenden von Menschen und kennt nicht die Kleinfamilie. In dieser ursprünglichen Gesellschaft ist auch eine Familie zwischen zwei in einem Einzelgehöft Lebenden, die nur ein oder zwei Kinder haben, keine Kleinfamilie.

KOM. 2: FRAUENARBEIT 323

Abb.: BDM-Mädel 1938. Im Dritten Reich wandert in die Familie eine spezifische Ideologie des Kinderreichtums und der Ehrung der Mütter ein. In Wirklichkeit wandern erhebliche Energien aus den Familien aus. Die Jugendorganisationen und Teile des Erziehungs- und Spitzelwesens unterminieren die Familie.

Abb.: Schaffnerin.

Abb.: Hütung des Glücks.

図 1　『歴史と我意』の版面

背景に白字で印刷されたマルクスについての理論的分析や、脈絡のないようなアネクドートや図像（写真、イラスト、グラフ……）が随所に唐突に挟まるのである。

内容的にも、マルクス主義的な社会分析に人類の二足歩行をめぐる人類学的な議論が接ぎ木されたり、脳科学や精神分析の話に脱線したり、ドイツが経験した戦争についての具体的な記述が延々とつづいたりと、ヴィジュアル面にも劣らないほど雑多である。初版に添えられた「序言」のなかで著者たちは、この書物のことを「Gebrauchsbuch〔実用書、使用されることを目的とした本〕」と呼んでいるが、(2)おそらくそれは「Lesebuch〔読本、読まれることを目的とした本〕」との違いを際立たせるための呼称であろう。通読され、理解され、一義的な意味に還元されることをみずから拒絶しようとする身振り――『歴史と我意』を手にとったものにまず印象として刻まれるのは、書物でありながら反‐書物を志向するような、自己攪乱的とも呼ぶべき特徴にほかならない。

もっとも、『歴史と我意』には、いくつかの明確な先例ないしはモデルが存在している。まず、共著という形式は、クルーゲとネークトによる最初の協働作業である一九七二年の『公共圏と経験』ではじめて採用されたものであり、その続篇にあたる『歴史と我意』でもそれが踏襲されている。そのような執筆スタイルを選択した背景として、すでに前章で示唆したように、マルクスとエンゲルスの『資本論』、およびアドルノとホルクハイマーの『啓蒙の弁証法』という、クルーゲとネークトにとって決定的な意味をもつ二冊の共著の存在があったことは間違いない。また、『歴史と我意』の註のひとつ（293）でさりげなく参照されている、一九七七年に独訳が出版されたドゥルーズとガタリの共著『アンチ・オイディプス』から、クルーゲたちが何らかのインスピレーションを汲み取ったのではないかと推測することも可能だろう。[3] くわえて、理論書のなかでテクストとヴィジュアルを組み合わせるというミックス・メディア的な手法についても、マクルーハンの『メディアはマッサージである』（一九六七）をはじめ、一九六〇年代半ばごろより一種の流行としてしばしば見かけるようになったものである。それゆえ、『歴史と我意』のスタイルと内容については、マルクス主義を前面に押し出した思想内容——ある評者はこの書物を「なおも階級闘争が存在していた別の時代からやってきた未確認飛行物体」とすら呼んでいる[4]——も含めて、かつての〈政治の時代〉とカウンター・カルチャーの遅れてきた使者と呼ぶべきなのかもしれない。

もっとも、少なくともクルーゲにとって、『歴史と我意』の根幹をなす異種混交性は、すでに前章で触れたように、彼が一九六〇年代初頭より〈ニュー・ジャーマン・シネマ〉の旗手として世に送りつづけてきた映画作品のなかで一貫して追求されてきたものであった。とりわけ、ストーリーの直線的な進行を阻害するようにして断片的な映像やテクストを挿入したり、異質な音響を被せたりするといったモンタージュ的な手法は、クルーゲ映画のトレードマークであるといっても過言ではない。それゆえ、『歴史と我意』においてクルーゲは、これまで映画というモンタージュ・メディアのなかで培ってきたスタイルを、書物というより古典的なメディアへと導入しようとしたのであり、書物でありながらも映像メディアを擬態するというその分裂的で横断的なありようこそが、『歴史と我意』が与える型破りな印象をつくりだしている——ひとまず、そう見なすことができるだろう。

とはいえ、『歴史と我意』がもつ独特のスタイルがその理論的な内容とほとんど無関係であるならば、たんに一風変わった意匠にすぎないことになる。一九九〇年代以降、クルーゲの思想や活動にたいする学術的関心が急速に高まるなかで、[5] 何冊ものモノグラフィーが矢継ぎ早に刊行され、[6] 二〇一一年に『text + kritik』誌で二度目となるクルーゲ特集が組まれるなど、クルーゲ・ルネッサンスと呼ぶべき状況が現在にいたるまでつづいている。[7] だが、そのなかで、前章で扱った『公共圏と経験』については比較的頻繁に論及されるものの、『歴史と我意』を正面から論じた文献はあまり多くはなく、その独特のヴィジュアル・デザインを理論的内実との関連において考察した試みもほとんど存在しないといってよい。[8]

ネークト／クルーゲが『歴史と我意』の初版のまえがきで記しているように、前作の『公共圏と経験』のなかに「いくつかの曖昧な点」[9] として残された問題点について、別の角度から考察を深めることがこの書物の執筆動機のひとつとされる。『公共圏と経験』は、六〇年代の学生運動の熱気がなおも冷めやらぬなかで書かれた綱領文というべき特殊な性格のテクストであることを差し引いたとしても、その基本的な主張のうちに「いくつかの曖昧な点」があることは確かに否めない。たとえば、「ブルジョワ公共圏」のヘゲモニー体制にたいしてオルタナティヴな「プロレタリア公共圏」を組織するという『公共圏と経験』の基本図式は、資本主義的システムの打倒を声高に訴える当時の左翼運動のパロールを露骨なまでに反映させているといえる。だが、「プロレタリア公共圏」という概念を前面に掲げながらも、肝心のプロレタリア大衆の内実について踏み込んだ議論がなく、いささか抽象的な扱いにとどまっていることは、マルクス主義という観点からも問題視せざるをえないだろう。つまり、「意識産業」がさまざまなメディアをつうじて消費者大衆の「経験の地平」を狭隘化するメカニズムや、それに対抗・抵抗するための具体的手段のひとつとしてのテレビの生産機構の変革については詳細な議論が繰り広げられる一方、「ブルジョワ公共圏」と「生産の公共圏」の結託関係のもとで日々を過ごしている大衆については、疎外状況を告発するという文脈であれ、阻害された経験を回復させるという文脈であれ、社会変革の主体というよりも、つねに上からの操作の対象という扱いにとどまっているような印象を受けてしまうのだ。

それにたいして、続篇にあたる『歴史と我意』においてクルーゲたちが一三〇〇頁近い紙数を費やして試みたのは、プロレタリア大衆そのものが潜在的に孕みもつ社会変革のための潜勢力について、さまざまな観点からあらためて考察することであるといえる。そして、その道程は、そもそも「労働」とは何かという根本的な問題を検証することから始まっている。『資本論』もまた、商品の背後にある人間労働についての考察によって開始されるのだから、ここでもクルーゲたちはマルクスという偉大なる先達の例に倣ったと見なすこともできるだろう。

もっとも、『歴史と我意』において労働は、たんに生産物をつくりだしたり、資本家におのれの労働力を売って賃金を得たりといった狭義の意味にとどまらず、生物学的な営みから社会的な行為にいたるまで、人間のほとんどすべての活動を包摂する概念として規定されている。そして、この労働という契機のうちに、資本主義社会を特徴づける占有や搾取を導くベクトルと、そのなかで抑圧・排除されたものを解放することを可能にするベクトルとが弁証法的に交錯しているという現状を、社会的・歴史的・文化的な考察をつうじて析出することが、『歴史と我意』の最終目標にほかならない。そこで鍵語となるのが「自己統制」および「労働能力」であり、「対抗公共圏」「知覚」「経験の地平」など、『公共圏と経験』の理論的枠組みを構成していた主要概念が、これら二つの術語を軸にあらためて規定されるとともに、その延長線上において帝国主義戦争や社会革命が生じるための諸条件といった問題についても考察されるのである。

くわえて、『歴史と我意』は、マルクス主義およびフランクフルト学派の思想に照らした場合、そこでつねに決定的な役割を担ってきたひとつの概念を総括する試みにもなっている。すなわち、書名にも含まれている「歴史」という概念であり、マルクスの『経済学批判要綱』や『資本論』、ハーバーマスの『史的唯物論の再構成に向けて』（一九七六）などのテクストが、「歴史」との関連で議論の俎上にのせられている。だが、たとえ直接的に言及されていなくとも、この書物がテクストとイメージとを交錯させながら実践している歴史記述の手法は、このあと本章と次章で明らかにしていくように、ベンヤミンが「歴史の概念について」（一九三九―四〇）のなかで呈示したものにきわめて近いところに位置づけられる。複数の過去の瞬間を現在へと引用＝召喚することで、歴史の連続性の仮象を打破すること――それこそがまさに、『歴史と我意』を貫徹する方法論的な原理であった。そして、さらにそのようなベンヤミン的なヴィジョンは、『公共圏と経験』で提起される「プロレタリア公共圏」という理念や、書物、映画、テレビなど、さまざまなメディアにおいてクルーゲが、モンタージュという手法をつうじてつねに追求しつづけてきた、オルタナティヴな知覚経験の地平を開示するという課題とも深く関連しているのである。

ひとまず本章は、これまで論じてきたベンヤミンからアドルノにいたるフランクフルト学派の思想的系譜を踏まえつつ、『歴史と我意』の概略を素描していくなかで、ネークト／クルーゲの「対抗公共圏」論の理論的・実践的な射程を見定めることを目的としている。ただし、この書物の多岐にわたる膨大な記述のすべてを網羅的に記述することは困難であるため、いくつかのポイントに絞って議論を進めたい。具体的にはまず、『歴史と我意』第一部の最初の数章を手がかりとして、『歴史と我意』の理論的な枠組みを再構成する（第2節）。そのうえで、第二部におけるドイツでの「生産公共圏」の成立をめぐる議論、および第三部における「労働能力」と「暴力」および「絆関係」との関連をめぐる議論を、「労働」の変容という観点から整理する（第3節、第4節）。つづけて、『歴史と我意』の最終章で強調される「オリエンテーション」という概念をめぐって、とりわけアドルノにたいする批判的応答という観点から検証をおこなったのち、最後に、この書物の叙述スタイルと歴史表象の双方を根底から規定するモンタージュという手法に込められた思想的な含意と戦略について手短に考察することで、次章での議論に繋げていきたい（第5節）。

2　自己統制と分離過程

前著『公共圏と経験』は、ハーバーマスの『公共性の構造転換』を強く意識するかたちで、「公共圏」概念の再規定と、「ブルジョワ公共圏」における「経験」の現状についての分析によって始まっており、社会思想書としての構えを取っていた。それにたいして『歴史と我意』の第一部は、確かにタイトルこそ「分離と収奪からの産業的規律の成立」と題されているものの、そこから硬い理論言説を期待した読者は、いきなり肩すかしを浴びせられることとなる。というのも、そこでまず呈示されるのは、「握ること」をめぐる人類学的・生物学的な分析という、一見すると「産業的規律」とは何

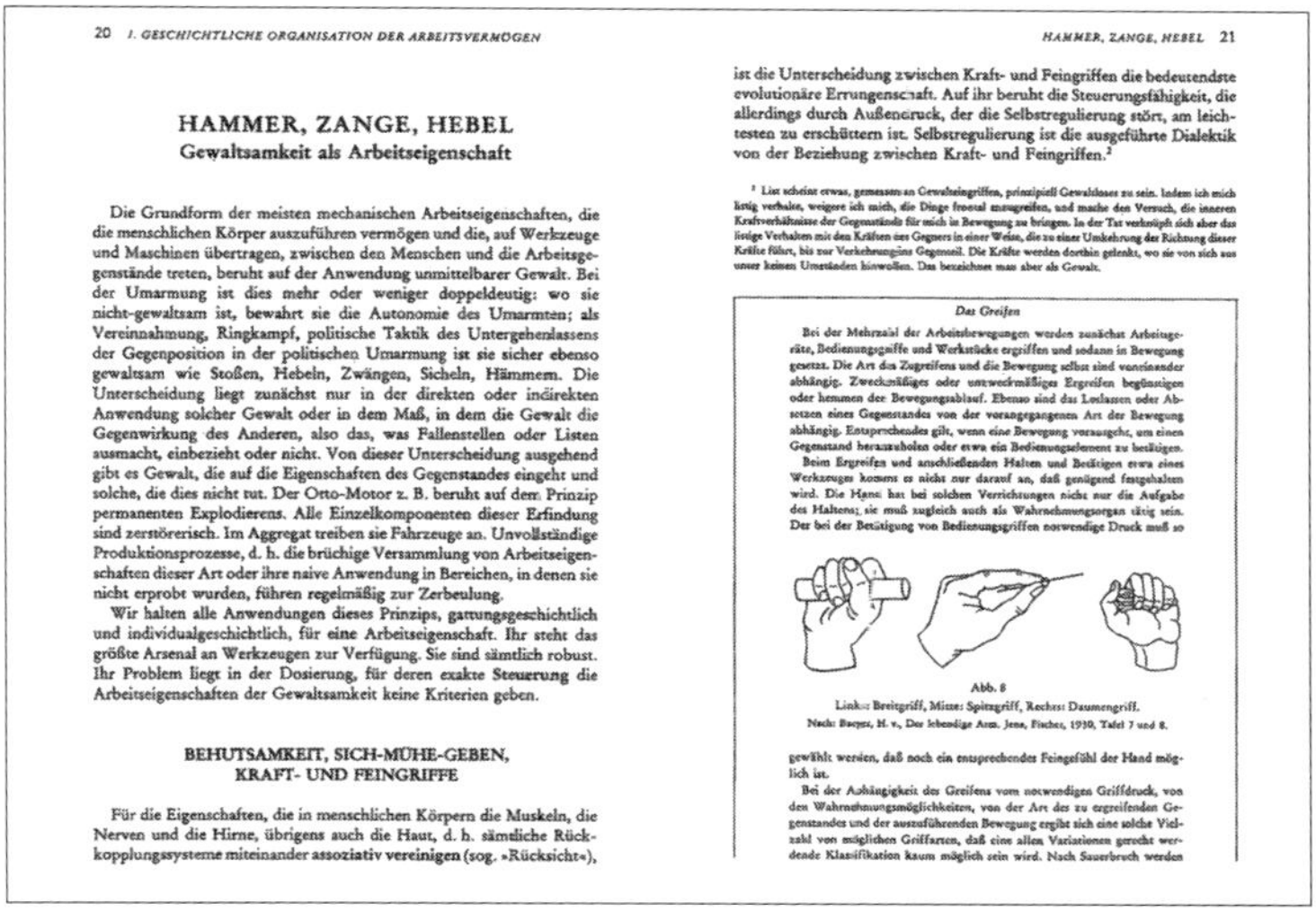
20　I. GESCHICHTLICHE ORGANISATION DER ARBEITSVERMÖGEN

HAMMER, ZANGE, HEBEL
Gewaltsamkeit als Arbeitseigenschaft

Die Grundform der meisten mechanischen Arbeitseigenschaften, die die menschlichen Körper auszuführen vermögen und die, auf Werkzeuge und Maschinen übertragen, zwischen den Menschen und die Arbeitsgegenstände treten, beruht auf der Anwendung unmittelbarer Gewalt. Bei der Umarmung ist dies mehr oder weniger doppeldeutig: wo sie nicht-gewaltsam ist, bewahrt sie die Autonomie des Umarmten; als Vereinnahmung, Ringkampf, politische Taktik des Untergehenlassens der Gegenposition in der politischen Umarmung ist sie sicher ebenso gewaltsam wie Stoßen, Hebeln, Zwängen, Sicheln, Hämmern. Die Unterscheidung liegt zunächst nur in der direkten oder indirekten Anwendung solcher Gewalt oder in dem Maß, in dem die Gewalt die Gegenwirkung des Anderen, also das, was Fallenstellen oder Listen ausmacht, einbezieht oder nicht. Von dieser Unterscheidung ausgehend gibt es Gewalt, die auf die Eigenschaften des Gegenstandes eingeht und solche, die dies nicht tut. Der Otto-Motor z. B. beruht auf dem Prinzip permanenten Explodierens. Alle Einzelkomponenten dieser Erfindung sind zerstörerisch. Im Aggregat treiben sie Fahrzeuge an. Unvollständige Produktionsprozesse, d. h. die brüchige Versammlung von Arbeitseigenschaften dieser Art oder ihre naive Anwendung in Bereichen, in denen sie nicht erprobt wurden, führen regelmäßig zur Zerbeulung.

Wir halten alle Anwendungen dieses Prinzips, gattungsgeschichtlich und individualgeschichtlich, für eine Arbeitseigenschaft. Ihr steht das größte Arsenal an Werkzeugen zur Verfügung. Sie sind sämtlich robust. Ihr Problem liegt in der Dosierung, für deren exakte Steuerung die Arbeitseigenschaften der Gewaltsamkeit keine Kriterien geben.

BEHUTSAMKEIT, SICH-MÜHE-GEBEN, KRAFT- UND FEINGRIFFE

Für die Eigenschaften, die in menschlichen Körpern die Muskeln, die Nerven und die Hirne, übrigens auch die Haut, d. h. sämtliche Rückkopplungssysteme miteinander assoziativ vereinigen (sog. »Rücksicht«),

HAMMER, ZANGE, HEBEL　21

ist die Unterscheidung zwischen Kraft- und Feingriffen die bedeutendste evolutionäre Errungenschaft. Auf ihr beruht die Steuerungsfähigkeit, die allerdings durch Außendruck, der die Selbstregulierung stört, am leichtesten zu erschüttern ist. Selbstregulierung ist die ausgeführte Dialektik von der Beziehung zwischen Kraft- und Feingriffen.[2]

[2] List scheint etwas, gemessen an Gewalteingriffen, prinzipiell Gewaltloses zu sein. Indem ich mich listig verhalte, weigere ich mich, die Dinge frontal anzugreifen, und mache den Versuch, die inneren Kraftverhältnisse der Gegenstände für mich in Bewegung zu bringen. In der Tat verknüpft sich aber das listige Verhalten mit den Kräften des Gegners in einer Weise, die zu einer Umkehrung der Richtung dieser Kräfte führt, bis zur Verkehrung ins Gegenteil. Die Kräfte werden dorthin gelenkt, wo sie von sich aus unter keinen Umständen hinwollen. Das bezeichnet man aber als Gewalt.

Das Greifen

Bei der Mehrzahl der Arbeitsbewegungen werden zunächst Arbeitsgeräte, Bedienungsgriffe und Werkstücke ergriffen und sodann in Bewegung gesetzt. Die Art des Zugreifens und die Bewegung selbst sind voneinander abhängig. Zweckmäßiges oder unzweckmäßiges Ergreifen begünstigen oder hemmen den Bewegungsablauf. Ebenso sind das Loslassen oder Absetzen eines Gegenstandes von der vorangegangenen Art der Bewegung abhängig. Entsprechendes gilt, wenn eine Bewegung vorausgeht, um einen Gegenstand herauszuholen oder etwa ein Bedienungselement zu betätigen.

Beim Ergreifen und anschließenden Halten und Betätigen etwa eines Werkzeuges kommt es nicht nur darauf an, daß genügend festgehalten wird. Die Hand hat bei solchen Verrichtungen nicht nur die Aufgabe des Haltens; sie muß zugleich auch als Wahrnehmungsorgan tätig sein. Der bei der Betätigung von Bedienungsgriffen notwendige Druck muß so

Abb. 8
Links: Breitgriff, Mitte: Spitzgriff, Rechts: Daumengriff.
Nach: Baeyer, H. v., Der lebendige Arm. Jena, Fischer, 1930, Tafel 7 und 8.

gewählt werden, daß noch ein entsprechendes Feingefühl der Hand möglich ist.

Bei der Abhängigkeit des Greifens vom notwendigen Griffdruck, von den Wahrnehmungsmöglichkeiten, von der Art des zu ergreifenden Gegenstandes und der auszuführenden Bewegung ergibt sich eine solche Vielzahl von möglichen Griffarten, daß eine allen Variationen gerecht werdende Klassifikation kaum möglich sein wird. Nach Sauerbruch werden

図2　「力強く握ること」と「やさしく握ること」

の関係もないような議論だからである（図2）。だが、そこには、このあとに展開される長大な論述にとっての思想的な核となる「自己統制〔Selbstregulierung〕」という概念が、いわば映画の予告篇のようなかたちで登場してくることに注意しなくてはならない。

まずクルーゲたちは、道具や機械をもちいた人間労働の特性は「無媒介的な力〔＝暴力：Gewalt〕」に基づくと述べたのち、その「力」を制御しつつもちいることを可能にするのが「自己統制」の能力であると規定する。この「自己統制」とはまた、人間の筋肉・神経・脳・皮膚などの複数の自己調整システムを「たがいに連合的に結びつける」(14) ことを意味してもいるのだが、そのために「〔人類の〕進化のなかで獲得したもっとも重要なもの」であるのが、「力強く握ること〔Kraftgriff〕」と「やさしく握ること〔Feingriff〕」との区別である。そしてさらに、「やさしく握ること」にまつわる文脈のなかで、両手を使うことを可能にした人類の二足歩行の始まりと筋肉との関係や、エルンスト・ヘッケルの個体発生と系統発生をめぐる議論、さらには産婆術についての短い考察が、メールヒェンにおける主体性に関する脱線的な言及を挟みながら、次々と繰り広げられる。

このような「自己統制」と「握ること」をめぐる序言的な記述のあと、つづく第一章では、まさに「分離と収奪からの産業的規律の成立」という問題が、マルクスの『経済学批判綱領』および『資本論』の読解をつうじて検証される。文体や内容からしてネークトが主導的に執筆し、それにクルーゲが加筆するというかたちで書き進められたと思われる章であるが、『歴史と我意』の理論的な枠組みが凝縮されたかたちで説明されているという点で重要な個所である。そこでキーワードとされるのが、マルクスの「本源的蓄積」をめぐる記述から導出された「分離〔Trennung〕」ないしは「分離過程〔Trennungsprozeß〕」という概念である。

周知のように、『資本論』第二四章においてマルクスは、貨幣が蓄積され、産業資本に転化されるという「本源的蓄積」を、資本主義の歴史的起源として位置づけている。かつての封建社会においては、直接生産者はみずからの労働条件にして生産手段である土地を所有していたが、「本源的蓄積」――それはマルクスによって「神学の原罪とほぼ同じ役割を演じる」とされる(10)――が始まると、労働者がおのれの生産手段から切り離され、貧しき賃労働者へと転化する一方で、大土地所有者から産業資本家が形成されていく。そのような段階を経て、生産者は生産手段から、労働者は資本家から、封建社会は資本主義社会から、工業は農業からそれぞれ分離されるのであり、時代が経つと、まさにこのプロセスの延長上において、労働分業、富の集積と貧困、疎外、物象化といったように、「分離」にまつわる諸現象が、さらに多様な形態をとって生じていくことになる。

クルーゲたちは、このようなかたちでマルクスの「本源的蓄積」をめぐる記述を要約したうえで、さらにマルクスが原始共同体の「本源的所有」について述べている個所に注目する。マルクスにとって「本源的所有」とは、「おのれに属しているみずからの自然的な生産諸条件にたいする人間の態度」であり、「自分自身のもの（同一性、主体性）、言語、共同団体（連合体）、労働能力、生きる能力、とりわけ分離にたいする主観的な前条件」（25）をなしている。そして、結論を先取りしていえば、かかる「自分自身のもの」こそが、みずからの主体的アイデンティティを構成するものとして、歴史的過程として容赦なく進行する「分離」のなかで徹底的に収奪され、利用され、変容することを余儀なくされる対象であると同時に、かかる暴力的な「歴史」にたいする抵抗を可能にするものとしての「自己統制」ないしは「我意」の基盤をなしているのである。

つづく第二章「自然特性としての自己統制」では、資本主義体制を特徴づける「分離過程」に対抗する契機としての「自己統制」の概念にたいして、さまざまな角度から検証が加えられる。クルーゲたちが章の冒頭で列挙しているように、ここで考察の対象とされるのは、「細胞の本性、皮膚、身体、脳、五感、それらのうえにつくりあげられた、愛、知識、悲哀、回想、家族意識、意味への渇望、社会的まなざし、集合的な注意といった社会的諸器官」（41）など多岐にわたっている。ともあれ、「第一の自然のさまざまな特性と、それらの第二の自然の諸条件のもとでの生産的な延長」（ebd.）、すなわち、「第一の自然」として人間に備わった諸特性と、「第二の自然」である社会のもとで形成された新たな諸器官との双方において「自己統御」がどのように機能しているのかを考察することが、この章の狙いであるといえるだろう。さらに、つづけてクルーゲたちは、数多くの具体例をもちいて「自己統制」の特徴について記述していく。二つだけ挙げよう。

①非服従　われわれが運動するとき、筋肉組織にそのつど脳が命令しているわけであるが、個々の細胞にたいして直接働きかけているわけではない。個々の細胞どうしは上位審級である有機的身体とは独立したかたちで、独自の「自己統制」をおこなっているのであり、細胞という下位の部分が全体に適合するのは「さまざまな媒介や暗号の交換をつうじてはじめて」(48) のことにすぎない。

②秩序　学校で教師が子供たちに「自己統制された学習」を許可すると、パズルに熱中したり、棒によじ登ったり、騒いだり、机を家に見立てて積み上げたりと、さまざまな活動をおこなうグループができる。この学習がうまくいった場合、それぞれのグループはおたがいに邪魔しあうことはないが、接触や交流はたびたび起こっている。つまり、その空間には「目に見えない秩序」が形成されているのであり、たとえば闖入者が現れ、彼らの活動を妨害しようとすれば、新たな「秩序」が自己形成され、連帯して闖入者に立ち向かうといったことが起こるだろう (49f.)。

ほかにもクルーゲたちは、フランス革命のスローガンとしての「友愛」、フロイトにおける無意識、釘を打ちつける動作、コンピュータのメモリ、皮膚の触覚、瓦礫と化した都市で踏みならされることで自然にできた道、出産など、多種多様な事例を引き合いに出して「自己統制」を輪郭づけようとする。

さらに、第三章「労働力の経済学の諸要素」では、「分離過程」と「自己統制」という二つの対概念を、前著『公共圏と経験』で呈示された「プロレタリア公共圏」をめぐる思考へと接合することが試みられるが、そこで一種の結合子として位置づけられているのが「労働力」ないしは「労働能力」である。まずクルーゲたちは、マルクスの『資本論』が「資本の経済学批判」をおこないながらも、「労働力の経済学」について理論的基礎を据えることはなかったと述べたうえで(83)、「労働力」や「生産」といったマルクス主義的な概念をラディカルに拡張し、個々の人間および社会全体の活動のすべてをそこに包摂させていく。クルーゲたちにとって、「労働力」とは、確かに人間の労働能力の総体を指してはいるが、価値をつくりだす特殊な商品という『資本論』での位置づけにとどまるものではない。むしろ、「自己統制」の規定がすでにそうであったように、彼らは、「労働力」を、通常の意味での経済活動に限定することなく、むしろ、細胞や身体の活動、個々人の思考、想像力、心理や感情（愛、所有感、絶望感……）、人間どうしの関係（性的関係、家族関係、社会関係、国家関係……）までをも含んでいると考える。そのうえで、かかる「労働力」を、先に触れた「分離過程」と「自己統制」という二つのベクトルが激しく鬩ぎあう場として捉え直すのである。

一方で「労働力」の歴史とは「分離過程」の容赦のない進行の歴史であった。そこでは、たんに労働者が生産手段から切り離され、労働力が商品として資本主義体制に完全に組み込まれるだけでなく、個々の労働者の「主観的な特性の数々」もまたバラバラに分断され、囲い込まれ、ブルジョワ公共圏から排斥されていく。だが、他方で、「労働力」のうちには、かかる歴史過程によって完全に収奪されることのない残余が内在している。すなわち、まさに書名で挙げられている「我意〔Eigensinn: おのれの感覚・性向、わがまま、強情さ〕」という契機がそれであって、たとえば「私の尊厳、私の畑、私の妻、私の動物というような、私がどんなにお金を積まれても売り渡さないであろうもの」(112; 強調原著者）といったかたちで表現される。簡潔に定式化するならば、「労働」を可能にする条件としてあらゆるものに備わる「自己統制」の能力が、「分離」という歴史過程に否応なく巻き込まれるなかで摩擦を引き起こすとき、それが「我意」という形態をとって「分離」に抵抗する契機として浮上するということができるだろう。

「分離過程」の進行という事態は、当然のことながら、『公共圏と経験』での主題であった「プロレタリア公共圏」をめぐる問題とも不可分に結びついている。つまり、大衆の経験の地平を狭隘化することを特徴とするブルジョワ的な「生産の公共圏」とは、まさに「本源的蓄積」に端を発する「分離」という歴史的過程の産物にして担い手をなしているのである。さらに、ここでは、「分離過程」のなかで異物として排除されたもののすべてが「プロレタリア的」と呼ばれており――「除外されたものがプロレタリア的となる」(81)――、たとえば「あらゆる知覚、感じること、認識すること、回想や、笑いや、泣くことといった形式をとったさまざまな観念連合」として表現される「リビドー的エネルギー」もまた、抑圧されているという意味で「プロレタリア的特性」として規定される(404)。そして、そのような一般的かつ包括的な規定を施すことによって、「プロレタリア公共圏」という理念が、狭義における労働者大衆や階級闘争のみに関わるものではないことが明示されるのである。とはいえ、ここでも問題となるのはやはり、公共的表象のシステムから排除された諸契機を「公共圏」のうちに包摂しなおすことであり、そのための方策を理論面と実践面の双方から呈示することに変わりはない。

すでに繰り返し示唆したように、『歴史と我意』においてクルーゲたちは、「自己統御」という能力のうちに、そのような解放的な潜勢力を求めようとする。それどころか彼らは、この「自己統御」こそが「革命」の原動力であるとさえ述べる。

革命が起こるのは、下の人々がもはや望まず、上の人々がもはやできないときである。それはまた、さまざまな目論見や命令によって測られるものではなく、諸力の自己統制のなかで測られるのである。(44)

革命とは、自己統制がもつたがいに異なるすべての強情さをひとつの連合関係のうちに据えるような生産過程である。そのための仕事を遂行するのは、自己統制そのものである。(66; 強調原著者)

もっとも、かつての抵抗運動がそうしたように、「自己統制」を組織化の原理としてのみ捉え、アプリオリにポジティヴなものとして希望を託すのは誤りである。確かに「自己統制」は「包括的な秩序」であり、「関連のカテゴリー」を取り返すものであるが、「疎外という諸条件のもとでは、通常は組織化の妨害として立ち現れてくる」ものだからである(65)。言葉を換えれば、「自己統制」とは「[……]おのれの原理にしたがってさまざまな関連をつくりだす傾向をおのずともっている重力場」であるものの、そこでは「部分的な自己統制と、部分的に獲得された上位の統制とのあいだのたえまない反目」が繰り広げられている（ebd.）。それゆえ、「ポジティヴな意味で解放的な自己統制が可能となる」ために決定的に重要なのが、たがいに反発しあう「諸力の自己統制」ないしは複数の「我意」のあいだを調整することで、たがいに「移行」しあえるように組織的に方向づけていくような「介入」という「姿勢」にほかならない（76）。理論と実践、感情と悟性など、相異なる「自己統制」のシステムをもった複数の要素のあいだを媒介し、翻訳し、連結すること――このような「介入」への要請を、「連関〔Zusammenhang〕」や「連合＝連想〔Assoziation〕」というタームをもちいて、クルーゲたちは随所でおこなっている。

すなわち、歴史的な「分離過程」のなかで寸断され、隔離され、公共圏の表舞台から排除されてしまった「プロレタリア的特性」の数々を、それぞれに固有の契機として内在する「自己統制」の傾向性やエネルギーをうまく利用するかたちで、たがいに「関連」づけていくという営みのうちにこそ、「解放的な労働能力」（206）が、さらには「革命」のためのポテンシャルが備わっているのである。

ただし、そのような「関連」づけの試みは、一筋縄でいく単純なものではけっしてない。すべての労働とその産物のうちに内在的に含まれる「我意」という契機は、上位審級によって意のままに操作されたり、異他的なものと接合されたりすることを根本的に忌避する傾向を強くもっているからである。クルーゲたちが知性という能力の重要性を訴えるのは、まさにそのためである。つまり、それぞれの「我意」のあいだをバランスよく取り持ち、ときに騙したり裏をかいたりしながら敵対する力を逸らせ、「ひとつの連合関係」を形成するように導いていくという戦略的な知性の働きが、そこではつねに必要とされるのだ。さらに興味深いことに、そのような「知性」の原型をなしているのが、

『歴史と我意』の冒頭で言及された「やさしく握ること」と「詭計」だとクルーゲたちは規定する。

　このような〔他者による労働力の我有化の〕過程は、直接的な経路では成功できない。それは、自然か、社会の同輩か、敵を策略で騙すことで、彼らがおのれの意に反して諸力を生みだすようにしなくてはいけない。知性が生産的な労働能力のうちで成立したものであるかぎりにおいて、知性の根源的な居所となるのが、やさしく握ることと詭計というシステムなのである。（376; 強調引用者）

ここで要請されているのは、まさしく『啓蒙の弁証法』でアドルノが描き出したオデュッセウスの知略であるといえるだろう。みずからを犠牲にするかのような身振りによって神話上の怪物たちを首尾よく出し抜いてみせるオデュッセウスのように、資本主義社会のなかでなおも「革命」を志すものは、おのれの仲間たちの「我意」や、さらには敵対する勢力の「我意」を、さまざまな計略をつうじて巧みに誘導し、そのエネルギーをみずからの目的に益するように戦略的に向け変えなくてはいけないのだ。

　複数のエゴイスティックな欲望としての「我意」が激しくせめぎあう力の場において、「無媒介的な力」に闇雲に訴えるのではなく、対象や目的に合わせて柔軟かつ微妙に力を加減しながら、それぞれが最終的に「連合関係」を形成するように有機的に調整すること。それは、『公共圏と経験』のなかで要請された「対抗生産物」による抵抗戦略にとって不可欠であるだけではない。「革命」――そこには、国家や社会体制の転覆という狭義のそれのみならず、既存のシステムの改変と新しい秩序の創出に関わるあらゆる実践活動が含まれる——もまた、物理的暴力のような「直接的な径路」によって無媒介的に成立するものではなく、その実現のためには、「やさしく握ること」につうじるような繊細な配慮と、オデュッセウス的な「詭計」の双方を必要とするのである。

そして、このような二重の課題を遂行する「知性」もまた、われわれの「労働能力」の重要な一部であり、変容した「労働」の一形態であることを見逃してはならない。問題になっているのは、「分離」という歴史的過程のなかで、徹底的に排除され、寸断され、疎外された「労働」の能力や所産を、ふたたび相互に連結し、新たなアレンジメントを形成することで回復させることであり、そのための方途を「労働」そのものに固有の特質のうちに求めることにほかならない。『歴史と我意』という書物はまさに、このような「労働」による「労働」の救済というパースペクティヴに導かれているのである。

3　ドイツにおける本源的蓄積

『資本論』のなかでマルクスは、「本源的蓄積」を説明するにあたって、「収奪の歴史」が「古典的な形態」をとったイギリスの歴史を例にとって論じている。一四世紀後半に農奴制がほぼ消滅し、自営農が圧倒的多数を占めるようになったイギリスであるが、一五世紀に毛織物マニュファクチュアが盛んとなり、フランドルの羊毛価格が上昇するなかで、地主たちは農地から牧草地への転換を進める。

このいわゆる第一次囲い込み運動はさらに、一六世紀の宗教改革における教会所有地の強奪や、名誉革命による国有地の私有地化によって継続されていくのであり、かかる「暴力的な土地収奪のプロセス」においてみずからの所有地から駆逐された自営農は、日雇いの借地農になったり、あるいは都市に流れ込んで工場労働者になったりすることを余儀なくされ、つまりはプロレタリアートへと転落する。このよく知られた記述をうけるかたちで『歴史と我意』は、「イギリスにとってではなく、ドイツにとっての本源的蓄積の根深さと過酷さ」(26)を明らかにすることを目標のひとつに掲げており、とりわけ第二巻「生産公共圏としてのドイツ」のなかで、ドイツを舞台に展開された「本源的蓄積」の歴史について詳細に語られることになる。

それはまた、さまざまな要素を分離・排除することによって「ブルジョワ公共圏」が徐々に成立し、さらには家庭や余暇などの私的領域を含めたすべてを併合する「生産の公共圏」へと移行していく道程を、ドイツの歴史という具体例にそくして再構成するプロセスであると言い換えることができるだろう。ただし、容易に推測されるように、マルクスがイギリスを対象としておこなった経済史的な分析をそのままドイツへと転用することがここで企図されているわけではない。一九九三年の新版に加えられた第二巻への「まえがき」で、マックス・ウェーバーの『プロテスタンティズムの倫理と資本主義の精神』を引き合いに出しながら述べられているように、決定的なことは、ドイツが「産業を知る以前に、産業的な規律・訓練にとって役立つような諸々の性格や動機を、この国に暮らす人間たちのなかでつくりだす」(2-VI)という段階が先行していたという点である。つまり、もっとも重視されるのは、ドイツ人の個々の心理や集団的なメンタリティといった主観的次元であって、それが経済的・政治的な「分離」という客観的な強制力に晒され、さまざまなかたちに歴史的に変容していくプロセスを追跡することが、第二巻の主題となるのである。

「われわれの国の歴史的特徴」(2-V; 強調原文) の分析に着手するにあたってクルーゲたちは、すぐさまドイツの歴史的事象について具体的な分析を繰り広げるのではなく、その前提となる理論的な枠組みをあらためて設定するべく、第一巻で呈示された「前‐歴史的な過去」[11]に属する諸々の概念を、歴史的な事象へと適応可能なかたちで練り直すことから議論をはじめている。そして、そこで中心に据えられる概念のひとつとなるのが「自己同一性」である。彼らの規定によれば、「自己同一性」とは「本源的所有への欲望」(501) のあらわれであり、第一巻で詳しく論じられた「我意」に対応するものとして、「分離」と「収用〔Enteignung: 脱我有化〕」を旨とする「本源的蓄積」の対極をなす契機である。ただし、「自己同一性」は、個々の人間のなかで知覚される主観的なものでありながらも、他者にたいする関係を前提としているという意味で「社会的側面」を有してもいるのであり、「集合的な諸条件」のもとでのみ充足可能である (502)。さらに特徴的なことは、「自己同一性」への欲望が、「非‐自己同一性」という欠如状態にたいする「自然的な防御」(509) として惹起されるという点であり、この「非‐自己同一性」が社会的・歴史的・集団的なレヴェルで生じたケースの典型となるのが「ナショナルなものの喪失〔Nationalverlust〕」(542) という、ドイツがその歴史において何度も遭遇した事態である。

ドイツの歴史の本格的な検討に入るまえに、クルーゲたちは社会の歴史的発展と人間の成長段階とのアナロジーを示す。幼年期に享受していた「無媒介的な親密さ」は、青年期へ、そして大人へと移行していく過程のなかで失われ、社会のなかで労働者として暮らす定めにある人々は、学校や職場といった「現実関連」のなかで新たに課せられる規律や要求にみずからの「私的なエゴイズム」を適応させていかなくてはならない（532f.）。それは「分離過程」の圧力に晒されるなかで「自己同一性」のラディカルな書き換えをそのつど強制されることを意味しており、「長期にわたると生命の危険をもたらす非‐自己同一性」を「自己統制」の力によって克服し、新たな「生の連関」のなかで「経験」の地平を拡張させていくことを意味している（515, 509）。しかしながら、青年期の若者がたとえばミュージシャンのような「リビドーが備給された人物」に夢中になるように、失われた「親密さ」への欲求を、すでに克服したはずの過去の状態へと退行することで代償的に充足させるケースも往々にして生じるのであり、集団的レヴェルにおいてそれは、たとえば「ナショナルな感情」のなかで国民国家へと幻想的に一体化するという形態をしばしばとることになる（539f.）。

このような予備的な考察につづいて、いよいよドイツにおける「本源的蓄積」の歴史について詳しく論じられる。それは、第七章のタイトルに掲げられているように、死せるドイツの祖先たちが口を揃えて「それはすべて、われわれが欲したものではない」（499）というであろう、容赦のない暴力と挫折の歴史であり、よりよい社会に向けられたあらゆる希望や努力にもかかわらず、プロレタリア階級の蜂起による社会革命が実現するどころか、逆にナチス・ドイツとアウシュヴィッツを生み、そして「生産の公共圏」にすべてが完全に包摂されてしまった現在へといたる敗北の歴史でもある。

具体的には、ケルト、イリュリア、ゲルマンという三つの民族系統が地域ごとに分かれて暮らしていた古代から、ゲルマン語族の隆盛とローマ帝国との衝突、フランク王国の成立と封建社会への移行、宗教改革と農民戦争、フランス革命と解放戦争、反動的なウィーン体制、遅れてきた産業革命など、とりわけ一九世紀半ばまでの歴史的事象についての考察が、イタリアやフランスとの比較、名誉や尊厳といった概念の歴史、中世におけるザクセン地方の村での商品生産についてなど、合計で一二個の補論を挟みながら、二三〇頁ほどの長さにわたって展開されるのだが、その詳細をここで逐一確認していく必要はないだろう。われわれの関心にとってより重要であると思われるのが、そこでさまざまな具体例をもとに示される「本源的蓄積」と「労働能力」と「歴史」の関係をめぐるクルーゲたちの基本認識であり、それはとりわけ次の三点に集約される。

①『資本論』のなかで「本源的蓄積」は、神話的な「原罪」に相当するものとして、それ以前とそれ以降とを決定的に分断する特権的かつ一回的な閾——「イギリスにとって特徴的な断絶」(691)——のような地位が割り振られている。それにたいして、『歴史と我意』で強調されるのは、とりわけドイツにおいて「本源的蓄積」とは「イギリスとは異なり［……］いくつものブロックに分かれて」おり (690)、「一度きりのものではなく、労働能力のつねに繰り返される歴史的進化」(545; 強調引用者) をあらわしているという点である。さらに、反復的な「歴史的進化」のプロセスのなかでいったん克服された過去の諸々の「生産関係」は、たんなる「前史」として排除され、新たな「生産関係」に——最終的には「資本主義的生産関係」に——全面的に置き換えられるわけではなく、「資本主義的生産関係とともにひとつの歴史的関係を形成する」(653; 強調原文)。この「歴史的関係」は、潜在的なレヴェルにおいて、社会経済を織りなす「すべての関係を、すなわち、労働力の関係、社会的生産の関係、資本が作用する社会的な重力の場を歪める」(ebd.) という機能を果たすのであり、アドルノ

が洞察したように、「生産関係」と「生産力」の矛盾によって社会変革が必然的にもたらされるというマルクスの予言的ヴィジョンの実現を阻止している、ひとつの決定的な要因となっている(652)。

②ただし、ドイツにおける「本源的蓄積」は「完全なものではなく」(683, 688)、その各段階はさまざまな残余や矛盾をつねに内包してきた。たとえば、一九世紀半ばにおいても「前産業的な諸関係」と「産業化」がなおも妥協的に並存しているといった事態がそれにあたるが(691)、にもかかわらず、ドイツでも資本の拡大再生産が比較的スムーズに成し遂げられたのは、国家が主導したという点もさることながら、人々の意識やメンタリティといった内面的な契機が、「一種の第二の生、内的な歴史」(682; 強調引用者)として、「本源的蓄積」の不完全さを補完する役割を担ってきたからである。ときとして耐えがたい現実の変化のなかで、「分離不安と制御不能」(651)の感覚に襲われた人々は、しばしば想像の領域へと撤退し、「太古の時代からの労働連関と生連関における人間たちの根本的に人間的な結びつきというイメージ」(688)によって「自己同一性」を保とうとする。だが、かかる内面世界がすでに「想像上のオイコス」(682)として、「労働力にたいして労働力を交換すること、相互的な助力、忠義には忠義を、自明なものとして前提とされた共同体に由来する労働」といった「パーソナルな交換社会」(688; 強調原文)によって腐食されていたことを見逃してはならない。つまり、実際に資本主義社会が確立される以前に、現実に先行するかたちで、「等価交換」の論理がすでにある程度までドイツの人々のうちに内面化されていたのであり、さらにそれは、大学や植民政策、法制度などをつうじた「ブルジョワ階級」による「資本主義的な高揚《エラーン》」の昇華の操作によって、いっそう促進されることとなる[12](691)。

③連続的な「分離」という歴史的過程は、たとえば一八世紀末から二〇世紀にかけては第一次産業から第二・三次産業への転換という形態をとる。そのなかで、「労働能力」はそのつど従来の生産連関から容赦なく切り離されることとなるわけだが、それはまた、社会変革を可能にするような「新たな結合能力」を解放するという側面も有している（695）。しかしながら、これまでの現実の喪失という危機的な事態に対処するために膨大なエネルギーを費やすことが必要とされるために、実際は「新たに連合や結びつきが生じることもなければ、解放された歴史的能力を労働力の自己規定へと向かわせることもない」（ebd.）。かくして、「労働能力の自己実現と新たな結合」へと向かうはずの解放的なエネルギーが人々の心の内側に鬱積する一方、現実と内面とのギャップのなかで「不安と過剰な消費の組織化」が進行する（696）。

このようにして、ドイツにおける「本源的蓄積」の歴史的考察をおこなったクルーゲたちは、議論を閉じるにあたって、フロイトを援用するようにして、「抽象化原理」と「生産原理」という新たな対立概念を呈示する。前者は、他者の意志を暴力的に破壊する原理であり、後者は他者の意志を自律的なものとして容認する原理である（709–711）。これらたがいに対極に位置する二つの原理は、「分離」の際に「労働能力」から生み出される動態的なエネルギーをどのような方向に向けて処理するかという問題に密接に関わっている。すなわち、暴力や破壊の方向か、それとも建設的で解放的な方向か、という二者択一であるが、とりわけ一九世紀後半から二〇世紀にかけての世界の歴史がいかに前者を志向し、「公共圏」の特殊形態としての戦争のために「労働能力」を惜しみなく投入したかについては、つづく第三巻「連関の暴力」の前半部において詳述されることとなる。

4　労働としての戦争と愛

労働としての戦争――クルーゲたちの戦争についての認識は、第一〇章の表題にもなっているこのフレーズに集約されるといえるだろう。「戦争とは相手にみずからの意志を強要するためにおこなう力の行使である」というクラウゼヴィッツによる有名な定義を何度も引用しながら強調されるように、戦争とは確かに何かを生産するものではなく、〈敵〉というカテゴリーに入れられた「他者の意志を、すなわち他者の自律性を壊滅させること」(836)を主要な目的とする暴力的な営為であって、徹頭徹尾「抽象化原理」に従っている。だが、戦争を労働という観点から考察した場合、そこには資本主義的な生産様式を特徴づけるほとんどすべての要素――「就業時間、マニュファクチュア、協働作業、分業、機械装置と巨大産業、労働賃金(現物支給、戦利品、俸給、保険、忠誠、満足感)、本源的蓄積、植民地化」(845)――が揃っているのであり、「闘いの手段は、通常は生産手段と呼ばれているものと同一である」(842)。

大きな違いといえば、通常の労働の場合、人間がみずからの労働力をもっぱら自然や事物に向けるのにたいして、戦争においては人間――すなわち〈敵〉――が労働の対象となるという点である。だが、近代において戦争の形態が、相対する陣営が直接的に戦闘行為をおこなうものから、戦闘機による空襲や遠隔地からのミサイル攻撃などを中心にするものへと変化するにつれて、〈敵〉の現実性は喪失し、「死せる事物」と相違ないものとなっていく(810-812)。さらに、ナポレオン戦争において萌芽的に始まり、第二次世界大戦において絶頂を迎えたいわゆる「総力戦」となると、軍事力だけでなく、経済力やイデオロギーといった社会を構成するすべての要素が、敵の殲滅という目的のために総動員され、「〈総労働〉対〈総労働〉」という様相を呈するにいたる（841-842）。そして、敵のみならずおのれの国民や国土をも激しく荒廃させる「総力戦」の最初の切っかけをしばしば提供したのが、植民政策や市場獲得競争上の対立という「経済的な背景」であったことは、とりわけ近代以降のこれまでの歴史が如実に示すとおりである（842）。

戦争は、利用可能なあらゆる生産手段を活用しつつ、既存の生産連関のすべてを徹底的に破壊する。そこで「個々人の意志」や「幸福」といった契機はたんなる「仮象」として否定され、代わりに「死、集団、不安」が支配的となる（833）。戦争とは「集団的な歴史生産物のアナーキー的な我有化」（862）であり、暴力に彩られた「事故」（844）のようなものであるが、にもかかわらず民衆によってしばしば熱狂的に支持されるのは、「無力な諸個人」にたいして「みずからの労働能力」を「歴史の生産そのもの」のために活用することを可能にするからである。つまり、「分離」に晒され、「生産原理」との対応が失われることで「無規定」の状態に陥ってしまった「労働能力」が、「抽象化原理」に導かれる「戦争関係」のなかでふたたび歴史的に方向づけられるのであり（830）、「歴史と密接に接触している」という感覚こそが、「無力」を「力」であるかのようにイデオロギー的に錯認させる要因をなしているといえるだろう（857）。いかに無秩序で破壊的であったとしても、戦争そのものは「歴史的 - 社会的な生産物」であり（830）、「公共圏のひとつの特殊形態」をなしている（862）。ただし、「公共圏」としての戦争において中心をなすのは、たんなる「排除」（「ブルジョワ公共圏」）ではなく「物質的な排除」

であって、その論理に従って「殲滅労働」がひたすら遂行されるのである（ebd.）。

他者の意志を破壊し、おのれの意志を強制することを目指す戦争は、歴史的過程としての「分離と苦難」にたいする望ましい反応様式のまさに対極に位置づけられる。望ましい反応様式とはすなわち、「他なるものや自然法則を容認することによって、双方にとってより幸福な状態をふたたびつくりだす」こと、「他なるものの自律性をつうじて、みずからの自律性を生産する」ことを目指していくという、「生産原理」に基づく反応である（854）。それはまさに、『公共圏と経験』のなかで「プロレタリア公共圏」という名称が与えられていた、既存の「公共圏」の変革と異他的なものに開かれた社会的経験の地平というユートピア的なヴィジョンの実現を可能にするための動力因であるといえよう。

ともあれ、かつてホルクハイマーとアドルノが『権威と家族』をめぐる共同研究のなかで「権威主義的パーソナリティ」という概念をもちいて強調したように、「本源的蓄積」を基盤とする資本主義的な生産様式の場合と同様に、戦争を遂行するうえでも、あるいは社会変革を成し遂げるうえでも、人々の意識やメンタリティといった主観的・心理的な次元が基盤となることを見逃してはならない、とクルーゲたちは強調する。そして、かかる次元の形成においてもっとも重要な役割を果たしてきたのが、「絆で繋がる作業〔Beziehungsarbeit〕」ないしは「絆関係〔Beziehungsverhältnisse〕」という領域である。『公共圏と経験』での理論図式とは少し異なり、家族をはじめとするプライヴェートな領域――今日「親密圏」と総称されるものに相当する――は、ブルジョワ的な公共的表象のシステムからたんに排除されているわけではない。他方でそれらは「無媒介的な共同生活という無数の実験室」として、「社会的なダイナミクスをひとつにまとめたり、解消したりする要因」となっているのであり

(868)、政治、経済、社会、マスメディアと相互に緊密なかたちで連動・補完しあっているのだ。
それゆえ、問われるべきは、商品生産や戦争を含めた社会的・公共的な領域と、「絆で繋がる作業」というプライヴェートな領域とのあいだの内在的な関連である。具体的には、たとえば、「子供を育てること、恋愛関係、喪の仕事、喜び」など、「資本主義的なエコノミーによれば「非生産的な労働」」(875)と見なされてきた諸契機は、資本主義的な生産様式といったいどのように関係しているのだろうか。感情、欲望、想像力といった主観的な要素は、「公共圏」の形成と維持においてどのような機能を担っているのか。「絆で繋がる作業」が「労働」の一形態であるとするならば、そこでは何が生産されているのか。

そうした疑問に答えるにあたって、クルーゲたちは「絆で繋がる作業」――親子や兄弟の愛情、友情、恋愛、職場での仲間意識、同郷意識、ナショナリズムなどを含む――をより詳密に分析しようとするのだが、そこで援用されるのがフロイトのリビドー理論である。家庭であれ、企業であれ、そこでの基盤をなしているのは「リビドー的な諸関係」(878)であり、このあとクルーゲたちは、〈リビドー経済〉という観点から、家庭に象徴されるプライヴェートな領域と公共的な領域との相同性と相関性を指摘していくのだが、大雑把かつ簡潔に整理するならば、それは次の三点に集約されるだろう。
①あらゆる人間関係は徹頭徹尾「均衡のエコノミー」によって支配されている(ebd.)。「均衡のエコノミー」とはすなわち等価交換の原理であって、家族共同体――「無媒介的な共生の実験室」(868)――においてそれは、たとえば愛情にたいして愛情を、価値承認にたいして価値承認を要求する感情として発現する(893)。さらに、商品経済の価値体系のなかで日常生活を営んでいくうえで、資本主

義的な「交換価値」が「絆で繋がる作業」のうちにも否応なく入り込み、内面化されていくのであり、女性の美しさや、男性の職業的な能力、子供の特徴（スポーツが得意、勉強ができる、礼儀正しい……）もまた「商品性格」を帯び、交換の対象とされることとなる（955）。

②対人的な「繋がり」は、そのすべてが「生きた労働」による生産物である。たとえば、愛情をもって親が子供を育てるという営みも、対象化された相手におのれの労働力を一定時間支出することで対象に価値を付加するという意味で一種の「労働」をなしているのであり、子供にたいする親の愛情のうちにはすでに、自己と他者とを截然と切り離すという「自己疎外」や「対象化」（914）、排他的な「所有」（904）といった資本主義的な契機が潜在的に含まれている。くわえて、家庭でおこなわれる教育もまた「一人の人間を子供から労働力へと変容させるプロセス」（877）にほかならず、つまりは我が子を愛し、育てるという営みのすべてが、俯瞰的に見るならば、未来の労働力を生産するための有用労働の一環をなしているのである。

③これまで支配的であった「公共圏」が瓦解する場合のように、歴史的な危機的状況に晒された個人には、社会的なレヴェルで喪失した「連関」の代償として、「絆で繋がる労働への渇望、プライヴェートなもののなかでの幸福の探求」（878）という傾向がしばしば見られる。いうなればそれは、社会的現実において鬱屈するリビドーを、「均衡のエコノミー」に従うかたちで、プライヴェートな次元や、感情や想像の次元のなかで発散・昇華させることであり、そのようにして主観的な内面が客観的な外界を密かに補完しているのである——たとえば、「未来に債務を負わせること」としての「希望の働き」として（899）。

このような視座に沿って、プライヴェートな「絆関係」と資本主義的な生産関係とがいかに相同的かつ相互補完的であるかが、ヘーゲルやフロイト、フーコーについての考察を挟みながら、さまざまな事例（性、教育、幸福と不幸、胎児……）とともに示される。商品交換の論理が、たんに狭義の経済活動に限られることなく、余暇や日常生活のような労働活動外の領域や、芸術や大衆娯楽といった文化的領域、さらには人々の思考や感覚のような内面的な領域をも支配しているという認識は、アドルノの社会理論を貫徹する一種のライトモティーフであり、それをここでさらにクルーゲたちは、フーコーが『性の歴史』などで展開した生権力論と関連させつつ、幼児教育や家族愛、性愛など、個人にとってもっとも内密な「自分自身のもの」にまで拡張させているといえるだろう。

ただし、ここで主張されているのは、家庭や個人の感情といった人間本来の領域が、資本主義社会の論理に徐々に蚕食されることで、交換原理に基づく生産労働のための規律訓練の場に堕落してしまうという、すでに幾度となく語られてきたお馴染みの疎外論的な図式に完全に回収されてしまうものではかならずしもないことに注意しよう。これまで繰り返し指摘したように、クルーゲたちにとって、親子の愛情、性的な営み、幸福や不幸の感情、想像力なども含め、そのすべてが多様な変容《メタモルフォーズ》を遂げる労働の一形態であって、つねにすでに等価交換の原理に従っているからだ。むしろ、問題となるのは、それぞれの労働が「分離過程」のなかで切り離され、物象化されたシステムのなかに従属的に組み込まれるという状況であって、そのもっとも暴力的な形態が、集合的な「自分自身のもの」というイデオロギー的な幻想のために、〈敵〉としてカテゴリー化された対象を殲滅しようとするのみならず、個人のレヴェルにおける「自分自身のもの」のすべてをも容赦なく犠牲にすることを強いる

「労働としての戦争」なのである。

5　歴史のなかのオリエンテーション

しかしながら、その一方で、『歴史と我意』の著者たちは、プライヴェートで内面的な諸契機のうちに、既存の支配体制にたいして異議申し立てをおこなうための批判的な潜勢力をも同時に看取しようとする。「絆関係」のなかで育まれる無媒介的な「親密さ／内密さ〔Intimität〕」は、従来の「公共圏」が排除の対象と見なしてきたものであるが、それはすべての外的な社会経験を「検査」するための「試金石」にもなるのであり、「自己オリエンテーションの実践」の基盤をなすという意味で、来るべき「プロレタリア公共圏の根本」をなしている（944-945）。たとえば「好奇心」や「知識欲」は、「根源的な内密さ」に属する感覚であるが、それらこそが、既存の硬直した体制の内部に甘んじることなく、「これは私の公共圏ではない」という直感とともにシステムの外側へと逃れ出て、現状《スタトゥス・クオ》とは絶対的なものではなく、あくまで可変的なものにすぎないという認識へといたることを可能にするというのである（945）。

キーワードとなるのは「オリエンテーション」「信頼」「実験」である。『歴史と我意』の最終章にあたる第一二章は、「地平の転位に対処すること――オリエンテーションへの欲求」と題されているが、本論そのものは全部で一〇頁ほどしかなく、簡潔な結論というかたちとなっている。そこでネークトとクルーゲは、もっぱら「オリエンテーションの仕事〔Orientierungsarbeit〕」の重要性を強調するのだが、その際に二人の師にあたるアドルノの名前が幾度も引き合いに出されているのは、まさにここで「実践」という主題が一貫して問題となっているだけに、きわめて興味深い。

彼らの規定によれば、「オリエンテーション」とは「たんなる認識よりも実践的な方向を取る」ものであり、船乗りが星々の位置を頼りにしながら進路を決めていくことに典型的に示されている（1003）。この「オリエンテーション」は「統御という仕事」ないしは「自己統制」の重要な部分として、「労働」と「思考」の双方にとって不可欠な「前提」をなしているのであり（1004）、その原型となるのが、『啓蒙の弁証法』のなかで素描される、セイレーンの歌声の誘惑という試練を、「おのれのうちなる自然を締め出す」ことによって克服したオデュッセウスである（1005）。もっとも、海のうえを絶えず移動しつづける「帆走者」のオデュッセウスとは異なり、「われわれドイツ人」は、少なくとも民族大移動の時代以降、土地や家などの「不動のもの」を護ることに勤しんでいたのであり、その「オリエンテーション」のあり方はいささか異なっている。いずれにせよ、そこで求められているのは、「複数の地平が交錯しあっている過剰な状態を、選択と引き算によって回避する」という「オリエンテーション」をおこなう抽象化」という営みなのである（ebd.）。

クルーゲたちによれば、「オリエンテーション」をおこなうためには、「信頼に値するもの」がつねに必要とされる。たとえば、個人的な身体のレヴェルでは、からだによいものと毒となるものを瞬時に判別する器官としての「舌」がその役割を果たす（1006）。だが、社会的なレヴェルにおいては、個人にとっての「舌」や船乗りにとっての「星々」のような「信頼に値する」ものが共同体のうちに内在的に備わっているわけではない以上、一人ひとりが働き方や慣習のような「連続的なもの」のなかから「固定点」を形成し、その基盤のうえで「現実を変革したり、オリエンテーションのやり方を改善したりする方法」を編み出すにいたるまで「自己確信」を強化していくしか方法はない（1007）。つまり、「オリエンテーション」の指針となる「信頼に値するもの」をみずから措定する必要があり、しばしばそれは外部から隔絶された自閉的な内的領域というかたちをとる——たとえば、神学者の聖ヒエロニムスにとっては書物が唯一の「信頼に値するもの」であり、アドルノにとっては「どの岸辺に押し流されるのか、そもそも誰が受取人となるのか知らない［……］投壜通信のメッセージ」がそれに相当するといったように（1008）。われわれの日常生活においても事情は同じであって、小さな子供であれば「自分のからだのなかの内的な事象」——おなかが痛い、など——が「オリエンテーション」の第一の「基礎」となる（ebd.）。

だが、社会のなかで「オリエンテーション」を絶えずおこなっていくためには、それとともに「対話」という対他的な契機が欠かせない。一見すると孤独な聖ヒエロニムスも、文字をつうじて伝承された過去とコミュニケートすることで「オリエンテーション」をおこなっていたのであり、「他者との付き合い」のなかで、相手にたいする「寛容さ」を保ちながら「二つの生きた労働を結び合わせること」が重要なのだ（1011）。それによってわれわれは「本源的所有というイメージ」から距離を取り、「おのれのもの」とは離れたところで「信頼に値するもの」を探究していくための一歩を踏み出すことができる（1012）。さらに、次のステップとなるのが「実験」である。すなわち、ガリレオ・ガリレイがそうであったように、たんなる知識のような「死せる労働」に固執することなく、果敢に何度も「実験すること」をつうじて、より広い地平において「信頼に値するもの」を開拓していくことが求められるのである。

もっとも、それは容易に遂行できる課題ではないことはいうまでもない。とりわけ「個人的・社会的な諸関係を支配している強力な諸審級」をまえに、われわれはしばしば「歴史的な生産物はあまりにも強力である」という諦念に駆られ、アドルノがいうように「みずからの無力さによって愚鈍にされてしまい」がちである（1013）。しかしながら、しばしば「怪物」のような圧倒的な存在として表象される既存の支配体制をまえに、「信頼関係をみずからの労働力の確固とした習慣へと発展させ」ることはけっして不可能ではないとクルーゲ／ネークトは説く。「怪物」や「自然」のように現象するものもまた、結局は「生産と生産手段」の寄せ集めであり、「オリエンテーションをおこなうための労働手段を分散させている」がゆえに強力さの仮象を維持しているにすぎないからだ（1013-1014）。それゆえ、われわれは「自然発生的なオリエンテーションの仕事」として、「習慣」という土台のうえに「自己確信」を構築していく作業をおこない、そのうえで「対話」や「好奇心」に満ちた「実験」を絶えず繰り返していかなくてはならない（1014）——そのような主張でもって、『歴史と我意』の本論にあたる部分はひとまず終結する。[13]

＊　＊　＊

ここまで、『歴史と我意』の第一部から第三部までの内容を、いささか駆け足気味ではあるものの、順を追って概観してきた。「握ること」をめぐる人類学的な考察から、「分離過程」や「本源的蓄積」をめぐるマルクス主義的な分析、戦争や家族愛のリビドー経済、さらには実践的な「オリエンテーション」の要請にいたるまで、クルーゲたちは多岐にわたる議論を延々と展開したわけであるが、基本的な理論構図そのものはきわめてシンプルであるといってよい。

等価交換の原理に従ってリビドー的なエネルギーを配分することを旨とする「労働」が、歴史的な「分離過程」に不断に晒されつづけた結果、資本主義的な生産様式とそれと結託する排他的な「公共圏」のなかに完全に組み込まれ、さらには「生産」という本来の役割からも逸脱するかたちで疎外・抽象化していくことにより、ついには戦争という倒錯的な形態へと行き着くこととなる。しかしながら、「労働」のうちには、「自分自身のもの」に固執する「我意」という契機が含まれており、それは、資本家によって収奪される「私」の土地を必死に守ろうとする自作農のように、「分離過程」にたいする抵抗の基盤となりうるものである。もっとも、個々の「我意」がたがいに衝突することで、結果的に分断や排除にみずから加担したり、あるいは集団的なナルシシズムの熱狂のなかで「われわれ」ではない存在を暴力によって殲滅しようとしたりすることも頻繁にあるだろう。それゆえ、「我意」のもつエネルギーを「自己統制」——自分自身で采配する力——に転換させたうえで、他の複数の「我意」のあいだを巧みに調整し、「オリエンテーションの作業」を絶えずおこないながら、歴史的に分離・排除された多種多様な要素をふたたび関係性のネットワークのなかに編み込んでいくことが不可欠となる。そして、他者の「我意」を相互に尊重しつつ、それぞれが「自己統制」の原理のもとに自律的に活動することを可能とする有和的な共生の場こそが、前作『公共圏と経験』のなかで呈示された「プロレタリア公共圏」にほかならず、かかるユートピア的なヴィジョンの実現に向けて、オデュッセウス的な「詭計」をつうじて既存の支配システムに戦略的かつ実践的に介入していくことが、現代の後期資本主義体制のなかに生きるわれわれにとっての最重要の課題となるのである。

『歴史と我意』をはじめ、クルーゲの手による多種多様な生産物――映画、小説、テレビ番組、思想書――がモンタージュという手法を積極的に採用しているのも、そのような文脈のなかに位置づけることができるだろう。そしてそれは、「歴史」の表象という問題と切り離すことができない。

『歴史と我意』のなかで、「分離過程」や「本源的蓄積」といったマルクス主義的な語彙によって呈示されているのは、直線的かつ連続的に展開される資本主義的生産の拡大の歴史であって、ベンヤミンの表現を借りるならば「均質で空虚な時間を連続的に進行するという観念」[14]によって規定された歴史と呼ぶことができよう。そこでは、現在の支配体制という目的＝終点に一元的に収斂していくかたちで歴史上のあらゆる出来事が再配列され、かかる目的論的な図式に収まらない諸要素はあっさりと捨象される。さらにそれは「文化人類学」や「ドイツの経済史」といった学術上のジャンルやカテゴリーによって幾重にも区分され、たがいに分断されていく。まさにこのような歴史記述のあり方は、「ブルジョワ公共圏」の特徴である排除のメカニズムに完全に呼応しているとともに、それ自体が「分離過程」の産物にほかならない。そして、『歴史と我意』という書物も、とりわけ第二部「生産公共圏としてのドイツ」において、一応はそのような標準的な歴史表象のスタイルを踏襲――ないしは擬態――しているように見える。

だが、それはあくまでファサードにすぎない。クルーゲたちの狙いは、直線的かつ連続的な歴史の進行という仮象を、モンタージュという技法を介して徹底的に突き崩すことに置かれているからである。『歴史と我意』のある個所で彼らは、レヴィ＝ストロースの『構造人類学』を引き合いに出しながら、「歴史的な時間構造」の二つの「モデル構成」として、「静態的」なものと「力学的」なものとを区別しているのだが（480）、前者は「諸々の結果の虚構的な連続」によって構成された歴史モデルであり、そこでは「不可逆的な時間」――「「二度と入ることができない」時間的な河というイメージ」――（482）が支配的である。それにたいして「力学的」な歴史モデルは、「可逆的で非‐蓄積的な時間」に基づいており、個人的なレヴェルでの語りに典型的に見られるものである（480）。著者たちの主要な関心はいうまでもなく後者に向けられており、「諸々のプロセスの可逆性、歴史的な根本のラディカルさ」を明らかにすることが重要であるというのだが、そのためには、「可逆的な時間における語りと、不可逆的な時間における語りの両方の方法論的な試みがもちいられなくてはならない」（ebd.）と彼らは主張する。両者はつねに「反目的」な関係にあり、「止揚しようとすることは必然的に非歴史的となる」のだが、まさに「可逆的な時間」と「不可逆的な時間」との矛盾的な並存状態のなかにこそ、「歴史的な変化」を認識するための視座が含まれているというのである（482）。

　個人的な語りのなかで立ち現れる「可逆的な時間」とは、記憶や追想、さらには連想や想像のなかの時間であると言い換えられる。それは、単線的に流れる時間に抵抗し、現在のなかに過ぎ去った複数の時間を同時に呼び出すことが可能なのであり、ベンヤミンに倣って「みずからの過去を、そのどの瞬間においても引用＝召喚することができる」[15]といってもよいだろう。『歴史と我意』のなかでクルーゲたちが、たとえばドイツにおける「本源的蓄積」の進展の歴史について叙述するにあたって、本論と直接的な関係をもたない内容のものも含めた無数の引用や断章的な省察、イラスト、図版、補論などを過剰なまでに挟み込むのも、歴史の連続性に「中間休止」を穿つことで複数の時間性へと開いていこうとする「引用＝召喚」の身振りとして理解できるのではないだろうか。

さらに、それはまた、歴史のなかでたがいに無関係なものとして位置づけられてきた諸要素を、連想や想像、想起などをつうじて結び合わせ、「分離過程」の歴史的圧力に抵抗するかたちで、新たな布置状況としての「連関」を絶えず構築していくという営みでもある。『歴史と我意』という書物をつうじて徹底的に実践されているモンタージュという異種混淆的な手法は、まさにそのような「連関」を読者の脳内でつくりだし、さらなる連想や思考を誘発するための意図的な仕掛けであるといえるだろう。これまで相容れないとされてきた、あるいは端的に排除されてきた複数の領域や要素のあいだを連結させるモンタージュをつうじて、「除外されたもの」としてのプロレタリア的諸特性が、読者の知覚や認識のレヴェルで回復されるのである。そして、そのようにして形成された「連関」のネットワークの総称こそが『公共圏と経験』のなかで要請された「プロレタリア公共圏」にほかならない。その意味において、『歴史と我意』という書物は、それ自体が、現状を肯定するというイデオロギー的機能を帯びた歴史の連続という仮象的なイメージを打ち破り、オルタナティヴな「公共圏」へといたる道筋を切り開こうとする、社会変革に向けたパフォーマティヴな実践の一環をなしているのである。

註

（1）Oskar Negt/Alexander Kluge, *Geschichte und Eigensinn*, Frankfurt a.M.: zweitausendeins 1981. ただし、以下の引用は、とくに断りがない場合、一九九三年にズーアカンプ社から刊行された全三巻の改版（Negt/

Kluge, *Geschichte und Eigensinn*（3 Bde.）, Frankfurt a.M.: Suhrkamp, 1993）に拠るとともに、本文中および註の丸括弧内にその頁数を記した（改版のそれぞれの巻に付加されたネークトとクルーゲによる「まえがき」については、巻数をアラビア数字で示したあと、原著に従うかたちで大文字のローマ数字で頁数を記した）。初版と一九九三年版との相違点としては、「序文」が新たに執筆されたものに差し替えられており、第二巻に組み入れられていた第六章「知性の働き方におけるいくつかの目に付く偏向」が第一巻第五章に移動しているほか、第一巻第四章「コメント2」に、社会心理学者のレギーナ・ベッカーによる補足が新たに付加されている。くわえて、第三巻の最後に添えられた計一八個の「コメント」のうちの二つが削除されたことで、全体のヴォリュームは一二八三頁から一二四九頁へと減少している。そのほかにも小見出しや「あとがき」の若干の変更が認められたり、いくつかの註が削除されたりしているものの、議論の本筋に影響するものではない。

（2）Negt/Kluge, *Geschichte und Eigensinn*（1981）, a.a.O., S. 5.

（3）別の個所ではドゥルーズ／ガタリの『リゾーム』が引用されている（757）。

（4）Winfried Menninghaus, »Geschichte und Eigensinn. Zu Hermeneutik und Poetik Alexander Kluges«, in: Haltmut Eggert u.a.（Hg.）, *Geschichte als Literatur. Formen und Grenzen der Repräsentation von Vergangenheit*, Stuttgart: J. B. Metzler 1990, S. 258-272, hier S. 258.

（5）一九九〇年代以降のクルーゲ・ルネッサンスの最初のきっかけとなったのが、一九八八年の『オクトーバー』誌におけるクルーゲ特集だった。そのあと、一九九〇年に『ニュー・ジャーマン・クリティーク』誌でもクルーゲ特集が組まれ、一九九三年に『公共圏と経験』の英訳（Negt/Kluge, *Public Sphere and Experience: Toward an Analysis of the Bourgeois and Proletarian Public Sphere*, Minneapolis/London: University of Minnesota Press, 1993）が、アメリカにおけるクルーゲ研究を牽引してきたミリアム・ハンセンの序文つきで刊行、二

○一二年にクルーゲを主題にした大部の論集が出版されるなど（Tara Forrest (ed.), *Alexander Kluge: Raw Materials for the Imagination*, Amsterdam: Amsterdam University Press, 2012）現在にいたるまで、とりわけ英語圏でクルーゲ研究が活況を呈している。それにたいしてドイツ語圏では、一九八〇年代からクルーゲの映画作家や小説家、メディア思想家としての活動について、モノグラフィーや研究論文が書かれてきたが（たとえば、Rainer Lewandowski, *Die Filme von Alexander Kluge*, Hildesheim/New York: Olms Press 1980、および Thomas Böhm-Christl (Hg.), *Alexander Kluge*, Frankfurt a.M.: Suhrkamp 1983 に収録された諸論考を参照）、クルーゲについての学術研究が本格化するのは九〇年代半ばごろからであり、その要因としては英語圏でのクルーゲ・ブームの影響も少なからずあったと推測される。

（6）たとえば、モノグラフィーとしては、前章で言及した Lutze, *Alexander Kluge. The Last Modernist* (1998), Stollmann, *Alexander Kluge zur Einführung* (1998); Uecker, *Alexander Kluges Fernsehproduktionen* (2000); Sombroek, *Eine Poetik des Dazwischen* (2004); Pollmann, *Didaktik und Eigensinn* (2006); Cheon, *Intermedialität von Text und Bild bei Alexander Kluge* (2007) のほか、Tara Forrest, *The Politics of Imagination: Benjamin, Kracauer, Kluge*, Bielefeld: transcript 2007; Thomas von Steinaecker, *Literarische Foto-Texte. Zur Funktion der Fotografien in den Texten Rolf Dieter Brinkmanns, Alexander Kluges und W.G. Sebalds*, Bielefeld: transcript 2007; Wolfgang Reichmann, *Der Chronist Alexander Kluge. Poetik und Erzählstrategie*, Bielefeld: Aisthesis 2009 など、論文集としては、既出の Schulte (Hg.) (2002), Forrest (Hg.) (2012) のほか、Christian Schulte/ Rainer Stollmann (Hg.), *Der Maulwurf kennt kein System. Beiträge zur gemeinsamen Philosophie von Oskar Negt und Alexander Kluge*, Bielefeld: transcript 2005; Christian Schulte (Hg.), *Die Schrift an der Wand - Alexander Kluge: Rohstoffe und Materialien*, Göttingen: V&R unipress/Vienna University Press 2012 などが挙げられる。

（7）最初に『text + kritik』誌でクルーゲ特集が組まれたのは一九八五年。

（８）もっとも、二〇一四年に『歴史と我意』の英語版（抄訳）が刊行されるなど（Kluge/Negt, *History and Obstinacy*, edited with an introduction by Devin Fore, trans. by Richard Lagston u.a., New York: Zone Books 2014）、クルーゲ研究者のあいだでも、この書物にたいする関心が最近になって徐々に高まってきていることは言い添えておかなくてはならない。

（９）Negt/ Kluge, *Geschichte und Eigensinn*（1981）, a.a.O., S. 5.

（10）マルクス『資本論』第１巻、今村仁司／三島憲一／鈴木直訳、筑摩書房、二〇〇五年、五〇一頁。

（11）Devin Fore, »Introduction«, in: Kluge/Negt, *History and Obstinacy*, a.a.O., S. 17.

（12）もっとも、別の個所でクルーゲたちは、「われわれの国の歴史における資本主義的な原理は、根源的なかたちで内面化されることはなかった」と留保をくわえてもいる（894）。イギリスの場合とは異なり、ドイツにおいて「資本主義的な原理」が人々の心性のうちに完全に根づくのは「ようやく一九四五年以降」のことなのであり（ebd.）、しかもその過程においては国家が主導的役割を果たす必要があった（691）。ドイツ人にとって資本主義はつねにアンビヴァレントな存在でありつづけたのであり、ナチスによるホロコーストは、かかる矛盾を象徴のレヴェルで解決する試みであったといえるだろう――「国民社会主義は、ユダヤ人を殲滅することで、資本主義的な生産様式をその主観的な担い手である資本家たちと分離させることで前者を保持していると記述することができる」（680）。

（13）もっとも、この章にはさらに七〇頁以上に及ぶ五つの補論があり、そのあとには書物全体の付録として九つの「解説」――合計一五〇頁ほど――が付けられているが、その内容について詳述することは他日に期すことにしたい。

（14）Benjamin, »Über den Begriff der Geschichte«, a.a.O., S. 701.〔ベンヤミン、前掲「歴史の概念について」六五九頁〕

（15）Ebd., S. 694.〔同書、六四七頁〕

第9章　マルクス主義の死後の生
――クルーゲ『イデオロギー的な古典古代からのニュース』

1　『資本論』を映画化する――エイゼンシュテインからクルーゲへ

一九二七年秋、当時二九歳の新鋭監督セルゲイ・M・エイゼンシュテインは、レニングラードで『十月』の撮影を終えたあと、モスクワに戻ってモンタージュの作業に取り組むかたわらで、新たな企画として「K・マルクスのシナリオにより『資本論』を映画化する」ことを決意し、作業ノートの執筆を開始する。「すでに完全に新たな映画的なパースペクティヴと、〔……〕閃光のような可能性」[1]を孕んでいると大いに自負するこの計画には、さらにそのころエイゼンシュテインが熱心に研究していたジェイムス・ジョイスの『ユリシーズ』（一九二二）からの影響が流れ込むことで、『資本論』を貫くマルクスの根本理念を、現代的な素材をもちいつつ、ジョイス的な手法――「意識の流れ」による内的モノローグ、平凡な人間の一日の日常生活に沿ったストーリー展開など――によって視覚的に表現するという基本的なアイディアが練り上げられていく。

この作業ノートは、完成した『十月』が——スターリンによる直接の指令により——幾度となく再編集を強いられるなか、密かな息抜きのように断続的に書き進められたあと、翌年四月二二日付の書き込みをもって途絶してしまう。だが、その文面からは、映画版『資本論』の企画に向けられたエイゼンシュテインの情熱がはっきりと伝わってくる。たとえば、そこには、この映画は「労働者に弁証法的な思考を教えること」という究極目標とする「新しい映画芸術」となるべきであって、「「古い」映画」が「多くの視点からひとつの行為を撮影する」のとは逆に、「多くの行為からひとつの視点をモンタージュする」というまったく新たな構成原理によってつくられるべきである、といった綱領的なスケッチが数多く記されている。(3) くわえて、実際に撮影されるべきシーンについても、「家に帰ってくる夫のために、終始、妻がスープを煮ている」という場面で、「彼女がふりかけるコショウ」というモティーフから、まさに主人公の「意識の流れ」をジョイス流にたどるように、「コショウ。カイエンヌ。チョルトフ諸島。ドレフュス。フランス排外主義。［……］フィガロ紙。戦争。港に沈む船」というセリーをモンタージュで示すといったように、かなり踏み込んだ記述が見られる。(4) それは、エイゼンシュテインの胸中において、マルクスとジョイスとの融合という大胆なヴィジョンが、たんなる思いつきの域を超えた、明確な具体性を帯びていたことを如実に示しているといえよう。

しかしながら、この企画にかけるエイゼンシュテインの意気込みや、『戦艦ポチョムキン』の監督としての国際的な名声にもかかわらず、映画版『資本論』というプロジェクトは、スターリン独裁体制に移行しつつあったソ連でも、二九年夏より映画技術研修の目的で滞在したヨーロッパの各地でも、現実化のための糸口すら見出すことのないままに、同年秋にパリでエイゼンシュテインがジョイスのアパートを表敬訪問するころには、完全に放棄することを余儀なくされてしまう。いささか皮肉な符合というべきか、折しもそのころ、ニューヨーク株式市場の大暴落をきっかけとして未曾有の世界恐慌が始まり、『資本論』でマルクスが呈示した終末論的な予言がにわかにリアリティを帯びていたのだが、ともあれ、このあともエイゼンシュテインは、歴史の流れに翻弄されるように、さまざまな企画を構想しては周囲の圧力によって葬り去られるというパターンを繰り返すこととなる。

このように、一九二〇年末にエイゼンシュテインが抱いた、「K・マルクスのシナリオにより『資本論』を映画化する」という、ベンヤミンの『パサージュ論』にも比すべき壮大な計画は、実現にいたる見込みがないままに立ち消えになってしまったわけだが、それからおよそ八〇年の時を経て、この未完のプロジェクトは、一人のドイツの映像作家によって受け継がれる。マルクス没後一二五年記念にあたる二〇〇八年一一月、アレクサンダー・クルーゲが、新たに発足したDVDシリーズ「フィルムエディツィオーン・ズーアカンプ」の第一弾として、『イデオロギー的な古典古代からのニュース――マルクス－エイゼンシュテイン－資本論（Nachrichten aus der ideologischen Antike: Marx - Eisenstein - Das Kapital）』という一風変わったタイトルの三枚組のDVD作品を発表する。そして、この全長五七〇分に及ぶ映像作品においてクルーゲは、先に触れたエイゼンシュテインの手稿を出発点としつつ、『資本論』の映画化という誇大妄想的ともいうべきヴィジョンを、みずからの手によって完成させることを試みているのである。一九六一年に短篇映画『石の獣性』で監督デビューを飾って以来、映画とテレビを舞台に、実に半世紀近くにわたって映像作家として第一線で活躍しつづけてきた当時七五歳のクルーゲにとって、この破格の長さの作品は、その息の長いキャリアの集大成をなすものとして、文字どおりの意味での〈magnum opus（大作・代表作）〉といっても過言ではないだろう。

もっとも、二〇〇八年秋といえば、奇しくもかつての大恐慌を彷彿とさせるように、アメリカ発の金融危機によって全世界が動揺し、マルクスの著作への関心も大いに高まりを見せていた。それゆえ、ちょうどこの時期に、パフォーマンス集団リミニ・プロトコルによる演劇『カール・マルクス――資本論、第一巻』（二〇〇六）につづくかたちで、ドイツの左翼知識人の代表者の一人であるクルーゲが映画版『資本論』を発表したことは、何とも絶妙のタイミングであるように見える。ただし、二〇〇七年秋にこのプロジェクトが始動したとき、「マルクスやエイゼンシュテインをいまの時代に取り上げることは、とりわけ時代遅れでアクチュアルではないと思っていた」[5]というクルーゲの本来の企図は、マルクスという「古典」に立ち戻ることで、現代の資本主義社会の危機を克服するための直接的なヒントをそこから汲み取ろうとすることではない。さらに言い添えるならば、エイゼンシュテインの草稿からその脳裏に浮かんでいたであろうイメージを再構成し、オリジナルに忠実に復元してみせることも、ましてやマルクスの理論的教説をヴィジュアルなかたちで図解することも、ともにクルーゲの関心事ではない。

この作品のタイトルにおいて、「マルクス－エイゼンシュテイン－資本論」という三つの固有名が「イデオロギー的な古典古代」として総称されているのは、きわめて特殊な経歴をもつこれらの素材にたいして、回帰や復元といった身振りを素直におこなうことはできないという批判的な距離の意識の表明だと解するべきだろう。ＤＶＤに添えられたブックレットのなかでクルーゲ自身が強調するように、アウシュヴィッツや革命運動の挫折を経験した現代のわれわれにとって、「エイゼンシュテインや［……］マルクスの著作は、古典古代のように遠いもの」であり[6]、今日の社会とは架橋しえない断絶によって「星々」のごとく遠く隔てられている[7]。さらに、それらが「古典古代」という〈正典《カノン》〉へと変容していく歴史的過程のなかで、さまざまな「イデオロギー的」要素がそこに拭いがたく付着してきた以上、「マルクスやエイゼンシュテインの業績の何かを模倣することは許されない」[8]。

とはいえ、ここでクルーゲが、先人たちのテクストを死んだ犬のごとく葬り去ることで――クルーゲの処女長篇映画のタイトルを借りるならば――「昨日との別れ」を完遂しているなどと誤解してはならない。アドルノの愛弟子であり、七〇年代には社会学者のオスカー・ネークトとの共著『公共圏と経験』（一九七二）で「プロレタリア公共圏」という概念を提唱したクルーゲにとって、「マルクスがもちいた分析手段は時代遅れのものではな」く、「エイゼンシュテインのモダニティが、『資本論』の映画化のみならず、現代のすべてのテーマにとって役立つ」ことは自明であって[9]、だからこそ、歴史の瓦礫のなかに埋もれた「古典古代」の遺産をいまあらためて「掘り起こす」ことが必要だというのである[10]。

「星々」のような距離と「イデオロギー的」な来歴によって特徴づけられる「古典古代」の逆説的な有用性について、クルーゲは「星座」という比喩をもちいて説明してみせる。「航海に際しては、星々の位置に従って操舵するのがよい。星々に狂いが生じることはない。古典古代において英雄たち（たとえばヘラクレス）は星座になるのが慣例だった」[11]。マルクスやエイゼンシュテインが現代のわれわれにとって「役立つ」のは、大海原を航海する船乗りにとって、何万光年も離れた天空の「星々」の輝きがみずからの位置を計測するための助けとなるという意味にほかならない。『歴史と我意』（一九八一）の最後に登場した術語をもちいるならば、「オリエンテーションの仕事」に不可欠であると言い換えることもできるだろう。要するに、このDVD作品においてクルーゲが試みているのは、マルクス／エイゼンシュテインのテクストの根本的な反時代性を前提としたうえで、これら「イデオロギー的な古典古代」のうちに潜在するアクチュアルな可能性を発掘し、現代人の指針となる「星座」として新たに蘇らせることなのだ。

さらに、クルーゲによれば、そのような「掘り起こし」の作業のためにわれわれが取るべき姿勢とは、先人の教えを頑なに遵守しつづける生真面目な徒弟のそれではなく、むしろそこには「ティル・オイレンシュピーゲル」のごとき「ちょっとした軽薄さ」が不可欠だという。

　われわれは今日、現実の諸関係のインフレーションを体験している。〔……〕二〇〇八年という時代にこのような現実と取り組むにあたって、マルクスの方法や要求をもちいるのは危険である。〔……〕かかる現実を扱うために必要とされるのは、ちょっとした軽薄さである。さまざまな認識や感情を新たに結びつける混乱を保ちつづけるためには、一度ティル・オイレンシュピーゲルにマルクス（さらにまた、エイゼンシュテイン）のうえを跳び越させなくてはならないのだ。(12)

「ティル・オイレンシュピーゲル」という形象もまた、『歴史と我意』の最終章の註のひとつに、アドルノ／ホルクハイマーの『啓蒙の弁証法』にたいする批判的応答というかたちですでに登場するものであった――「このような〔大衆運動としての〕啓蒙の主人公となるのはオデュッセウスではなく、オイレンシュピーゲルであろう」[13]。それは、クルーゲによる映画版『資本論』を貫徹する精神を巧みに表現しているといえる。というのも、このあと詳述するように、この作品のなかでクルーゲが執拗なまでに繰り広げているのは、マルクスやエイゼンシュテインに由来する概念や事象を主要な素材としながらも、それらを断片へと破砕し、異質な諸要素とアイロニカルに組み合わせ、あるいはキッチュな演出を施すことによって、「イデオロギー的な古典古代」を「混乱」のなかで解体するという挑発的な営みだからである。とりわけ「マルクス」と「資本論」という二つの固有名が、遠からぬ過去の一時期において疑似宗教的な神聖さを漂わせていたことを想起するならば、ここでのクルーゲの試みとは、ベンヤミン的な言い方をするならば、マルクス主義の「オリジナル」の古色蒼然としたアウラの残滓を、複製技術メディアという媒体とモンタージュという手段をもちいて徹底的に脱魔術化することだといえよう。そして、かかる批判的解体の対象のうちには、みずからのルーツである、西欧マルクス主義思想の一流派としてのフランクフルト学派の理論も含まれることは、あらためて指摘するまでもない。

あるいは、ベンヤミンからの類推をさらに進めるならば、さらにここで「翻訳者の使命」（一九二一）における次の記述を想起することもできるかもしれない。「[……]翻訳は原作に由来する。しかも、原作の生というより、その〈存える生〔Überleben〕〉に由来する。というのも、翻訳は原作よりも後からやってくるものであり、[……]重要な作品においては、翻訳はその作品の〈死後の生〔Fortleben〕〉の段階を示すものだからである[14]」。マルクスの書物を映画化するべく書き綴られたエイゼンシュテインの草稿を、さらに映像へと移し替えようとするクルーゲのプロジェクトにおいて、つねにそこでは

「翻訳（Übersetzung）」が問題になっているといえるが、それはたんに異なるメディアやジャンルを跨いでの「翻案」という意味にとどまらない。すでにマルクスの『資本論』が、人間労働／商品／貨幣／資本とのあいだの一種の「翻訳」関係を資本主義経済の中枢として析出していたのであり、そのようなマルクスの理論が、誤読や拡大解釈によって「イデオロギー的」に教条化され、あるいは社会変革といった実践目標へと転化されていったという歴史的な経緯もまた、広義における「翻訳」として捉えることができるのではないか。だとするならば、おそらく、マルクスの『資本論』という「原作」をめぐる錯綜した「翻訳」の諸相を、つねに諧謔の精神と距離の意識を失わないままに、「死後の生」というパースペクティヴから捉えなおすことこそが、『イデオロギー的な古典古代からのニュース』におけるクルーゲの最終的な狙いであるように思われるのである。

以下、本章では、ベンヤミンの翻訳論に由来する「死後の生」というタームを鍵概念としつつ、クルーゲによる映画版『資本論』を構成する内的なロジックを検証することによって、いかなる方法論と狙いのもとにクルーゲが「イデオロギー的な古典古代」をなす「マルクス－エイゼンシュテイン－資本論」という歴史的な素材を映像へと「翻訳」しているのかを明らかにする（第2節）。つづけて、第2章で扱ったベンヤミンの「歴史の概念について」を補助線としながら、クルーゲの映像作品と理論的著作の双方を特徴づけるモンタージュの技法を、過去の〈救済〉という観点から捉えなおす（第3節）。そして最後に、二〇〇八年という時期にクルーゲがマルクスの『資本論』を主題にした映像作品をDVDという形態で商品として市場に流通させた思想戦略について、フランクフルト学派のアクチュアルな可能性とともに考察することで、本書全体のまとめとしたい（第4節）。

九時間半にわたる『イデオロギー的な古典古代からのニュース』は全部で三章構成となっており、先に触れたブックレットを開くと、DVDごとに分かれた各章にたいして、いささか奇妙なタイトルと、そこで扱われる主題や内容をおおまかに示す前置きが付与されていることが分かる。

たとえば、「同じ家のなかのマルクスとエイゼンシュテイン」と題された第一章には、「エイゼンシュテインは何を映画化しようとしたのか？［……］カール・マルクスがおよそ一五〇年まえに執筆したテクストは、二〇〇八年にはどのように聞こえるだろうか？［……］もし貨幣に思考することが可能であるとすれば、どのようにみずからを説明するだろうか？　資本は「わたしは」ということができるのか？」といった複数の疑問文からなるテクストが添えられており、それにつづく第二章「すべての事物は魔法によって姿を変えた人間である」、第三章「交換社会のパラドックス」でも同様に、「「商品フェティッシュ」とは何か？［……］なぜ人間はみずからがつくりだした生産物の主人ではないのか？」、あるいは「「交換価値」とは何か？　マルクスは、たとえば「使用価値」の経済学について［……］さらに書物を書くべきだったのか？」といった文章がつづいている。

2　翻訳と跳躍

各章はさらに細かい節と場面に分岐しており、一分半から一〇分程度の雑多な映像クリップの連鎖のなかに、一五分から四五分ほどの長さのインタヴューがときおり挿入されるというのが基本パターンである。短いクリップとインタヴューの組み合わせというのは、ごく普通のドキュメンタリー映像でも常套手段として好んでもちいられるのだから、少なくとも構成という点でクルーゲは、一般的な視聴者が慣れ親しんだ型枠を敢えて踏襲しているように見える。しかしながら、この作品を実際に鑑賞すると、まさに「ティル・オイレンシュピーゲル」的と呼ぶよりほかはないような、通常の映画やテレビ番組とはまったく異なる、一筋縄ではいかないトリッキーなつくりとなっていることに否応なく気づかされる。字幕で示される表題や引用文、主題に関連するイメージ映像やニュース映像、俳優をもちいた再現場面など、使われる演出手法そのものに根本的な目新しさはない。ただし、そこでは、一般的なドキュメンタリー映像を擬態する身振りのかたわらで、ほとんどすべての構成要素にたいして視覚と聴覚の両面から徹底した異化の操作が施されているのであり、まったくミスマッチと思われる音楽に合わせて、突飛なイメージや謎めいた字幕が次々と登場する光景をまえにした視聴者は、映像の進行にぼんやりと身を任せることはおろか、何らかのメッセージや意味連関を把握することさえ困難なのである。もっとも、このような独特の難解さを湛えたスタイルは、〈ニュー・ジャーマン・シネマ〉の旗手として商業映画の画一性に絶えず異議を唱えつづけたクルーゲが、みずからの映画作品のなかで徐々に練り上げていったものであり、さらに、すでに第7章で紹介した、一九八〇年代後半にドイツの民放テレビ局で放送開始されたクルーゲのプロデュースによる文化情報番組で試みられてきた実験的な手法の数々が、ここで総動員されているといえるだろう。

ここで、『イデオロギー的な古典古代からのニュース』の構成とスタイルについて、具体例とともに概観しておこう。「『資本論』にたいするエイゼンシュテインのメモ書き」と題された第一章第一節は、「エイゼンシュテインは何を映画化しようとしたのか？」という問いをめぐって、例のエイゼンシュテインの草稿を紹介する場面と、その成立の経緯を映画史家へのインタヴューによって再構成する場面から成り立っている。ただし、激しいトーンの現代曲を演奏する女性ピアニストの両手をアップで写した短いショットのあと（図1）、ノイジーな伴奏にあわせて字幕で呈示されるエイゼンシュテインの作業ノートからの抜粋は、意味的なまとまりを無視するかのように細かく分節され、単語ごとに異なるタイポグラフィーでキッチュな装飾が施されたうえに、写真や映像のモンタージュ、朗読場面によって頻繁に中断される（図2）。さらに、先に一部を引用したエイゼンシュテインによる映画版『資本論』の具体的な構想の部分に及ぶと、ジョイス的な「意識の流れ」をさらにラディカルに推し進めるかのように、「スープ」「コショウ」「ドレフュス」「海に沈む船」といった言葉から連想されるイメージ映像、イラスト、映画作品からの抜粋などが、恣意的なかたちで絶え間なく挿入されるので

図1

図2

図3

図4

あり（図3）、視聴者たるわれわれは、エイゼンシュテインの未完の作品を追体験するというよりも、むしろ、遺されたテクストを読んだクルーゲの――あるいは、不特定の誰かの――奔放な「意識の流れ」の洪水にいきなり晒されることを強いられるのである。

さらに、最初に置かれたピアノ演奏の場面は、つづく節で集中的に扱われる問いを先取りするかたちで示している。すなわち、「カール・マルクスのテクストは、二〇〇八年にはどのように聞こえるだろうか？」という問いであり、第二節冒頭の短い場面では、まさにこの問いを愚直に文字どおり実践するかのように、監督であるクルーゲ自身が登場し、椅子に座って背中を向けた姿勢で、マルクスの『資本論』や『経済学批判要綱』からの抜粋を朗読してみせるのである（図4）。さらに、文字テクストの音声化という視聴覚間の「翻訳」をめぐる問題系は、現代の製造工場や最新鋭のロボット技術、

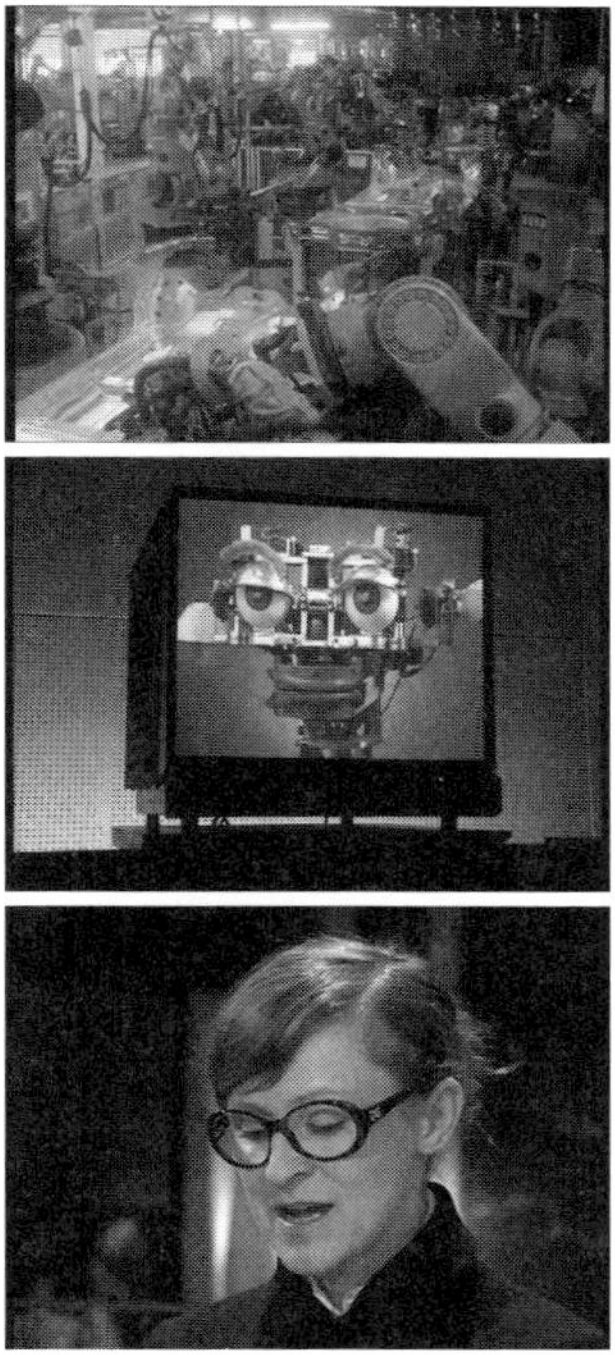
図5

スーパーマーケットなど、現代の生産手段と商品との関係をめぐるモンタージュ映像によって構成された第二節の残りの各場面に、さながら対位法をなすかのように、一人の舞台女優による『資本論』の朗読シーンが間断的に差し挟まれることで受け継がれていく（図5）。

そればかりか、マルクス／エイゼンシュテインのテクストが今日「どのように聞こえるだろうか？」というモティーフは、『ヘーゲル法哲学批判序説』の一文を表題にした第三節「石化した諸関係にそれ独自のメロディーを歌ってみせることで無理に踊らせること」および第四節「もし貨幣に語ることが可能であるとすれば、どのようにみずからを説明するだろうか？」において、「翻訳」という潜在的な問題系のなかであらためて浮上してくるだろう。すなわち、そこでもまた、今度は複数の俳優たちによって『資本論』が朗読されるシーンがまたもや繰り返し挿入されるほか、若手小説家ディート

図6

マー・ダートへのロング・インタヴューをつうじて「資本」や「貨幣」を一人称で語る主人公とするような映画製作の可能性について検討されたり、あるいは、『戦艦ポチョムキン』を下敷きにしたヴァーグナー演出の試みが紹介されたりするのである（図6）。

『戦艦ポチョムキン』から映画版『資本論』へといたる一九二〇年代のエイゼンシュテインの仕事の理念的な核心のうちに、マルクスの著作に込められた革命精神や弁証法的視座を映像へと「翻訳」するということがあるとすれば、それらに触発された現代の芸術家たちの言葉や作品とは、エイゼンシュテインの企図をある意味で再「翻訳」し、理論と実践の双方から継承するなかで、沈黙したマルクスの精神を、実際に聴取可能な音としていまに蘇らせようとする試みだといえよう。そしておそらく、「イデオロギー的な古典古代」としてのマルクスの思想が、エイゼンシュテインをはじめとするさまざまな人々によって、異なるメディアや文脈へと移植され、自由に変奏されていく「翻訳」の無限連鎖のプロセスにおいてこそ、オリジナルの「死後の生」が開示されるのである。

このあと、第二章および第三章では、若手映像作家トム・ティクヴァのオリジナル短篇や、マルクスが埋葬された墓地をめぐるドキュメンタリー、CGアニメが挿入されるといった変化はあるにせよ、基本的には、第一章において試みられた手法が、主題や趣向を若干変えながら反復されていくこととなる。なかでも、後半部分でもっとも大きな比重を占めるのが、クルーゲがオフの声や電話でおこなうインタヴューであり、登場する対話者たち――ペーター・スローターダイク（批評家）、オスカー・ネークト（社会学者）、ハンス・マグヌス・エンツェンスベルガー（作家・批評家）、ヴェルナー・シュレーター（映画監督・舞台演出家）、ヨーゼフ・フォーグル（メディア研究者）、ゾフィー・ロイス（女優）、ドゥルス・グリュンバイン（詩人）――は、現代のドイツの左翼知識人・芸術家を代表するオールスター・キャストと呼ぶにふさわしい豪華なラインナップである（図7）。インタヴューで取り上げられるテーマはまちまちであり、剰余価値、労働運動、革命、疎外、カール・コルシュなど、『資本論』やマルクス主義の歴史に直接的に関連する概念や人物についてのみならず、現代における社会革命の可能性や、ブレヒトによる『共産主義宣

図７

言』の韻文化の試み、ロシアにおける死者の蘇生をめぐるユートピア的なヴィジョンなど、実に多岐に及んでいる。

クルーゲが独特の柔らかい掠れ声によって矢継ぎ早に浴びせかける無数の質問や意見に対話者が応答する姿を、映像や写真、イラストなどを適宜挿入しながら、ミディアム・クローズアップで延々と映しつづけるというインタヴューの場面は、映像や字幕によるモンタージュとともに、クルーゲのテレビ番組には欠かせない構成要素のひとつである。バラバラの映像断片や音響素材を自由に繋ぎ合わせるモンタージュという手法が（非）主体的な「意識の流れ」をオーディオ・ヴィジュアル的に共体験させるための仕掛けであるとすれば、インタヴューという一見何の変哲もない形式をつうじてクルーゲが企図しているのは、間主体的な「思考の流れ」をライヴで捉えることであるといえよう。『イデオロギー的な古典古代からのニュース』を鑑賞する者は、ほとんど考える暇も与えることなく次々と質問を投げかける身体なき声にたいして、ときに能弁に、ときに言い淀んだり沈黙したりしながら即興で答えていく対話者の上半身をひたすら凝視することを強いられる。それはまた、言語を介しての対人的なコミュニケーション行為をつうじて、さまざまな思考やその萌芽が生成していく過程に現場で立ち会うことにほかならない。

ここでふたたび「翻訳」をめぐるベンヤミンの洞察を引き合いに出すならば、『資本論』にまつわる多様な主題をめぐってクルーゲが対話者と交わす言葉や、その過程のなかで胚胎される思考もまた、マルクスのテクストという「原作」から直接的・間接的に派生し、そこで志向されていたものを別の表現形式によって伝達しているという意味において、広義における「翻訳」の一端に連なるのではないだろうか。さらに、もしもマルクスが百数十年もまえに綴った書物が、「現実の諸関係のノンフレーション」に見舞われている現在、それまでの歴史的経緯や新たに生じた諸々の問題を踏まえたうえで「みずからを説明」することが可能であるとすれば、このような「翻訳」という手段をつうじて、マルクスの思想をいまに受け継ぐ代弁者たちに証言させるというかたちをとるよりほかはないだろう。クルーゲも含めた『イデオロギー的な古典古代からのニュース』の登場人物たちは、一人称で語る主人公として画面に直接姿を現すことができない『資本論』に代わって、複数の声によって「翻訳」された「それ独自のメロディー」を、現代の視聴者に伝達しているのである。

このように、クルーゲによる映画版『資本論』は、映像・字幕モンタージュと朗読場面、インタヴューを交互に呈示しながら九時間半にわたって進行していくのだが、第二章と第三章の最終場面が、同一の人物、すなわち、俳優・コメディアン・作家・ミュージシャン・映画監督として多方面で活躍し、最近でも映画『わが教え子、ヒトラー』（二〇〇七）でのヒトラー役の演技で話題を集めたヘルゲ・シュナイダーへのインタヴューによって締めくくられていることは暗示的である。ただし、そこでのシュナイダーは本人として登場するのではなく、むしろ――クルーゲのテレビ番組ではよく見られるように――第一次世界大戦の労働兵士、『資本論』を勉強中の無職のプロレタリアート、エイゼンシュテイン映画の作曲家など、つねに架空の人物に扮していることは興味深い。とりわけ、チープな衣装を身に纏いながらシュナイダーが器用

図8

に演じ分けてみせる虚構の人々が、もっともらしい法螺話やあからさまな嘘、頓珍漢な意見や奇矯なマルクス解釈を滔々と開陳するのみならず、そこで演じられるキャラクターのなかに、映画版『資本論』でマルクス役を演じる俳優という設定の人物――わざとらしい髭をつけ、かつて密かに蓄音器に吹き込まれたというマルクスの演説の口真似をしてみせる（図8）――が含まれていることは、「イデオロギー的な古典古代」の現代の代弁者として、マルクスの精神の響きをいまに蘇らせるというクルーゲのプロジェクトの根本的な企図を、「ティル・オイレンシュピーゲル」のごとき「軽薄さ」と跳躍力でもって、みずからウィット的に解体しようとしているかのようだ。

だが、このような自己パロディ的な捻りは、遠い過去のテクストが伝承され、読み継がれていくなかで、さまざまなかたちで変容を遂げるという「翻訳」のプロセスにおいて、虚構や虚偽といった契機が、本質とは無縁の夾雑物ではけっしてなく、むしろ、原作の「死後の生」の形成にあたって必要不可欠な要素であるということを最後にあらためて強調していると解釈することもできるかもしれない。実際、『資本論』を自由なかたちで翻案し、ジョイス的な手法によって映像化するというエイゼンシュテインの構想や、その未完のプロジェクトを独自のスタイルで実現させたクルーゲの映画作品、さらには、そこで取り上げられている思想家（コルシュ、ローザ・ルクセンブルク、アドルノ／ホルクハイマー……）の著作や、左翼芸術家（ブレヒト、マクス・ブラント、ノーノ……）の作品もまた、マルクスの教説にたいする一種の背信であり、虚構や曲解を不可避的に孕んでいるという意味で、オリジナルのテクストの「誤訳」ないしは「誤読」に立脚していると見なすべきであろう。映画の最後に仮装姿で登場してくるヘルゲ・シュナイダーは、クルーゲ自身も含めた「古典古代」の不実な翻訳家としての後世のマルクスの代弁者たちの姿を、自己言及的かつ戯画的に表現しているのである。

『イデオロギー的な古典古代からのニュース』の他のシーンにおいても、マルクスの教説が複数の翻訳者によって誤って代弁され、改竄されるという問題が主題的に扱われている。たとえば、第一章第三部は、『資本論』に登場する「flüssigmachen」という言葉——形容詞〈flüssig（液体の・液状の・流動的な）〉から派生した動詞で、資本を現金化したり、資金を調達したりすることを意味する——を主題とした複数の場面の連鎖によって展開していく。窓ガラスを打ちつける雨粒や、飛沫をあげて流れ落ちる滝など、液体そのものにまつわるイメージ映像が呈示されるかたわらで（図9）、まずは一九六七年に開催された架空の学生運動の対話集会の模様が字幕によって再現され、「flüssigmachen」の解釈をめぐって、左翼用語のクリシェのみから構成された完全に無意味な討論が延々とつづけられる

図 9

図 10

図 11

（図10）。つづいて、場面は東独製作という設定の架空の白黒映画の一シーンへと移るのだが、そこでは、秘密警察シュタージの偵察員に扮した二人の女優の対話をつうじて、「階級闘争」と「水」とがいかに深く結びついているかを論証すべく、またもや強引な詭弁が繰り広げられるのである（図11）。

これら二つの場面は、冷戦構造に象徴される二〇世紀のイデオロギー闘争の歴史のなかで、東側と西側の双方の体制が、マルクスの教義をいかに誤読し、拡大解釈したのかという「古典古代」の「イデオロギー的」な歪曲と凡庸化のプロセスを、痛烈なアイロニーを込めながら情景化しているといえよう。金融市場における資本が「flüssigmachen〔現金化〕」されるように、『資本論』という書物もまた、その「死後の生」における「翻訳」の過程において、虚偽や誤解に基づくメタモルフォーゼを幾度となく遂げてきたのであり、「古典古代」の代弁者を自称する人々によって積み重ねられてきた「誤訳」の堆積のうえにこそ、マルクス主義と呼ばれるイデオロギー体系が成立しているのである。

さらに、そのような「古典古代」の不実な伝承が、たんなる言説のレヴェルにとどまることなく、これまでの歴史的過程のなかで、現実政治のレヴェルにまで波及し、数限りない弊害を生み出してきたことはいうまでもない。検閲、監視、弾圧から、テロ、粛清、戦争にいたるまで、マルクス主義の名のもとに犯されてきた歴史的な過ちや暴力にたいして、オリジナルの思想からの誤った逸脱として安易に片づけることで、その「死後の生」のうちに累々と横たわる無数の屍骸から目を背けることはけっして許されない。さらに、マルクス主義の大義に生命を捧げた殉教者や犠牲者たちがとりわけ救いがたく思われるのは、資本主義的な経済システムが自己瓦解していくというマルクスの予言的な教説の正当性が、二度の経済恐慌（一九二九年、二〇〇八年）によって反駁の余地なく実証されたように思われる一方で、プロレタリアートの蜂起による社会革命と共産主義体制の構築というプログラムもまた、莫大な犠牲をともなう歴史的実験の末に、決定的に無効宣告されてしまったかのように見えるという点である。『イデオロギー的な古典古代からのニュース』のさまざまな場面で、難破する船の映像がライトモティーフのように繰り返し呈示されるのは、資本主義体制の危機のメタファーのみならず、『資本論』のなかでマルクスが構想した共産主義体制の理念そのものの破綻と挫折のメタファーでもあるに違いない（図12）。

くわえて、ラディカルなモンタージュによって被写体を元々の有機的連関から切り離し、暴力的に破砕したうえで、他なる諸要素と恣意的に組み合わせてみせるというクルーゲ特有の映像表現スタイルもまた、マルクスの思想という「古典古代」の遺産が、欺瞞的なイデオロギーに塗り固められたそ

図 12

図 13

の「死後の生」のなかで果敢なく凋落し、バラバラに風化した廃墟のごとき姿を晒しているという事態に正確に応答していると考えることもできるだろう。第二章の前半に挿入されたドキュメンタリー映像で、ロンドン郊外の墓地の一角に、「マルクスの墓」と呼ばれる巨大な頭像のモニュメントの陰に隠れるようにして存在する、無残にも荒れ果てた実際のマルクスの墓石が映し出されるのは偶然ではない（図13）。かつて一九九〇年代に共産主義諸国が相次いで崩壊したとき「マルクスの死」を唱える言説が巷に流布したが、ここでクルーゲは、マルクスが『資本論』で定式化した理論にたいして、それがあたかも不滅の生命をなおも保持しているかのように偽装するのではなく、すでに完全に死滅して久しいという事実をあらためて顕在化させるべく、アイロニーとモンタージュをつうじて容赦のない破壊をくわえているのだ。

3　モンタージュと救済

このように、映画版『資本論』においてクルーゲは、モンタージュという技法を最大限に活用しつつ、マルクスの著作とマルクス主義の歴史の双方を〈廃墟〉として呈示するのだが、それは過去の偉人の遺物をいたずらに冒瀆するような不敬な振る舞いのようにも映る。だが、ここでクルーゲが、「イデオロギー的な古典古代」としてのマルクス／エイゼンシュテインを、「星座」となった神話時代の英雄たちに擬えていたことを想起するならば、この作品が「ティル・オイレンシュピーゲル」のごとき「軽薄さ」でもって遂行しているものを、歴史的形象とのたんなるアイロニー的な戯れや否定ではなく、むしろ、廃墟となった過去の無数の断片のうちからアクチュアル的な潜勢力を汲み取ろうとするような〈再生〉の営為として捉えなおすことができるのではないだろうか。そして、かかる志向は、以下で明らかにするように、モンタージュをめぐるクルーゲの思弁的省察のうちに一貫して認められるものであるとともに、これまで本書がベンヤミン、アドルノ、クルーゲへといたるフランクフルト学派の思想的系譜をたどる作業のなかでトポスとして浮上してきた〈救済〉というモティーフとも深いところで共振しているのである。

まず、クルーゲが自身のトレードマークともいえるモンタージュをどのように規定しているかについて簡単に確認しよう。[15] 一九八〇年におこなわれたインタヴューのなかでクルーゲは、みずからの映画製作の手法について説明するなかで、次のように発言している。

モンタージュとは連関の理論です。映画製作にあたって私はいつも、自分が見ているものがそもそも連関を持っていないという問題に直面します。［……］リアリズムを諸々の連関についての知識として捉えるならば、私が映画のなかで示すことができないもの、カメラによって撮影できないものにたいしては、暗号をもちいるほかありません。この暗号とはすなわち二つのショットのあいだのコントラストであり、これこそがモンタージュの別名にほかなりません。それゆえ、問題となるのは二つのイメージのあいだの具体的な関係なのです。［……］モンタージュは、生の素材のみから構成されているような映画とはまったく異なるものに携わるということです。[16]

映像によって直接的に表象することができない「連関」を映画のなかで表現するためには「暗号」という間接的な手法をもちいることが必要となるのだが、それは「二つのショットのあいだのコントラスト」、すなわち「モンタージュ」という形態をとるべきだという。クレショフ効果やエイゼンシュテインの「弁証法的モンタージュ」の概念を引き合いに出すまでもなく、あるショットと別のショットを接合することによって、それぞれのショットには含まれていない新たな意味を生み出すという点にモンタージュの本質を求めるような主張は、これまで幾度となく唱えられてきたものである。だが、ここでクルーゲが「リアリズム」という概念を、通常の理解から逸脱するような独特の含意を込めてもちいていることに注意しよう。

一見したところ、引用した発言では、「生の素材のみから構成されているような映画」を典型とするような「リアリズム」にたいして、「連関」を暗号化したかたちで非-実定的に表現する手法としての「モンタージュ」が対置されているようにも見える。しかしながら、クルーゲにとって「リアリズム」とは、「諸々の連関についての知識」を開示するものであって、カメラによって外界を記録するだけでなく、それによって得られた映像の数々を「モンタージュ」によって再構成することで、隠された「連関」を浮き彫りにすることも含むものである。別のテクストでクルーゲが断言するように、「リアリズムにとってのモティーフとは、現実を是認することではけっしてなく、抵抗である」のであって、それはあるがままの外界を透明なかたちで再現するような形式に還元されるものではなく、「滑稽化」や「猿真似」のような「ラディカルな模倣」や、「夢」や「否認」のような「現実の圧力からの逃避」、さらには「挑戦的なモンタージュ」のような「攻撃」といった要素もまた「リアリズム」

の不可欠な一部をなしている。[17] なぜなら、われわれの「現実」を構成しているものは、実際に起こった出来事だけでなく、「何かまったく別のものをずっと欲していた、そしていまも欲している何世代にもわたる人々の労働によってかたちづくられている」からである。[18]

さらに、同じ時期に執筆された綱領的なテクストでは、「リアリズム」と「モンタージュ」との関係について、次のように規定されている。

同様に、映画における音楽的‐詩的‐物語的な諸形式と、ドキュメントとして記録する諸形式は、正しく使用されるならば、たがいに補完しあっている。ここでも混合形態が、ドキュメントとフィクション、モンタージュと短縮されていない再現、想像力と現実感覚とを媒介しているのだ。社会学とメールヒェンは、一般に想定されているように、正反対のものではまったくなく、完全に同一の事象の両極をなしているのであり、事実を保持しつづけるという人間の能力と、それともさまざまな願望を抱くという能力のどちらを出発点とするかによって、異なって見えるのである。[19]

この一節で「ドキュメント」を「補完する」ものとして「モンタージュ」と関連づけられている「音楽的‐詩的‐物語的な諸形式」が、さらに「想像力」「メールヒェン」「願望」といった反実仮想的な要素とも結びつけられていることは、先に触れた「リアリズム」や「現実」をめぐるクルーゲ独特の理解――いうなれば〈反リアリズム的リアリズム〉と呼べるような認識――に由来しているといえよう。「現実」とは、たんなる客観的な事実の集積によって成り立っているわけではなく、その背後には、過去の世代に属する無数の人々がかつて心に抱いた「何かまったく別のもの」をめぐる諸々のイメージが、幾重にも層をなすようにしてうずたかく積み重なっている。ただし、そのほとんどは、実際の歴史的過程のなかで一度も実現されることのないままに打ち捨てられた、かつての夢の虚しき残骸にすぎない。しかしながら、革命や戦争のような集団的なレヴェルの大事件であれ、あるいは恋愛や出産、離別といった個人的なレヴェルの出来事であれ、歴史のなかで何かが実際に現実化するとき、それを可能ならしめたものもまた、「何かまったく別のもの」を希求する人々の「願望」であり、そのようなユートピア的なイメージを構想することを可能とする「想像力」の働きにほかならない。[20] そして、「メールヒェン」というジャンルは、来るべき有和的な世界へと向けられた「願望」を、過ぎ去ったものの「詩的」な回顧――〈昔むかしのことでした〉――という形式のなかで表現しているのである。

ここで『イデオロギー的な古典古代からのニュース』に話を戻すならば、この映画においてモンタージュの素材となるのは、『資本論』という書物とマルクス主義という教義の双方にまつわる歴史であるわけだが、それらはまさに、勝利者としてつねに歴史に君臨しつづける資本主義体制とは違ったオルタナティヴな世界を必死に求める人々の「願望」や「想像力」の強力な刺激ないしは担い手となったものである。そして実際、〈プロレタリア革命〉や〈階級なき社会〉といった概念やイメージが、ロシア革命や六八年運動といったかたちで解放闘争や社会変革の動因となり、現実の歴史を突き動かした。だが、その一方で、それらが教条的なイデオロギーへと物象化し、数多くの人々を分断や隷属、死へと導いてきたこともまた事実である。その意味で、マルクス主義の歴史とは、抑圧された人々がみずからを解放するための想像的な潜勢力の歴史であるとともに、そのような希望が完膚なきまでに打ち砕かれ、裏切られ、棄て去られるという失望と挫折の歴史でもあるのであり、そのような視座が、クルーゲによる映画版『資本論』において、難破する船の映像というライトモティーフによって示されていたことは、すでに前節で確認したとおりである。

さらに、映画のタイトルに含まれている「古典古代」という言葉は、二〇〇八年という時点から振り返ったとき、マルクスの教説にまつわるすべてが、すでにして「古典古代のように遠いもの」であり、瓦礫に埋もれた過去の遺物であることを免れないという冷徹な認識を示すものであった。マルクス主義という名の〈廃墟〉は、凋落した無数の「願望」によって成り立っているといっても過言ではない。それらはかつて有していた輝きをほぼ完全に失い、誰からも顧みられることなく忘却されている。だが、にもかかわらず、われわれの「現実」が、そのような〈廃墟〉のうえに立脚しているという事実は動かしがたいのであって、いかに過去との訣別を主張しようとも、それはただ、自分たちの足元に埋まっている、かつて在りしものの夥しい屍骸の存在を意識から追いやっているだけにすぎない。

それゆえ、「モンタージュ」という技法によって観客に知覚される「連関」とは、弁証法的に生成される〈第三の意味〉というよりも、「現実」と呼ばれている表層の裏に堆積する、「何かまったく別のものをずっと欲していた、そしていまも欲している何世代にもわたる人々」の「願望」との「連関」であると解するべきなのではないだろうか。すなわち、かつて在りし人々が心に抱いていた、解放された世界をめぐる無数のイメージ——そこには、欲望、感情、思考、認識などが含まれる——と、われわれが生きる現在とのアクチュアルな「連関」である。なお、「連関」という概念は、前章で確認したように、『歴史と我意』の鍵語であり、歴史的な「分離過程」に抵抗する契機としての「自己統制」を特徴づけるものであった。そこで「自己統制」をつうじて相互に関連づけられるものは、神経系統から大衆のリビドー的なエネルギーまで多岐にわたっており、歴史記述においては「不可逆的な歴史」と「可逆的な歴史」を並存させることが要請されていたわけだが、後者のカテゴリーのうちに、失われた過去を現在へと甦らせる「想起」だけでなく、「願望」のように現在のなかで未来を志向する感情や、「想像力」のように起こりえたかもしれないもの・起こりえるかもしれないものをイメージ化する能力も含まれているはずであろう。「想起」「願望」「想像力」は、いずれも、連続的かつ直線的に進行するものとしてイメージされる標準的な歴史表象にたいして、〈いま・ここ〉のなかに異なる複数の時間を召喚することで抵抗する契機をなす。ベンヤミンの術語によって表現するならば、そこでは、「均質で空虚な時間」によって構成された歴史の観念という仮象のうちに無数の「中間休止」が穿たれるのだ。

クルーゲのテクストと映像作品の双方において、個々人の意識・無意識のなかで「想起」「願望」「想像力」が担っている機能を果たすのが「モンタージュ」であり、それは直線的なナラティヴのうちに「可逆的な歴史」を導入するという機能を担っている。その意味において「モンタージュ」を軸とするクルーゲの方法論上の理念は、ベンヤミンが複製技術論文および「歴史の概念について」のなかで示した〈過去の引用＝召喚〉をめぐる認識ときわめて近いところに位置していると見なすことができるだろう。第2章で詳述したように、ベンヤミンにとって複製技術メディアとしての映画は、反復可能性と遊戯性を本質とする「第二の技術」に基づいており、別々の時間と場所で撮影された映像断片を何度も繰り返し可能なかたちで繋げることで、「芸術作品の〈いま・ここ〉に在るという性質」を徹底的に解体するものであった。さらに、遺稿となった「歴史の概念について」においてこのモティーフは、「みずからの過去を〔……〕引用＝召喚可能にする」なかで、「現在時が充満した過去」を「歴史の連続を爆破して取り出」すべきだという要請によって受け継がれることとなるのだが、そこで「引用＝召喚」される過去とは、有名な「歴史の天使」の比喩のなかで述べられているように、歴史の敗北者たちが死屍累々と横たわる「瓦礫の山」をなすものである。(21) 映画におけるモンタージュも、歴史唯物論的な認識も、堆積する「瓦礫」から過去のイメージの無数の破片を拾い集め、新たな配置をつくりだしていく作業に喩えることができようが、ただし、そのうちには「救済へと向かうように指示している」ような「ある秘められた索引」が秘め隠されている。すなわち、「われわれが語り合うことができたかもしれない人々、われわれに身をゆだねたかもしれない女たち」という一節によって示唆されている、過去の時空間で潜在的に起こりえたかもしれないものの、現実化されることなく葬り去られたイメージの数々である。そして、過去のイメージのうちに密かに共振しているかかるユートピア的な契機を知覚する能力こそが、まさに「歴史の概念について」において「微かなメシア的力」と呼ばれているものにほかならない。(22)

クルーゲがモンタージュを「連関」や「願望」に関連づけるとき、そこで問題になっていることもまた、過去の「引用＝召喚」と「救済」をめぐるこのようなベンヤミン的な認識であると考えられる。

過去の「瓦礫」の数々をモンタージュによって繋ぎ合わせるなかで現在は、無数の異なる時間がダイナミックに流入する多孔質体へと変容し、過去から未来へといたる時間的な一方通行路の一階梯であることを停止する。そのなかにあって、かつて在りしものと来るべきものとがたがいに融合するだけでなく、現実の出来事と想像上のイメージ、実際に起こったこととともしかすると起こりえたかもしれないこと、現実と欲望と幻想とがディゾルヴしあう。そして、かかるモンタージュの営みをつうじて、過去の無数の断片からさまざまな「連関」が新たに形成されるのであって、『イデオロギー的な古典古代からのニュース』のなかでクルーゲが現代のわれわれにとって指針となる「星座」と呼ぶものは、この「連関」の別名だと捉えることもできるのではないだろうか。

ここで想起されるのは、ベンヤミンの『ドイツ哀悼劇の根源』の「認識批判的序説」における、次の有名な一節である。

諸理念はそれぞれ永遠不変の星座をなしているのであり、諸構成要素がそのような星座のなかに位置する点として捉えられることで、諸現象は分割されると同時に、救出されているのである。(23)

つまり、複数の断片へと解体された「諸現象」が、何らかの「理念」を表出するような「星座〔Konstellation〕」へと再構成されることで「救出」されるように、クルーゲによる映画版『資本論』においても、マルクス／エイゼンシュテインのテクストは、その「死後の生」を織りなす諸要素とともに徹底的に解体し、その残骸や瓦礫を拾い集めて配置しなおすという作業を積み重ねるなかで、遠い過去から現代のわれわれを照らし導く「星座」へと転生を遂げることができるのだ。

ただし、そこに新たに現象するべき「理念」という問題に関して、来るべき共産主義体制にまつわるマルクスの理念が、ほとんど実を結ばぬままに壊死し、あるいは、歪められた形態においてのみ実現を見たという歴史的経緯を踏まえるならば、プロレタリア革命や無階級社会といった古めかしい理念が、そのまま復権しうるわけではないことは無論である。だが、「イデオロギー的な古典古代」の無数の破片がより集まってできた「星座」から発せられる微光が、かつて無数の人々によって夢見られたものの、現実の歴史のなかで無残にも打ち砕かれたユートピア的理念の残照にすぎないにせよ、なおもそこには一縷の望みが、すなわち、いまとは異なる社会がいつの日か到来するのではないかというメシアニズム的な希望が微かに潜伏しているのである。

『イデオロギー的な古典古代からのニュース』においてクルーゲは、マルクスの「オリジナル」のテクストが、さまざまな翻訳者たちの手によって伝達され、翻案され、代弁され、あるいは、誤読され、改竄され、壊死していくプロセスを、異化やモンタージュといった解体的手法を駆使してアイロニー的に再現するなかで、マルクス主義の「死後の生」の輪郭を浮き彫りにすることを試みた。だが、その一方で、おそらくクルーゲは、死せる英雄たちの遺骸から構成された「星座」を浮かび上がらせることをつうじて、来るべき社会に向けられたユートピア的な志向の痕跡を密かに追想しているのである。モンタージュされた映像を媒介として過去と現在とが瞬間的に接合するとき、そこで「一瞬閃めく歴史の真のイメージを捉える」こと――ベンヤミンとクルーゲがともに志向しているのは、まさにこのような〈救済〉の瞬間なのではないだろうか。

4　おわりに――忠実なる不実さ

だが、クルーゲのまなざしは、つねに過去へと向かっているわけではない。この映画版『資本論』においてもクルーゲは、「公共圏」の再組織化という目標に向けて、みずからが送付する「投壜通信」を、時代やメディアの趨勢に応じて絶えずヴァージョン・アップすることを試みているからである。かつて〈ニュー・ジャーマン・シネマ〉の旗手としてドイツ映画の変革に意欲を燃やしたクルーゲは、一九八〇年代半ばを境にテレビ番組制作へと全面的にシフトしたが、それから二〇年後、映像作家としての長いキャリアの最終成果たるべき『イデオロギー的な古典古代からのニュース』を世に問うたとき、みずからの作品をDVDソフトという形式で一般販売するという新たな手法を選択するのである。クルーゲ自身が言明しているように、その背景には、五七〇分という破格の上映時間が、映画やテレビというメディアには不適切であるという実際的な理由があったわけだが(24)、さらにそこにデジタル・ネット時代に対応した新たな「対抗生産物」の形式を打ち出すという狙いがあったと見ることは、けっして不可能ではないだろう。

ドイツの民放テレビのアナログ放送網は、国や地域エリア的な制約を受けざるを得ず、さらに、一度放送された番組は――わざわざ視聴者が録画しないかぎり――そのまま消滅するという運命を免れない。それゆえ、これまでドイツ国外に居住する者がクルーゲの番組を視聴するには、ドイツまで出向いて深夜の放送時間にテレビのチャンネルを合わせるという手段しか残されていなかった。それにたいして、二〇〇七年からクルーゲは、みずからの全映像作品のDVDソフト化を急ピッチで進める。そこには、一四本の長篇映画と三〇本ほどの短篇映画とならんで、クルーゲ・プロデュースによるテレビ番組の代表作が計一三七本収録されているのであり、インターネットでも購入可能なリージョンフリーのDVDをつうじて、全世界の人々がクルーゲの映像作品にアクセスできるようになったのである。(25)

そして、二二年振りのクルーゲの新作として発表された映画版『資本論』がいきなりDVD作品としてリリースされたのも、喜寿を迎えようとするクルーゲの新たなメディア戦略にほかならない。もっとも、DVDというデジタル・メディアに盛られるテーマが、マルクスの『資本論』という「イデオロギー的な古典古代」に属する過去の書物であって、しかも、ほかならぬ『資本論』を主題にした作品を一個の〈商品〉として、インターネットを介して国際市場に流通させていくという手法のうちには、クルーゲならではの「オイレンシュピーゲル」的な捻りとアイロニーが効かされているわけであるが。

ともあれ、『イデオロギー的な古典古代からのニュース』において真の主題をかたちづくっていたのが、『資本論』のテクストがさまざまな――イデオロギー的な歪みや誤解を不可避的にともなう――「翻訳」のプロセスを浮かび上がらせることにあったとすれば、この作品がデジタル・メディア時代の「投壜通信」として全世界に散種されるという事態もまた、そのような「翻訳」のひとつの実践形式として、マルクス主義の「死後の生」の一端を形成していると捉えることができるだろう。そして、放送されるや否やただちに消滅するテレビ番組の場合とは異なり、ひとたび〈商品〉として市場に出回った事物が、時間の経過のなかで劣化したり廃棄処分されたりすることはあるものの、原則的に地上のどこかに半永久的に残存しつづけるとすれば、それはまた、クルーゲの映像作品そのものが、マルクスの書物やエイゼンシュテインの草稿のように、来るべき時に「イデオロギー的な古典古代」の遺産として地中から掘り起こされ、再生へともたらされる可能性を孕んでいるということを意味してもいる。いつの日か、未来の受取人によって「投壜通信」がふたたび拾い上げられ、「さまざまな認識や感情を新たに結びつける混乱」から「プロレタリア公共圏」の構築のための礎が築かれるという微かな希望を、おそらくクルーゲは、DVDという形式をとったみずからの映像作品のうちに密かに込めていたのではないだろうか。

さらに、二〇一六年現在、DCTPのホームページ（http://magazin.dctp.tv/）をつうじて、これまでテレビで放映されたクルーゲのテレビ番組を無料で視聴することも可能となっている。映画館からドイツの民放テレビの放送網、DVD、そしてインターネットへと、クルーゲがみずからの「投壜通信」を送付する空間は、メディアやテクノロジーの変遷に合わせて変化・拡大しつづけている。時代環境に呼応するかたちで「対抗生産物」の形態を柔軟にアップデートさせていくというプラグマティックな姿勢は、複製技術時代の到来による芸術作品のドラスティックな変容を言祝いだベンヤミンや、映画メディアのうちに新たな美学的可能性を見出そうとした晩年のアドルノの姿にも通底するものがあるといえよう。

もちろんながら、フランクフルト学派の後継者の一人としてのクルーゲは、先行世代の教説をそのままのかたちで忠実に踏襲しているわけではない。これまで見てきたように、クルーゲの理論と実践のうちには、ベンヤミンやアドルノからインスピレーションを汲み取ったと思われる概念や、直接的な影響関係は存在しなくとも、彼らの思想と深いところで共鳴しているモティーフも多い。だが、モンタージュを過剰なまでに駆使したキッチュすれすれの映像作品を、不特定多数の大衆に向けて大量に制作・伝播するという手法は、初期ベンヤミンが展開した寓意的《アレゴリー》な〈救済〉の詩学からかけ離れているばかりでなく、複製技術論文の最後に登場する「芸術の政治化」の要請や、あるいはアドルノにおける芸術の認識機能をめぐる議論とも完全には——あるいはまったく——相容れないようにも見える。ベンヤミンやアドルノの思想を遵守しようとする側から見るならば、そのようなクルーゲの姿勢にたいして、誤読、改竄、凡庸化、通俗化といった非難を浴びせたくなるかもしれない。

だが、過去のテクストと取り組むにあたって、一言一句を〈正しく〉解釈しようとする、一見したところ原典に忠実な態度——それは少なからず、レーニンや毛沢東のような過去の権力者の遺体をなおも生きているかのように見せかけるべく防腐処理を施すことを想起させる——がいかにイデオロギーや暴力と結びついてきたかということは、まさにクルーゲの『イデオロギー的な古典古代からのニュース』が、『資本論』の「死後の生」をたどるなかで、痛烈なアイロニーを込めて示したものであった。それにたいして、フランクフルト学派のメンバーたちが、マルクスのテクストをはじめとする思想的な遺産にたいしてとる姿勢は、過去の聖典をひたすら崇め奉るようなものではなく、客観的な読解を志向しつつも、その〈真理内実〉を求めたり、あるいはアクチュアルな潜勢力を救出したりするためには、彼らが破壊や飛躍を怖れることはけっしてなかった。たとえば、複製技術論文や「歴史の概念について」のなかで示されたベンヤミンの〈歴史的唯物論〉に基づく主張や命題は、〈正統派マルクス主義〉の立場から見るならば、マルクスの教説にたいする誤解と拡大解釈の産物以外の何ものでもないだろう。さらに、アドルノが遺した著作についても、ベンヤミンの諸概念を、背後にある豊かな思想的な文脈を捨象するかたちで一方的に我有化した、といった非難の声も少なくない。

だが、ベンヤミンが記したように「批評とは作品を壊死させること」なのであり、偽りの生の仮象を徹底的に解体することこそが「新生の基盤」となりうるのだとすれば(26)、過去に書かれたテクストをまえに、われわれ読者たちに求められているのは、〈不実なる忠実さ〉と呼ぶことができるような姿勢なのではないだろうか。すなわち、対象を有機的な全体性から暴力的に引き剝がし、バラバラな断片へと細断することで、「時間の経過がそれら〔=作品〕にたいして執りおこなった批評的解体(27)」のプロセスをみずから積極的に推し進めると同時に、凋落した「廃墟」としての作品のうちに隠れ潜む「新生」の契機を探りあてようとするという姿勢である。フランクフルト学派の思想家たちは、このようなラディカルな〈批評＝批判〉を、みずからのテクストのなかで遂行しているわけであるが、それは言語のレヴェルでパフォーマティヴに実践されるモンタージュであるということもできるかもしれない。そこでは、マルクスのみならず、カント、ヘーゲル、フロイトなどの〈古典的〉な概念や教説の数々が、もとの文脈から剝ぎ取られ、諸断片へと破砕され、他の学術領域や表現ジャンルに属する諸要素と柔軟に組み合わされ、映画のようなまったく異なる素材に適用される。さらに、「批評的解体」の対象となるのは哲学上の〈古典〉に限定されるわけではなく、アドルノにとってはベンヤミンの、クルーゲにとってはベンヤミンとアドルノの双方のテクストがそこに含まれることはいうまでもないだろう。

本書においてはこれまで、ベンヤミンからアドルノをへてクルーゲへといたる、フランクフルト学派の思想的系譜を明らかにすることを試みてきた。それは、単線的かつ連続的な伝承の過程ではなく、先行するテクストのうえに別のテクストが重ね書きされたり、異質な概念どうしが接ぎ木されたり、文脈の置き換えや誇張などによって別の意味連関を浮上させたりといったように、寓意《アレゴリー》的、批判的、あるいはアイロニー的なかたちで遂行される変換の過程にほかならない。そのなかにあって、論じられる対象が、ギリシア悲劇と近代の哀悼劇《トラウアーシュピール》、シェーンベルクのモダニズム音楽、キッチュな文化商品、公共圏とメディアなど、多様化の一途をたどるだけでなく、おのれの認識を表現・伝達する媒体《メーディウム》もまた、紙に印刷された論文や書物から、芸術作品、映画、さらにはＤＶＤやインターネット動画にいたるまで、テクノロジーや社会状況の変化に呼応するかたちで柔軟に変容していった。だが、ベンヤミン、アドルノ、クルーゲの思考において一貫して問題となっているのは、通常の歴史表象のなかでは過去に属する時代遅れのものや、現実から遊離した幻想として抑圧・忘却された〈他なるもの〉の痕跡を人々に知覚・経験させることであり、そのために必要とされる媒体《メーディウム》や表現のあり方を、時代的・社会的な文脈に根ざした具体的な諸条件のもとで探究し、オデュッセウス的な「知略」をめぐらせながら、ときにティル・オイレンシュピーゲル的な「軽薄さ」を交えつつ、倦むことなく実践することであったといえる。

　言い換えるならば、〈いま・ここ〉にある現状というヘゲモニー的体制に唯々諾々と従属するのではなく、いかに困難であろうとも、そしていかにささやかなものであろうとも、抵抗と批判を頑なに遂行しつづけることが、彼らのテクストにおいてつねに要請されているのだ。そして、そのようなアクチュアルな課題を果たしていくうえで前提となるのが、「想像力」を駆使しつつ、あるべき社会についてのイメージを絶えず「願望」として心に抱きつづけることであって、歴史というアルヒーフのなかには、そのための素材が沈黙した状態で密かに大量に埋められている。過ぎ去りしもののうちに潜在する希望の痕跡を掘り起こし、その破片を繋ぎ合わせることでひとつの「星座的布置」を構成していくこと。さらに、この「星座的布置」から放たれる微光のもとで現在を照射することで、きわめて絶望的な破局的状況をも、来るべき社会を予示するユートピア的なイメージへと弁証法的に反転させること。そのような〈救済〉の可能性を、ベンヤミン、アドルノ、クルーゲの三人は、さまざまな媒体《メーディウム》をつうじて追求しつづけたのである。

註

（1）Sergej Eisenstein, »Notate zu einer Verfilmung des Marxschen ›Kapital‹«, in: ders., *Oktober. Mit den Notaten zur Verfilmung von Marx' ›Kapital‹*, hg. von Hans-Joachim Schlegel, München: Hanser 1975, S. 289.〔セルゲイ・M・エイゼンシュテイン「『資本論』映画化のためのノート」『エイゼンシュテイン全集　第一部　人生におけるわが芸術／第四巻』（エイゼンシュテイン全集刊行委員会訳、キネマ旬報社、一九七六年）所収、二二九頁。以下、訳文を若干変更した〕

（2）Ebd., S. 290.〔同、二三〇頁〕

（3）Ebd., S. 305.〔同、二三九頁〕

（4）Ebd., S. 303.〔同、二三八頁〕

（5）»„Marx als Geograf der Gesellschaft ist sehr brauchbar“, Filmemacher Alexander Kluge im Gespräch im

Deutschlandradio Kultur（Radiofeuilleton）am 18.11.2008«（http://www.podcast.de/episode/937503/%22Marx_als_Geograf_der_Gesellschaft%22_-_Filmemacher_Kluge_hat_Marx'_%22Kapital%22_）.

（6）Alexander Kluge, *Nachrichten aus der ideologischen Antike: Marx - Eisenstein - Das Kapital*（Booklet zu den gleichnamigen DVDs）, Frankfurt a.M.: Suhrkamp 2008, S. 8.

（7）Ebd.

（8）Ebd., S. 4.

（9）Ebd., S. 5.

（10）Ebd., S. 4.

（11）Ebd., S. 8.

（12）Ebd., S. 16.

（13）Negt/Kluge, *Geschichte und Eigensinn*, a.a.O., S. 1006.

（14）Benjamin, »Die Aufgabe des Übersetzers«, in: *BGS* IV-1, S. 10.〔ベンヤミン「翻訳者の使命」、浅井健二郎編訳『ベンヤミン・コレクション②』所収、ちくま学芸文庫、一九九六年、三九一頁〕

（15）クルーゲにおけるモンタージュについては、とりわけ次の文献を参照。David Roberts, »Die Formwelt des Zusammenhangs. Zur Theorie und Funktion der Montage bei Alexander Kluge«, in: *Zeitschrift für Literturwissenschaft und Linguistik*, Jahrgang 12/1982（Heft 46）, S. 104-119; Bernd Stiegler, »Die Realität ist nicht genug. Alexander Kluges praktische Theorie und theoretische Praxis der Montage«, in: *Text+Kritik*, Heft 85/86（2011）, S. 52-58.

（16）Kluge, »Reibungsverluste. Gespräch mit Klaus Eder（1980）«, in: ders., *In Gefahr und größter Not bringt der Mittelweg den Tod. Texte zu Kino, Film, Politik*, Hamburg: Vorwerk 8, 2002, S. 245-262, hier S. 247f.

（17）Kluge, »Die schärfste Ideologie: daß die Realität sich auf ihren realistischen Charakter beruft«, in: Klaus Eder/Kluge, *Ulmer Dramaturigien. Reibungsverluste. Stichwort: Bestandsaufnahme*, München/Wien: Carl Hanser 1980, S. 119–125, hier S. 120. 強調引用者。

（18）Ebd., S. 119.

（19）Kluge, »Ein Hauptansatz des Ulmer Instituts«, in: ebd., S. 5–27, hier S. 7.

（20）「想像力〔Phantasie〕」の解放的な機能とモンタージュとの関係については、一九七四年にフランクフルト大学でクルーゲがおこなったゼミナール「映画の理論のために」のなかですでに強調されていた。Kluge/Negt, *Kritische Theorie und Marxismus. Radikalität ist keine Sache des Willens sondern der Erfahrung*, Den Haag: van Eversdujck 1974, S. 41–51 を参照。

（21）Benjamin, »Über den Begriff der Geschichte«, a.a.O., S. 701.〔ベンヤミン、前掲「歴史の概念について」六五九頁〕

（22）Ebd., S. 693f.〔同書、六四六頁〕

（23）Benjamin, *Ursprung des deutschen Trauerspiels*, a.a.O., S. 215.〔ベンヤミン、前掲『ドイツ悲劇の根源』上巻三三頁〕

（24）»Das verflüssigt Marx: Alexander Kluge über Karl-Marx-Filmessay: Interview mit Alexander Kluge«, in: *taz*, 15.12.2008, zit nach: http://www.taz.de/1/leben/film/artikel/1/%5Cdas-verfluessigt-marx%5C/。ちなみに、二〇〇八年末にクルーゲは、『イデオロギー的な古典古代からのニュース』の八三分の短縮版を発表。翌年五月にテレビでも放送された。

（25）クルーゲの映像作品全集は、ドイツ連邦文化財団の支援により、フィルム&クンスト社の「エディツィオーン・フィルムムゼーウム（edition filmmuseum）」シリーズの一環としてリリースされたものであり、二〇〇九年春に全一五タイトル（DVD全三〇枚）をもって完結した。

（26）Benjamin, *Ursprung des deutschen Trauerspiels*, a.a.O., S. 358.〔ベンヤミン、前掲『ドイツ悲劇の根源』下巻六〇頁以下〕

（27）Ebd., S. 357.〔同書、五九頁〕

あとがき

フランクフルト学派の思想家たちのテクストを読みはじめたころ、いまひとつよく分からなかったのが〈救済〉という概念だった。それがユダヤ－メシアニズム的な背景をもつ言葉であり、被抑圧者の解放というマルクス主義的な含意が込められていることは何となく理解できたものの、宗教とも政治活動とも無縁の身にとって、そこで何が実際に問題になっているのか、あまり具体的な実感がわかず、つかみどころのない抽象的なジャルゴンのままでありつづけた。そのあと、フランクフルト学派について論文めいたものを書くようになり、たとえば従来の研究文献においてこの概念がどのように位置づけられてきたのかといった点についての周辺的な知識こそ増えていったが、ベンヤミンやアドルノにとって〈救済〉とは何だったのかという根本的な問いと正面から向き合うことはなく、あいまいにやり過ごしてきた。そのような面倒な問いに深入りすることを何となく避けていたと言ってもいいかもしれない。

本書を企画するにあたって目標のひとつに据えたのが、この〈救済〉という概念について、自分なりの解釈を打ち出すことだった。はじめは完全に手探りだったが、執筆を進めていくなかで、少なくとも自分のなかでは、問題の一端だけは捉えかけたような気がしている。大雑把に定式化するならば、〈救済〉とは、過去というカテゴリーのもとで棄て去られたさまざまなものが孕みもつ潜勢力を、〈いま・ここ〉において、未来に向けて再生させることであると言えるだろう。

本書で扱ったベンヤミン、アドルノ、クルーゲにとって、いまに甦らせるべき過去とは、歴史的な事件や偉人たちの業績ではけっしてなく、むしろ、記憶や史料に定着されることなく消え失せていった、はかなくも膨大な〈かつて在りしもの〉の残骸にほかならない。まさにその象徴をなすのが、パサージュの一角の古物商の軒先に店晒しにされた退色した商品であるが、そのような歴史の廃物のうちには、名もなき無数の死者たちの夢や希望、欲望、想像力、感覚、経験の痕跡が色濃く沈澱している。だが、「いま地に斃れている人々を踏みつけにしていく今日の支配者たちの凱旋行進」（ベンヤミン）としての現在の支配体制の視点からすれば、それらはただちに忘却されるべき無益で無価値な塵屑にすぎない。

しかしながら、この野蛮な現状を変革するための原動力となりうるものがあるとすれば、いまとは違った世界を希求するユートピア的な願望をおいてよりほかはないのではないか。だからこそ、倦むことなく彼らは打ち捨てられた過去の対象へとまなざしを向けるのだ。過去の幻影をフェティッシュに反芻するような退行的なノスタルジーに耽るためではなく、〈かつて在りしもの〉のなかに潜在する、死産に終わった希望の痕跡をいまに掘り起こし、来たるべき世界に向けられた、アクチュアルにして革命的なエネルギーへと転化するために。そして、この〈かつて在りしもの〉のうちには、諸事物のみならず、過去に出会った人々や、直接言葉を交わすことのなかった無数の死者たちの思考や想像力も含まれているはずだろう。つまり、たとえばテクストを読むという営みをつうじて、かつて在りし人々と対話を重ねることは、フランクフルト学派の思想家たちが追求した〈過去の救済〉のプログラムの重要な一環をなしているのである。

それゆえ、ベンヤミン、アドルノ、クルーゲの著作や映像作品を読解していくなかで本書が試みたのも、究極的には、彼らとの対話をつうじて〈過去の救済〉をもたらすことだと主張することもできるかもしれない。そこにはさらに、授業や学会やプライヴェートの場で直接議論を交わしたり、研究書や論文をつうじて間接的に知的交流をおこなった数多くの人々と著者との対話も多分に含まれている。対話相手になってくださったすべての方々に深く感謝したい。

＊　＊　＊

本書の各章の初出は次のとおりである。ただし、第3章を除いては大幅に改稿・加筆した。

序章：書き下ろし。

第1章：»Das revoltionäre Primat des stummen Films«: Stummheit und Musik in Walter Benjamins früheren Schriften, in: *Poetica: Zeitschrift für Sprach- und Literaturwissenschaft*, 34. Band, Heft 4 (2002).

第2章：書き下ろし。ただし、ベンヤミンの時間性に関する記述は、「パサージュ──遊歩と移行のトポス」（『〈時代〉の通路──ヴァルター・ベンヤミンの「いま」』（UTCPブックレット、二〇〇八年）所収）の文章の一部を活用した。

第3章：「外来語の救済──初期アドルノにおけるクラウス的主題をめぐって」『思想』一〇五八号（二〇一二年）。

第4章：「芸術の認識機能──1930－40年代にかけてのテオドール・W・アドルノの芸術美

学における社会批判的モティーフをめぐって」『UTCP研究論集』第六号（二〇〇六年）。
第5章：「キッチュ：破壊と救済のはざまで――アドルノ美学におけるキッチュの位置をめぐって」『シェリング年報』第一五号（二〇〇八年）。くわえて、「芸術と諸芸術」に関する記述の一部は、『site zero/ zero site』第〇号（二〇〇六年）にこのエッセイの拙訳とともに収録された「解体と延命の弁証法――アドルノ「芸術と諸芸術」（一九六六）によせて」に基づく。
第6章：書き下ろし。
第7章：「投壜通信からメディア公共圏へ――アドルノとクルーゲ」『ドイツ研究』第四三号（二〇〇九年）。
第8章：書き下ろし。ただし、前半部分は、二〇一二年五月に上智大学で開催された第六六回日本独文学会春季研究発表会での発表原稿（「〈労働〉のメタモルフォーゼ――アレクサンダー・クルーゲの「対抗公共圏」論をめぐって」）に基づいている。
第9章：「マルクス主義の死後の生――アレクサンダー・クルーゲ『イデオロギー的な古典古代からのニュース：マルクス－エイゼンシュテイン－資本論』（二〇〇八年）をめぐるノート」『思想』一〇三二号（二〇一〇年）。
なお、本書は、日本学術振興会の科学研究費補助金（22720130、25870152）による研究成果の一部である。
第1章のもとになった論文は、ドイツ留学中に指導を仰いだヴィンフリート・メニングハウス教授が、二〇〇一年冬学期にベルリン自由大学で開講したベンヤミンについての演習に提出した期末レポートに由来する。留学生が拙いドイツ語で必死に文章を綴った努力を買ってくださったのか、同教授が編集委員をつとめる学術雑誌に推薦していただいた結果、この論文でもってまがりなりにも学術的なデビューを遂げることができた。その意味で自身の研究者としてのキャリアの出発点をなすテクストである。ただし、帰国後しばらくして、デリダ派の哲学者であり、アドルノについて数多くの著作を発表しているアレクサンダー・ガルシア・デュットマン教授が講演のために来日した折に、この論文の抜き刷りを無理やり押しつけるように渡して感想を乞うたところ、後日メールで、「文献学をす《フィロロ》ること《ギーレン》ではなく、哲学すること《フィロゾフィーレン》へと踏み出してはどうか」というご助言を頂いた。レポートの執筆から一五年もの歳月が経過したものの、なおも自分が「文献学をすること《フィロロギーレン》」の段階にとどまりつづけているようで、それを思うと忸怩たる気持ちになる。だが、その一方で、文献学的な作業を鈍くさく重ねることで見えてくる景色もあるのではないかと思わなくもない。ともあれ、そのような抗弁がどこまで説得力をもっているかについては、最終的に読者の判断にゆだねたい。

第2章は、本書の執筆と並行して翻訳を進めていたMiriam Bratu Hansen, *Cinema and Experience. Siegfried Kracauer, Walter Benjamin, and Theodor W. Adorno*, Berkeley/ Los Angels/ London: University of California Press, 2012への応答ないしはオマージュという意図が込められている。彼女の遺著となったこの書物においてハンセンは、「アウラ」「ミメーシス」「神経刺激」「ミッキーマウス」「遊戯」などの概念や形象をもとに、ベンヤミンの複製技術論文について、歴史的なコンテクストや現代の映画理論との関わりも含めて徹底的な分析と精緻な読解を繰り広げている。その詳細については、ほどなく刊行予定の拙訳（ミリアム・ブラトゥ・ハンセン『映画と経験——ジークフリート・クラカウアー、ヴァルター・ベンヤミン、テーオドア・W・アドルノ』滝浪佑紀と共訳、法政大学出版局）の第Ⅱ部を直接読んでいただきたいのだが、質量ともに圧倒的なこのベンヤミン論を日本語に移し替えていくなかで、それとは異なった角度から自分なりの解釈を示したいと思い、当初の計画にはなかった本章を一気に書き下ろした。というのも、フランクフルト学派と映画との関わりをめぐるハンセンの論文からつねに大きな刺激や示唆を汲み取ってきたものの、一度も直接言葉を交わす機会に恵まれなかった身にとって、それこそが彼女と対話するための唯一の方途のように感じられたからである。

第3章は、雑誌『思想』のカール・クラウス特集号に寄稿した論文に基づいている。そのころ『思想』の編集長だった互盛央さんから原稿依頼を受けたものの、クラウスについてとくに詳しいわけでもなく、どうしたものかと悩みつつ『アドルノ全集』をパラパラとめくっているとき、たまたま「外来語の使用について」というテクストを見つけたのが執筆の発端である。発表の機会を与えてくださった互さんに心から感謝したい。また、何とか完成に漕ぎつけた論文にたいして、卓越した研究者でもある互さんから称賛の言葉を頂いたことが、いまでも大きな自信と励ましになっている。

第4章は、もともとアドルノの映像メディア論の変遷を主題とした博士論文——二〇〇七年に『アドルノ、複製技術へのまなざし——〈知覚〉のアクチュアリティ』（青弓社）として刊行——の一部として執筆したものの、大学院の指導教員であった杉橋陽一先生のご助言もあって、草稿から削除した部分が土台になっている。そこからさらに増補改訂の作業を重ねたが、ただし、ここでの議論によってアドルノの音楽哲学の内実が完全に汲み尽くされたわけではないことは自覚している。そのためにはまず、アドルノの芸術理論における聴覚の位置づけを徹底的に精査したのち、個々の作曲家についての論考を読み解いていくなかで、アドルノにとっての〈音楽史〉を再構成することからはじめなくてはならないだろうが、それは今後の課題として他日に期すことにしたい。

第5章は、ヴィンフリート・メニングハウス『吐き気――ある強烈な感覚の理論と歴史』（知野ゆり／由比俊行との共訳、法政大学出版局、二〇一〇年）の翻訳に携わったことの副産物といえる。一八世紀の古典美学における〈吐き気を催させるもの〉という形象と、アドルノ美学における「キッチュ」という概念とを類比的に結びつけるというのが当初のアイディアだったが、執筆を進めていくなかで、芸術シーンの推移に応じて議論の枠組みをプラグマティックに変容させていくアドルノの美学思想の懐の広さを認識させられた。アドルノ美学については、晦渋にしてエリート主義的なモダニズム芸術の護教論というイメージが付きまとっており、たしかにそうした側面がないわけではないが、それとともに、新たな変化につねに開かれた柔軟さを兼ね備えていることを、ここであらためて強調しておきたい。

第6章は、いまだに何かと揶揄や嘲笑の対象にされがちなアドルノの文化産業論にたいして、その批判的なアクチュアリティを擁護することを試みたものである。ある思想家のテクストに登場するひとつの概念を取り上げて、それを矮小化しつつ要約したうえで、この人物の思考全体の問題点がそこに集約されるかのように扱う粗雑な議論が、ことにアドルノに関して頻繁に見受けられることへの苛立ちが執筆の背景にあったのだが、結局は贔屓の引き倒しにすぎないのではないかという不安もなくはない。読者の忌憚のない叱正を待つとともに、フランクフルト学派のテクストにおけるパフォーマティヴな言説戦略という問題については、さらに対象を広げて考察を深めていく必要があると思っている。

第7章は、前著で積み残した、アドルノからクルーゲへといたる思想的系譜を追跡する作業に捧げられている。すでに本文でも記したように、アドルノとクルーゲとの交友関係についての記述と、アドルノの「映画の透かし絵」をめぐる記述には、前著『アドルノ、複製技術へのまなざし』と内容的に重複する部分があることを断っておく。十数年まえのドイツ留学時代、これまで存在は知っていたものの、実際に鑑賞したことがなかったクルーゲ制作のテレビ番組を、毎週深夜にチャンネルを合わせて、一期一会のつもりで真剣に視聴したことが懐かしく思い出される。いまではクルーゲの番組のほとんどすべてが、過去の放送も含めて、インターネットやDVDをつうじて簡単にアクセス可能になったが、当然ながら、あのときブラウン管から漂っていた〈アウラ〉をパソコンの画面から感じることはもはやない。

第8章は、何度も通読しようと試みては挫折した『歴史と我意』との格闘の記録である。クルーゲを研究対象のひとつに定めて以来、毎年夏季休暇に入ると、きまって黄緑色の表紙の全三巻の文庫本を取り出して、今年こそはと心に誓うものの、たいてい第一巻の真ん中くらいで挫折して、ふたたび書棚に戻すということを繰り返してきた。ここでようやく長年の宿題のひとつを片づけることができ、ほっと一息つくとともに、ネークト／クルーゲの三冊目の共著である *Massverhältnisse des Politischen. 15 Vorschläge zum Unterscheidungsvermögen*, Frankfurt a.M.: S. Fischer 1992（『政治的なものの寸法比——弁別能力に関する一五の提案』）や、二〇一五年に刊行された六八〇頁にわたるクルーゲの小説 ***Kongs*** *große Stunde. Chronik des Zusammenhangs*, Frankfurt a.M.: Suhrkamp 2015（『キング・コングの大いなる時間——連関の年代記』）など、このあと取り組まなくてはならない課題がまだ数多く残っていることを痛感する。

第9章は、クルーゲの映画版『資本論』を初めて観たときに覚えた戸惑いを何とか解消するために執筆した論文がもとになっている。クルーゲの映像作品は——しばしば比較されるゴダールなどとは異なり——強度に満ちた映像美が展開されるわけでも、知的読解を誘うようなインターテクスチュアルな引用に彩られているわけでもなく、雑多な映像断片を不器用に繋ぎ合わせたようなところがあって、鑑賞後はきまって途方に暮れたような思いにさせられるのだが、映画版『資本論』に関しては、とりわけ対象が対象なだけに、いつもよりも困惑の度合いが大きかった。論文にまとめていくなかで、クルーゲの映像作品の構成論理の一端は明らかになったように思うものの、まだ完全に割り切れないものが自分のなかに残っていることは否めない。なおも旺盛に多面的な活動を繰り広げるクルーゲを同時代人としてフォローすることができる貴重さを嚙みしめつつ、彼が発しつづける投壜通信を解読していく作業をこれからもつづけていきたい。

本書の執筆・出版の過程で、ほかにも多くの方々のお世話になった。とりわけ感謝したいのは、本書の編集作業を担当してくださった東京大学出版会の木村素明さんである。持ち込みの企画であるにもかかわらず、実現のために親身になってご尽力くださったうえに、あたたかい励ましと適切な助言、綿密な仕事によって何度も助けていただいた。謹んでお礼申し上げる。

また、妻の御園生涼子の存在なしには、本書が成立することはなかっただろう。そもそもこの企画の橋渡しをしてくれたのが、二〇一二年に東京大学出版会から『映画と国民国家――1930年代松竹メロドラマ映画』を上梓していた彼女であり、そのあとも、執筆の進捗状況に応じて一喜一憂するいささか面倒な夫のことを、つねにやさしく見守り、全力で応援してくれた。昨年六月に彼女が急逝したために、本書を完成することができた喜びをともに分かちあえないことが本当に寂しい。深い感謝とともに、本書を亡き妻に捧げたい。どうもありがとう。

竹峰義和

二〇一六年七月末日

事項索引

ア行

カ行

サ行

タ行

ナ行

ハ行

マ行

ヤ行

ラ行

ワ行

書名・作品名索引

ア行

カ行

サ行

タ行

ナ行

ハ行

マ行

ヤ行

ラ行

ワ行

人名索引

ア行

カ行

サ行

タ行

ナ行

ハ行

マ行

ラ行

竹峰義和（たけみね・よしかず）
1974年生．東京大学大学院総合文化研究科准教授．ドイツ思想史・映像文化論．『アドルノ，複製技術へのまなざし――〈知覚〉のアクチュアリティ』，『陶酔とテクノロジーの美学――ドイツ文化の諸相 1900-1933』（共編著），『貴志康一と音楽の近代――ベルリン・フィルを指揮した日本人』（分担執筆，以上青弓社），『越境の映画史』（分担執筆，関西大学出版部），シュティーグラー『写真の映像――写真をめぐる隠喩のアルバム』（共訳，月曜社），メニングハウス『吐き気――ある強烈な感覚の理論と歴史』（共訳，法政大学出版局），アドルノ『文学ノート 2』（共訳，みすず書房）など．

〈救済〉のメーディウム
ベンヤミン、アドルノ、クルーゲ

2016年9月20日　初　版

［検印廃止］

著　者　竹峰義和

発行所　一般財団法人　東京大学出版会

代表者　古田元夫

153-0041 東京都目黒区駒場4-5-29
http://www.utp.or.jp/
電話　03-6407-1069　Fax 03-6407-1991
振替　00160-6-59964

組　版　有限会社プログレス
印刷所　株式会社ヒライ
製本所　誠製本株式会社

ISBN 978-4-13-010130-1　Printed in Japan

政治の美学――権力と表象

田中純

政治的暴力が美化される情動の論理を，芸術や学問と政治が交差する領域において探求する表象文化論のスリリングな実践．政治的情動と官能的な美が共犯関係を結ぶ過程を，テクスト分析・イメージ分析によって探る．時代論，政体論，結社論，表象論の四部構成．

本体 5,000 円

都市の詩学――場所の記憶と徴候

田中純

過去の記憶と未来の徴候とが揺曳している場所としての都市．都市こそが可能にしてきた想像力の経験の根拠を問う都市表象分析．都市論，建築論，神話，詩，小説等のテクストや絵画，写真，映画のイメージを対象に，表象文化論の一つの結実を提示する．

本体 3,800 円

デジタル・スタディーズ［全 3 巻］

石田英敬／吉見俊哉／マイク・フェザーストーン編

20 世紀のメディア哲学，メディア批判，表象美学，映像論，記号論，メディア社会学，文化研究，都市建築研究の系譜を〈知のデジタル転回〉の文脈で受けとめ，デジタル・テクノロジーの遍在する時代のメディア・スタディーズの新たな方向性と新しい知のパラダイムを展望する．

本体 3,800 円～4,800 円